AF878804

Die *Zugehörigkeit zu einer bestimmten sozialen Gruppe* als zentrales Verfolgungsmotiv des Flüchtlingsbegriffs im Lichte des rechtsnormativen Mehrebenensystems

Beiträge zum nationalen und internationalen öffentlichen Recht

Herausgegeben von Prof. Dr. Burkhard Schöbener

Band 21

Zu Qualitätssicherung und Peer Review der vorliegenden Publikation

Die Qualität der in dieser Reihe erscheinenden Arbeiten wird vor der Publikation durch den Herausgeber der Reihe geprüft.

Notes on the quality assurance and peer review of this publication

Prior to publication, the quality of the work published in this series is reviewed by the editor of the series.

Anna Müller

Die *Zugehörigkeit zu einer bestimmten sozialen Gruppe* als zentrales Verfolgungsmotiv des Flüchtlingsbegriffs im Lichte des rechtsnormativen Mehrebenensystems

PL ACADEMIC RESEARCH

Bibliografische Information der Deutschen Nationalbibliothek
Die Deutsche Nationalbibliothek verzeichnet diese Publikation in der Deutschen Nationalbibliografie; detaillierte bibliografische Daten sind im Internet über http://dnb.d-nb.de abrufbar.

Zugl.: Köln, Univ., Diss., 2012

Gedruckt auf alterungsbeständigem,
säurefreiem Papier.

D 38
ISSN 1613-8406
ISBN 978-3-631-64947-3 (Print)
E-ISBN 978-3-653-04067-8 (E-Book)
DOI 10.3726/978-3-653-04067-8

© Peter Lang GmbH
Internationaler Verlag der Wissenschaften
Frankfurt am Main 2014
Alle Rechte vorbehalten.
PL Academic Research ist ein Imprint der Peter Lang GmbH.

Peter Lang – Frankfurt am Main · Bern · Bruxelles · New York · Oxford · Warszawa · Wien

Das Werk einschließlich aller seiner Teile ist urheberrechtlich geschützt. Jede Verwertung außerhalb der engen Grenzen des Urheberrechtsgesetzes ist ohne Zustimmung des Verlages unzulässig und strafbar. Das gilt insbesondere für Vervielfältigungen, Übersetzungen, Mikroverfilmungen und die Einspeicherung und Verarbeitung in elektronischen Systemen.

Dieses Buch erscheint in einer Herausgeberreihe bei PL Academic Research und wurde vor Erscheinen peer reviewed.

www.peterlang.com

Vorwort

Die vorliegende Arbeit wurde im Wintersemester 2012/2013 von der Rechtswissenschaftlichen Fakultät der Universität zu Köln als Dissertation angenommen. Ich möchte mich bei all denjenigen herzlich bedanken, die das Entstehen dieser Arbeit unterstützt und begleitet haben.

Ganz besonders gilt dies für meinen Doktorvater, Herrn Prof. Dr. Burkhard Schöbener, der die Anfertigung der Arbeit in vielfältiger Weise gefördert hat. Danken möchte ich weiterhin Herrn Prof. Dr. Bernhard Kempen für die zügige Erstellung des Zweitgutachtens.

Ebenfalls ganz herzlich bedanken möchte ich mich bei Herrn Prof. Dr. Heinz-Peter Mansel und der Dr. Wilhelm Westhaus-Stiftung, die meinen Forschungsaufenthalt an der UC Berkeley ermöglicht haben. Bei dem Bundesministerium des Innern möchte ich mich für die Förderung der Veröffentlichung dieser Arbeit bedanken.

Für den unverzichtbaren Gedankenaustausch sowie den stetigen Zuspruch möchte ich Frau Anja Jaekel danken, ohne deren Unterstützung die Arbeit nicht in der vorliegenden Form hätte präsentiert werden können. Auch bei Frau Cordula Müller möchte ich mich für die Mühe bei der Korrektur der Arbeit herzlich bedanken.

Besonderer Dank gilt außerdem meinen Freunden, die durch vielfältige Unterstützung zu dem Gelingen dieser Arbeit beigetragen haben, sowie meinen Kollegen am Lehrstuhl für Öffentliches Recht, Völker- und Europarecht, die mir zu jedem Zeitpunkt der Bearbeitung mit Rat und Anregung zur Seite standen. Ein großer Dank gilt insbesondere Frau Ricarda Schoemakers.

Meinen Eltern und meiner Schwester möchte ich ganz besonders herzlich danken und ihnen diese Arbeit widmen. Ihre Förderung meiner Ausbildung und die uneingeschränkte, liebevolle Unterstützung hat die Anfertigung dieser Arbeit erst ermöglicht.

Köln im Juli 2013 Anna Müller

Inhaltsverzeichnis

Literaturverzeichnis

Achermann, Alberto/ Hausammann, Christina — Handbuch des Asylrechts
Herausgegeben von der Schweizerischen Zentralstelle für Flüchtlingshilfe (SFH)
2. Auflage 1991

Adjin-Tettey, Elizabeth — Reconsidering the Criteria for Assessing Well-Founded Fear in Refugee Law, in: 25 Man. L.J. 1997–1998, Seite: 127–152

Anker, Deborah E. — Refugee Law, Gender, and the Human Rights Paradigm, in: 15 Harv. Hum. Rts. J. 2002, Seite: 133–154

Anker, Deborah E./ Blum, Carolyn Patty — New Trends in Asylum Jurisprudence: The Aftermath of the U.S. Supreme Court Decision in INS v. Cardozo-Fonesca, in: 1 IJRL 1989, Seite: 67–82

Ansbach, Tatjana — Die Unterkommission zur Verhinderung der Diskriminierung und zum Schutz von Minderheiten, in: AVR 31 (1993), Seite: 230–275

Ashkenasi, Abraham (Hrsg.) — Das weltweite Flüchtlingsproblem – Sozialwissenschaftliche Versuche der Annäherung
1988 (zit.: Bearbeiter, in: Ahkenasi, Das weltweite Flüchtlingsproblem)

Bank, Roland/ Hruschka, Constantin — Änderungen im Asylverfahren durch den Entwurf des Änderungsgesetzes zum Zuwanderungsgesetz aus der Sicht des Flüchtlingsrechts, in: Barwig, Klaus/Beichel-Benedetti, Stephan/Brinkmann, Gisbert (Hrsg.), Perspektivwechsel im Ausländerrecht? Rechtskonflikte im Spiegel politischer und gesellschaftlicher Umbrüche in Deutschland und Europa, 20 Jahre Hohenheimer Tage zum Ausländerrecht, 2007, Seite: 614–638

Bank, Roland/ Schneider, Nina — Durchbruch für das Flüchtlingsvölkerrecht? Eine Auswertung der deutschen Rechtsprechung zu den flüchtlingsrechtlichen Neuerungen des Zuwanderungsgesetzes, in: ASYLMAGAZIN 6/2006 - Beilage

Battjes, Hemme	European Asylum Law and International Law 2006
Bausinger, Hermann	Ethnizität – Placebo mit Nebenwirkungen, in: Köstlin, Konrad/ Nikitsch, Herbert (Hrsg.), Ethnographisches Wissen: Zu einer Kulturtechnik der Moderne, Seite: 31–41 1999
Beitz, Wolfgang G./ Wollenschläger, Michael	Handbuch des Asylrechts. Unter Einschluß des Rechts der Kontingentflüchtlinge 1980
Bellebaum, Alfred	Soziologische Grundbegriffe 13. Auflage 2001
Bendel, Petra	Flüchtlingsrechte und Menschenrechte in der Europäischen Union, in: Bendel, Petra/Fischer, Thomas (Hrsg.), Menschen- und Bürgerrechte: Ideengeschichte und Internationale Beziehungen, Arbeitspapier 7, Erlangen, 2004, Seite: 213–234, erhältlich unter: http://www.regionenforschung.uni-erlangen.de/publikationen/dokumente/6/08.pdf (zuletzt besucht Januar 2013)
Berber, Friedrich	Lehrbuch des Völkerrechts Band I, Allgemeines Friedensrecht, 1975
Bergmann, Jan/ Kenntner, Markus	Deutsches Verwaltungsrecht unter europäischem Einfluss 2002
Bernhardt, Rudolf	Die Auslegung völkerrechtlicher Verträge – insbesondere in der neueren Rechtsprechung internationaler Gerichte 1963
Bhabha, Jacqueline	Minors or Aliens – Inconsistent State Intervention and Separated Child Asylum-Seekers, in: 3 Eur. J. Migration & L. 2001, Seite: 283–314
Bieber, Roland/ Ress, Georg	Die Dynamik des Europäischen Gemeinschaftsrechts 1987
Bierwirth, Christoph	Aktuelle Aspekte der Genfer Flüchtlingskonvention, in: Rosen, Klaus H. (Hrsg.), Jahrbuch der Deutschen Stiftung für UNO-Flüchtlingshilfe, 1993, Seite: 59–75

Bierwirth, Christoph Kriegs- und Bürgerkriegsflüchtlinge im Flüchtlingsvölkerrecht, in: Pax Christi (Hrsg.), Kriegsflüchtlinge. Probleme des Friedens, 1993, Seite: 45–61

Bierwirth, Christoph Die Erteilung von Reiseausweisen nach Art. 28 der Genfer Flüchtlingskonvention an nicht originär Asylberechtigte nach Artikel 16 Abs. 2 Satz 2 des Grundgesetzes der Bundesrepublik Deutschland, in: ArchVölkR 29 (1991), Seite: 295–352

Binder, Andrea Gender and the "Membership in a Particular Social Group" Category of the 1951 Refugee Convention, in: 10 Colum. J. Gender & L. 2000–2001, Seite: 167–193

Binder, Andrea Frauenspezifische Verfolgung vor dem Hintergrund einer menschenrechtlichen Auslegung des Flüchtlingsbegriffs der Genfer Flüchtlingskonvention unter der besonderen Berücksichtigung der schweizerischen, deutschen, kanadischen und amerikanischen Flüchtlings- und Asylpraxis 2001

Bleckmann, Albert Völkerrecht 2001

Blum, Carolyn Patty Refugee Status based on Membership in a Particular Social Group: a North American Perspective, in: Bhaba, Jacquelinie/Coll, Geoffrey (Eds.), Asylum law and practice in Europe and North America, 1992, Seite: 81–99

Bocek, Sonja Die völkerrechtlichen Wirkungen einseitiger Erklärungen der UN-Generalversammlung 2011

Boehmer, Gerhard Der völkerrechtliche Vertrag im deutschen Recht 1965

Bossin, Michael/ Demirdache, Laila A Canadian Perspective on the Subjective Component of the Bipartite Test for "Persecution": Time for Reevaluation, in: Refuge: Canada's Periodical on Refugees, Vol. 22, 2004, Seite: 108–118

Bothe, Michael Legal and Non-Legal Norms – a meaningful distinction in international relations?, in: 11 NYIL 1980, Seite: 65–95

Bower, Karen Recognizing Violence against Women as Persecution on the Basis of Membership in a Particular Social Group, in: 7 Geo. Immigr. L.J. 1993, Seite: 173–206

Bowett, D. W. Estoppel before International Tribunals and its Relation to Acquiesence, in: 33 BYIL 1957, Seite: 176–202

Bresnahan, Kristin A. The Board of Immigration Appeals's New "Social Visibilit" Test for Determining "Membership of a Particular Social Group" in Asylum Claims and its Legal and Policy Implications, in: 29 Vol. 2 Berk. J. Int'l Law 2011, Seite: 649–679

Bröcker, Hermann-Matthias Die externen Dimensionen des EU-Asyl- und Flüchtlingsrechts im Lichte der Menschenrechte und des Völkerrechts
2009

Brownlie, Ian Principles of Public International Law
6th edition 2003

Buchhorn, Wilfried Rückkehr – Hoffnung oder Trauma?, in: Asylmagazin 04/2004 - Beilage, Seite: 25–27

Buck, Petra Geistiges Eigentum und Völkerrecht: Beiträge des Völkerrechts zur Fortentwicklung des Schutzes von geistigem Eigentum
1994

Bundesministerium des Innern Migration und Integration. Aufenthaltsrecht, Migrations- und Integrationspolitik in Deutschland
2008

Calliess, Christian/ Ruffert, Matthias (Hrsg.) EUV/AEUV
Das Verfassungsrecht der Europäischen Union mit Europäischer Grundrechtecharta
4. Auflage, 2011 (zit.: Bearbeiter, in: Calliess/Ruffert, EUV/AEUV)

Carlier, Jean-Yves	The Geneva refugee definition and the 'theory of the three scales', in: Nicholson, Frances/ Twomey, Patrick (Eds.), Refugee Rights and Realities, Evolving International Concepts and Regimes, 1999, Seite: 37–54
Carlier, Jean-Yves/ Vanheule, Dirk	Europe and Refugees: A Challenge? 1997
Carlier, Jean-Yves/ Vanheule, Dirk/ Hullmann, Klaus/ Galiano, Carlos Peña (Eds.)	Who is a Refugee? A Comparative Case Law Study 1997 (zit.: Bearbeiter, in: Carlier u.a., Who is a Refugee?)
Chinkin, Christine	Normative Development in the International Legal System, in: Shelton, Dinah (Ed.), Commitment and Compliance – The Role of Non-Binding Norms in the International Legal System, 2000 (reprinted 2007), Seite: 21–42
Claessens, Dieter	Gruppe und Gruppenverbände 1977
Clark, Tom	Rights Based Refuge, the Potential of the 1951 Convention and the Need for Authoritative Interpretation, in: 16 IJRL 2004, Seite: 584–608
Clodius, Anke	Die gemeinsame europäische Asyl- und Migrationspolitik, in: Europäisches Asyl- und Migrationsrecht, ASYLMAGAZIN 5/2007 - Beilage, Seite: 1–8
Compton, Daniel	Asylum for Persecuted Social Groups: A Closed Door Left Slightly Ajar – Sanches-Trujillo v. INS, 801 F.2d 1571 (9th Cir. 1986), in: 62 Wash. L. Rev. 1987, Seite: 913–939
Cook, Shayna S.	Repairing the Legacy of INS v. Elias-Zacarias, in: 23 Mich. J. Int'l L. 2001–2002, Seite: 223–246
Cox, Theodore N.	"Well-founded fear of being persecuted": The sources and application of a criterion of refugee status, in: 10 Brooklyn J. Int'l L. 1984, Seite: 333–379
Crock, Mary	Seeking Asylum Alone – Australia 2006

Dahm, Georg/ Delbrück, Jost/ Wolfrum, Rüdiger — Völkerrecht
Band I/1, I/2, I/3
2. Auflage 2002

Daley, Krista/ Kelley, Ninette — Particular Social Group: A Human Rights Based Approach Canadian Jurisprudence, in: 12 IJRL 2000, Seite: 148–174

Dauvergne, Chathrine — Chinese Fleeing Sterilisation: Australia's Response against a Canadian Backdrop, in: 10 IJRL 1998, Seite: 77–96

Deiseroth, Dieter — Die Genfer Flüchtlingskonvention als Maßstab im Verfassungsbeschwerdeverfahren, in: ZAR 2000, Seite: 7–16

Dörr, Oliver/ Schmalenbach, Kristen (Hrsg.) — Vienna Convention on the Law of Treaties – A Commentary
2012 (zit.: Bearbeiter, in: Dörr/Schmalenbach, Vienna Convention on the Law of Treaties)

Drost, Pieter N. — The Crime of State
Vol. 2, 1959

Duchrow, Julia — Flüchtlingsrecht und Zuwanderungsgesetz unter Berücksichtigung der sog. Qualifikationsrichtlinie, in: ZAR 2004, Seite: 339–346

Dudenredaktion — Duden, Deutsches Universalwörterbuch, Online-Ausgabe, Bibliographisches Institut und F.A. Brockhaus, erhältlich unter: www.duden.de (zuletzt besucht Januar 2013)

Dürr, Anja — Die Europäische Union und der Umgang mit „Massenfluchten"
2003

Epiney, Astrid/ Waldmann, Bernhard/ Egbuna-Joss, Andrea/ Oeschger, Magnus — Die Anerkennung als Flüchtling im europäischen und schweizerischen Recht, ein Vergleich unter Berücksichtigung des völkerrechtlichen Rahmens
Freiburger Schriften zum Europarecht Nr. 4
2008

Epping, Volker/ Hillgruber, Christian (Hrsg.) Beck'scher Online-Kommentar GG Edition 16, Stand 1.10.2012 (zit.: Bearbeiter, in: Epping/ Hillgruber, BeckOK GG)

Europäisches Parlament Entschließung vom 19. Januar 1994, Dok.: A3-0402/93: Grundprinzipien einer europäischen Flüchtlingspolitik, abgedruckt in: EuGRZ 1994, Seite: 141–143

European Counsel on Refugees and Exiles Research Paper on Non-State Agents of Persecution 2000

Feller, Erika/ Türk, Volker/ Nicholson, Frances (Eds.) Refugee Protection in International Law: UNHCR's Global Consultations on International Protection 2003 (zit.: Bearbeiter, in: Feller u.a., Refugee Protection in International Law)

Fischer-Lescano, Andreas/ Horst, Johan Das Pönalisierungsverbot aus Art. 31 I GFK. Zur Rechtfertigung von Straftaten bei Flüchtlingseinreisen, in: ZAR 2001, Seite: 81–120

Foster, Michelle Causation in Context: Interpreting the Nexus Clause in the Refugee Convention, in: 23 Mich. J. Int'l L. 2002, Seite: 265–340

Fritzmaurice, Malgosia Expression of Consent to be Bound by a Treaty as Developed in Certain Environmental Treaties, in: Klabbers, Jan/ Lefeber René (Eds.), Essays on the Law of Treaties, Seite: 59–80

Frowein, Jochen/ Zimmermann, Andreas Der völkerrechtliche Rahmen für die Reform des deutschen Asylrechts. Gutachten im Auftrag des Bundesministeriums der Justiz erstattet vom Max-Planck-Institut für ausländisches öffentliches Recht und Völkerrecht, Heidelberg, 1993

Fullerton, Maryellen A Comparative Look at Refugee Status Based on Persecution Due to Membership in a Particular Social Group, in: 26 Cornell Int'l L.J. 1993, Seite: 505–563

Fullerton, Maryellen Persecution Due to Membership in a Particular Social Group: Jurisprudence in the Federal Republic of Germany, in: 4 Geo. Immigr. L. J (1990), Seite: 381–444

Gagliardi, Donald P. Inadequacy of Cognizable Grounds of Persecution as a Criterion for According Refugee Status, in: 24 Stan. J. Int'l L. 1987–1988, Seite: 259–288

Gareis, Sven Bernhard/ Varwick, Johannes Die Vereinten Nationen
4. Auflage 2006

Garner, Bryan A. (Hrsg.) Black's Law Dictionary
deluxe 9th Ed., 2009

Gattiker, Mario Das Asyl- und Wegweisungsverfahren
1999

Geiger, Rudolf Grundgesetz und Völkerrecht
5. Auflage 2010

Geiger, Rudolf/ Khan, Daniel-Erasmus/ Kotzur, Markus (Hrsg.) EUV/AEUV
Kommentar
5. Auflage 2010 (zit.: Bearbeiter, in: Geiger u.a., EUV/AEUV Kommentar)

Gerber, Bettina Die Asylrechtsharmonisierung in der Europäischen Union
2004

Göbel-Zimmermann, Ralph Asyl- und Flüchtlingsrecht
1999

Godfrey, Peter C. Defining the Social Group in Asylum Proceedings: The Expansion of the Social Group to Include a Broader Class of Refugees, in: 3 J.L. & Pol'y 1994–1995, Seite: 257–288

Göksu, Tarkan Rassendiskriminierung beim Vertragsabschluss als Persönlichkeitsverletzung
2003

Goodwin-Gill, Guy S. Judicial Reasoning and 'Social Group' after Islam and Shah, in: 11 IJRL 1999, Seite: 537–543

Goodwin-Gill, Guy S. The Margin of Interpretation: Different or Disparate?, in: 11 IJRL 1999, Seite: 730–737

Goodwin-Gill, Guy S./ McAdam, Jane The Refugee in International Law
3rd edition 2007

Gornig, Gilbert-Hanno Das Refoulement-Verbot im Völkerrecht
1987

Grabitz, Eberhard/ Hilf, Meinhard/ Nettesheim, Martin (Hrsg.) Das Recht der Europäischen Union Kommentar, Band I-III 47. Ergänzungslieferung 2012 (zit.: Bearbeiter, in: Grabitz/Hilf/Nettesheim, Das Recht der EU, Bd.)

Grahl-Madsen, Atle The Status of Refugees in International Law, Volume I, Refugee Character 1966

Grand Larousse de la langue française Tome III (Es-Inc) 1973, Tome VI (Pso-Sur), 1977

Graves, Maureen From Definition to Exploration: Social Groups and Political Asylum Eligibility, in: 26 San Diego L. Rev. 1989, Seite: 739–847

Hailbronner, Kay Das Grundrecht auf Asyl – unverzichtbarer Bestandteil der grundgesetzlichen Wertordnung, historisches Relikt oder gemeinschaftsrechtswidrig?, in: ZAR 2009, Seite: 369–376

Hailbronner, Kay (Hrsg.) Ausländerrecht – Kommentar 79. Auflage 2012 (zit.: Bearbeiter, in: Hailbronner, Ausländerrecht)

Hailbronner, Kay (Hrsg.) EU Immigration and Asylum Law – Commentary 2010 (zit.: Bearbeiter, in: Hailbronner, EU Immigration and Asylum Law)

Hathaway, James C. The Rights of Refugees under International Law 2005

Hathaway, James C. Who should watch over refugee law?, in: 14 Forced Migration Review 2002, Seite: 23–26

Hathaway, James C. The Relationship Between Human Rights and Refugee Law: What Refugee Law Judges Can Contribute, in: IARLJ (Hrsg.), The Realities of Refugee Determination on the Eve of a New Millenium: The Role of the Judiciary, 1998, Seite: 80–90

Hathaway, James C. The Law of Refugee Status 1991

Hathaway, James C./ Foster, Michelle — The Causal Connection ("Nexus") to a Convention Ground: Discussion Paper No. 3 Advanced Refugee Law Workshop (International Association of Refugee Law Judges Auckland, New Zealand, October 2002), in: 15 IJRL 2003, Seite: 461–476

Hathaway, James C./ Foster, Michelle — Membership of a Particular Social Group: Discussion Paper No. 4 Advanced Refugee Law Workshop (International Association of Refugee Law Judges Auckland, New Zealand, October 2002), in: 15 IJRL 2003, Seite: 477–491

Hathaway, James C./ Hicks, William S. — Is there a Subjective Element in the Refugee Convention's Requirement of "well founded fear?", in: 26 Mich. J. Int'l L. 2005, Seite: 505–562

Hausammann, Christina — Frauenverfolgung und Flüchtlingsbegriff. Studie zur Auslegung des Flüchtlingsbegriffs in der Flüchtlingskonvention und im Asylgesetz, Büro für die Gleichstellung von Frau und Mann (Hrsg.)
1992

Hauser, Gabriele — Die Auswirkungen der Genfer Konvention auf das deutsche Asylrecht – Vortrag anlässlich der Tagungsreihe der „Nürnberger Tage zum Asyl- und Ausländerrecht", 5. Oktober 2011, erhältlich unter: www.bamf.de/SharedDocs/Anlagen/DE/Downloads/Infothek/Themendossiers/NTAA-2011/nuernberger-tage-asyl-auslaenderrecht-2011-hauser.pdf?__blob=publicationFile (zuletzt besucht Januar 2013)

Heines, Rodger (Rapporteur) — Interim Report of IARLJ Inter-Conference Working Party: Membership of a Particular Social Group (International Association of Refugee Law Judges Ottawa Conference, October 1998), 1998

Helton, Arthur C. — Persecution on Account of Membership in a Social Group as a Basis for Refugee Status, in: 15 Colum. Hum. Rts. L. Rev. 1983–1984, Seite: 39–68

Herdegen, Matthias Der Sicherheitsrat und die autoritative Konkretisierung des VII. Kapitels der UN-Charta, in: Beyerlin, Ulrich/ Bothe, Michael/ Hofmann, Rainer/ Petersmann, Ernst-Ulrich (Hrsg.), Festschrift für Rudolf Bernhardt, 1995, Seite: 103–119

Herdegen, Matthias Interpretation in International Law, in: Wolfrum, R. (Ed.), Max Planck Encyclopedia of Public International Law, Online Ausgabe, erhältlich unter: www.mpepil.com (zuletzt besucht Januar 2013)

Heymann, Monika Einseitige Interpretationserklärungen zu multilateralen Verträgen
2005

Hilf, Meinhard Die Auslegung mehrsprachiger Verträge
1973

Hobe, Stephan Europarecht
7. Auflage 2012

Hobe, Stephan Einführung in das Völkerrecht
9. Auflage 2008

Hofmann, Rainer M./ Hoffmann, Holger (Hrsg.) Ausländerrecht – Handkommentar
2008 (zit.: Bearbeiter, in: Hofmann/Hoffmann, HK-AuslR)

Hofmann, Rainer/ Löhr, Tillmann (Hrsg.) Europäisches Flüchtlings- und Einwanderungsrecht. Eine kritische Zwischenbilanz
2008 (zit.: Bearbeiter, in: Hofmann/Löhr, Europäisches Flüchtlings- und Einwanderungsrecht)

Holborn, Louise W. Refugees: A problem of our time
Vol. 1, 1975

Hruschka, Constantin/ Löhr, Tillmann Das Konventionsmerkmal „Zugehörigkeit zu einer bestimmten sozialen Gruppe“ und seine Anwendung in Deutschland, in: NVwZ 2009, Seite: 205–219

Hruschka, Constantin/ Löhr, Tillmann Der Prognosemaßstab für die Prüfung der Flüchtlingseigenschaft nach der Qualifikationsrichtlinie, in: ZAR 2007, Seite: 180–185

Huber, Bertold (Hrsg.) Aufenthaltsgesetz – Kommentar
2010 (zit.: Bearbeiter, in: Huber, Aufenthaltsgesetz)

Huber, Bertold/ Göbel-Zimmermann, Ralph — Ausländer- und Asylrecht
2. Auflage 2008

Immigration and Refugee Board of Canada — Interpretation of the Convention Refugee Definition in the Case Law
2010, erhältlich unter: http://www.irb-cisr.gc.ca/eng/brdcom/references/legjur/rpdspr/def/Pages/index.aspx (zuletzt besucht Januar 2013)

Ipsen, Knut (Hrsg.) — Völkerrecht
5. Auflage 2008 (zit.: Bearbeiter, in: Ipsen, Völkerrecht)

Jahn, Eberhard — Das DP-Problem. Eine Studie über die Flüchtlinge in Deutschland, Veröffentlichung des Instituts für Besatzungsfragen Tübingen, 1950

Jahn, Eberhard — Der Völkerrechtliche Schutz von Flüchtlingen
1955

Jensen, Inke — Frauen im Asyl- und Flüchtlingsrecht
2003

Kälin, Walter — Refugees and Civil Wars: Only a Matter of Interpretation?, in: 3 IJRL 1991, Seite: 435–451

Kälin, Walter — Grundriss des Asylverfahrens
1990

Kälin, Walter — Das Prinzip des non-refoulements
1982

Kälin, Walter/ Künzli, Jörg — Universeller Menschenrechtsschutz
2. Auflage 2008

Karl, Wolfram — Vertrag und spätere Praxis im Völkerrecht
1983

Kelley, Ninette — Internal Flight/Relocation/Protection Alternative: Is it Reasonable?, in: 14 IJRL 2002, Seite: 4–44

Kempen, Bernhard/ Hillgruber, Christian — Völkerrecht
2. Auflage 2012

Kimminich, Otto — Die Behandlung der selbstgeschaffenen Nachfluchtgründe in der Asylrechtsprechung, in: Fürst, Walther/Herzog, Roman/Umbach, Dieter C. (Hrsg.), Festschrift für Wolfgang Zeidler, 1987, Seite: 939–955

Kimminich, Otto Grundprobleme des Asylrechts
1983

Kimminich, Otto Asylrecht
1968

Kimminich, Otto Der internationale Rechtsstatus des Flüchtlings
1962

Klug, Anja Harmonization of Asylum in the European Union – Emergence of an EU Refugee System?, in: 47 GYIL 2004, Seite: 594–628

Knauff, Matthias Der Regelungsverbund: Recht und Soft Law im Mehrebenensystem
2010

Kneebone, Susan Moving Beyond the State: Refugees, Accountability and Protection, in: Kneebone, Susan (Ed.), The Refugees Convention 50 Years On, 2003, Seite: 279–311

Köfner, Gottfried/ Nicolaus, Peter Die Genfer Flüchtlingskonvention im Schatten des Grundgesetzes, in: ZAR 1986, Seite: 11–16

Köfner, Gottfried/ Nicolaus, Peter Grundlagen des Asylrechts in der Bundesrepublik Deutschland
Band 1, 1986

Koisser, Walter/ Nicolaus, Peter Die Zuerkennung des Konventionsflüchtlingsstatus nach dem neuen Ausländergesetz – Eine Analyse aus der Sicht des UNHCR, in: ZAR 1991, Seite: 9–15

Kosař, David Persecution on The Grounds of Membership of A Particular Social Group
2004

Kourula, Pirkko Broadening the Edges
Refugee Definition and International Protection Revisited
1997

Lambert, Hélène The Conceptualisation of Persecution by the House of Lords: Horvath v. Secretary of State for the Home Department, in: 13 IJRL 2001, Seite: 16–31

Larousse Online-Ausgabe, Éditions Larousse (Hrsg.), erhältlich unter: www.larousse.com (zuletzt besucht Januar 2013)

Lauterpacht, Hersch Codification and Development of International Law, in: 49 AJIL 1955, Seite: 16–43

Lawyers Committee for Human Rights Safeguarding the Rights of Refugees under the Exclusion Clauses: Summary Findings oft he Project and a Lawyers Committee for Human Rights Perspective, in: 12 IJRL 2000, Seite: 317–345

Le Grand Robert *Grand Robert* de la langue française, Rey, Alain (Hrsg.)
Tome I (A-Char), Tome III (Enti-Incl), Tome VI (Romb-Z), 2001

Lewis, Corinne UNHCR's Contribution to the Development of International Refugee Law: Its Foundations and Evolution, in: 17 IJRL 2005, Seite: 76–90

Littré Dictionnaire de la langue française, Online-Ausgabe, erhältlich unter: www.littre.reverso.net (zuletzt besucht Januar 2013)

Löhr, Tillmann Die kinderspezifische Auslegung des völkerrechtlichen Flüchtlingsbegriffs
2009

Löhr, Tillmann Widerruf der Flüchtlingsanerkennung trotz allgemeiner Gefahren im Herkunftsland?, in: NVwZ 2006, Seite: 1021–1023

Lorenzmeier, Stefan Rechtliche Zulässigkeit von Studienbeiträgen - Verfassungs- und völkerrechtliche Aspekte, in: HFR 13/2008, Seite: 130–142

Maaßen, Hans-Georg Die Rechtsstellung des Asylbewerbers im Völkerrecht
1997

Macklin, Audrey A Comparative Analysis of the Canadian, US and Australian Directives on Gender Persecution and Refugee Status, in: Indra, Doreen Marie (Ed.), Engendering forced migration: theorie and practice, 1999, Seite: 272–307

Macklin, Audrey Refugee Women and the Imperative of Categories, in: 17 Hum. Rts. Q. 1995, Seite: 213–277

Macklin, Audrey Canada (Attorney-General) v. Ward: A Review Essay, in: 6 IJRL 1994, Seite: 362–381

Makarov, Alexander N. Das internationale Flüchtlingsrecht und die Rechtsstellung heimatloser Ausländer nach dem Bundesgesetz vom 25. April 1951, in: ZaöRV 14, Seite: 432–462

Mananashvili, Sergo Möglichkeiten und Grenzen zur völker- und europarechtlichen Durchsetzung der Genfer Flüchtlingskonvention
2009

Markhard, Nora Fortschritte im Flüchtlingsrecht? Gender Guidelines und geschlechts- spezifische Verfolgung, in: KJ 2007, Seite: 373–390

Marouf, Fatma E. The Emerging Importance of "Social Visibility" in Defining a "Particular Social Group" and Its Potential Impact on Asylum Claims Related to Sexual Orientation and Gender, in: 27 J.L. & Pol'y 2008–2009, Seite: 47–106

Marquier, Julia Soft law: Das Beispiel des OSZE-Prozesses – Ein Beitrag zur völkerrechtlichen Rechtsquellenlehre
2003

Marrus, Michael R. The Unwanted
1999

Marugg, Michael Völkerrechtliche Definitionen des Ausdrucks „Flüchtling"
1990

Marx, Reinhard Handbuch zum Flüchtlingsschutz – Erläuterungen zur Qualifikationsrichtlinie
2. Auflage 2012

Marx, Reinhard Kommentar zum Asylverfahrensgesetz
7. Auflage 2009

Marx, Reinhard Die Verdeutschung der EU-Richtlinien zum Aufenthalts- und Asylrecht, in: InfAuslR 2007, Seite: 413–425

Marx, Reinhard Furcht vor Verfolgung wegen der Zugehörigkeit zu einer bestimmten sozialen Gruppe (Art. 10 I Bst. d RL 2004/83/EG), in: ZAR 2005, Seite: 177–185

Marx, Reinhard The Criteria of Applying the "Internal Flight Alternative" Test in National Refugee Status Determination Procedure, in: 14 IJRL 2002, Seite: 179–218

Marx, Reinhard The Criteria for Determining Refugee Status in the Federal Republic of Germany, in: 4 IJRL 1992, Seite: 151–170

Masing, Johannes Methodische Grundlagen für die Auslegung der Genfer Flüchtlingskonvention, in: Grawert, Rolf/Schlink, Bernhard/Wahl, Rainer/Wieland, Joachim (Hrsg.), Offene Staatlichkeit, Festschrift für Ernst-Wolfgang Böckenförde zum 65. Geburtstag, 1995, Seite: 51–80

Mathew, Penelope/ Hathaway, James C./ Foster, Michele The Role of State Protection in Refugee Analysis: Discussion Paper No. 2 Advanced Refugee Law Workshop (International Association of Refugee Law Judges Auckland, New Zealand, October 2002), in: 15 IJRL 2003, Seite: 444–460

Maunz, Theodor/ Dürig, Günter (Hrsg.) Grundgesetz-Kommentar 66. Auflage 2012 (zit.: Bearbeiter, in: Maunz/Dürig, GG-Kommentar)

McGibbon, I. C. Estoppel in International Law, in: 7 ICLQ 1958, Seite: 468–513

Melander, Göran The Protection of Refugees, in: 18 Scandinavian Studies of Law 1974, Seite: 151–178

Meyer, Harald/ Schallenberger, Gisbert Die EU-Flüchtlingsrichtlinie: Das Ende für das Forum Internum und Abschied von der Zurechnungstheorie?, in: NVwZ 2005, Seite: 776–778

Miehsler, Herbert The European Social Charter and the Civil Servants' Right to Strike: The German Case, in: Miehsler, Herbert/Mock, Erhard/Simma, Bruno/Tammelo, Ilmar (Hrsg.), Ius Humanitatis, Festschrift zum 90. Geburtstag von Alfred Verdross, 1980, Seite: 547–573

Milner, David Exemption from Cessation of Refugee Status in the Second Sentence of Article 1C(5)/(6) of the 1951 Refugee Convention, in: 16 IJRL 2004, Seite: 91–107

Moll, Frank Das Asylgrundrecht bei staatlicher und frauenspezifischer Verfolgung
2007

Mosler, Hermann Das Völkerrecht in der Praxis der deutschen Gerichte
1957

Mössner, Jörg Manfred Die Auslegung mehrsprachiger Staatsverträge, in: ArchVölkR 15 (1971–72), Seite: 273–302

Müller, Jörg P. Vertrauensschutz im Völkerrecht
1971

Musalo, Karen Irreconcilable Differences? – Divorcing Refugee Protections from Human Rights Norms, in: 15 Mich. J. Int'l L. 1993–1994, Seite: 1179–1240

Musalo, Karen Claims for Protection Based on Religion or Belief, in: 16 IJRL 2004, Seite: 165–226

Nacimiento, Grace Die Amerikanische Deklaration der Rechte und Pflichten des Menschen
1995

Nathwani, Nirja Rethinking Refugee Law
2003

Neal, David L. Women as a Social Group: Recognizing Sex-Based Persecution as Grounds for Asylum, in: 20 Colum. Hum. Rts. L. Rev. 1988–1989, Seite: 203–258

Neidhardt, Friedhelm Gruppensoziologie – Perspektiven und Materialien, in: Kölner Zeitschrift für Soziologie und Sozialpsychologie, Sonderheft 25/1983

Neidhardt, Friedhelm Das innere System sozialer Gruppen, in: Kölner Zeitschrift für Soziologie und Sozialpsychologie 31 (1979), Seite: 639–660

Nicholson, Frances/ Twomey, Patrick Refugee Rights and Realities
1999

Nord, Tobias Rechtsnachfolge bei zwischenstaatlichen Organisationen
2010

Oxford English Dictionary Online Ausgabe, Oxford University Press, erhältlich unter: www.oed.com (zuletzt besucht Januar 2013)

Parish, David T. — *Membership in a Particular Social Group* Under the Refugee Act of 1980: Social Identity and the Legal Concept of the Refugee, in: 92 Colum. L. R. 1992, Seite: 923–953

Partsch, Karl Josef — Die Anwendung des Völkerrechts im innerstaatlichen Recht
Überprüfung der Transformationslehre, in: BDGVR 6 (1964)

Pennington, Alison/ Pelzer, Marei — Geschlechtsspezifische Verfolgung: Das neue Flüchtlingsrecht in der Praxis, in: Asylmagazin 5/2006, Seite: 4–8

Petit Robert — Dictionnaire alphabétique et analogique de la langue française, Rey, Alain (Hrsg.)
Tome VIII (Raiso-Sub), 1985

Porter, Gregory S. — Persecution Based on Political Opinion: Interpretation of the Refugee Act of 1980, in: 25 Cornell Int'l L. J. 1992, Seite: 231–276

Reichel, Ernst — Das staatliche Asylrecht „im Rahmen des Völkerrechts"
1985

Renner, Günter (Hrsg.) — Ausländerrecht – Kommentar
9. Auflage 2011 (zit.: Bearbeiter, in: Renner, Ausländerrecht)

Ress, Georg — Wechselwirkungen zwischen Völkerrecht und Verfassung bei der Auslegung völkerrechtlicher Verträge, in: BDGVR 23 (1982), Seite: 7–60

Rest, Alfred — Interpretation von Rechtsbegriffen in internationalen Verträgen
1971

Richter, Stefan — Selbstgeschaffene Nachfluchtgründe und die Rechtsstellung von Konventionsflüchtlingen nach der Rechtsprechung des Bundesverfassungsgerichts zum Grundrecht auf Asyl und dem Gesetz zur Neuregelung des Ausländerrechts, in: ZaöRV 51 (1991), Seite: 1–45

Robinson, Nehemiah Convention relating to the Status of Refugees – Its History, Contents and Interpretation – A Commentary 1953

Ross, Michael A./ Milligan-Baldwin, Patricia The Interpretation of Membership of a Particular Social Group 2006, erhältlich unter: http://www.iarlj.org/conferences/mexico/images/stories/forms/WPPapers/Michael%20Ross.pdf (zuletzt besucht Januar 2013)

Rudolf, Walter Völkerrecht und deutsches Recht 1967

Salomons, Machiel/ Hruschka, Constantin Zu Auslegung und Inhalt des Art. 1 C (5) 1 der Genfer Flüchtlingskonvention, in: ZAR 2004, Seite: 386–392

Schaeffer, Klaus Asylberechtigung – Politische Verfolgung nach Art. 16 GG 1980

Schäfers, Bernhard Einführung in die Gruppensoziologie 1999

Schenk, Karlheinz Asylrecht und Asylverfahrensrecht 1993

Scheuner, Ulrich Internationale Verträge als Elemente der Bildung von völkerrechtlichem Gewohnheitsrecht, in: Flume, Werner/Hahn, Hugo J./Kegel, Gerhard/Simmonds, Kenneth R. (Hrsg.), Internationales Recht und Wirtschaftsordnung, Festschrift für F.A. Mann zum 70. Geburtstag, 1977, Seite: 409–438

Schröer, Friedrich Die Anwendung von Landesrecht auf völkerrechtliche Zweckverbände, in: ZaöRV 25 (1965), Seite: 617–665

Schulze, Reiner/ Zuleeg, Manfred/ Kadelbach, Stefan (Hrsg.) Europarecht – Handbuch für die deutsche Praxis 2. Auflage 2010 (zit.: Bearbeiter, in: Schulze u.a., Europarecht)

Schwarze, Jürgen (Hrsg.) EU-Kommentar 3. Auflage 2012 (zit.: Bearbeiter, in: Schwarze, EU-Kommentar)

Schweisfurth, Theodor Völkerrecht
2006

Sexton, Robert C. Political Refugees, Non-Refoulement and State Practice: A Comparative Study, in: 18 Vand. J. Transnat'l L. 1985, Seite: 731–804

Seyr, Sibylle Der *effet utile* in der Rechtsprechung des EuGH
2008

Shaw, Malcom N. International Law
6th edition 2010

Simma, Bruno (Hrsg.) The Charta of the United Nations – A Commentary, Vol. I
2nd edition 2002 (zit.: Bearbeiter, in: Simma, The Charta of the United Nations, Vol. I)

Sinclair, I.M. The Vienna Convention on the Law of Treaties
1973

Sitaropoulos, Nicholas Entwurf einer „EU-Anerkennungs-Richtlinie", in: ZAR 2003, Seite: 379–383

Sitaropoulos, Nicholas Judicial Interpretation of Refugee Status – In Search of a Principled Methodology Based on a Critical Comparative Analysis, with Special Reference to Contemporary British, French and German Jurisprudence
1999

Skubiszewski, Krzysztof Remarks on the Interpretation oft he United Nations Charter, in: Bernhardt, Rudolf/Geck, Wilhelm Karl/Jaenicke, Günther/Steinberger, Helmut (Hrsg.), Völkerrecht als Rechtsordnung – Internationale Gerichtsbarkeit – Menschenrechte, FS für Hermann Mosler, 1983, Seite: 891–902

Starke, Joseph Gabriel Introduction to international law
1989

Streinz, Rudolf (Hrsg.) EUV/AEUV
Vertrag über die Europäische Union und Vertrag über die Arbeitsweise der Europäischen Union – Kommentar
2. Auflage 2012 (zit.: Bearbeiter, in: Streinz, EUV/AEUV)

Sztucki, Jerzy The Conclusions on the International Protection of Refugees Adopted by the Executive Commitee oft he UNHCR Programme, in: 1 IJRL 1989, Seite: 285–318

Takkenberg, Alex/ Tahbaz, Christopher C. The Collected Travaux Preparatoires of the 1951 Geneva Convention Relating to the Status of Refugees, Vol. III: The Conference of Plenipotentiaries on the Status of Refugees and Stateless Persons, 2 – 25 July 1951, Geneva, Switzerland, Amsterdam 1989

Tarwater, Jeremy R. Analysis and Case Studies of the Ceased Circumstances Cessation Clause of the 1951 Refugee Convention, in: 15 Geo. Immigr. L. J. 2000–2001, Seite: 563–624

Taylor, Savitri The Meaning of Social Group: The Federal Court's Failure to Think beyond Social Significance, in: 19 Monash U. L. Rev. 1993, Seite: 307–325

The Oxford English Dictionary Vol. XV (Ser-Soosy)
2nd edition 1989

Thomas, John Hans Seeing Trough a Glass, Darkly: The Social Context of "Particular Social Groups" in *Lwin v. INS,* in: 2 BYU L. Rev. 1999, Seite 799–821

Thürer, Daniel "Soft Law" – eine neue Form von Völkerrecht?, in: ZSchwR 104 I (1985), Seite: 429–453

Tiedemann, Paul Das konstitutionelle Asylrecht in Deutschland, in: ZAR 2009, Seite: 161–168

Tiedemann, Paul Protection Against Persecution Because of "Membership of a Particular Social Group" in German Law, in: The Changing Nature of Persecution (International Association of Refugee Law Judges, 4th Conference, Berne, Switzerland, Oct. 2000), Seite: 340–350, erhältlich unter: www.iarlj.nl/swiss/en/nature pdf/tiedemann.pdf (zuletzt besucht Januar 2013)

Tietje, Christian (Hrsg.) Internationales Wirtschaftsrecht
2009 (zit.: Bearbeiter, in: Tietje, Internationales Wirtschaftsrecht)

Titze, Annegret Sexuelle Orientierung und die Zumutung der Diskretion, in: ZAR 2012, Seite: 93–102

Titze, Annegret Die deutsche Asylrechtsprechung und das internationale Flüchtlingsrecht – Kontinuität oder Neuanfang?
2008

Tomuschat, Christian Fünfzig Jahre Genfer Flüchtlingskonvention, in: Hailbronner, Kay/ Klein, Eckart (Hrsg.), Flüchtlinge – Menschenrechte – Staatsangehörigkeit, 2002, Seite: 31–40

Tomuschat, Christian Die Charta der wirtschaftlichen Rechte und Pflichten der Staaten – Zur Gestaltungskraft von Deklarationen der UN-Generalversammlung, in: ZaöRV 36 (1976), Seite: 444–491

Torres-Bernárdez, Santiago Interpretation of Treaties by the International Court of Justice following the Aoption of the 1969 Vienna Convention on the Law of Treaties, in: Hafner, Gerhard/ Loibl, Gerhard/Rest, Alfred/Sucharipa-Behrmann, Lilly/Zemanek, Karl (Hrsg.), Liber amicorum Professor Ignaz Seidl-Hohenveldern, 1998, Seite: 721–748

Tuitt, Patricia False Images – Law's Construction of the Refugee, 1996, abgedruckt in: Chimni, B.S. (Ed.), International Refugee Law – A Reader, 2002, Seite: 18–20

Türk, Volker Das Flüchtlingshochkommissariat der Vereinten Nationen (UNHCR)
1992

Uebersax, Peter/ Münch, Peter/ Geiser, Thomas/ Arnold, Martin (Hrsg.) Handbücher für die Anwaltspraxis Band VIII, Ausländerrecht 2. Auflage 2009 (zit.: Bearbeiter, Uebersax u.a., Handbücher für die Anwaltspraxis, Bd. VIII)

UNHCR Kommentar des Hohen Flüchtlingskommissars der Vereinten Nationen (UNHCR) zur Richtlinie 2004/83/EG des Rates vom 29. April 2004 über den Mindestnormen für die Anerkennung und des Status von Drittstaatsangehörigen oder Staatenlosen als Flüchtlinge oder als Personen, die anderweitig internationalen Schutz benötigen, und über den Inhalt des zu gewährenden Schutzes (OJ L 304/12 vom 30.09.2004), 2005

UNHCR Handbuch über Verfahren und Kriterien zur Feststellung der Flüchtlingseigenschaft. Gemäß dem Abkommen von 1951 und dem Protokoll von 1967 über die Rechtsstellung der Flüchtlinge 1979 (Neuauflage: UNHCR Österreich, Dezember 2003)

UNHCR Auslegung von Artikel 1 des Abkommens von 1951 über die Rechtsstellung der Flüchtlinge, 2001, erhältlich unter: www.unhcr.ch (zuletzt besucht Januar 2013)

UNHCR Summary Conclusions: membership of a particular social group, Global Consultations on International Protection, Expert roundtable organized by UNHCR, San Remo 6–8 September 2001

UNHCR The State of the World's Refugees. Fifty years of humanitarian action 2000

UNHCR Weltweite Konsultationen von UNHCR zum internationalen Flüchtlingsschutz - Mai 2002, erhältlich unter: www.unhcr.de (zuletzt besucht Januar 2013)

UNHCR Die Bedeutung der EU Qualifikationsrichtlinie für das deutsche System des Flüchtlingsschutzes, erhältlich unter: www.unhcr.de (zuletzt besucht Januar 2013)

UNHCR Die Genfer Konvention von 1951 über die Rechtsstellung der Flüchtlinge: Ihre Bedeutung in der heutigen Zeit, erhältlich unter: www.unhcr.de (zuletzt besucht Januar 2013)

UNHCR Agenda für den Flüchtlingsschutz, Deutsche Auflage, Dezember 2003, erhältlich unter: www.unhcr.ch (zuletzt besucht Januar 2013)

University of Michigan Law School Program in Refugee and Asylum Law: Michigan Guidelines on Well-Founded Fear – Third Colloquium on Challenges in International Refugee Law March 26–28, 2004, erhätlich unter: www.refugee.org.nz (zuletzt besucht Januar 2013)

Van Walsum, Sarah/ Spijkerboar, Thomas Woman and Immigration Law 2007

Vanheule, Dirk A Comparison of the Judicial Interpretations of the Notion of Refugee, in: Carlier, Jean-Yves/Vanheule, Dirk (Eds.): Europe and Refugees: A Challenge?, 1997, Seite: 91–105

Verdross, Alfred/ Simma, Bruno Universelles Völkerrecht 3. Auflage 2010

Vevstad, Vigdis Refugee Protection. A European Challenge 1998

Viellechner, Lars Berücksichtigungspflicht als Kollisionsregel, in: Matz-Lück, Nele/Hong, Mathias (Hrsg.), Grundrechte und Grundfreiheiten im Mehrebenensystem. Konkurrenzen und Interferenzen, 2011, Seite: 109–160

Villarreal, Danuta To Protect the Defenseless: The Need for Child-Specific Substantive Standards for Unaccompanied Minor Asylum-Seekers, in: 16 Hous. J. Int'l L. 2003–2004, Seite: 743–778

Villiger, Mark E. Commentary on the 1969 Vienna Convention on the Law of Treaties 2009

Villiger, Mark E. Customary International Law and Treaties. A Manual on the Theory and Practice of the Interrelation of Sources
1997

Volf, Patrik-Paul Der Politische Flüchtling als Symbol der Zweiten Republik. Zur Asyl- und Flüchtlingspolitik seit 1945, in: Zeitgeschichte, Heft 11–12/1995, Seite: 415–435

von Mangoldt, Hermann/ Klein, Friedrich/ Starck, Christian (Hrsg.) Kommentar zum Grundgesetz
Band 2: Artikel 20 bis 82
6. Auflage 2010 (zit.: Bearbeiter, in: von Mangoldt/ Klein/Starck, GG Bd. 2)

von Münch, Ingo/ Kunig, Philip (Hrsg.) Grundgesetz – Kommentar
Band 1: Präambel bis Art. 69
6. Auflage 2012 (zit.: Bearbeiter, in: von Münch/ Kunig, GG-Kommentar, Bd. 1)

Von Schmieden, Werner Die Flüchtlingshilfe des Völerbundes, in: Schätzel, Walter/Veiter, Theodor (Hrsg.), Handbuch des internationalen Flüchtlingsrechts, 1960, Seite: 219–244

Von Thenen, Gabriele Geschlechtsspezifische Flucht- und Bleibegründe: Völkerrechtliche Verpflichtungen und innerstaatliche Rechtslage
2004

Wahrig, Gerhard/ Krämer, Hildegard/ Zimmermann, Harald (Hrsg.) Brockhaus Wahrig
Deutsches Wörterbuch
1980 (zit.: Brockhaus Wahrig, Deutsches Wörterbuch)

Walker, Kristen L. Sexuality and Refugee Status in Australia, in: 12 IJRL 2000, Seite: 175–211

Weber, Albrecht Ansätze zu einem gemeineuropäischen Asylrecht, in: EuGRZ 1999, Seite: 301–313

Weis, Paul The Refugee Convention, 1951: The Travaux Préparatoires Analysed with a Commentary by Dr. Paul Weis
1995

Werenfels, Samuel	Der Begriff des Flüchtlings im schweizerischen Asylrecht 1987
Wilsher, Daniel	Non-State Actors and the Definition of a Refugee in the United Kingdom: Protection, Accountability or Culpability, in: 15 IJRL 2003, Seite: 68–112
Winkler, Markus	Politische Verfolgung im Sinne des Ausländerrechts, in: NVwZ 1995, Seite: 766–767
Wokulat, Ulrich	Schaffung eines gemeinsamen europäischen Asylsytems – Schaffung eines gemeinsamen Asylverfahrens? 2005
Wolter, Miriam	Auf dem Weg zu einem gemeinschaftlichen Asylrecht in der Europäischen Union 1999
Yambrusic, Edward Slavo	World order through legal certitude: The "Norm" of Treaty Interpretation 1984
Zieck, Marjoleine	UNHCR and Voluntary Repatriation of Refugees. A Legal Analysis 1997
Zimmermann, Andreas	The 1951 Convention relating to the Status of Refugees and its 1967 Protocol 2011

Abkürzungsverzeichnis

a.A.	andere Ansicht
a.E.	am Ende
a.F.	alte Fassung
ABl.	Amtsblatt der Europäischen Union
Abs.	Absatz
AC	Law Reports, Appeal Cases
AEMR	Allgemeine Erklärung der Menschenrechte
AEUV	Vertrag über die Arbeitsweise der Europäischen Union
AJIL	American Journal of International Law
ALR	Australian Law Reports
Alt.	Alternative
AmJIL	American Journal of International Law
Anor	Another
ARK	Schweizerische Asylrekurskommission
Art.	Artikel
AsylVfG	Asylverfahrensgesetz
AufenthG	Aufenthaltsgesetz
AuslG	Ausländergesetz
AustLII	Australasian Legal Information Institute
ArchVölkR	Archiv des Völkerrechts
Az.	Aktenzeichen
BAILII	British and Irish Legal Information Institute
BAMF	Bundesamt für Migration und Flüchtlinge
Bd.	Band
BDGVR	Berichte der Deutschen Gesellschaft für Völkerrecht
BeckRS	Beck-Rechtsprechung

Begr RegE	Begründung des Regierungsentwurfs
Berk. J. Int’l Law	Berkeley Journal of International Law
Beschl. v.	Beschluss vom
BGBl.	Bundesgesetzblatt
BGH	Bundesgerichtshof
BGHZ	Entscheidungen des Bundesgerichtshofs in Zivilsachen
BIA	Board of Immigration Appeals
BMI	Bundesministerium des Innern
Brooklyn J. Int’l L.	Brooklyn Journal of International Law
BVerfG	Bundesverfassungsgericht
BVerfGE	Entscheidungen des Bundesverfassungsgerichts
BVerwG	Bundesverwaltungsgericht
BVerwGE	Entscheidungen des Bundesverwaltungsgerichts
BYIL	British Yearbook if International Law
BYU L. Rev.	Brigham Young University Law Review
bzw.	beziehungsweise
CA	Court of Appeals
ca.	circa
CanLII	Canadian Legal Information Institute
CanYIL	Canadian Yearbook of International Law
CEDAW	Convention on the Elimination of All Forms of Discrimination Against Women
Cir.	Circuit
CJ	Chief Justice
CLR	Commonwealth Law Reports
Colum. Hum. Rts. L. Rev.	Columbia Human Rights Law Review
Colum. J. Gender & L.	Columbia Journal of Gender and Law
Colum. L. R.	Columbia Law Review
CONF	Konferenzdokument
Cornell Int’l L. J.	Cornell International Law Journal
CPJI	Cour permanente de Justice internationale
CRC	Convention on the Rights of the Child

d.h.	das heißt
ders.	derselbe
dies.	dieselbe/n
DLR	Dominion Law Reports
Doc.	Document
DP	displaced person
ECOSOC	United Nations Economic and Social Council
ECRE	European Council on Refugees and Exiles
Ed.	Editor
Eds.	Editors
EG	Europäische Gemeinschaft
EGMR	Europäischer Gerichtshof für Menschenrechte
EGV	Vertrag der Europäischen Gemeinschaft
EMARK	Entscheidungen und Mitteilungen der ARK
EMRK	Europäische Menschenrechtskonvention
EPIL	Encyclopedia of Public International Law
EU	Europäische Union
EuGH	Gerichtshof der Europäischen Union
EuGRZ	Europäische Grundrechte-Zeitschrift
Eur. J. Migration & L.	European Journal of Migration and Law
EUV	Vertrag über die Europäischen Union
EWCA	England and Wales Court of Appeal
ExCom	Executive Committee of the High Commissioner's Programme
F.2d	Federal Reporter, Second Series
F.3d	Federal Reporter, Third Series
f.	folgende
FC	Federal Court Reports
FCA	Federal Court of Australia
FCA	Federal Court of Canada – Appeal Division
FCJ	Federal Court Judgements
FCT	Federal Court of Canada – Trial Division

ff.	fortfolgende
Fn.	Fußnote
FS	Festschrift
Geo. Immigr. L. J.	Georgetown Immigration Law Journal
GFK	Abkommen über die Rechtsstellung der Flüchtlinge (Genfer Flüchtlingskonvention)
GG	Grundgesetz für die Bundesrepublik Deutschland
GYIL	German Yearbook of International Law
Harv. Hum. Rts. J.	Harvard Human Rights Journal
HCA	High Court of Australia
Hdb.	Handbuch
HFR	Humboldt Forum Recht
Hous. J. Int'l L.	Houston Journal of International Law
Hrsg.	Herausgeber
Hs.	Halbsatz
Hum. Rts. Q.	Human Rights Quaterly
I.&N.Dec.	Immigration and Nationality Laws Administrative Decisions
i.S.d.	im Sinne des/der
i.S.v.	im Sinne von
i.V.m.	in Verbindung mit
IARLJ	International Association of Refugee Law Judges
ICERD	International Convention on the Elimination of All Forms of Racial Discrimination
ICJ	International Court of Justice
ICLQ	International and Comparative Law Quarterly
IGCR	Intergovernmental Committee on Refugees
IGH	Internatinonaler Gerichtshof
IJRL	International Journal of Refugee Law
ILC	International Law Commission
Imm AR	Immigration Appeal Reports
Imm. L.R.	Immigration Law Reporter
InfAuslR	Informationsbrief Ausländerrecht

INS	Immigration and Naturalization Service
Int. Dec.	Interim Decision
IPBürgR	Internationaler Pakt über bürgerliche und politische Rechte
IPwirtR	Internationaler Pakt über wirtschaftliche, soziale und kulturelle Rechte
IRO	International Refugee Organization
J. Int'l L.	Journal of International Law
J.L. & Pol'y	Journal of Law and Policy
Jh.	Jahrhundert
juris	Juristisches Informationssystem für die Bundesrepublik Deutschland
Kap.	Kapitel
KJ	Kritische Justiz
lit.	litera
m.N.	mit Nachweisen
m.w.N.	mit weiteren Nachweisen
Man. L.J.	Manitoba Law Journal
MCI	Minister of Citizenship and Immigration
MEI	Minister of Employment and Immigration
Mich. J. Int'l L.	Michigan Journal of International Law
MIEA	Minister for Immigration & Ethnic Affairs
MIMA	Minister for Immigration & Multicultural Affairs
MIMIA	Minister for Immigration and Multicultural and Indigenous Affairs
Monash U. L. Rev.	Monash University Law Review
NGO	Non-Governmental Organisation
No.	Number
Nr.	Nummer
NRW	Nordrhein-Westfalen
NVwZ	Neue Zeitschrift für Verwaltungsrecht
NVwZ-RR	NVwZ-Rechtsprechungs-Report Verwaltungsrecht
NYIL	Netherlands Yearbook of International Law

OAU	Organisation of African Unity
OVG	Oberverwaltungsgericht
PCIJ	Permanent Court of International Justice
PSG	Particular Social Group
QLR	Qualifikationsrichtlinie
RdC	Recueil de Cours
Ref. App.	Refugee Appeal
Reg	Regulation
RL	Richtlinie
Rn.	Randnummer
RSAA	New Zealand Refugee Status Appeals Authority
S.	Seite/n
s.	siehe
S.C.R.	Supreme Court Reports, Canada
San Diego L. Rev.	San Diego Law Review
SFH	Schweizerischen Zentralstelle für Flüchtlingshilfe
Slg.	Rechtsprechungssammlung des EuGH
sog.	Sogenannte(r)
SSHD	Secretary of State for the Home Department
Stan. J. Int'l L.	Stanford Journal of International Law
StIGH	Ständiger Internationaler Gerichtshof
u.	und
u.a.	und andere
U.S.	United States
U.S.	United States Reports
UKAIT	United Kingdom Asylum and Immigration Tribunal
UKHL	United Kingdom House of Lords
UKSC	United Kingdom Supreme Court
UML	University of Michigan Law School
UN	United Nations
UN Doc.	Dokument der Vereinten Nationen
UNHCR	United Nationes High Commissioner for Refugees

UNKRA	United Nations Korean Reconstruction Agency
UNO	United Nations Organization
UNREF	United Nations Refugee Fund
UNRRA	United Nations Relief and Rehabilitation Administration
UNRWA	United Nations Relief and Works Agency for Palestine Refugees in the Near East
Unterabs.	Unterabsatz
Urt. v.	Urteil vom
US	Unites States
v.	versus (gegen)
Vand. J. Transnat'l L.	Vanderbilt Journal of Transnational Law
VG	Verwaltungsgericht
VGH	Verwaltungsgerichtshof
vgl.	vergleiche
Vol.	Volume
Wash. L. Rev.	Washington (WA) Law Review
WVRK	Wiener Übereinkommen über das Recht der Verträge (Wiener Vertragsrechtskonvention)
z.B.	zum Beispiel
ZaöRV	Zeitschrift für ausländisches öffentliches Recht und Völkerrecht
ZAR	Zeitschrift für Ausländerrecht und Ausländerpolitik
ZEuS	Zeitschrift für Europarechtliche Studien
Ziff.	Ziffer
zit. n.	zitiert nach
ZschwR	Zeitschrift für Schweizerisches Recht

Sofern die verwendete Rechtsprechung in keiner amtlichen Sammlung erschienen ist, wurde das jeweilige Aktenzeichen, und wenn möglich die Internetfundstelle, angegeben. Entscheidungen ausländischer Gerichte wurden mitunter nach der Internetseite des jeweiligen Legal Information Institute (www.austlii.edu.au, www.bailii.org, www.canlii.org), oder nach Refworld, dem Informationsdienst des UNHCR (www.refworld.org), zitiert.

Einleitung

Wer ist Flüchtling? Das Flüchtlingsrecht erkennt nicht jede Person, die aus ihrer Heimat fliehen musste, als Flüchtling an, sondern begründet einen engen Flüchtlingsbegriff. Flüchtling ist nur, wer *aus bestimmten Gründen* verfolgt wird. Die vorliegende Studie hat zum Ziel, einen der fünf abschließend aufgelisteten Verfolgungsgründe des Abkommens über die Rechtsstellung der Flüchtlinge vom 28. Juli 1951 (GFK)[1], den Verfolgungsgrund „Zugehörigkeit zu einer bestimmten sozialen Gruppe“, näher zu bestimmen.

Die Beantwortung der im Mittelpunkt des Asylrechts stehenden Frage, unter welchen Voraussetzungen Asyl gewährt wird, oblag lange Zeit dem nationalen Recht. Es gibt kein völkerrechtlich gewährleistetes „Recht auf Asyl“, da die Asylgewährung ein souveränes Recht der Staaten ist. Durch das Abkommen über die Rechtsstellung der Flüchtlinge vom 28. Juli 1951 haben sich die Vertragsstaaten, zu denen die Bundesrepublik Deutschland gehört, jedoch völkerrechtlich dazu verpflichtet, verfolgten Personen unter bestimmten Voraussetzungen internationalen Schutz zu gewähren. Durch regionale Integrationsbestrebungen – wobei sich die vorliegende Arbeit ausschließlich auf diejenigen im Rahmen der Europäischen Union beschränkt – wurden zudem supranationale Vorgaben auf dem Gebiet des Asylrechts entwickelt. Das deutsche Aufenthaltsrecht ist nunmehr im Lichte der unionsrechtlichen Regeln anzuwenden.[2] Anknüpfungspunkt sowohl für den unionsrechtlichen als auch

---

1 Art. 1A Nr. 2 des Abkommens über die Rechtsstellung der Flüchtlinge vom 28. Juli 1951 (Genfer Flüchtlingskonvention, GFK) bezeichnet als Flüchtling jede Person, die „aus der begründeten Furcht vor Verfolgung wegen ihrer Rasse, Religion, Nationalität, Zugehörigkeit zu einer bestimmten sozialen Gruppe oder wegen ihrer politischen Überzeugung sich außerhalb des Landes befindet, dessen Staatsangehörigkeit sie besitzt, und den Schutz dieses Landes nicht in Anspruch nehmen kann oder wegen dieser Befürchtungen nicht in Anspruch nehmen will; oder die sich als staatenlose infolge solcher Ereignisse außerhalb des Landes befindet, in welchem sie ihren gewöhnlichen Aufenthalt hatte, und nicht dorthin zurückkehren kann oder wegen der erwähnten Befürchtungen nicht dorthin zurückkehren will.“

2 Durch die Richtlinie 2004/83/EG des Rates vom 29. April 2004 über Mindestnormen für die Anerkennung und den Status von Drittstaatsangehörigen oder Staatenlosen als

für den Flüchtlingsbegriff des deutschen Aufenthaltsgesetzes ist der Flüchtlingsbegriff des Abkommens über die Rechtsstellung der Flüchtlinge vom 28. Juli 1951. Für die praktische Rechtsanwendung gilt es daher zudem das Verhältnis der Völkerrechtsordnung zur nationalen bzw. supranationalen Rechtsordnung näher zu bestimmen.

In den letzten Jahren hat die Zahl der Asylbewerber, die ihren Antrag auf den Verfolgungsgrund der „Zugehörigkeit zu einer bestimmten sozialen Gruppe" stützen, zugenommen.[3] Weil die internationale Übereinkunft wenig Aufschluss darüber gibt, was unter diesem Merkmal zu verstehen ist, kommt es in den nationalen Rechtsprechungen und der Literatur zu unterschiedlichen Auslegungen.

Gerade im kontinentaleuropäischen Raum hat bisher kaum eine dogmatische Auseinandersetzung mit dem Verfolgungsmotiv der „Zugehörigkeit zu einer bestimmten sozialen Gruppe" stattgefunden.[4] Teilweise wird behauptet, letztlich bestimme der Verfolger allein, wen er weshalb verfolgt, und damit auch, ob und wie er die von ihm verfolgte Gruppe definiere.[5] Dies verkennt jedoch die Notwendigkeit der begrifflichen Eingrenzung dieses Verfolgungsgrundes, die auch auf dem staatlichen Souveränitätsanspruch beruht. Dabei sind ausreichend bestimmte Kriterien zu entwickeln, die die völkerrechtlichen Vorgaben beachten und ein gewisses Maß an Flexibilität aufweisen. Die völkervertraglichen Bemühungen um die Schaffung eines Flüchtlingsrechts, das einen angemessenen Schutz vor Verfolgung bietet, können erst dann als gelungen angesehen werden, wenn eine

Flüchtlinge oder als Personen, die anderweitig internationalen Schutz benötigen, und über den Inhalt des zu gewährenden Schutzes, die sog. Qualifikationsrichtlinie (ABl. L 304/12 vom 30. September 2004), wurde die Zuerkennung der Flüchtlingseigenschaft innerhalb der Europäischen Union weiter vereinheitlicht. Sie betrifft die Flüchtlingsanerkennung nach der Genfer Flüchtlingskonvention, grundsätzlich aber nicht das nationale Asylrecht nach Art. 16a des Grundgesetzes. Mit der Neufassung der Qualifikationsrichtlinie, der Richtlinie 2011/94/EU (ABl. L 337 vom 20. Dezember 2011), wird die alte Fassung mit Wirkung vom 21. Dezember 2013 aufgehoben.

3 Aleinikoff, in: Feller u.a., Refugee Protection in International Law, S. 263 (264).

4 Vgl. zur deutschen Praxis Tiedemann, in: The Changing Nature of Persecution (IARLJ, 4th Conference, Berne, Switzerland, Oct. 2000), Seite: 340–350, erhältlich unter www.iarlj.nl/swiss/en/naturepdf/tiedemann.pdf (zuletzt besucht Januar 2013); Fullerton, 4 Geo. Immigr. L. J. 1990, 381 (381 ff.).

5 EMARK 2006/31, S. 357, erhältlich unter: http://www.ark-cra.ch/emark/2006/32.htm (zuletzt besucht Januar 2013); siehe auch Stöckli, in: Uebersax u.a., Handbücher für die Anwaltspraxis, Bd. VIII, § 11 Rn. 11.11.

einheitliche und konventionsgemäße Interpretation und Anwendung der völkervertraglichen Bestimmungen sichergestellt ist.

In der Diskussion über die Auslegung des Begriffs der „Zugehörigkeit zu einer bestimmten sozialen Gruppe“ haben die für die Auslegung völkerrechtlicher Verträge maßgeblichen Art. 31 ff. WVRK kaum Berücksichtigung gefunden.[6] Es überrascht doch sehr, dass auf Art. 31 WVRK, der allgemeine Auslegungsregeln enthält, so selten Bezug genommen wird. Stattdessen greifen Praxis und Literatur häufig auf die vorbereitenden Arbeiten zurück, denen gemäß Art. 32 WVRK jedoch nur eine untergeordnete Bedeutung zukommt.

Die vorliegende Arbeit orientiert sich bei der Interpretation des Verfolgungsmerkmals an den für die Auslegung völkerrechtlicher Verträge maßgeblichen Regelungen. Sie nimmt dabei auch Bezug auf verschiedene Interpretationsversuche, wie sie sich in Lehre und Praxis finden. Die Kategorie der „bestimmten sozialen Gruppe“ darf nicht als „Sammelbecken“[7] verstanden werden, in dem sich alle Personen, die Verfolgung fürchten, tummeln. Die enge Verknüpfung des internationalen Flüchtlingsrechts mit den internationalen Menschenrechten muss jedoch Berücksichtigung finden.[8] Flüchtlinge sind Menschen, deren Menschenrechte verletzt wurden, und die daher den Schutz der internationalen Gemeinschaft verdienen.[9] Daher wird eine Interpretation vorgenommen, die auf der einen Seite geeignet sein soll, Opfern von Menschenrechtsverletzungen wirksamen Schutz zu bieten, andererseits aber die Staaten nicht an etwas zu binden versucht, wozu sie sich im Rahmen des Abkommens über die Rechtsstellung der Flüchtlinge vom 28. Juli 1951 nicht verpflichten wollten.

Die Arbeit hat nicht zum Ziel, alle „bestimmten sozialen Gruppen“ abschließend zu bezeichnen. Insofern kann der Einschätzung McHughs zugestimmt werden, dass ihre vollständige Erfassung unmöglich ist:

---

6 Heines, Interim Report on Membership of a Particular Social Group, Ziff. 14. Soweit ersichtlich wird allein in Applicant A. v. MIEA, [1997] HCA 4, 190 CLR 225, 142 ALR 331 (349 ff.), per McHugh J. ausdrücklich auf die Regelungen der WVRK hingewiesen.

7 Richtlinien zum internationalen Schutz: „Zugehörigkeit zu einer bestimmten sozialen Gruppe“ im Zusammenhang mit Artikel 1 A (2) des Abkommens von 1951 bzw. des Protokolls von 1967 über die Rechtsstellung der Flüchtlinge (im Folgenden: *Richtlinien zum internationalen Schutz: „Zugehörigkeit zu einer bestimmten sozialen Gruppe“*), UN Doc. HCR/GIP/02/02 (7. Mai 2002), Ziff. 2.

8 Vgl. Daley/Kelley, 12 IJRL 2000, 148 (150).

9 Aleinikoff, in: Feller u.a., Refugee Protection in International Law, S. 263 (265).

> „Courts and jurists have taken widely differing views as to what constitutes 'membership of a particular social group' for the purposes of the Convention. This is not surprising. The phrase is indeterminate and lacks a detailed legislative history and debate. Not only is it impossible to define the phrase exhaustively, it is pointless to do so.“[10]

Es ist jedoch das Ziel der Arbeit, eine Begrenzung und feststehende Definition dieses Merkmals herauszuarbeiten, die dem Anwender einen klaren Beurteilungsmaßstab zur Hand gibt.

Die Studie ist wie folgt aufgebaut: Teil I stellt den historischen und politischen Kontext des internationalen Flüchtlingsrechts der Arbeit voran. Dabei werden insbesondere die Beweggründe, die zum Abschluss der Genfer Flüchtlingskonvention führten, und die geschichtliche Entwicklung des Abkommens beleuchtet. Teil II gibt einen Überblick über die allgemeinen Merkmale des Flüchtlingsbegriffs in der GFK. Hierbei sind vor allem das Konzept der Verfolgung und das Erfordernis einer Verbindung zwischen Verfolgungsgrund und Verfolgungsmaßnahme für das Verständnis der weiteren Ausführungen von Bedeutung. In dem sich anschließenden Teil III wird zunächst der Frage nach einer autoritativen Auslegungsinstanz nachgegangen. Dabei wird die Bedeutung der Äußerungen des *United Nations High Commissioner for Refugees* (UNHCR)[11], dem Hilfsorgan der Generalversammlung der Vereinten Nationen, für die Auslegung der Konventionsbestimmungen untersucht. Im Anschluss wird eine Interpretation des Merkmals „Zugehörigkeit zu einer bestimmten sozialen Gruppe“ in der Genfer Flüchtlingskonvention (Art. 1A Nr. 2) vorgenommen. Da die „soziale Gruppe“ in der Soziologie ein feststehender Terminus ist, wird hierfür zunächst der Überlegung nachgegangen, zur näheren Begriffsbestimmung auf soziologische Kriterien zurückzugreifen. Sodann untersucht die Verfasserin das Verfolgungsmerkmal anhand der für die völkerrechtlichen Verträge maßgeblichen Auslegungsregeln. Im Rahmen dessen werden die von Rechtsprechung und Literatur aufgestellten Kriterien auf ihre Schlüssigkeit hin überprüft. Der vierte Teil der Arbeit widmet sich den unionsrechtlichen Vorgaben. Nach einer Einführung und einem Überblick über die Entwicklung der EU-Asyl- und Flüchtlingspolitik wird zunächst das Verhältnis von Unionsrecht und Genfer Flüchtlingskonvention beleuchtet. Im Anschluss wird auf die unionsrechtlichen Bestimmungen hinsichtlich der Auslegung des Verfolgungsmerkmals der „bestimmten sozialen Gruppe“, wie sie sich

---

10 Applicant A. v. MIEA, [1997] HCA 4, 190 CLR 225, 142 ALR 331 (355), per McHugh J.

11 Die männliche Form wird vorliegend entsprechend der wörtlichen Übersetzung verwendet.

in der Qualifikationsrichtlinie[12] finden, eingegangen. Sie werden in Bezug auf ihre Vereinbarkeit mit den völkerrechtlichen Vorgaben gewürdigt. Der fünfte Teil widmet sich dem Verfolgungsmerkmal im deutschen Recht und dem Verhältnis der normativen Mehrebenen. Zunächst wird der Regelungsgehalt der auf das Merkmal Bezug nehmenden nationalen einfachgesetzlichen Vorschrift bestimmt. Sodann wird der Einfluss der völkerrechtlichen Regelung (Art. 1A Nr. 2 GFK) auf die nationale Norm mit Blick auf die anwendbaren Auslegungsregelungen erörtert. Es folgen Ausführungen zum Verhältnis von nationalem Asylgrundrecht und völkerrechtlich verbindlichem Flüchtlingsbegriff. Im Anschluss hieran werden die Konsequenzen der supranationalen Vorgaben für die Auslegung des Merkmals der einfach gesetzlichen Regelung aufgezeigt sowie Wirkungen des Gemeinsamen Europäischen Asylsystems auf das Asylgrundrecht herausgearbeitet. Die Arbeit schließt mit einer thesenartigen Zusammenfassung und allgemeinen Schlussfolgerungen.

12 Richtlinie 2004/83/EG des Rates vom 29. April 2004 über Mindestnormen für die Anerkennung und den Status von Drittstaatsangehörigen oder Staatenlosen als Flüchtlinge oder als Personen, die anderweitig internationalen Schutz benötigen, und über den Inhalt des zu gewährenden Schutzes (ABl. L 304/12 vom 30. September 2004). Mit der Neufassung der Qualifikationsrichtlinie, der Richtlinie 2011/94/EU (ABl. L 337 vom 20. Dezember 2011), wird die alte Fassung mit Wirkung vom 21. Dezember 2013 aufgehoben.

1. Kapitel: Historischer und politischer Kontext

A. Hintergrund und geschichtliche Entwicklung der Genfer Flüchtlingskonvention

I. Entstehungsgrund und Ziele

Das *Abkommen über die Rechtsstellung der Flüchtlinge vom 28. Juli 1951* gilt als die Grundlage des internationalen Flüchtlingsrechts.[13] Die sogenannte Genfer Flüchtlingskonvention (GFK) ist kurz nach Ende des Zweiten Weltkrieges entstanden. Sie wurde auf einer UN-Sonderkonferenz in Genf verabschiedet und trat am 22. April 1954 in Kraft. Die Konvention und/oder das Protokoll vom 31. Januar 1967 über die Rechtsstellung der Flüchtlinge[14] zählen heute 147 Vertragsstaaten.[15]

---

13 Vgl. die Beschlüsse des Exekutivkomitees des UNHCR Nr. 4 (XXVIII) und Nr. 8 (XXVIII) aus 1977, Nr. 11 (XXIX) aus 1978, Nr. 14 (XXX) aus 1979, Nr. 16 (XXXI) und Nr. 19 (XXXI) aus 1980, Nr. 21 (XXXII) aus 1981, Nr. 25 (XXXIII) und Nr. 28 (XXXIII) aus 1982, Nr. 29 (XXXIV) aus 1983, Nr. 33 (XXXV) aus 1984, Nr. 36 (XXXVI) aus 1985, Nr. 41 (XXXVII), Nr. 42 (XXXVII) und Nr. 43 (XXXVII) aus 1986, Nr. 46 (XXXVIII) aus 1987, Nr. 51 (XXXIX) aus 1988, Nr. 55 (XL) und Nr. 57 (XL) aus 1989, Nr. 61 (XLI) aus 1990, Nr. 65 (XLII) aus 1991, Nr. 68 (XLIII) aus 1992, Nr. 71 (XLIV) aus 1993, Nr. 74 (XLV) aus 1994, Nr. 77 (XLVI) aus 1995, Nr. 79 (XLVII) aus 1996, Nr. 81 (XLVIII) und Nr. 82 (XLVIII) aus 1997, Nr. 11 (XXIX) aus 1978. Vgl. auch Generalversammlungsresolution 52/103 vom 12. Dezember 1997; UNHCR, Die Genfer Konvention von 1951 über die Rechtsstellung der Flüchtlinge: Ihre Bedeutung in der heutigen Zeit, erhältlich unter: http://www.unhcr.de/fileadmin/rechtsinfos/fluechtlingsrecht/1_international/1_1_voelkerrecht/1_1_1/FR_int_vr_GFK-Bedeutung_heute.pdf (zuletzt besucht Januar 2013). Auf internationaler Ebene sind außerdem noch die für Afrika bedeutsame *Convention Governing Specific Aspects of Refugee Problems in Africa* vom 10. September 1969 und die südamerikanische *Cartagena Declaration on Refugees* vom 22. November 1984 zu nennen.

14 Zu dem Protokoll über die Rechtsstellung der Flüchtlinge vom 31. Januar 1967 siehe A.III.1.

15 Hierbei sind Madagaskar, Monaco, Namibia, St. Kitts und Nevis und die Grenadinen allein Vertragspartner der Konvention von 1951; Belarus, Kap Verde, Venezuela und die Vereinigten Staaten von Amerika sind nur dem Protokoll von 1967 beigetreten. Stand 1. April 2011, vgl. http://www.unhcr.org/protect/PROTECTION/3b73b0d63.pdf (zuletzt besucht Januar 2013).

Die Bundesrepublik Deutschland gehörte zu den ersten sechs Unterzeichnerstaaten. Vor Abschluss der Genfer Flüchtlingskonvention fehlte es an universellen Standards für den Schutz von Flüchtlingen.

1. Entwicklung bis zum Ende des Völkerbundes

Bis zu Beginn des 20. Jahrhunderts wurden Flüchtlingsfragen regional und politisch gelöst. Suchte man Schutz in einem fremden Land, traten rechtliche Probleme erst dann auf, wenn der Verfolgerstaat die Auslieferung seines Bürgers oder Untertanen verlangte. Die Territorialhoheit des Zufluchtsstaates stand hier der Personalhoheit des Verfolgerstaates gegenüber. Dabei spielten die Rechte des Flüchtlings keine Rolle, im Vordergrund standen allein die Rechte der Staaten in ihrem Verhältnis zueinander und deren Selbstbehauptungswillen.[16] Erst während des Ersten Weltkrieges wurde das Flüchtlingsproblem auf internationaler Ebene diskutiert und setzte die Entwicklung des internationalen Flüchtlingsrechts ein.[17]

Die internationale Gemeinschaft hat sich im Rahmen des Völkerbundes bereits ab dem Jahre 1921 darum bemüht, bestimmte Grundrechte und Mindestschutzstandards festzulegen, die bei der Behandlung von Flüchtlingen auf internationaler Ebene Beachtung finden sollten.[18] Veranlasst durch die Oktoberrevolution in Russland und die Geschehnisse des Ersten Weltkrieges, durch die Flüchtlinge und Vertriebene in die verschiedensten Länder verstreut worden waren, sah es die internationale Gemeinschaft als ihre Aufgabe an, Verantwortung für Flüchtlinge zu übernehmen und ihnen gewisse Schutzstandards zu gewähren.[19] Der Völkerbund bestellte 1921 das Amt des Hochkommissars für Flüchtlinge, das zunächst allein für russische Flüchtlinge zuständig war.[20] Seine Aufgabe war es, Hilfe zu leisten und einen Rechtsstatus für die ca. 800.000 Flüchtlinge zu schaffen. Im Jahre 1922 wurde der sogenannte Nansen-Pass

---

16 Hierzu und zu Nachfolgendem siehe Marugg, Völkerrechtliche Definitionen, S. 50 ff.

17 Vgl. Dahm/Delbrück/Wolfrum, Völkerrecht, Bd. I/2, S. 186 f.;

18 UNHCR, Die Genfer Konvention von 1951 über die Rechtsstellung der Flüchtlinge: Ihre Bedeutung in der heutigen Zeit, erhältlich unter: http://www.unhcr.de/fileadmin/rechtsinfos/fluechtlingsrecht/1_international/1_1_voelkerrecht/1_1_1/FR_int_vr_GFK-Bedeutung_heute.pdf (zuletzt besucht Januar 2013).

19 Vgl. Makarov, ZaöRV 14, 431 (431).

20 Vgl. hierzu und zu Nachfolgendem von Schmieden, in: Schätzel/Veiter, Handbuch des internationalen Flüchtlingsrechts, S. 219 (219 ff.).

eingeführt,[21] ein Identitätspapier für russische Flüchtlinge. In den nachfolgenden Jahren wurde die Zuständigkeit des Amtes des Hochkommissars für Flüchtlinge und gleichzeitig auch die Ausgabe des Identitätspapiers auf andere Flüchtlingsgruppen erweitert.

Im Jahre 1931 wurde das *Nansen International Office for Refugees* durch eine Resolution der Versammlung des Völkerbundes ins Leben gerufen, das jedoch von Anfang an keine dauerhafte Einrichtung bilden sollte.[22] 1933 wurde erstmals der Versuch unternommen, Flüchtlinge vor willkürlicher Ausweisung zu schützen und ihnen gewisse Statusrechte zu verleihen. Acht Staaten ratifizierten das Abkommen über die internationale Rechtsstellung der Flüchtlinge vom 28. Oktober 1933[23]. Das Abkommen gilt jedoch allein für Flüchtlinge aus Russland und der Türkei. Die Konvention vermittelt den Flüchtlingen zwar kein subjektives Recht, verpflichtet die Staaten aber dazu, die Flüchtlinge nicht in ihren Verfolgerstaat zurückzusenden und ihnen Asyl zu gewähren, sofern sich kein Drittstaat zu ihrer Aufnahme bereit erklärt.

Die Herrschaft der Nationalsozialisten und die damit einhergehende Massenflucht aus Deutschland verschärften die Problematik und stellten die internationale Gemeinschaft vor eine neue Herausforderung. Die Zahl jüdischer Auswanderer stieg so stark an, dass es einer internationalen Vereinbarung bedurfte, um der Situation gerecht zu werden. Das Flüchtlingsproblem wurde als soziale und humanitäre Angelegenheit angesehen, die keinen Anlass zu Spannungen zwischen den Staaten geben sollte. Ein Hoher Kommissar für die Betreuung der Deutschlandflüchtlinge wurde eingesetzt und weitere Verträge wurden geschlossen, deren Geltungsbereich im Jahre 1939 auch auf österreichische Flüchtlinge erweitert wurde.[24] Auf Bestreben der USA kam es 1938 zu einer internationalen Konferenz im französischen Évian, bei der konkrete Aufnahmekontingente für die aus Deutschland fliehenden Juden festgelegt werden sollten. Die Konferenz blieb indes ohne Ergebnis. Einigen konnte

---

21 Benannt wurde der Pass nach Dr. Frijthof Nansen, der 1921 als Völkerbundskommissar für die Betreuung der russischen Flüchtlinge zuständig war. Vgl. Dahm/Delbrück/Wolfrum, Völkerrecht, Bd. I/2, S. 187.

22 Dahm/Delbrück/Wolfrum, Völkerrecht, Bd. I/2, S. 187. Vgl. speziell zum *Nansen International Office for Refugees* auch Türk, Das Flüchtlingshochkommissariat, S. 6 ff.; Köfner/Nicolaus, Grundlagen des Asylrechts, S. 171.

23 Convention relative au statut juridique des réfugiés, SdN.Rec. CCIX, S. 199, No. 3663, zitiert nach Makarov, ZaöRV 14, 431 (433, Fn. 11). Eine deutsche Übersetzung findet sich bei Jahn, Das DP-Problem, Veröffentlichung des Instituts für Besatzungsfragen Tübingen, S. 118 ff. Siehe auch Kälin, Das Prinzip des non-refoulement, S. 40 f.

24 Dahm/Delbrück/Wolfrum, Völkerrecht, Bd. I/2, S. 187.

man sich allein auf die Einrichtung eines ständigen zwischenstaatlichen Flüchtlingskomitees (*Intergovernmental Committee on Refugees*, IGCR). Dieses führte die aus bestimmten Motiven heraus erfolgende Verfolgung als entscheidendes Merkmal der Flüchtlingseigenschaft ein.[25] Es war zuständig für diejenigen, die wegen ihrer politischen Meinung, ihrem religiösen Glauben oder ihrem rassischen Ursprung die Flucht aus Deutschland oder Österreich antreten mussten. Im gleichen Jahr fasste der Völkerbund die bisherigen Einrichtungen unter seiner Ägide im Amt des Hohen Kommissars für Flüchtlinge zusammen. Noch während des Zweiten Weltkrieges wurde auf amerikanische Initiative am 9. November 1943 die *United Nations Relief and Rehabilitation Administration* (UNRRA) gegründet.[26] Ihre Aufgabe bestand zunächst darin, in den befreiten Zonen Aufbau- und Hilfsprogramme durchzuführen und sich um Kriegsflüchtlinge und „displaced persons" zu kümmern.[27] Später wurde ihre Zuständigkeit auf diejenigen erweitert, die nach Kriegsende aus den kommunistisch regierten Ostblockstaaten flohen.[28]

2. Entwicklung seit Gründung der UNO

Als die UNO im Jahre 1945 den Völkerbund ablöste,[29] stand außer Frage, dass der Flüchtlingsschutz zu den Aufgaben der internationalen Gemeinschaft zählt. Die UNO rief 1947 die Internationale Flüchtlingsorganisation (*International Refugee Organization*, IRO) ins Leben, die für den Schutz der nach dem Zweiten Weltkrieg in Europa verteilten Flüchtlinge zuständig war. Die IRO bot neben juristisch-politischem Schutz auch materielle Hilfe bei der Wiederansiedlung im Fluchtstaat. Sie scheiterte letztlich an dem Beginn des Kalten Krieges. Osteuropäische Staaten wollten das Flüchtlingsproblem bilateral lösen und verweigerten die Ratifikation.[30]

---

25 Siehe hierzu Marugg, Völkerrechtliche Definitionen, S. 84 ff.

26 Vgl. Köfner/Nicolaus, Grundlagen des Asylrechts, Bd. 1, S. 171 f.

27 Die Schätzungen über die Gesamtzahl der Personen, die infolge des Zweiten Weltkrieges ihren Heimatstaat verließen, schwanken zwischen 20 und 50 Millionen, vgl. Bierwirth, in: Pax Christi, Kriegsflüchtlinge, S. 45 (46) m.w.N.

28 Vgl. Marrug, Völkerrechtliche Definitionen, S. 99.

29 Der Völkerbund wird allgemein als Vorgänger der Vereinten Nationen bezeichnet. Eine Rechtsnachfolge scheidet zumindest für die Phase aus, in der beide Organisationen parallel existierten. Im Einzelfall ist die UNO aber in die Rechtsstellung des Völkerbundes eingerückt, so dass von einer partiellen Funktionsnachfolge oder einer teilweisen politischen Nachfolge gesprochen wird. Vgl. hierzu Nord, Rechtsnachfolge, S. 11 ff.

30 Die Gründung der IRO beruhte auf einem völkerrechtlichen Vertrag, der letztlich allein von 18 Staaten ratifiziert wurde. Steinacker, in: Ashkenasi, Das weltweite Flüchtlingsproblem, S. 178 (179).

Die Vereinbarungen zum Schutze der Flüchtlinge unter dem Völkerbund sowie die internationalen Bestrebungen unmittelbar nach Ende des Zweiten Weltkrieges waren auf einen abschließend bestimmbaren Personenkreis zugeschnitten.[31] Der Nachweis einer individuellen Verfolgungssituation war für die Zuerkennung der Flüchtlingseigenschaft nicht erforderlich. Entscheidend war vielmehr die Zugehörigkeit zu der Gruppe, deren Flüchtlingscharakter bereits bestimmt war. Dieser beschränkte sich auf sowohl in geographischer sowie in zeitlicher Hinsicht begrenzte Flüchtlingsgruppen. Die Anerkennung anderer Flüchtlingskategorien, die zwar außerhalb des festgelegten Kreises bestanden, aber ein vergleichbares Schicksal teilten, war ausgeschlossen.

Es verbreitete sich die Suche nach neuen Ansätzen und mithin die Idee der Notwendigkeit der internationalen Zusammenarbeit zur Schaffung einer multilateralen Konvention, die individuelle Schutzrechte für Flüchtlinge festlegt und die Verantwortung zwischen den Staaten teilt. Allerdings ließ sich kein Konsens unter den Staaten hinsichtlich einer unbegrenzten Verantwortung für Flüchtlinge finden.[32] In den ersten Entwürfen zur Allgemeinen Erklärung der Menschenrechte war ein subjektives Recht auf Asyl vorgesehen: „Jeder hat das Recht, Asyl zu suchen und zu bekommen." Die am 10. Dezember 1948 verkündete Fassung kennt hingegen nur noch das subjektive Recht Asyl zu suchen, nicht dieses auch „zu bekommen". In Art. 14 heißt es: „Jeder hat das Recht, in anderen Ländern vor Verfolgung Asyl zu suchen und zu genießen." Das Recht Asyl „zu genießen" wird dabei von dem positiven Bescheid des betreffenden Staates über das jeweilige Asylgesuch abhängig gemacht.[33] Der Pakt über bürgerliche und politische Rechte vom 16. Dezember 1966[34] greift das Asylrecht nicht auf.

In den folgenden Jahren wird von der UNO die *United Nations Relief and Works Agency for Palestine Refugees in the Near East* (UNRWA) und die *United Nations Korean Reconstruction Agency* (UNKRA) errichtet. Während letztere

---

31 Marugg, Völkerrechtliche Definitionen, S. 110; vgl. auch Kimminich, Der internationale Rechtsstatus des Flüchtlings, S. 217; von Schmieden, in Schätzel/Veiter, Handbuch des internationalen Flüchtlingsrechts, S. 219 (220); Binder, Frauenspezifische Verfolgung, S. 12 f.; vgl. auch Robinson, Convention Commentary, S. 6.

32 Dürr, Die Europäische Union und der Umgang mit „Massenfluchten", S. 28.

33 Vgl. Bendel, in: dies./Fischer, Menschen- und Bürgerrechte, S. 209 f., erhältlich unter: http://www.regionenforschung.uni-erlangen.de/publikationen/dokumente/6/08.pdf (zuletzt besucht Januar 2013).

34 BGBl. II 1973, S. 1553.

ihre Arbeit 1959 einstellte, ist die UNRWA bis heute die einzige Sonderagentur für Flüchtlinge.[35]

Im Jahre 1950 ersetzte die UNO-Generalversammlung die IRO durch den *United Nations High Commissioner for Refugees* (UNHCR).[36] Um möglichst keinen Staat von der Zusammenarbeit mit diesem auszuschließen, einigte man sich darauf, den UNHCR als Nebenorgan der Generalversammlung nach Art. 22 UN-Charta zu errichten.[37] Ihm kommt die Aufgabe zu, den Flüchtlingen rechtlichen Schutz zu gewähren, die Flüchtlingshilfe zu koordinieren und materielle Hilfe zu leisten. Während bei der IRO noch der rechtlich-politische Schutz von Flüchtlingen im Vordergrund stand, betont das UNHCR-Statut den sozialen und humanitären Aspekt der Flüchtlingshilfe.[38] Unter seine Zuständigkeit fallen nicht nur Personen, die schon vor Inkrafttreten des Statuts Flüchtlinge waren, sondern zudem alle anderen nicht in ihrem Heimatstaat Lebenden, die dort Verfolgung aufgrund ihrer ethnischen Zugehörigkeit, Religion, Nationalität oder politischen Meinung fürchten.[39]

Die Überzeugung der internationalen Gemeinschaft, dass Personen, die zur Flucht aus ihrer Heimat aufgrund bestimmter Verfolgungsmotive gezwungen werden, nicht in den Verfolgerstaat zurück geschickt werden sollen und ohne Unterschied und Diskriminierung Schutz erfahren müssen, mündete 1951 in der Verabschiedung der Genfer Flüchtlingskonvention. Genau wie das UNHCR-Statut verankert auch die Konvention einen individuellen Flüchtlingsbegriff (Art. 1A Nr. 2 GFK). Im Gegensatz zu dem Statut aber enthält die Konvention

---

35 Die Zuständigkeit für alle anderen Flüchtlingsgruppen liegt beim UNHCR.

36 Zur Entstehungsgeschichte vom UNHCR siehe Marrus, The Unwanted, S. 401 ff.

37 Steinacker, in: Ashkenasi, Das weltweite Flüchtlingsproblem, S. 178 (180); Dürr, Die Europäische Union und der Umgang mit „Massenfluchten", S. 28.

38 Dürr, Die Europäische Union und der Umgang mit „Massenfluchten", S. 28.

39 Vgl. Ziff. 6 der Satzung des Amtes des Hohen Kommissars der Vereinten Nationen für Flüchtlinge, Annex Resolution der Generalversammlung 428 (V) vom 14. Dezember 1950, erhältlich unter: http://www.unhcr.de/fileadmin/rechtsinfos/fluechtlingsrecht/1_international/1_1_voelkerrecht/1_1_7/FR_int_vr_UNHCR-Satzung.pdf (zuletzt besucht Januar 2013). Später ist seine Zuständigkeit erweitert worden, z.B. hinsichtlich des personellen Anwendungsbereiches auf die Betreuung von sogenannten Binnenflüchtlingen (*internally displaced people*). Der Begriff bezeichnet Menschen, die aus ihrer Heimat vertrieben wurden, bei ihrer Flucht aber – im Unterschied zu Flüchtlingen – keine Staatsgrenze überschritten haben, d.h. sich noch immer in ihrem Heimatland befinden. Siehe hierzu Köfner/Nicolaus, Grundlagen des Asylrechts, Bd. 1, S. 177 f.

eine zeitliche und geographische Beschränkung.[40] Sowohl der Gedanke eines identischen Flüchtlingsbegriffs für UNHCR-Statut und Genfer Flüchtlingskonvention als auch die Idee, die internationalen Aufgaben von UNHCR durch eine völkervertragliche Verpflichtung mit den nationalen Systemen zu verknüpfen, scheiterten.[41]

Als Reaktion auf die Erfahrungen des Zweiten Weltkrieges entstand die Konvention genauso wie die Allgemeine Erklärung der Menschenrechte als direkter Ausdruck der Menschenrechtsidee. Grundgedanke beider Werke war der Schutz der Menschenwürde einer jeden Person. Die GFK ist daher „als Teil der vor über fünfzig Jahren einsetzenden Menschenrechtsbewegung zu sehen und zu verstehen."[42]

Zwar wurden die Verfasser der GFK von den Fluchtbewegungen aus Deutschland und den unmittelbar nach dem Zweiten Weltkrieg einsetzenden Flüchtlingsströmen aus den kommunistisch beherrschten mittel- und osteuropäischen Staaten beeinflusst. Die Konvention sollte die Definition eines Flüchtlings jedoch universell, unabhängig von einer konkreten historischen Situation festlegen.[43] Für eben dieses Ziel der Konvention spricht auch die Annahme des Protokolls zur Rechtsstellung der Flüchtlinge von 1967, mit dem die zeitliche Schranke des ursprünglichen Art. 1A Nr. 2 GFK beseitigt wurde.[44] Gerade auch die Aufnahme des Verfolgungsgrundes „Zugehörigkeit zu einer bestimmten sozialen Gruppe" deutet auf eine offene, dem sich weiterentwickelnden Menschenrechtsschutz gerecht werdende Auslegung des Flüchtlingsbegriffs hin.[45] Mit der Konvention sollte ein möglichst einheitlicher Schutzstandard für all diejenigen Menschen geschaffen werden, die aus bestimmten Gründen Verfolgung fürchten und den diplomatischen Schutz ihres Heimatstaates nicht oder nicht mehr genießen.

---

40 Die Genfer Flüchtlingskonvention bezog sich zunächst nur auf die spezifischen Ereignisse bis 1950 in Europa, Art. 1A und B GFK.

41 Zieck, UNHCR and Voluntary Repatriation of Refugees, S. 63; Dürr, Die Europäische Union und der Umgang mit „Massenfluchten", S. 29.

42 Binder, Frauenspezifische Verfolgung, S. 28; vgl. auch Daley/Kelley, 12 IJRL 2000, 148 (148 ff.).

43 Binder, Frauenspezifische Verfolgung, S. 25. Zu der Entstehungsgeschichte im engeren Sinne siehe Marugg, Völkerrechtliche Definitionen, S. 122 ff.; Weis, The Travaux Préparatoires.

44 Kälin, 3 IJRL 1991, 435 (446). Zu dem Protokoll über die Rechtsstellung der Flüchtlinge vom 31. Januar 1967 siehe A.III.1.

45 Binder, Frauenspezifische Verfolgung, S. 27.

II. Inhalt der Konvention von 1951 im Überblick

Die Genfer Flüchtlingskonvention enthält selber kein individuelles Recht auf Asyl, sie formuliert jedoch als erstes internationales Übereinkommen eine allgemein anerkannte Definition des Flüchtlings und enthält wichtige Statusrechte, die der jeweilige Fluchtstaat dem anerkannten Flüchtling zu gewähren hat.[46] Unter welchen Voraussetzungen die Zuerkennung der Flüchtlingseigenschaft nach der Konvention erfolgt, wird im zweiten Kapitel genauer untersucht.

Kernelement des Flüchtlingsschutzes nach der Genfer Flüchtlingskonvention ist das in Art. 33 GFK verankerte Refoulement-Verbot, wonach ein Flüchtling nicht in ein Land ausgewiesen oder abgeschoben werden darf, in dem sein Leben oder seine Freiheit aufgrund seiner Rasse, Religion, Staatsangehörigkeit, seiner Zugehörigkeit zu einer bestimmten sozialen Gruppe oder wegen seiner politischen Überzeugung gefährdet ist.[47] Demnach enthält die Konvention zwar kein Recht auf Asyl, wohl aber ein völkerrechtlich garantiertes Recht, nicht in den Verfolgerstaat zurückgewiesen zu werden. Die genaue Ausgestaltung dieses „Bleiberechts" obliegt unter Wahrung der der Konvention zu entnehmenden Garantien den einzelnen Mitgliedstaaten. Liegen die Voraussetzungen der Flüchtlingseigenschaft und des Refoulement-Verbotes vor, ist der Aufenthalt der betreffenden Person zu dulden. Eine Drittstaatenregelung, die die Überstellung des Asylbewerbers in einen sog. „sicheren Drittstaat" vorsieht, kann grundsätzlich auch mit dem Refoulement-Verbot vereinbar sein. Der Drittstaat muss dann zur Aufnahme des Flüchtlings bereit sein, dem Flüchtling darf im Drittstaat keine Verfolgung i.S.v. Art. 1 GFK drohen und er muss dort wiederum sicher vor einer gegen das Refoulement-Verbot verstoßenden Abschiebung sein. Auch muss dem Flüchtling allgemein ein tatsächlicher Schutz im Drittstaat gewährt werden und die Qualifizierung als „sicherer Drittstaat" muss effektiv widerlegbar bleiben.[48]

---

46 Kimminich, Grundprobleme des Asylrechts, S. 71; Reichel, Das staatliche Asylrecht, S. 38.

47 Vgl. ausführlich zum Refoulement-Verbot Kälin, Das Prinzip des non-refoulement; Goodwin-Gill/McAdam, The Refugee in International Law, S. 201 ff.; Hathaway, The Rights of Refugees under International Law, S. 279 ff; Gornig, Das Refoulement-Verbot.

48 Zur Problematik der Drittstaatenregelung vgl. Hathaway, The Rights of Refugees under International Law, S. 295 ff.; siehe auch Tomuschat, in: Hailbronner/Klein, Flüchtlinge, S. 19 (26 f.). In Deutschland steht für EU-Mitgliedstaaten diese Sicherheit kraft grundgesetzlicher Regelung (Art. 16a Abs. 2 GG) fest; andere Staaten werden als sichere Drittstaaten durch den Bundestag mit Zustimmung des Bundesrats gesetzlich bestimmt. Gegenwärtig werden neben den EU-Mitgliedstaaten noch

Das Verbot der Zurückweisung gilt jedoch nicht absolut. Art. 33 Abs. 2 GFK sieht Ausnahmen für den Fall vor, dass das betreffende Individuum eine Gefahr für die Sicherheit des Aufnahmestaates oder eine Bedrohung für die Gemeinschaft dieses Landes darstellt sowie in Fällen, in denen der Flüchtling wegen besonders schwerer Verbrechen verurteilt worden ist.[49]

Daneben gewährt die Konvention Flüchtlingen grundlegende Rechte, die mindestens denen von Ausländern entsprechen, die sich rechtmäßig in einem bestimmten Land aufhalten, wie beispielsweise das Recht zu arbeiten (Art. 17 ff. GFK) und Vereinigungen zu bilden (Art. 15 GFK). Bestimmte Rechte schützen Flüchtlinge zudem vor einer Diskriminierung gegenüber den eigenen Staatsangehörigen des Zufluchtstaates.[50] Hier seien das Recht auf Zugang zu den Gerichten (Art. 16 GFK), die Religionsfreiheit (Art. 4 GFK), das Recht auf Bildung (Art. 22 GFK) und das Recht auf den Erhalt von Reisedokumenten (Art. 28 GFK) genannt. Im Gegenzug trifft jeden Flüchtling insbesondere die Verpflichtung, „die Gesetze und sonstigen Rechtsvorschriften sowie die zur Aufrechterhaltung der öffentlichen Ordnung getroffenen Maßnahmen zu beachten" (Art. 2 GFK).

Die Ausweisung eines sich rechtmäßig im Zufluchtstaat aufhaltenden Flüchtlings darf nach den Regelungen der Konvention allein aus Gründen der Staatssicherheit oder der öffentlichen Ordnung erfolgen (Art. 32 Abs. 1 GFK).[51]

Norwegen und die Schweiz als sichere Drittstaaten angesehen. Vgl. Anlage I zu § 26a AsylVfG, BGBl. I 2008, S. 1822. Vgl. auch Hailbronner, in: ders./Klein, Flüchtlinge, S. 51 (62 f.).

49 Insofern ist der Schutz des insbesondere in Art. 3 EMRK verankerten menschenrechtlichen Refoulement-Verbots weitgehender. Er verlangt weder eine Verfolgung aus bestimmten Gründen wie sie von Art. 33 GFK gefordert wird, noch kann eine Ausweisung oder Zurückweisung erfolgen, wenn eine objektive Gefahr einer Art. 3 EMRK zuwiderlaufenden Behandlung droht. Die Garantie des Art. 3 EMRK gilt absolut und kann grundsätzlich auch nicht zum Schutze der öffentlichen Sicherheit oder zum Schutze der Allgemeinheit eingeschränkt werden. Vgl. EGMR, Urt. v. 8.1.1978, Ziff. 163, EuGRZ 1979, 153, zit. n. Kälin, Das Prinzip des non-refoulement, S. 185; vgl. auch ders./Künzli, Universeller Menschenrechtsschutz, S. 478.

50 Vgl. hierzu Robinson, Convention Commentary, S. 16 ff.

51 Goodwin-Gill/McAdam, The Refugee in Internatinal Law, S. 262 ff. Dabei bestimmt sich die Rechtmäßigkeit des Aufenthaltes grundsätzlich nach den nationalen Regelungen des Zufluchtstaates, vgl. Hathaway, The Rights of Refugees under International Law, S. 177 ff.

III. Internationale Entwicklung seit 1951

Da das Abkommen als Reaktion auf die Geschehnisse des Zweiten Weltkriegs entstand, konzentrieren sich die in ihm enthaltenen Schutzbestimmungen auf Personen, die sich außerhalb ihres Herkunftslandes befinden und infolge von Ereignissen in Europa oder anderswo, die vor dem 1. Januar 1951 eingetreten sind, zu Flüchtlingen wurden. Neben der zeitlichen Einschränkung auf Fluchtgründe, die vor 1951 eintraten, konnten die Vertragsstaaten die Gewährung der Konventionsrechte durch Abgabe einer Erklärung auf nur europäische Flüchtlinge beschränken. Angesichts neuer Flüchtlingskrisen, die Ende der fünfziger und Anfang der sechziger Jahre aufkamen, wurde die Ausweitung des zeitlichen und des geographischen Anwendungsbereichs der Genfer Flüchtlingskonvention erforderlich. Nach dem Ungarischen Volksaufstand 1956 verließ die Bevölkerung Ungarns ihr Land in Scharen. Im Jahre 1963 verzeichnete der Hohe Kommissar für Flüchtlinge einen jährlichen Zustrom von 10.000 Menschen aus den Staaten des Warschauer Pakts nach Westeuropa; zudem suchten kubanische Flüchtlinge Zuflucht in Spanien.[52]

1. Erweiterung des Anwendungsbereichs der GFK durch Abschluss des New Yorker Protokolls

Die meisten Vertragsstaaten kamen in dem Protokoll über die Rechtsstellung der Flüchtlinge vom 31. Januar 1967 (New Yorker Protokoll) überein, die im ursprünglichen Abkommen von 1951 festgeschriebene räumliche und zeitliche Begrenzung aufzuheben.[53] Die Asylbeantragung ist fortan nicht mehr hauptsächlich Europäern vorbehalten, die Verfolgung fürchten infolge von Ereignissen, die vor dem 1. Januar 1951 eingetreten sind. Vielmehr gilt die Konvention uneingeschränkt gegenüber allen Flüchtlingen zumindest in denjenigen Staaten, die sowohl die Konvention als auch das Protokoll ratifiziert haben.

Der Anwendungsbereich der Flüchtlingskonvention sollte durch das Protokoll auf neue Kategorien von Flüchtlingen erweitert werden, die seit der Annahme der Konvention entstanden und bisher nicht unter den Flüchtlingsbegriff

52 Marrus, The Unwanted, S. 410.

53 141 Staaten sind sowohl der Konvention als auch dem „New Yorker Protokoll" beigetreten, Stand 1. Dezember 2006, siehe UNHCR, Liste der Vertragsstaaten, erhältlich unter: http://www.unhcr.ch/fileadmin/rechtsinfos/fluechtlingsrecht/1_international/1_1_voelkerrecht/1_1_1/FR_int_vr_GFK-Liste_Vertragsstaaten.pdf (zuletzt besucht Januar 2013).

subsumierbar waren.[54] In jüngerer Zeit haben die Auflösung der Sowjetunion sowie die politischen Veränderungen in Osteuropa und Afrika neue Flüchtlingsströme ausgelöst.[55] Die Krisen in Somalia, Ruanda, dem ehemaligen Jugoslawien und im Irak brachten jeweils über eine Million Flüchtlinge hervor.

2. Bekräftigung der GFK durch Verabschiedung der Declaration of States Parties

Ende des Jahres 2000 veranstaltete der UNHCR *Global Consultations on International Protection* (Weltweite Konsultationen zum internationalen Flüchtlingsschutz) um die Konventionsstaaten und weitere Partner zu einem umfassenden Meinungsaustausch über den Flüchtlingsschutz zusammenzubringen.[56] Eines ihrer erklärten Ziele bestand in der Weiterentwicklung des Internationalen Rechts zur Verbesserung des Flüchtlingsschutzes. Hintergrund war die Kritik einiger Regierungen, die die GFK als überholt und als ungeeignetes Instrumentarium für die Lösung der Flüchtlingsprobleme des 21. Jahrhunderts ansahen.

Die Weltweiten Konsultationen zum internationalen Flüchtlingsschutz fanden anlässlich des 50. Jubiläums der Genfer Flüchtlingskonvention statt. An dem Dialog beteiligten sich Regierungen, zwischenstaatliche und Nichtregierungs-Organisationen (NGOs) sowie Experten im Flüchtlingsbereich und das Exekutivkomitee vom UNHCR.[57] Insbesondere war die Teilnahme an der im Rahmen der Weltweiten Konsultationen stattfindenden Konferenz der Vertragsstaaten der Konvention und/oder des New Yorker Protokolls überwältigend. Es nahmen insgesamt Delegierte von 129 Unterzeichnerstaaten der Konvention und/oder des zugehörigen Protokolls teil.

---

54 Vgl. Präambel des Protokolls über die Rechtsstellung der Flüchtlinge vom 31. Januar 1967; Binder, Frauenspezifische Verfolgung, S. 26.

55 Dahm/Delbrück/Wolfrum, Völkerrecht, Bd. I/2, S. 186.

56 Vgl. dazu und zu Nachfolgendem: UNHCR, Weltweite Konsultationen zum internationalen Flüchtlingsschutz, S. 1, erhältlich unter: http://www.unhcr.de/fileadmin/rechtsinfos/fluechtlingsrecht/1_international/1_2_fluechtlingsbegriff/1_2_4/FR_int_fb_dok-Konsultationen_Flschutz.pdf (zuletzt besucht Januar 2013).

57 Insgesamt waren 129 Vertreter der Vertragsstaaten, 33 Länder, die keine Vertragsstaaten der Genfer Flüchtlingskonvention sind, 48 UN-Behörden und andere zwischenstaatliche Organisationen sowie 63 NGOs vertreten. UNHCR, Weltweite Konsultationen zum internationalen Flüchtlingsschutz, S. 1, erhältlich unter: http://www.unhcr.de/fileadmin/rechtsinfos/fluechtlingsrecht/1_international/1_2_fluechtlingsbegriff/1_2_4/FR_int_fb_dok-Konsultationen_Flschutz.pdf (zuletzt besucht Januar 2013).

Ergebnis der 18 Monate andauernden Konsultationen war die Annahme der *Agenda for Protection*, die sich dem Schutz von Flüchtlingen und Asylbewerbern widmet. Vom UNHCR entworfen wurde die Agenda vom Exekutivkomitee angenommen[58] und von der Generalversammlung der Vereinten Nationen begrüßt. Sie besteht aus der *Declaration of States Parties* (Erklärung der Vertragsstaaten)[59] und einem Aktionsprogramm.[60]

Mit der Erklärung der Vertragsstaaten, die im Dezember 2001 am Ende der Ministertagung der Vertragsstaaten der Genfer Flüchtlingskonvention bzw. des New Yorker Protokolls verabschiedet wurde, bekräftigen die Unterzeichnerstaaten die Gültigkeit der Flüchtlingskonvention. Sie bekannten sich zur Einhaltung der in der Konvention enthaltenen Verpflichtungen und zur Wahrung der in ihr verankerten Werte und Grundsätze. Die Erklärung bildet die Grundlage des gesamten Aktionsprogramms und räumt die Zweifel an der Zeitgemäßheit und der Bedeutung der Konvention in der heutigen von Massenflucht und Vertreibung gekennzeichneten Welt aus.[61] Auch die Generalversammlung der Vereinten Nationen bekräftigt die „grundlegende […] Wichtigkeit des Abkommens von 1951 und des Protokolls von 1967“[62].

3. Aktuelle Entwicklungen

Das Problem wachsender Flüchtlingszahlen ist heute aktueller denn je. 2011 zwangen allein die Konflikte in Côte d'Ivoire, Libyen, Somalia und Sudan mehr als 800.000 Menschen ihre Heimat zu verlassen. Derzeit befinden sich laut UNHCR mehr als 42 Millionen Menschen auf der Flucht.[63] Die meisten Flüchtlinge weltweit kommen aus Afghanistan (2,7 Millionen Menschen), gefolgt vom Irak

---

58 Vgl. UNHCR-Exekutivkomitee, Beschluss Nr. 92 (LIII) 2002, lit. a.

59 UNHCR, Declaration of States Parties to the 1951 Convention and or Its 1967 Protocol relating to the Status of Refugees, 16 January 2002, HCR/MMSP/2001/09, erhältlich unter: http://www.unhcr.org/refworld/docid/3d60f5557.html (zuletzt besucht Januar 2013).

60 Siehe hierzu UNHCR, Agenda für den Flüchtlingsschutz, erhältlich unter: http://www.unhcr.ch/fileadmin/rechtsinfos/fluechtlingsrecht/1_international/1_2_fluechtlingsbegriff/1_2_4/FR_int_fb_dok-Agenda_FlSchutz.pdf (zuletzt besucht Januar 2013).

61 Vgl. UNHCR, Weltweite Konsultationen zum internationalen Flüchtlingsschutz, S. 2, erhältlich unter: http://www.unhcr.de/fileadmin/rechtsinfos/fluechtlingsrecht/1_international/1_2_fluechtlingsbegriff/1_2_4/FR_int_fb_dok-Konsultationen_Flschutz.pdf (zuletzt besucht Januar 2013).

62 Vgl. Generalversammlungsresolution 52/103 vom 12. Dezember 1997.

63 Hiervon waren ca. 15,2 Millionen Flüchtlinge. Vgl. UNHCR, http://www.unhcr.de/presse/nachrichten/artikel/6de648550cfa14036042a25425abdfbd/unhcr-veroeffentlicht-weltfluechtlingszahlen-2012.html (zuletzt besucht Januar 2013).

(1,4 Millionen Flüchtlinge), Somalia (1,1 Millionen Flüchtlinge) und der Demokratischen Republik Kongo (491.000 Flüchtlinge).[64] Auch in den kommenden Jahren ist mit weiteren Wanderbewegungen zu rechnen,[65] die eine große Herausforderung für die Staatenwelt darstellen.

Mit dieser Entwicklung ging auch eine Begriffsveränderung einher. Wurden die Menschenbewegungen nach dem Zweiten Weltkrieg noch als Flüchtlingsströme bezeichnet, wird nun zunehmend der Ausdruck Migration verwendet.[66] In rechtlicher Hinsicht gilt es zwischen den beiden Begriffen zu differenzieren. Die unterschiedlichen Beweggründe und Schicksale der sich auf der Flucht befindenden Menschen wirken sich auch auf deren rechtliche Stellung aus. Während man bei Menschen, die ihre Heimat aufgrund ökonomischer Gründe verlassen, um im Zielland bessere Lebensbedingungen zu suchen, von Migranten spricht, verlassen Flüchtlinge ihre Heimat aus Angst vor verschiedenst motivierter Verfolgung. Damit der Anwendungsbereich der Genfer Flüchtlingskonvention eröffnet ist, muss die Flüchtlingseigenschaft des Asylbewerbers bejaht werden. Im Gegensatz zu verschiedenen regionalen Abkommen[67] bezieht sich ihr Schutz allein auf Menschen, die aus Angst vor Verfolgung wegen ihrer Rasse, Religion, Nationalität oder der Zugehörigkeit zu einer bestimmten sozialen Gruppe fliehen.

Im deutschen Asylrecht nimmt die Genfer Flüchtlingskonvention auch heute noch eine zentrale Rolle ein.[68] Durch das Zuwanderungsgesetz und die

---

64 UNHCR, http://www.unhcr.de/presse/nachrichten/artikel/6de648550cfa14036042a25425abdfbd/unhcr-veroeffentlicht-weltfluechtlingszahlen-2012.html (zuletzt besucht Januar 2013).

65 Vgl. BMI, Migration und Integration, S. 10.

66 Dahm/Delbrück/Wolfrum, Völkerrecht, Bd. I/2, S. 186.

67 Beispielsweise kennt die Flüchtlingskonvention der Organisation für Afrikanische Einheit (OAU, heutige AU) von 1969 oder die auf Lateinamerika bezogene Erklärung von Cartagena von 1984 einen erweiterten Flüchtlingsbegriff, der auch Personen umfasst, die vor Krieg und Unruhen fliehen. Gemäß Art. 1 Abs. 2 OAU-Konvention wird die Flüchtlingsdefinition über Art. 1 GFK hinaus „außerdem auf jede Person Anwendung finden, die wegen Aggression von außen, Besetzung, Fremdherrschaft oder aufgrund von Ereignissen, welche die öffentliche Ordnung in einem Teil des Landes oder dem gesamten Land ernsthaft stören, gezwungen ist, den Ort ihres gewöhnlichen Aufenthalts zu verlassen, um an einem anderen Ort außerhalb des Landes ihrer Herkunft oder Staatsangehörigkeit Zuflucht zu suchen.“ Vgl. auch Marrug, Völkerrechtliche Definitionen, S. 171 ff.

68 Vgl. dazu und zu Nachfolgendem Hauser, Die Auswirkungen der Genfer Konvention, S. 2, erhätlicht unter: http://www.bamf.de/SharedDocs/Anlagen/DE/Downloads/Infothek/Themendossiers/NTAA-2011/nuernberger-tage-asyl-auslaenderrecht-2011-hauser.pdf?__blob=publicationFile (zuletzt besucht Januar 2013).

Vergemeinschaftung des Asylrechts im Rahmen der Europäischen Union hat die Konvention eine Aufwertung erfahren. Die Rechte von Asylberechtigten nach dem Grundgesetz und die von Schutzberechtigten nach der Genfer Flüchtlingskonvention wurden einander angeglichen. Als Folge der europäischen Politik wurde der Schutz nach der Genfer Flüchtlingskonvention wieder als eigenständiger Schutzstatus für Flüchtlinge im deutschen Recht verankert.[69]

B. Der Flüchtling als politisches Symbol

Asyl ist eine der ältesten Einrichtungen der Menschheit.[70] Der Ausdruck „Asyl“ stammt vom griechischen Wort „Asylos“ und bedeutet unverletzbar, bzw. das, was nicht ergriffen werden kann.[71] Im Altertum bezeichnete der Begriff nicht die Zuflucht in einem anderen Staat, sondern an einem Ort, der unter der Herrschaft der Götter stand und an dem der Einzelne daher vor der Macht der weltlichen Herrscher sicher war.[72] Dabei wurde jedem Menschen, auch dem Verbrecher, an dem heiligen Ort, beispielsweise in einem Tempel oder einem Kloster, Schutz gewährt. Im Zuge der Aufklärung und der Französischen Revolution diente das Kirchenasyl zunehmend als Institution, die politisch Verfolgten Schutz bot.

Das weltweite Entstehen diktatorischer und totalitärer Regime im 20. Jh. ließ Asyl zu einer Notwendigkeit für zahllose Menschen werden. Die Überzeugung der internationalen Gemeinschaft, Flüchtlingsschutz als ihre Aufgabe anzusehen und Verantwortung für die aus ihrem Heimatland Vertriebenen zu übernehmen, stammt aus der Zeit des Völkerbundes.[73] Insbesondere durch seine Aufnahme in das Grundgesetz nahm der Begriff in der Bundesrepublik Deutschland eine staatliche Komponente an. Unter Asyl wird nun auch der staatliche Schutz derjenigen verstanden, die aufgrund von Verfolgung aus politischen oder religiösen Gründen

69 Vgl. zur Entwicklung des deutschen Asylrechts Titze, Die deutsche Asylrechtsprechung, S. 22 ff.

70 Dazu und zu Nachfolgendem, Kimminich, Asylrecht, S. 7 ff.

71 Das BVerwG übersetzt den griechischen Begriff mit „Zufluchtstätte“, vgl. BVerwGE 4, 235 (236).

72 Vgl. Kälin, Das Prinzip des non-refoulement, S. 29.

73 Zu dem Begriff des Flüchtlings in internationalen Übereinkünften aus dieser Zeit vgl. Goodwin-Gill/McAdam, The Refugee in International Law, S. 16 ff. Siehe auch von Schmieden, in: Schätzel/Veiter, Handbuch des internationalen Flüchtlingsrechts, S. 219 (219 ff.).

aus ihrem Heimatstaat fliehen. Asyl bezeichnet fortan nicht nur einen bestimmten Ort, sondern vielmehr einen rechtlichen Status.[74]

Asyl ist geprägt durch sowohl einen politischen als auch einen humanitären Aspekt. Nach völkerrechtlichem Verständnis ist die Asylgewährung Ausdruck staatlicher Souveränität.[75] Jeder Staat hat das Recht, frei über die Aufnahme auch von verfolgten Menschen auf seinem Territorium zu entscheiden.[76]

Hierbei umfassen die Gründe für Asylgewährung oder -verweigerung das gesamte Spektrum politischer Erwägungen und reichen von moralischen, wirtschaftlichen und diplomatischen Motiven bis hin zu bloßen Prestigegründen. Das staatliche Handeln ist nicht nur vom guten Willen der Staaten und den humanitären Gedanken gelenkt, sondern abhängig von der Stellung des jeweiligen Staates im internationalen System und seinem Selbstverständnis.[77] Das Selbstbild westlicher Staaten als Verbreiter von Demokratie und Menschenrechten steht unter anderem Ängsten vor Belastungen des eigenen Sozialsystems und dem fehlenden Integrationswillen und –vermögen fremder Kulturen gegenüber. Dabei spielt auch die Beziehung des Staates zum jeweiligen Herkunftsstaat des Flüchtlings eine entscheidende Rolle. Insbesondere können Neutralitätsbestrebungen ein Grund für zurückhaltende Asylpolitik sein, oder auch die Angst vor der Ausnutzung von Stimmungen in der Bevölkerung durch Populisten. Andererseits ist auch das Bestehen einer großen Bereitschaft der Staaten zur Aufnahme von Flüchtlingen denkbar. So kann die Aufnahme politisch erwünscht und eine großzügige Aufnahmepraxis auf den Bedarf an Einwanderern zurückzuführen sein. Vertriebene können ein „Humankapital" aufweisen, aufgrund dessen dem Zufluchtstaat ihre Aufnahme nützlich und der eigenen Volkswirtschaft dienlich erscheint.[78]

Das Verdienst der Genfer Flüchtlingskonvention ist, dass durch die Kodifizierung bestimmter Verpflichtungen der Flüchtlingsschutz zumindest in einigen Bereichen aus der oft interessengeleiteten Politik der Staaten ausgeklammert wird. Der Versuch einer universalen Definition der Bestimmung des Begriffs „Flüchtling" trägt zum universellen Schutz des Einzelnen jedoch nur scheinbar

74 Vgl. Kimminich, Asylrecht, S. 33 ff.

75 Kimminich, Der internationale Rechtsstatus des Flüchtlings, S. 363; ders. Grundprobleme des Asylrechts, S. 67.

76 Kimminich, Grundprobleme des Asylrechts, S. 67 ff.

77 Vgl. Volf, Zeitgeschichte (Heft 11–12/1995), 415 (417).

78 Beispielsweise können Flüchtlinge besondere Fähigkeiten mitbringen. Auch ist denkbar, dass Staaten bestimmte Flüchtlinge als „genetisch höherwertig" betrachten.

bei.[79] Die in der Flüchtlingskonvention geregelte Rechtsstellung knüpft nicht an das tatsächliche Bestehen der Flüchtlingseigenschaft, sondern an die innerstaatliche Anerkennung als Flüchtling an.[80] Auch nach Verabschiedung der Konvention bestimmen innerstaatliche Stellen über die Zuerkennung des Flüchtlingsstatus. Die Entscheidung des Zufluchtstaates über die Aufnahme oder Abschiebung des Asylbewerbers bleibt von seinen politischen Interessen und seinem Rechtssystem geleitet.[81]

Der Flüchtling ist also, zumindest in dem Maße, in dem er der Selbstdefinition des Zufluchtstaates unterworfen ist, von den politischen Interessen eben dieses Staates abhängig.[82] Hierbei kann der Flüchtling selbst als politischer Faktor verstanden und instrumentalisiert werden, um eigenes staatliches Handeln zu legitimieren. Beispielhaft sei auf den Ost-West-Konflikt verwiesen, der von der einseitigen Fluchtbewegung von Ost nach West geprägt war.[83] Die Anerkennung und Aufnahme von Flüchtlingen aus den kommunistisch regierten Staaten kann hier als politisches Symbol für die eigene liberale und humanitäre Politik und das Bekenntnis zur demokratischen Staatsform verstanden werden.[84] Rudolf Burger formulierte:

> „Der wahre politische Flüchtling ist einer, den man politisch verwenden kann, um dem eigenen System auf die Schulter zu klopfen."[85]

Gerade das unbestimmte Merkmal der „Zugehörigkeit zu einer bestimmten sozialen Gruppe" als möglicher Grund für Verfolgung lässt staatlichen Machthabern Raum für politische Statements bei der Flüchtlingsanerkennung. Durch Ablehnung oder Anerkennung bestimmter Gruppen als „soziale Gruppe" kann der Zufluchtstaat seine Haltung gegenüber der Politik des Verfolgerstaates betreffend dieses Personenkreises zum Ausdruck bringen. Der Flüchtling wird dann zum Symbol

---

79 Vgl. dazu und zu Nachfolgendem, Volf, Zeitgeschichte (Heft 11–12/1995), 415 (416).

80 Maaßen, Die Rechtsstellung des Asylbewerbers, S. 47; Renner, Ausländerrecht, § 2 AsylVfG Rn. 6.

81 Eine Ausnahme hiervon bildet lediglich das in Art. 33 Abs. 1 GFK normierte und inzwischen zum Völkergewohnheitsrecht erstarkte Refoulement-Verbot. Vgl. hierzu Maaßen, Rechtsstellung des Asylbewerbers, S. 47 ff; Goodwin-Gill/McAdam, The Refugee in International Law, S. 345 ff; Kimminich, Der internationale Rechtsstatus des Flüchtlings, S. 172; a. M. Gornig, Das Refoulement-Verbot, S. 72.

82 Volf, Zeitgeschichte (Heft 11–12/1995), 415 (417).

83 Volf, Zeitgeschichte (Heft 11–12/1995), 415 (427).

84 Vgl. hierzu Wolken, in: Ashkenasi, Das weltweite Flüchtlingsproblem, S. 253 ff.

85 Burger, Der politische Flüchtling – Nachruf auf einen Helden, in: Der Standard, 19.6.1991, zit. n. Volf, Zeitgeschichte (Heft 11–12/1995), 415 (417).

für das politische Bekenntnis des Staates beispielsweise in Fragen der Gleichberechtigung zwischen Mann und Frau oder dem Umgang mit Homosexualität.

C. Zusammenfassung

Die GFK ist die erste internationale Übereinkunft, die den Flüchtlingsbegriff universell festlegt. Sie gewährt dem Einzelnen kein Recht auf Asyl, enthält aber allgemeingültige Standards für den Schutz von Flüchtlingen und statuiert ein „Zurückweisungsverbot". Kurz nach Ende des Zweiten Weltkrieges verabschiedet, wurde die zeitliche Sperre der Konvention 1967 durch das New Yorker Protokoll aufgehoben. Mit der Erklärung der Vertragsstaaten im Dezember 2001 wurde ihre Bedeutung bekräftigt.

Die Asylgewährung durch Staaten weist sowohl humanitäre als auch politische Aspekte auf und ist Ausdruck der staatlichen Souveränität.

2. Kapitel: Allgemeine Merkmale des Flüchtlingsbegriffs der Genfer Flüchtlingskonvention im Überblick

Art. 1A GFK in Verbindung mit dem Protokoll über die Rechtsstellung der Flüchtlinge von 1967 formuliert zunächst die grundsätzlichen Voraussetzungen für die Anerkennung der Flüchtlingseigenschaft (dazu unten A, B, C und D), während Art. 1D,E,F GFK die Ausschlussgründe (unten E) und Art. 1C GFK die Erlöschensgründe (unten F) umschreibt.

Gemäß Art. 1A Nr. 2 GFK findet der Ausdruck „Flüchtling" auf jede Person Anwendung,

> „die infolge von Ereignissen, die vor dem 1. Januar 1951 eingetreten sind, und aus der begründeten Furcht vor Verfolgung wegen ihrer Rasse, Religion, Nationalität, Zugehörigkeit zu einer bestimmten sozialen Gruppe oder wegen ihrer politischen Überzeugung sich außerhalb des Landes befindet, dessen Staatsangehörigkeit sie besitzt, und den Schutz dieses Landes nicht in Anspruch nehmen kann oder wegen dieser Befürchtungen nicht in Anspruch nehmen will; oder die sich als staatenlose außerhalb des Landes befindet, in welchem sie ihren gewöhnlichen Aufenthalt hatte, und nicht dorthin zurückkehren kann oder wegen der erwähnten Befürchtungen nicht dorthin zurückkehren will."

Art 1 Abs. 2 des Protokolls über die Rechtsstellung der Flüchtlinge von 1967 bestimmt ferner:

> „Außer für die Anwendung des Absatzes 3 dieses Artikels bezeichnet der Ausdruck 'Flüchtling' im Sinne dieses Protokolls jede unter die Begriffsbestimmung des Artikel 1 des Abkommens fallende Person, als seien die Worte 'infolge von Ereignissen, die vor dem 1. Januar 1951 eingetreten sind, und …' sowie die Worte '… infolge solcher Ereignisse' in Artikel 1 Abschnitt A Absatz 2 nicht enthalten."

Voraussetzung der Anerkennung der Flüchtlingseigenschaft im Sinne der GFK ist demnach das Verlassen des Heimat- oder Herkunftslandes (unten A), der Bruch der Beziehungen zu diesem Staat (unten B) und das Vorliegen aller Elemente des Verfolgungskonzepts (unten C). Die vorliegende Arbeit verzichtet auf eine vollumfängliche Darstellung der einzelnen Kriterien des Flüchtlingsbegriffs. Vielmehr konzentrieren sich die nachfolgenden Ausführungen auf das Konzept der Verfolgung, das für die mit dieser Arbeit verfolgte Fragestellung im Zentrum des Interesses steht.

A. Aufenthalt außerhalb des Heimat- oder Herkunftsstaats

Um als Flüchtling im Sinne der GFK anerkannt zu werden, muss sich die betreffende Person außerhalb des Landes, dessen Staatsangehörigkeit sie besitzt oder in dem sie ihren gewöhnlichen Aufenthalt hatte,[86] befinden.[87] Menschen, die sich innerhalb ihres Heimatlandes auf der Flucht befinden, so genannte „*internally displaced persons*",[88] fallen demnach nicht in den Schutzbereich der Flüchtlingskonvention. Hauptgrund für diese Beschränkung ist wohl die Sorge der Verfasser der Konvention, internationaler Schutz inländischer Flüchtlinge könnte eine Verletzung der Souveränität des betreffenden Staates darstellen.[89]

Die betroffene Person muss ihr Herkunftsland nicht notwendig aufgrund ihrer Furcht vor Verfolgung verlassen haben. Auch erst während eines Auslandsaufenthaltes kann eine Person zum Flüchtling im Sinne der GFK werden.[90] Hierbei sind zwei Konstellationen denkbar. Zum einen kann sich die Lage im Herkunftsstaat während der Abwesenheit einer Person (z.B. durch einen Regimewechsel) dahingehend ändern, dass der betreffenden Person bei ihrer Rückkehr Verfolgung drohen würde (sog. *objektive Nachfluchtgründe*).[91] Zum anderen

---

86 Die Konvention unterscheidet in Art. 1A Nr. 2 zwischen Flüchtlingen, die eine Nationalität besitzen, und solchen, die staatenlos sind.

87 Goodwin-Gill/McAdam, The Refugee in International Law, S. 63; Grahl-Madsen, The Status of Refugees, Vol. 1, S. 150 f. Kritisch zu diesem Erfordernis Hathaway, The Law of Refugee Status, S. 29 f.

88 Vgl. UNHCR, The State of the World's Refugees 2000, S. 214 f.

89 Hathaway, The Law of Refugee Status, S. 31 f.

90 Vgl. Goodwin-Gill/McAdam, The Refugee in International Law, S. 63. In diesem Zusammenhang spricht man von sog. Nachfluchtgründen und bezeichnet diese Personen als „sur place"-Flüchtlinge (refugiés sur place); Carlier, in: ders. u.a., Who is a Refugee?, S. 683 (699); UNHCR-Handbuch über Verfahren und Kriterien zur Feststellung der Flüchtlingseigenschaft gemäß dem Abkommen von 1951 und dem Protokoll von 1967 über die Rechtsstellung der Flüchtlinge, 1979, Neuauflage: UNHCR Österreich, Dezember 2003 (im Folgenden: UNCHR-Handbuch), Ziff. 94–96. Vgl. auch Grahl-Madsen, The Status of Refugees, Vol. 1, S. 151 f.; Hathaway, The Law of Refugee Status, S. 33 ff.; Stöckli, in: Uebersax u.a., Handbücher für die Anwaltspraxis, Bd. VIII, § 11 Rn. 11.19.

91 Zu den Begrifflichkeiten siehe Gattiker, Das Asyl- und Wegweisungsverfahren, S. 85; Kälin, Grundriss des Asylverfahrens, S. 130 ff.; Marx, Kommentar zum AsylVfG, § 28 Rn. 10 ff.; Kimminich, in: Fürst u.a., FS für Zeidler, S. 939 (940); Stöckli, in: Uebersax u.a., Handbücher für die Anwaltspraxis, Bd. VIII, § 11 Rn. 11.19.

kann die betroffene Person durch ihr Verhalten selber einen Anknüpfungspunkt für die im Herkunftsstaat drohende Verfolgungsgefahr schaffen (sog. *subjektive Nachfluchtgründe*).[92] Als mögliche Handlungen kommen hier insbesondere Exilaktivitäten[93], Republikflucht (unberechtigtes Verlassen des Heimatstaates) und auch bereits das Stellen eines Asylantrags in Betracht.[94]

B. Kein staatlicher Schutz

Die Anerkennung als Flüchtling setzt gemäß Art. 1A Nr. 2 GFK voraus, dass die asylsuchende Person „den Schutz" ihres Heimatstaates „nicht in Anspruch nehmen kann oder […] nicht in Anspruch nehmen will". Für Staatenlose verlangt Art. 1A Nr. 2 GFK, dass diese Person nicht in den Staat ihres früheren Wohnsitzes zurückkehren kann oder nicht dorthin zurückkehren will. Die Notwendigkeit des internationalen Schutzes erwächst erst dann, wenn der betreffende Staat seiner Pflicht, den Schutz derjenigen zu gewährleisten, die seiner Hoheitsgewalt unterworfen sind, nicht nachkommt.[95] Bevor die betroffene Person um internationalen Schutz ersucht, ist sie daher zunächst verpflichtet, bei den staatlichen Behörden ihres Heimatstaates bzw. ihres früheren Wohnsitzes um Schutz nachzusuchen.

Sowohl der Herkunftsstaat als auch das Individuum selber können den Grund für einen Bruch der Beziehungen setzen.[96] Der Herkunftsstaat kann entweder nicht bereit oder nicht fähig sein, der betroffenen Person wirksamen Schutz zu gewähren. Er kann ihr beispielsweise die Einreise in ihr Heimatland, die Ausstellung oder die Verlängerung ihres Passes verweigern.[97] (Bürger-)Kriege oder sonstige

---

92 Vgl. ausführlich Hathaway, The Law of Refugee Status, S. 35 ff.; UNHCR-Handbuch, Ziff. 96–100; siehe auch Marx, Kommentar zum AsylVfG, § 28 Rn. 23 ff.

93 Hierunter werden in der Literatur klassische politische Aktivitäten verstanden, wie etwa öffentliche kritische Äußerungen gegen das im Heimatstaat herrschende Regime oder die Teilnahme an Demonstrationen und Protestaktionen gegen das Regime des Herkunftsstaates. Vgl. Achermann/Hausammann, Handbuch des Asylrechts, S. 112.

94 Kälin, Grundriss des Asylverfahrens, S. 131 f. Zur Anerkennung von subjektiven Nachfluchtgründen in der deutschen Rechtsprechung vgl. Kimminich, in: Fürst u.a., FS für Zeidler, S. 939–955.

95 Vgl. Hathaway, The Law of Refugee Status, S. 128.

96 Binder, Frauenspezifische Verfolgung, S. 50.

97 UNCHR-Handbuch, Ziff. 99.

schwere Unruhen können dazu führen, dass der Herkunftsstaat nicht in der Lage ist, effektiven staatlichen Schutz zu gewähren.[98]

Das BVerfG hat zu den Voraussetzungen des Vorliegens staatlicher Schutzbereitschaft ausgeführt:

> „Staatliche Schutzbereitschaft kann nicht schon deshalb bejaht werden, weil die zum Handeln verpflichteten Organe erklären, ihren diesbezüglichen Pflichten genügen zu wollen. Gerade der die Ausschreitungen Dritter innerlich billigende Staat wird sich oft – schon aus außenpolitischen Gründen – von diesen distanzieren und sie – etwa unter Hinweis auf bestehende Rechtsvorschriften – nach außen hin mißbilligen. Schutzbereitschaft lässt sich also nicht schon mit dem bloßen Hinweis auf bestehendes Verfassungs- oder Gesetzesrecht des Heimatstaates als gegeben unterstellen; erforderlich ist vielmehr, dass sie [...] konkret belegbar ist."[99]

Ist der Heimat- oder Herkunftsstaat hingegen willens und auch fähig wirksamen Schutz zu gewähren, genügt es nicht, dass die betroffene Person (subjektiv) den Schutz nicht wahrnehmen „will". Vielmehr ist erforderlich, dass objektive Gründe dafür vorliegen, dass die Wahrnehmung dieses Schutzes für den Flüchtling aufgrund oder angesichts drohender oder erlittener Verfolgung (objektiv) nicht zumutbar ist.[100] Stehen beispielsweise Menschenrechtsverletzungen und Übergriffe, die mit dem stillschweigenden Einvernehmen des Staates erfolgen, auf der Tagesordnung, oder bringt eine Anzeige möglicherweise schwere familiäre oder soziale Schwierigkeiten mit sich, kann den Opfern ein vorrangiges Nachsuchen um Hilfe in ihrem Herkunftsland nicht abverlangt werden.[101] Letztendlich geht dieser Aspekt des fehlenden staatlichen Schutzes in dem Kriterium der objektiven Begründetheit subjektiver Furcht vor Verfolgung[102] auf und spielt bei der Prüfung der Flüchtlingseigenschaft keine selbstständige Rolle.[103]

C. Das Konzept der Verfolgung

Kernstück des Flüchtlingsbegriffs ist das Element der „Verfolgung". Die Flüchtlingsdefinition der Genfer Flüchtlingskonvention beruht auf dem Gedanken, dass diejenige asylsuchende Person des internationalen Schutzes bedarf, die aus

---

98 UNHCR-Handbuch, Ziff. 98.

99 BVerfGE 83, 216 (235); vgl. auch Sitaropoulos, Judicial Interpretation, S. 310 ff.

100 Kälin, Grundriss des Asylverfahrens, S. 37; vgl. auch UNHCR-Handbuch, Ziff. 100.

101 Binder, Frauenspezifische Verfolgung, S. 117 f.

102 Siehe hierzu C.III.1.

103 Kälin, Grundriss des Asylverfahrens, S. 37.

„begründeter Furcht vor Verfolgung“ nicht in ihren Heimat- oder Herkunftsstaat zurückkehren kann.

I. Die Elemente des Verfolgungsbegriffs (Übersicht)

Obwohl das Element der „Verfolgung“ als Schlüsselelement des Flüchtlingsbegriffs gilt,[104] ist es weder in der Genfer Flüchtlingskonvention oder einem anderen internationalen Menschenrechtsvertrag definiert,[105] noch kann dem völkerrechtlichen Gewohnheitsrecht eine allgemein gültige Definition entnommen werden.[106] Somit verfügen die Konventionsstaaten über einen weiten Ermessensspielraum bei der Auslegung und Anwendung dieses zentralen Merkmals des Flüchtlingsbegriffs.[107]

Damit erlittene oder befürchtete Verfolgung flüchtlingsrechtlich relevant ist, müssen gemäß Lehre und Praxis folgende Teilelemente *kumulativ* erfüllt sein:[108]

- Die befürchteten oder erlittenen Nachteile müssen *ernsthaft* sein, d.h. die Verfolgungsmaßnahme muss eine gewisse Schwelle der *Intensität* überschreiten.
- Die geltend gemachte Furcht vor Verfolgung muss *begründet* sein. Falls die betroffene Person noch keine Nachteile erlitten hat, oder die erlittenen Nachteile nicht kausal für die Flucht geworden sind oder als zu wenig intensiv erachtet werden, kann die Flüchtlingseigenschaft dennoch bejaht werden, wenn eine künftige Verfolgung mit erheblicher Wahrscheinlichkeit unmittelbar oder zumindest in naher Zukunft droht, d.h. die Furcht vor künftiger Verfolgung objektiv begründet ist.
- Der Heimat- oder Herkunftsstaat muss entweder *nicht bereit* oder *nicht fähig* sein, dem Betroffenen *wirksam* vor der befürchteten Verfolgung *zu schützen*.[109]

---

104 Vgl. UNHCR-Handbuch, Ziff. 37; Sitaropoulos, Judicial Interpretation, S. 215; UNHCR, Auslegung von Art. 1, Ziff. 11; Binder, Frauenspezifische Verfolgung, S. 47; Hathaway, The Law of Refugee Status, S. 99; vgl. auch Kälin, Grundriss des Asylverfahrens, S. 36.

105 Vgl. zu den Beratungen: Takkenberg/Thabaz: The Collected Travaux Préparatoires of the 1951 Geneva Convention Relating to the Status of Refugees, Vol. III., S. 371 ff.

106 Vgl. UNHCR-Handbuch, Ziff. 51.

107 Goodwin-Gill/McAdam, The Refugee in International Law, S. 91.

108 Vgl. Kälin, Grundriss des Asylverfahrens, S. 58 m.w.N.; UNHCR-Handbuch, Ziff. 37 ff.

109 Zudem darf *keine inländische Fluchtalternative* bestehen, d.h. der betroffenen Person muss es unmöglich oder zumindest unzumutbar sein, in einem anderen Teil ihres Heimatstaates wirksamen Schutz vor Verfolgung zu finden. Siehe hierzu unter D.

- Die erlittene oder bevorstehende Verfolgung muss auf einem flüchtlingsrechtlich relevanten *Verfolgungsmotiv* basieren. Dazu zählen: Rasse, Religion, Nationalität, Zugehörigkeit zu einer bestimmten sozialen Gruppe und politische Anschauung. Diese Motive dienen insbesondere zur Abgrenzung von legitimer staatlicher Verfolgung (z.B. Strafverfolgung).
- Die Verfolgungsmaßnahme darf das Opfer *nicht nur zufällig* getroffen haben, sondern muss *gezielt*, d.h. gegen die betroffene Person persönlich gerichtet sein.

II. Die Art und Intensität der Verfolgungsmaßnahme

Lehre und Praxis bejahen den Verfolgungscharakter bei einem ernsthaften Eingriff in *menschenrechtlich* geschützte Rechtsgüter.[110] Grundsätzlich kommen alle Menschenrechte als Grundlage für die Annahme einer flüchtlingsrechtlich relevanten Verfolgung in Betracht. Ziel des internationalen Flüchtlingsrechtes ist jedoch nicht der Schutz von Opfern jeglichen Unrechts, daher ist nicht jede Menschenrechtsverletzung automatisch als Verfolgung zu qualifizieren. Der Flüchtlingsschutz soll vielmehr Menschen vorbehalten sein, die einer schwerwiegenden Menschenrechtsverletzung ausgesetzt sind.[111] Die Verfolgungsmaßnahme muss deshalb *ernsthaft* sein, d.h. sie muss eine gewisse Schwelle der *Intensität* überschreiten.

1. Allgemeines

Zur Bestimmung der Intensität, die erforderlich ist, damit eine Maßnahme Verfolgungscharakter erhält, sind neben ihrer Schwere insbesondere auch die Kriterien der Wiederholung, Dauer oder der Systematik des Eingriffs bzw. der Misshandlung zu berücksichtigen.[112] Von einer Menschenrechtsverletzung, die als Verfolgung im flüchtlingsrechtlichen Sinne zu qualifizieren ist, wird häufig eine „bloße" Diskriminierung oder Belästigung unterschieden.[113] Auf diese Differenzierung

---

110 Siehe Kälin, Grundriss des Asylverfahrens, S. 38 ff.; Binder, Frauenspezifische Verfolgung, S. 52 ff. und 85 ff. m.N. aus der Staatenpraxis; vgl. auch UNHCR-Handbuch, Ziff. 51; Kälin, Das Prinzip des non-refoulement, S. 149. Zur Kritik an diesem Ansatz vgl. die Nachweise bei Hathaway, The Law of Refugee Status, S. 107 ff.

111 Binder, Frauenspezifische Verfolgung, S. 57 f.

112 Vgl. Carlier, in: ders. u.a., Who is a Refugee?, S. 683 (701 f.).

113 Binder, Frauenspezifische Verfolgung, S. 59.

weist auch das UNHCR-Handbuch[114] hin, wo es unter dem Stichwort „Diskriminierung" heißt:

> „In vielen Gesellschaften gibt es in der Tat mehr oder minder stark ausgeprägte Unterschiede in der Behandlung verschiedener Gruppen. Personen, die auf Grund solcher Unterschiede eine weniger gute Behandlung erfahren, sind nicht notwendigerweise das Opfer von Verfolgung. Nur unter bestimmten Voraussetzungen ist Diskriminierung mit Verfolgung gleichzusetzen. Dies wäre nur der Fall, wenn die Diskriminierungsmaßnahmen Konsequenzen mit sich brächten, welche die betroffene Person in hohem Maße benachteiligen würden, z.B. eine ernstliche Einschränkung des Rechts, ihren Lebensunterhalt zu verdienen oder des Zugangs zu den normalerweise verfügbaren Bildungseinrichtungen."[115]

Ob eine Diskriminierung mit einer Verfolgung gleichzusetzen ist, ist demnach wiederum mit Blick auf die Schwere der Menschenrechtsverletzung zu beurteilen. Diskriminierungen, Schikanen und andere Menschenrechtsverletzungen, die für sich genommen, noch nicht allzu schwer wiegen, können dann Ursache für verständliche Furcht vor Verfolgung sein, wenn sie sich im Laufe der Zeit wiederholen.[116] Erfolgen mehrere, an sich geringfügige Handlungen gleichzeitig in kombinierter Weise, kann auch dieses kumulative Element eine flüchtlingsrechtlich relevante Verfolgung begründen.[117] Ob mehrfach oder in kombinierter Weise auftretende geringfügige physische[118] oder psychische Beeinträchtigungen[119] als Verfolgung zu qualifizieren sind, ist letztlich unter Berücksichtigung aller Umstände des Einzelfalls zu entscheiden.[120] Hierbei ist im Wege der Gesamtbetrachtung auch die persönliche Situation der betroffenen Person vor dem Hintergrund der politischen und sozialen Lage im Heimat- oder Herkunftsstaat zu würdigen.[121] Eine gewisse Schwelle der Intensität ist da erreicht, wo aufgrund

---

114 UNHCR, Handbuch über Verfahren und Kriterien zur Feststellung der Flüchtlingseigenschaft gemäß dem Abkommen von 1951 und dem Protokoll von 1967 über die Rechtsstellung der Flüchtlinge, 1979, Neuauflage: UNHCR Österreich, Dezember 2003 (im Folgenden: UNCHR-Handbuch).

115 UNHCR-Handbuch, Ziff. 54.

116 Binder, Frauenspezifische Verfolgung, S. 59.

117 Vgl. UNHCR-Handbuch, Ziff. 55.

118 Hierzu zählen beispielsweise geringfügige körperliche Misshandlungen, Belästigungen, kurzzeitige Inhaftierungen oder Hausdurchsuchungen.

119 Vgl. Hathaway, The Law of Refugee Status, S. 113, Fn. 119, m.N. aus der Rechtsprechung.

120 UNHCR-Handbuch, Ziff. 55.

121 Binder, Frauenspezifische Verfolgung, S. 60; Goodwin-Gill/McAdam, The Refugee in International Law, S. 64; a.A. Hathaway, The Law of Refugee Status, S. 66 ff., der einen einheitlichen objektiven Ansatz befürwortet.

der Verfolgungsmaßnahme ein menschenwürdiges Leben in dem betreffenden Herkunftsland unmöglich ist oder in unzumutbarer Weise erschwert wird.

2. Einzelne Modelle im Speziellen

Je nach Rechtsgut, in das eingegriffen wird, sind unterschiedliche Anforderungen an die Intensität der Verfolgungsmaßnahme zu stellen. Hierzu wurden in der Literatur unterschiedliche Modelle entwickelt, wovon zwei im Folgenden dargestellt und anschließend diskutiert werden.

a) Das Modell von Hathaway

Nach *Hathaway* setzt sich das Konzept der Verfolgung aus zwei Elementen, der Verletzung grundlegender Menschenrechte und einer Schutzpflichtverletzung des Staates, zusammen.[122] Hieran schließt sich die zentrale Frage an, welche Menschenrechte als so elementar gelten, dass ihre Verletzung immer eine Verfolgung im Sinne des Flüchtlingsrechts darstellt. Nach *Hathaway* ist dies anhand eines hierarchischen Prüfungsmodells zu ermitteln.[123] Mit Bezug auf die Kriterien der Derogierbarkeit bzw. der Nichtderogierbarkeit eines Rechts sowie der Abhängigkeit der Garantie eines Rechts von staatlichen Ressourcen ergeben sich folgende Kategorien:[124]

Die erste Kategorie umfasst die in der AEMR enthaltenen Rechte, die im IPbürgR[125] normiert worden sind und von denen auch im Falle eines öffentlichen Notstandes keine Ausnahmen zulässig sind.[126] Das Scheitern des Heimat- oder

122 Hathaway definiert Verfolgung als „the sustained or systematic violation of basic human rights demonstrative of a failure of state protection. A well-founded fear of persecution exists when one reasonably anticipates that remaining in the country may result in a form of serious harm which government cannot or will not prevent, including either ‚specific hostile acts or … an accumulation of adverse circumstances such as discrimination existing in an atmosphere of insecurity and fear'." The Law of Refugee Status, S. 104 f.

123 Vgl. zu Nachfolgendem: Hathaway, The Law of Refugee Status, S. 108 ff.; zustimmend Macklin, 17 Hum. Rts. Q. 1995, 213 (224 f.); so wohl auch Walker, 12 IJRL 2000, 175 (191 f.); Haines, in: Feller u.a., Refugee Protection in International Law, S. 319 (328 f.).

124 Binder, Frauenspezifische Verfolgung, S. 77.

125 Internationaler Pakt über bürgerliche und politische Recht vom 19. Dezember 1966, BGBl. II 1973, S. 1553.

126 Dies sind das Recht auf Leben (Art. 6 IPbürgR), das Verbot der Folter oder grausamer, unmenschlicher oder erniedrigender Behandlung oder Strafe (Art. 7 IPbürgR), das Verbot der Sklaverei, des Sklavenhandels und der Leibeigenschaft (Art. 8 Abs. 1 und

Herkunftsstaates, diese Rechte unter allen Umständen zu gewährleisten, ist nach diesem Modell immer als eine Verfolgung zu qualifizieren.

Die zweite Kategorie besteht aus denjenigen bürgerlichen und politischen Rechten, die im IPbürgR als verbindlich normiert worden sind, von denen aber „im Falle eines öffentlichen Notstandes, der das Leben der Nation bedroht und der amtlich verkündet ist“[127], Ausnahmen zulässig sind. Das Versagen des Staates, diese Rechte zu schützen, ist generell mit einer Verfolgung gleichzusetzen, sofern die im Falle eines öffentlichen Notstandes ergriffenen Maßnahmen nicht unbedingt erforderlich sind, sonstigen völkerrechtlichen Verpflichtungen nicht zuwiderlaufen und keine Diskriminierung enthalten.[128]

Die wirtschaftlichen und sozialen Rechte, die im IPwirtR[129] normiert sind, bilden die dritte Kategorie.[130] Der Staat verletzt hier seine Schutzpflicht, wenn er entweder, trotz vorhandener wirtschaftlicher und finanzieller Ressourcen, gegen seine Verpflichtung zur Verwirklichung dieser Rechte verstößt, oder er diese Rechte einer Minderheit in diskriminierender Weise vorenthält.

Die in der AEMR enthaltenen, aber nicht in den UN-Pakten als verbindlich normierten Rechte, wie das Recht auf Schutz vor Arbeitslosigkeit oder das Recht auf Eigentum, gehören der vierten und letzten Kategorie an. Die Verletzung dieser Rechte kann nach dem Ansatz von *Hathaway* nur in sehr außergewöhnlichen Umständen als flüchtlingsrechtlich relevante Verfolgung angesehen werden.

b) Das Modell von Carlier

Das Modell von *Carlier* misst die Verfolgungsintensität einer Menschenrechtsverletzung anhand des Kriteriums der *Verhältnismäßigkeit*: „The

---

Abs. 2 IPbürgR), das Verbot jemanden nur deswegen in Haft zu nehmen, weil er nicht in der Lage ist, eine vertragliche Verpflichtung zu erfüllen (Art. 11 IPbürgR), das Verbot der Strafe ohne vorheriges Gesetz (Art. 15 IPbürgR), das Recht überall als rechtsfähig anerkannt zu werden (Art. 16) und das Recht auf Gedanken-, Gewissens- und Religionsfreiheit (Art. 18 IPbürgR).

127 Art. 4 Abs. 1 IPbürgR.

128 Vgl. Art. 4 Abs. 1 IPbürgR.

129 Internationaler Pakt über wirtschaftliche, soziale und kulturelle Rechte vom 19. Dezember 1966, BGBl. II 1973, S. 1569.

130 Hierzu gehören u.a. das Recht auf Arbeit, auf gerechte und günstige Arbeitsbedingungen, das Recht auf angemessenen Lohn, auf Arbeitspausen, angemessene Ernährung, medizinische Versorgung, gröstmöglichen Schutz und Beistand für die Familie, Bildung, soziale Sicherheit und das Recht auf Teilnahme am kulturellen Leben.

proportionality allows measurement of the results or the objectives against the means used. When the means to achieve an end, albeit legal and legitimate, is disproportionate to the end itself, human dignity is violated and crosses the treshold of persecution […].”[131] Dabei geht auch *Carlier* von einer hierarchischen Ordnung der Menschenrechte aus. Eine Verfolgung liegt vor, wenn die in Frage stehende Maßnahme ein grundlegendes Menschenrecht in unverhältnismäßiger Weise verletzt. So ist die Unverhältnismäßigkeit einerseits in Bezug auf die qualitative und quantitative Schwere der Maßnahme zu bestimmen, andererseits hängt sie auch von dem konkreten Menschenrecht ab, das durch die betreffende Maßnahme verletzt wird. Je fundamentaler das in Frage stehende Menschenrecht ist (Leben, körperlichen Integrität oder persönliche Freiheit), desto geringere Anforderungen sind an die qualitative und quantitative Schwere der Verletzungsmaßnahme zu stellen.[132] *Carlier* stellt keine ausdrückliche Rangliste von Menschenrechten auf, geht aber wohl implizit von einer Vorrangstellung von bürgerlichen und politischen Rechten gegenüber wirtschaftlichen, sozialen und kulturellen Rechten aus.[133]

c) Stellungnahme

Sowohl das von *Hathaway* als auch das von *Carlier* vorgeschlagene Modell beruhen auf einer hierarchischen Ordnung der Menschenrechte. Für die Bestimmung der erforderlichen Intensität ist neben der Art der Verfolgungshandlung auch der Rang des Menschenrechts, dessen Verletzung in Frage steht, maßgeblich. Beiden Prüfungsmodellen kann im Hinblick auf die automatische Vorrangstellung von politischen gegenüber sozialen Rechten nicht gefolgt werden. So ist beispielsweise das Recht auf Gesundheit, Bildung oder Nahrung in gleicher Weise zu dem grundlegenden Teil der menschlichen Würde zu zählen, wie das Recht auf Religions- oder Versammlungsfreiheit oder das Verbot der Folter. *Hathaways* Modell von 1991 erscheint zudem für die Prüfung der Verfolgungsintensität zu schematisch und unflexibel. Zwar weist *Hathaway* darauf hin, dass auch andere, außer den

---

131 Carlier, in: ders. u.a., Who is a Refugee?, S. 683 (702 f.).

132 „[T]he disproportionate nature will be a function of the quantitative and qualitative severity of the treatment, on the one hand, and of the basic human right that the treatment violates, on the other. The more fundamental the right in question is (the right to life, physical integrity, freedom […]), the less quantitatively and qualitatively severe the treatment need be. The lower the priority attributed to the violated freedom (economic, social or cultural rights), the more quantitatively and qualitatively severe the treatment must be.“ Carlier, in: ders. u.a., Who is a Refugee?, S. 683 (702f.).

133 So auch Binder, Frauenspezifische Verfolgung, S. 78.

von ihm explizit genannten Menschenrechtspakten in die Prüfung einzubeziehen seien.[134] Dennoch muss eine hierarchisierende Einteilung der Menschenrechte anhand generell-abstrakter Kriterien abgelehnt werden.[135] Flüchtlingsschutz ist Individualschutz des Einzelnen.[136] Daher sind bei der Prüfung auch die konkret-individuellen Auswirkungen eines Eingriffs auf den Schutzsuchenden zu berücksichtigen. *Carliers* Modell, das sowohl nach einer Verletzung eines grundlegenden Menschenrechts als auch nach der Schwere dieser Verletzung fragt, ist zu befürworten. Die jüngere Literatur folgt diesem Ansatz, indem sie den Verfolgungsbegriff anhand einer zweistufigen Prüfung untersucht. In einem ersten Schritt wird die Verletzung eines international anerkannten Menschenrechtes, in einem zweiten die Schwere dieser Verletzung untersucht.[137] Politischen und sozialen Rechten soll bei der Prüfung die gleiche Aufmerksamkeit zukommen.[138] Eine starre, schematische Prüfung verbietet sich, vielmehr ist stets eine Einzelfallbeurteilung erforderlich.[139] Bei der Verletzung gewisser menschenrechtlicher und humanitärer Grundprinzipien, wie dem Folterverbot, ist generell von der erforderlichen Intensität auszugehen. Angesichts der ständigen Fortentwicklung der Menschenrechte ist allerdings auf einen abschließenden Katalog von Rechten, die eine erhöhte Geltungskraft besitzen, zu verzichten.[140]

---

134 Hathaway, in: IARLJ, The Realities of Refugee Determination on the Eve of a New Millenium, S. 80 (86); zustimmend RSAA, Ref. App. No. 74665/03 (7 July 2004), Ziff. 67 ff. erhältlich unter: www.refugee.org.nz (zuletzt besucht Januar 2013), hierbei komme insbesondere das Internationale Übereinkommen zur Beseitigung jeder Form von Rassendiskriminierung, 1966 (ICERD), das Übereinkommen zur Beseitigung jeder Form von Diskriminierung der Frau, 1979 (CEDAW), und das Übereinkommen über die Rechte des Kindes, 1989 (CRC) in Betracht, vgl. Ziff. 69.

135 So auch RSAA, Ref. App. No. 74665/03 (7 July 2004), Ziff. 80, erhältlich unter: www.refugee.org.nz (zuletzt besucht Januar 2013); Löhr, Die kinderspezifische Auslegung, S. 99; vgl. auch Kourula, Broadening the Edges, S. 92 f.

136 Löhr, Die kinderspezifische Auslegung, S. 99.

137 Binder, Frauenspezifische Verfolgung, S. 79 f; von Thenen, Geschlechtsspezifische Flucht- und Bleibegründe, S. 72 ff; Vanheule, in: Carlier/Vanheule: Europe and Refugees: A Challenge?, S. 91 (103); Goodwin-Gill/McAdam, The Refugee in International Law, S. 92; Zieck, UNHCR and Voluntary Repatriation, S. 28 f.; Carlier, in: ders. u.a., Who is a Refugee?, S. 683 (701 f.).

138 Binder, Frauenspezifische Verfolgung, S. 80.

139 Goodwin-Gill/McAdam, The Refugee in International Law, S. 94; von Thenen, Geschlechtsspezifische Flucht- und Bleibegründe, S. 92; Binder, Frauenspezifische Verfolgung, S. 80 f.; Grahl-Madsen, The Status of Refugees, Vol. 1, S. 213 und S. 216.

140 So auch Binder, Frauenspezifische Verfolgung, S. 70 und 80 f.

III. Begründete Furcht vor Verfolgung

Der Antragsteller muss gemäß Art. 1A Nr. 2 GFK eine begründete Furcht vor Verfolgung darlegen, um als Flüchtling im Sinne der Konvention anerkannt zu werden. Entscheidend ist ein gegenwärtiges Risiko *künftig* drohender Verfolgung.[141] Das Element der Zukunftsgerichtetheit der Verfolgungsprognose ergibt sich unmittelbar aus dem Begriff „fear", der auf künftig drohende Ereignisse gerichtet ist.[142]

Furcht vor Verfolgung kann sich aus verschiedenen Situationen heraus ergeben: Zunächst ist denkbar, dass die betroffene Person unter aktueller Verfolgung leidet oder in der Vergangenheit bereits Verfolgung erlitten hat und aufgrund dessen zukünftige Menschenrechtsverletzungen befürchtet. Der Nachweis einer bereits erlittenen verfolgungsrelevanten Menschenrechtsverletzung ist jedoch für die Anerkennung der Flüchtlingseigenschaft nicht notwendig. Vielmehr ist es ausreichend, dass der Antragsteller bestimmte Ereignisse und Umstände darlegen kann, die auf künftige Verfolgung hinweisen.[143] Der internationale Schutz soll möglichst bereits dann einsetzen, wenn sich die ernsthaft drohende Gefahr noch nicht realisiert hat.

1. Der materiellrechtliche Prüfungsmaßstab

Ob die Prüfung der vom Flüchtling empfundenen Furcht anhand einer subjektiven wie einer objektiven Komponente oder allein anhand objektiver Kriterien zu erfolgen hat, wird unterschiedlich beurteilt.

---

141 UML, Program in Refugee and Asylum Law: Michigan Guidelines on Well-Founded Fear, Introduction und Ziff. 6; Vanheule, in: Calier/Vanheule, Europe and Refugees: A Challenge?, S. 91 (95); Binder, Frauenspezifische Verfolgung, S. 226; Sitaropoulos, Judicial Interpretation, S. 321; Hathaway, The Law of Refugee Status, S. 75; der./Hicks, 26 Mich. J. Int'l L. 2005, 505 (506); Marx, Handbuch zum Flüchtlingsschutz, § 11 Rn. 11 ff.; Löhr, Die kinderspezifische Auslegung, S. 84, m.w.N. aus der Rechtsprechung; Binder, Frauenspezifische Verfolgung, S. 233.

142 Carlier, in: ders. u.a., Who is a Refugee?, S. 683 (697); Löhr, Die kinderspezifische Auslegung, S. 84 m.w.N.

143 Sitaropoulos, Judicial Interpretation, S. 248; Hathaway, The Law of Refugee Status, S. 87 m.N. aus der kanadischen Rechtsprechung.

a) Subjektiv-objektive Prüfung

Der Begriff „begründete Furcht" enthält nach dem UNHCR[144] und Teilen der Literatur[145] sowohl ein subjektives als auch ein objektives Element: Während „Furcht" als „Ausdruck seelischer Verfassung und subjektiven Empfindens"[146] sich auf die individuelle Wahrnehmung der schutzsuchenden Person sowie ihre (emotionale) Reaktion beziehe, verlange das Kriterium der Begründetheit eine objektive Basis zum Zwecke der Überprüfbarkeit dieser Furcht.[147] Besteht das tatsächliche Risiko einer Verfolgung, sei das vom Antragsteller als Angst empfundene Gefühl objektiv begründet.[148] Unter Verweis auf den Wortlaut wird daher die Berücksichtigung beider Elemente bei der Prüfung verlangt.[149] Ihre genaue Gewichtung wird jedoch unterschiedlich beurteilt und hängt stark vom konkreten Fall ab.[150] Der UNHCR räumt sogar ein, dass, je nach Einzelfall, auch das alleinige Vorliegen eines der beiden Elemente ausreichend sein könne:

> „In Fällen, in denen keine subjektive Furcht zum Ausdruck gebracht wird, können die Umstände dennoch Anlass zu begründeter Furcht geben, da unter den gegebenen Umständen *jeder* so gefährdet wäre, dass es unmaßgeblich ist, ob Furcht empfunden wird. Umgekehrt kann es sein, dass die objektiven Umstände an sich nicht unbedingt gravierend erscheinen, jedoch angesichts der persönlichen Umstände, der Überzeugung und der Aktivitäten des Antragstellers dennoch Anlass zu begründeter Furcht geben, auch wenn dies für einen anderen Menschen unter denselben objektiven Verhältnissen nicht der Fall wäre."[151]

---

144 UNHCR, Auslegung von Art. 1, Ziff. 11.

145 Sexton, 18 Vand. J. Transnat'l L.1985, 731 (733); Cox, 10 Brooklyn J. Int'l L. 1984, S. 333 (349); Wolter, Auf dem Weg zu einem gemeinschaftlichen Asylrecht, S. 142 ff.; Marx, 4 IJRL 1992, 151 (156); Melander, 18 Scandinavian Studies in Law 1974, 151 (158); Villareal, 26 Hous. J. Int'l L. 2003/2004, 743 (751 und 767 f.); Marx, Handbuch zum Flüchtlingsschutz, § 8 Rn. 10; Bhabha/Crock, in: Crock, Seeking Asylum Alone, S. 169 (170).

146 UNHCR-Handbuch, Ziff. 38.

147 Vgl. UNHCR-Handbuch, Ziff. 37 f.; Marx, Handbuch zum Flüchtlingsschutz, § 8 Rn. 11.

148 Vgl. UNHCR-Handbuch, Ziff. 38.

149 Vgl. UNHCR-Handbuch, Ziff. 38.; Marx, Handbuch zum Flüchtlingsschutz, § 8 Rn. 10 f.

150 Goodwin-Gill/McAdam, The Refugee in International Law, 63 f.; Marx, Handbuch zum Flüchtlingsschutz, § 8 Rn. 11; Grahl-Madsen, The Status of Refugees, Vol. 1, S. 174; Tuitt, False Images – Law's Construction of the Refugee, abgedruckt in: Chimni, International Refugee Law – A Reader, S. 18 ff.

151 UNHCR, Auslegung von Art. 1, Ziff. 11.

Auch Teile der angloamerikanischen Rechtsprechung gehen bei ihrer Prüfung sowohl von einer subjektiven als auch einer objektiven Komponente aus.[152] Dennoch lässt sich eine gewisse Unsicherheit im Umgang mit dem subjektiven Element erkennen.[153] So gehen Teile der kanadischen Praxis davon aus, dass ein objektiv begründeter Antrag unter Hinweis auf das Fehlen von subjektiver Furcht abgewiesen werden könne.[154] Andererseits wird die Prüfung der subjektiven Komponente, bei Vorliegen starker objektiver Anzeichen einer Verfolgungsgefahr, oftmals nicht mehr für nötig befunden.[155]

b) Einheitliche objektive Prüfung

Der Zweiteilung der begründeten Furcht vor Verfolgung in ein objektives und ein subjektives Element steht ein in der Lehre verbreiteter Ansatz gegenüber, der die

---

152 Vgl. INS v. Cardoza-Fonseca, [1987] 480 U.S. 421 (431); Abdille v. Ashcroft (AG), [2001] 242 F.3d 477 (495 f.); Abay and Amare v. Ashcroft (AG) and INS, 368 F.3d 634 (Rn. 6); Velarde v. INS, [1998] No. 96-71002, Ziff. 4, per Fletcher; Melendez v. United Staes Department of Justice, 926 F.2d. 211, (215); vgl. auch: Adjin-Tettey, 25 Man. L.J. 1997–1998, 127 (129 ff.) m.w.N.; Rajadurai v. MIMA, [1999] FCA 125 (23 February 1999), Ziff. 16, per Sackville J; Raza v. MIMA, [2002] FCA 350 (March 28, 2002), Ziff. 18, per French, Merkel and Gyles JJ; Re Minister for Immigration & Multicultural Affairs, Ex parte Miah, [2001] HCA 22 (3 May 2001), Ziff. 62, per Gaudron J.; Canada (Attorney-General) v. Ward, [1993] 2 S.C.R. 689; Chan v. Canada (MEI), (1995) 3 S.C.R. 593, 1995 CanLII 71 (S.C.C.); siehe für weitere Nachweise auch Immigration and Refugee Board of Canada, Refugee Protection Division: Interpretation of the Convention Refugee Definition in the Case Law, Ziff. 5.3, erhältlich unter: http://www.irb-cisr.gc.ca/eng/brdcom/references/legjur/rpdspr/def/Pages/Def2010Chap05.aspx (zuletzt besucht Januar 2013).

153 Vgl. Löhr, Die kinderspezifische Auslegung, S. 79, mit Nachweisen aus der Rechtsprechung.

154 Hazara v. Canada (MCI), 2002 FCT 1256 (CanLII), Ziff. 12, per Tremblay-Lamer J; Suleiman v. MIMA, [2001] FCA 752 (30 May 2001), Ziff. 15, per Lee, Hill and Emmet JJ; Vallipuram v. Canada (MCI), 2001 FCT 1106 (CanLII), Ziff. 23, per Lemieux J; Tabet-Zatla v. Canada (MCI), 1999 CanLII 9095 (FC), Ziff. 6, per Tremblay-Lamer J; Chan v. MIEA, [1989] HCA 62, (1989) 169 CLR 379 FC 89/034 (9 December 1989), Ziff. 22, per Gaudron J.

155 Balendra v. Canada (MCI), 2003 FC 1078, Ziff. 11, per Layden-Stevenson J; Yusuf v. Canada (MEI), [1992] 1 FC 629, [1991] FCJ 1049, Ziff. 5, per Hugessen J. (Refworld); vgl. Hathaway, The Law of the Refugee Status, S. 70 ff. m.w.N.; vgl. auch Carlier, in: ders. u.a., Who is a Refugee?, S. 683 (697); Marx, Handbuch zum Flüchtlingsschutz, § 8 Rn. 12.

begründete Furcht allein objektiv bestimmt.[156] Der Begriff der Furcht wurde der Entstehungsgeschichte zufolge gewählt, um deutlich zu machen, dass der Betroffene einer gegenwärtigen oder künftigen objektiv drohenden Verfolgungsgefahr ausgesetzt sein müsse, um als Flüchtling im Sinne der Konvention anerkannt zu werden.[157] Das Verfolgungsrisiko sei daher allein anhand von objektiven Umständen zu bestimmen, und solle nicht von dem subjektiven Empfinden des Flüchtlings abhängen.[158] Ansonsten ergäbe sich die eigenartige Konsequenz, dass Menschen, die derselben Gefahr ausgesetzt sind, flüchtlingsrechtlich unterschiedlich zu beurteilen wären, je nach dem wie stark ihre individuelle Empfindsamkeit ausgeprägt ist.[159] Diese Ansicht wird von der neuseeländischen,[160] der deutschen[161] sowie von Teilen der britischen Praxis[162] geteilt.

---

156 Vgl. die Kritik von Hathaway, The Law of the Refugee Status S. 65 ff., ders./Hicks, 26 Mich. J. Int'l L. 2005, 505 (508 f.); Sitaropoulos, Judicial Interpretation, S. 324 ff.; Niraj Nathwani, Rethinking Refugee Law, S. 68 ff.; Adjin-Tettey, 25 Man. L.J. 1997–1998, 127 (130 ff.); Binder, Frauenspezifische Verfolgung, S. 249 f.; UML, Program in Refugee ans Asylum Law: Michigan Guidelines on Well-Founded Fear, Ziff. 4; Grahl-Madsen, The Status of Refugee, Vol. 1, S. 173 f.; Haines, in: Feller u.a., Refugee Protection in International Law, S. 319 (338); Bhabha, 3 Eur. J. Migration & L. 2001, 283 (297 f.); Löhr, Die kinderspezifische Auslegung, S. 80 ff. m.w.N.

157 Binder, Frauenspezifische Verfolgung, S. 250.

158 Ausführlich hierzu Hathaway, The Law of Refugee Status, S. 65 ff.

159 Hathaway, The Law of Refugee Status, S. 69; vgl. auch Binder, Frauenspezifische Verfolgung, S. 250.

160 RSAA, Ref. App. No. 72635/01 (6 September 2002), Ziff. 56 m.w.N., erhältlich unter: www.refugee.org.nz (zuletzt besucht Januar 2013); siehe auch RSAA, Ref. App. No. 72668/01 (23 July 2001), Ziff. 132 ff., erhältlich unter: www.refugee.org.nz (zuletzt besucht Januar 2013).

161 Nach dem Bundesverwaltungsgericht ist die Furcht des Asylsuchenden vor politischer Verfolgung i.S.d. Art. 16a GG [a.F.] begründet, „wenn es ihm bei verständiger Würdigung der gesamten Umstände seines Falles nicht *zuzumuten* ist, in seinem Heimatstaat zu bleiben oder dorthin zurückzukehren [...]. Massgeblich ist insoweit nicht das subjektive Furchtempfinden des Asylbewerbers. Das Grundrecht des Art. 16 Abs. 2 Satz 2 GG [a.F.] geht vielmehr [...] von einer *objektiven* Beurteilung der Verfolgungsgefahr aus." BVerwGE 88, 367 (377). Nach dem BVerwG weist der Flüchtlingsbegriff von Art. 1A der GFK in Bezug auf das Merkmal der begründeten Furcht vor Verfolgung keine bedeutenden Unterschiede zum deutschen Asylrecht auf. Vgl., BVerwG, Urt. v. 26.10.1993 - 9 C 50/92 u.a., NVwZ 1994, 500 (503); BVerwGE 95, 42.

162 Sivakumaran, R v. SSHD, [1987] UKHL 1 (16 December 1987), [1988] AC 958, (998 ff.), per Lord Goff; anders hingegen AE and Anor v. SSHD, [2003] EWCA Civ 1032 (16 July 2003), Rn. 20, per Lord Philips MR; vgl. Löhr, Die kinderspezifische Auslegung, S. 80, m.w.N.

c) Stellungnahme

Ausgehend von der Wortbedeutung, kann „fear“ als „[t]he emotion of pain or uneasiness caused by the sense of impending danger, or by the prospect of some possible evil“[163] aber auch als eine “particular apprehension of some future evil”[164] oder als “[a]pprehension or dread of something that will or may happen in the future”[165] verstanden werden. Während die zuerst genannte Definition auf ein individuell empfundenes Gefühl abstellt, wird ein solches von den anderen Begriffsbestimmungen nicht zwingend vorausgesetzt.[166] Die Wortlautauslegung ergibt somit kein eindeutiges Ergebnis, der Begriff „fear“ ist sowohl offen für eine subjektiv-objektive als auch eine rein objektive Prüfung.

Hingegen sprechen systematische Erwägungen gegen erstgenannte. So wird in Art. 1 Abs. 5 C GFK ebenso wie beim Refoulement-Verbot (Art. 33 Abs. 1 GFK) ausschließlich auf objektive Umstände abgestellt.[167]

Vor allem aber ist die einheitlich objektive Prüfung aus teleologischen Gründen vorzugswürdig. Verlangt man nämlich für die Begründung der Flüchtlingseigenschaft zwingend eine subjektiv empfundene Furcht, führt dies zu dem unsinnigen Ergebnis, dass Personen, deren Furcht vor Verfolgung objektiv unstreitig begründet ist, die Flüchtlingseigenschaft aufgrund eines nur ungenügend empfundenen subjektiven Angstgefühls versagt bleibt.[168] Dieses Resultat ist mit Sinn und Zweck der Flüchtlingskonvention kaum zu vereinbaren. Lassen die objektiven Umstände auf eine reelle Verfolgungsgefahr schließen, darf dem Betroffenen internationaler Schutz auch dann nicht verwehrt werden, wenn die Aussagen des Betroffenen nach Ansicht der Behörde oder des Rechtsprechungsorgans nur unzureichend auf eine subjektiv empfundene Furcht schließen lassen.[169] Die Anerkennung des

---

163 Oxford English Dictionary, 2. a., Online Ausgabe, www.oed.com (zuletzt besucht Januar 2013).

164 Oxford English Dictionary, 2. c., Online Ausgabe, www.oed.com (zuletzt besucht Januar 2013).

165 Oxford English Dictionary, 3. a., Online Ausgabe, www.oed.com (zuletzt besucht Januar 2013).

166 Vgl. Löhr, Die kinderspezifische Auslegung, S. 82.

167 Vgl. Hathaway/Hicks, 26 Mich. J. Int'l L. 2005, 505 (541 ff.); UML, Program in Refugee ans Asylum Law: Michigan Guidelines on Well-Founded Fear, Ziff. 5; Löhr, Die kinderspezifische Auslegung, S. 82. Auch historische Erwägungen sprechen für eine objektive Prüfung, siehe hierzu: Hathaway, The Law of Refugee Status, S. 66 ff.

168 Vgl. Hathaway, The Law of Refugee Status, S. 72; Adjin-Tettey, 25 Man. L.J. 1997–1998, 127 (130 f.).

169 Binder, Frauenspezifische Verfolgung, S. 234.

Flüchtlingsstatus darf nicht von der Beurteilung der Gemütslage des Flüchtlings abhängen.[170] Ein einheitlicher objektiver Prüfungsansatz wird nicht zuletzt auch aus beweisrechtlichen Erwägungen heraus bevorzugt. So erscheint das Erfordernis einer subjektiv empfundenen Furcht für die Prüfung der Flüchtlingseigenschaft als ungeeignet, da sich eine solche nur schwer ermitteln und nachweisen lässt.[171]

Dennoch sollten subjektive Faktoren auch bei der objektiven Prüfung nicht völlig unberücksichtigt bleiben. Durch die Stellung des Antrags auf Anerkennung als Flüchtling bringt der Betroffene bereits zum Ausdruck, dass er sich subjektiv einer objektiv bevorstehenden Verfolgung ausgesetzt sieht.[172] Das von dem Antragsteller vorgebrachte Zeugnis, seine persönlichen Erlebnisse und Empfindungen, sollten zwar nicht als Beweis für subjektive Angst gewürdigt werden, wohl aber im Rahmen der Prüfung der objektiven Umstände, die eine Verfolgungsgefahr begründen können, Berücksichtigung finden.[173]

Grundsätzlich kann festgehalten werden, dass die Schutzwürdigkeit des Antragstellers nicht allein dadurch entfällt, dass die Behörden die geäußerten Befürchtungen als nicht überzeugend erachten. Vielmehr sind die vorgetragenen Aussagen anhand aktueller Informationen über die Lage im Heimat- oder Herkunftsstaat zu überprüfen, um eine umfassende Einschätzung des künftigen Verfolgungsrisikos vorzunehmen.[174] Hierbei gebietet es die individuelle Natur des Flüchtlingsschutzes, auch die konkreten Auswirkungen der äußeren Umstände auf die persönliche Lage des Schutzsuchenden in die Beurteilung mit einfließen zu lassen.[175]

---

170 So wohl auch Hathaway, The Law of Refugee Status, S. 66 ff.; vgl. auch Binder, Frauenspezifische Verfolgung, S. 250.

171 So auch Hathaway/Hicks, 26 Mich. J. Int'l L. 2005, 505 (517 f.).

172 Hathaway/Hicks, 26 Mich. J. Int'l L. 2005, 505 (507); vgl. auch Yusuf v. Canada (MEI), [1992] 1 FC 629, [1991] FCJ 1049, Ziff. 5 per Hugessen J. (Refworld).

173 Vgl. Binder, Frauenspezifische Verfolgung, S. 251 f.; Adjin-Tettey, 25 Man. L.J. 1997–1998, 127 (134). Vgl. auch Marx, Handbuch zum Flüchtlingsschutz, § 28 Rn. 1 ff.

174 Epiney u.a., Die Anerkennung als Flüchtling, S. 9.

175 So wohl auch Binder, Frauenspezifische Verfolgung, S. 251. Auch nach der Qualifikationsrichtlinie hat eine individuelle Prüfung zu erfolgen, die „die individuelle Lage und die persönlichen Umstände“ des Betroffenen angemessen berücksichtigt, vgl. Art. 4 Abs. 3 lit. c. Richtlinie 2004/83/EG des Rates vom 29. April 2004 über Mindestnormen für die Anerkennung und den Status von Drittstaatsangehörigen oder Staatenlosen als Flüchtlinge oder als Personen, die anderweitig internationalen Schutz benötigen, und über den Inhalt des zu gewährenden Schutzes (ABl. L 304/12 vom 30. September 2004). Art. 6 wurde unverändert in der Neufassung der Qualifikationsrichtlinie, der Richtlinie 2011/95/EU (ABl. L 337 vom 20. Dezember 2011, S. 9), mit der die alte Fassung mit Wirkung vom 21. Dezember 2013 aufgehoben wird, übernommen.

2. Die Wahrscheinlichkeitsprognose

Fraglich ist, wie hoch das Verfolgungsrisiko sein muss, damit die Furcht vor Verfolgung begründet ist. Der US-Supreme Court hielt zunächst eine überwiegende Wahrscheinlichkeit für erforderlich,[176] stellte 1987 aber klar, dass auch wenn dem Antragsteller nur mit zehnprozentiger Wahrscheinlichkeit Verfolgung drohe, die Begründetheit der Furcht nicht automatisch verneint werden könne, vielmehr reiche die *„reasonable possibility"* einer Verfolgung aus.[177] Dieser Ansicht folgt die angloamerikanische Praxis[178] in Übereinstimmung mit dem UNHCR[179] und weiten Teilen der Literatur.[180] Im Gegensatz dazu verlangt die deutsche Rechtsprechung für die Zuerkennung der Flüchtlingseigenschaft, dass der Flüchtling bei Zurückweisung in den Heimatstaat mit *„beachtlicher Wahrscheinlichkeit"* einer Verfolgung ausgesetzt ist:

> „Eine Verfolgungsgefahr liegt nach ständiger Rechtsprechung des Bundesverwaltungsgerichts vor, wenn dem Asylsuchenden für seine Person bei verständiger, nämlich objektiver, Würdigung der gesamten Umstände seines Falles – politische – Verfolgung mit

---

176 Vgl. Goodwin-Gill/McAdam, The Refugee in International Law, S. 54 ff.; Hathaway, The Law of Refugee Status, S. 76 ff.; Hruschka/Löhr, ZAR 2007, 180 (181 f.).

177 Der bisher geforderte Beweisstandard des *„balances of probabilities"* wurde zugunsten des weniger strengen Maßstabs der *„reasonabe possibility"* verworfen, INS v. Cardoza-Fonseca, [1987] 480 U.S. 421 (440). Vgl. Goodwin-Gill/McAdam, The Refugee in International Law, S. 56 ff.; Hathaway, The Law of Refugee Status, S. 76 ff.

178 Adjei v. Canada (MEI), [1989] 2 FC 680 (CA) = DLR (4th) 153; Ponniah v. Canada (MEI), [1991], 13 Imm. L.R. (2d) 241 (CA); vgl. für die kanadische, US-amerikanischen und britische Rechsprechung Hathaway, The Law of Refugee Status, S. 77 ff.; Sivakumaran, R v. SSHD, [1987] UKHL 1 (16 December 1987), [1988] AC 958 (994) per Lord Keith, per Lord Bridge, (997) per Lord Goff; Karanakaran v. SSHD, [2000] EWCA Civ 11 (25 January 2000), Ziff. 15 f. per Lord Sedley LJ, Ziff. 44 per Lord Brooke; VTAO v. MIMIA, [2004] FCA (19 July 2001), Ziff. 68 per Merkel J.; vgl. Adjin-Tettey, 25 Man. L.J. 1997–1998, 127 (145) m.w.N.; RSAA, Ref. App. No. 72668/01 (5. April 2002), Ziff. 154, erhältlich unter: www.refugee.org.nz (zuletzt besucht Januar 2013).

179 UNHCR, Auslegung von Art. 1, Ziff. 10.

180 Goodwin-Gill/Mc Adam, The Refugee in International Law, S. 54 ff.; Hathaway, The Law of Refugee Status, S. 80; ders./Hicks, 26 Mich. J. Int'l L. 2005, 505 (508); Mathew/Hathaway/Foster, 15 IJRL 2003, 444 (448); Vanheule, in: Calier/Vanheule, Europe and Refugees: A Challenge?, S. 91 (95 f.); Löhr, Die kinderspezifische Auslegung, S. 86; Calier, in: Nicholson/Twomey, Refugee Rights and Realities, S. 37 (42 f.); Adjin-Tettey, 25 Man. L.J. 1997–1998, 127 (144); Sitaropoulos, Judicial Interpretation, S. 346 ff.; Anker/Blum, 1 IJRL 1989, 67 (67 ff.); vgl. Marx, Handbuch zum Flüchtlingsschutz, § 28 Rn. 3, 6.

> beachtlicher Wahrscheinlichkeit droht, so dass ihm nicht zuzumuten ist, im Heimatstaat zu bleiben oder dorthin zurückzukehren […].“[181]

Dieser Ansicht ist auch die schweizerische Asylrekurskommission.[182] Sowohl die deutsche als auch die schweizerische Praxis stellt für die Beurteilung der beachtlichen Wahrscheinlichkeit auf den „objektiven Maßstab eines verständigen Betrachters“[183] ab. Nach dem BVerwG ist eine begründete Furcht vor Verfolgung mit beachtlicher Wahrscheinlichkeit gegeben, „wenn bei der im Rahmen der Prognose vorzunehmenden ‚zusammenfassenden Bewertung des zur Prüfung gestellten Lebenssachverhalts‘ […] die für eine Verfolgung sprechenden Umstände ein größeres Gewicht besitzen und deswegen gegenüber den dagegensprechenden Tatsachen überwiegen“.[184] Personen, die bereits einer Verfolgung zum Opfer gefallen sind, profitieren von einem „herabgestuften Wahrscheinlichkeitsmaßstab“.[185] Im gleichen Urteil nimmt das BVerwG Bezug auf die oben genannten Ausführungen des amerikanischen Supreme Court[186] und räumt ein, dass eine begründete Furcht vor Verfolgung auch dann gegeben sein könne, „wenn aufgrund einer ‚quantitativen‘ oder statistischen Betrachtungsweise weniger als 50 % Wahrscheinlichkeit für dessen Eintritt besteht […].“[187] Hierin liegt ein Widerspruch zu den übrigen Ausführungen des BVerwG, in denen das Gericht für die Zuerkennung der Flüchtlingseigenschaft eine beachtliche Wahrscheinlichkeit im Sinne einer überwiegenden Wahrscheinlichkeit fordert.[188] Eine liberalere Auslegung der Voraussetzungen

---

181 BVerwGE 79, 143 (150); vgl. auch BVerwGE 89, 162 (169); Schaeffer, Asylberechtigung, S. 88.

182 ARK, Urt. v. 19. Januar 1993 i.S. B.O., Türkei, EMARK 1993 Nr. 11, Ziff. 4c; vgl. auch ARK, Urt. v. 1. Dezember 1993 i.S. K.V. und K.D., Türkei, EMARK 1994 Nr. 5, Ziff. 3h: „Eine begründete Furcht vor künftiger Verfolgung ist mithin zu bejahen, wenn jemand aufgrund konkreter Indizien mit guten Gründen, das heisst objektiv nachvollziehbar, befürchten kann, dass ihm mit erheblicher Wahrscheinlichkeit Verfolgung drohe, und ihm deshalb ein weiterer Verbleib im Heimatstaat nicht zugemutet werden kann.“

183 BVerwGE 70, 169 (171); ARK, Urt. v. 19. Januar i.S. B.O., Türkei, EMARK 1993 Nr. 11, Ziff. 4c, hier wird auf „jeden Menschen in vergleichbarer Lage“ abgestellt. Binder, Frauenspezifische Verfolgung, S. 256 ff.; für die schweizerische Praxis siehe Kälin, Grundriss des Asylverfahrens, S. 143 f.; Werenfels, Der Begriff des Flüchtlings, S. 287 f.

184 BVerwGE 79, 143 (151).

185 Hierzu ausführlich Sitaropoulos, Judicial Interpretation, S. 340 ff.

186 INS v. Cardoza-Fonseca, [1987] 480 U.S. 421 (431).

187 BVerwGE 79, 143 (150 f.); vgl. auch BVerwGE 89, 162 (169).

188 Vgl. BVerwGE 79, 143 (151); zur Kritik an der Rechtsprechung des BVerwG vgl. Binder, Frauenspezifische Verfolgung, S. 258; Marx, 4 IJRL 1992, 151 (165 f.).

der begründeten Furcht ist begrüßenswert. In der Zukunft liegende Ereignisse lassen sich niemals mit hundertprozentiger Wahrscheinlichkeit vorhersagen. Die Forderung einer überwiegenden Wahrscheinlichkeit ist im Hinblick auf die weitreichenden Konsequenzen einer fehlerhaften Entscheidung und die schwierige beweisrechtliche Lage, in der sich Flüchtlinge häufig befinden, abzulehnen.[189] Vielmehr sollte es für Annahme einer begründeten Furcht vor Verfolgung genügen, wenn für den Betroffenen ein reelles Risiko und nicht nur die entfernte Möglichkeit besteht, einer zukünftigen Verfolgung ausgesetzt zu sein.[190]

Auch die Qualifikationsrichtlinie[191] stellt in ihrem Art. 4 Abs. 4 eine widerlegbare beweisrechtliche Vermutung auf, nach der zumindest bei einer Vorverfolgung davon auszugehen ist, dass die Furcht des Antragstellers begründet ist. Diese Vermutung lässt sich durch „stichhaltige Gründe" wiederlegen. Nach Art. 4 Abs. 3 lit. c QRL hat sich die Prüfung der Wahrscheinlichkeitsprognose eng an der „individuelle[n] Lage und [den] persönlichen Umständen" zu orientieren. Im Rahmen einer umfassenden Prüfung ist demnach auf die konkrete Person des Antragsstellers in ihrer individuellen Situation abzustellen.[192]

IV. Die Urheberschaft der Verfolgung

Weder die englisch- noch die französischsprachige Originalfassung von Art. 1 GFK nennt das Kriterium der staatlichen Urheberschaft als Voraussetzung für die Flüchtlingsanerkennung.[193] Auch der Wortlaut von Art. 1 der deutschen

---

189 Vgl. Binder, Frauenspezifische Verfolgung, S. 261; Hruschka/Löhr, ZAR 2007, 180 (182); Hathaway, The Law of Refugee Status, S. 80.

190 Binder, Frauenspezifische Verfolgung, S. 261.

191 Richtlinie 2004/83/EG des Rates vom 29. April 2004 über Mindestnormen für die Anerkennung und den Status von Drittstaatsangehörigen oder Staatenlosen als Flüchtlinge oder als Personen, die anderweitig internationalen Schutz benötigen, und über den Inhalt des zu gewährenden Schutzes (ABl. L 304/12 vom 30. September 2004). Art. 4 wurde unverändert in der Neufassung der Qualifikationsrichtlinie, der Richtlinie 2011/95/EU (ABl. L 337 vom 20. Dezember 2011, S. 9), mit der die alte Fassung mit Wirkung vom 21. Dezember 2013 aufgehoben wird, übernommen.

192 Hruschka/Löhr, ZAR 2007, 180 (181); Marx, Handbuch zum Flüchtlingsschutz, § 28 Rn. 4 ff.

193 Vgl. UNHCR, Auslegung von Art. 1, Ziff. 19; ARK, Urt. v. 8. Juni 2006 i.S. A.I.I., Somalia, EMARK 2006 Nr. 18, Ziff. 7.3.1.; vgl. Goodwin-Gill/McAdam, The Refugee in International Law, S. 98 f.

Fassung enthält keinen Hinweis darauf, dass dem Kriterium der Urheberschaft eigene Bedeutung zukommt. Trotzdem wurde es jahrelang kontrovers diskutiert.[194] Unbestritten ist die Verfolgungsrelevanz von Menschenrechtsverletzungen, die dem Betroffenen unmittelbar vom Heimat- oder Herkunftsstaat zugefügt werden. Damit sind alle Formen staatlichen Handelns, d.h. legislative, judikative und exekutive Tätigkeiten erfasst.[195] Als typisches Beispiel wird die Anwendung von Strafgesetzen genannt, die für religiöse oder politische „Vergehen" sehr heftige Strafen bis hin zur Todesstrafe vorsehen.[196] Auch die mittelbar staatliche Verfolgung, die durch Dritte erfolgt, deren Handlungen von dem betreffenden Staat gebilligt, unterstützt, angeregt oder aufgrund fehlender Schutzbereitschaft einfach hingenommen werden, ist unbestritten flüchtlingsrechtlich relevant.[197] Bei der Frage, ob und inwieweit staatliches Handeln vorliegt, ist auf völkerrechtlich anerkannte Zurechnungsgründe abzustellen.[198]

Darüber hinaus wird nunmehr bei der Prüfung der Flüchtlingseigenschaft auch die nicht-staatliche Verfolgung berücksichtigt. Während die Mehrheit der Konventionsstaaten die Flüchtlingsrelevanz privater Verfolgung jeher bejahte,[199] beharrten insbesondere Deutschland, Frankreich und die Schweiz auf der Theorie der staatlichen Verfolgungsverantwortlichkeit.[200] Hiernach wurde

---

194 Vgl. Goodwin-Gill/McAdam, The Refugee in International Law, S. 98 ff.; Binder, Frauenspezifische Verfolgung, S. 115 ff.; Löhr, Die kinderspezifische Auslegung, S. 100 ff.; von Thenen, Geschlechtsspezifische Flucht- und Bleibegründe, S. 95 ff.; Wilsher, 15 IJRL 2003, 68 (68 ff.).

195 Kälin, Grundriss des Asylverfahrens, S. 61, m.w.N.

196 Binder, Frauenspezifische Verfolgung, S. 115 f.

197 Zur Thematik der mittelbaren staatlichen Verfolgung siehe Carlier, in: ders. u.a., Who is a Refugee?, S. 683 (705 f.); Gattiker, Das Asyl- und Wegweisungsverfahren, S. 68 f.; Kälin, Grundriss des Asylverfahrens, S. 62 ff.; Binder, Frauenspezifische Verfolgung, S. 118 ff.; Hathaway, The Law of Refugee Status, S. 126 f.; Werenfels, Der Begriff des Flüchtlings, S. 221 ff.

198 Vgl. hierzu die Art. 4 ff. der ILC Draft Articles on Responsibility of States for Internationally Wrongful Acts, 2001.

199 Klassische Asylaufnahmestaaten wie die USA, Kanada, Australien und Neuseeland folgen seit jeher der „Schutztheorie" oder haben den Wechsel von der „Zurechenbarkeits-" zur „Schutztheorie" in den letzten Jahren vorgenommen, ARK, Urt. v. 8. Juni 2006 i.S. A.I.I., Somalia, EMARK 2006, Nr. 18, Ziff. 7.6.

200 Die Literatur erörtert den in der deutschen Praxis ehemals gewählten Ansatz unter dem Stichwort der „Zurechenbarkeitstheorie" („*accountability approach*"). Vgl. statt vieler für die deutsche Praxis die Darstellung bei von Thenen, Geschlechtsspezifische Flucht- und Bleibegründe, S. 302 ff.; für die französische Praxis siehe Wolter, Auf dem Weg zu einem

die Relevanz einer nicht-staatlichen Verfolgung auch dann verneint, wenn der Staat nicht in der Lage war, wirksamen Schutz vor Verfolgung durch Private zu gewährleisten. Schutzunfähig können beispielsweise Staaten sein, die aufgrund von politischen Unruhen eine Schwächung des Systems und der Staatsordnung erfahren haben. Eine asylrechtlich relevante Verfolgung liege nicht vor, sobald „die Schutzgewährung die Kräfte eines konkreten Staates übersteigt; jenseits der ihm an sich zur Verfügung stehenden Mittel endet seine asylrechtliche Verantwortlichkeit.“[201]

Nach der nunmehr in der Praxis ganz überwiegend angewandten Schutztheorie hängt die flüchtlingsrechtlich relevante Verfolgung nicht mehr von der Frage des Urhebers der Verfolgung ab. Vielmehr ist entscheidend, ob für den Betreffenden die Möglichkeit besteht, adäquaten staatlichen Schutz in Anspruch nehmen zu können. Auch wenn der Staat seinen menschenrechtlichen Schutzpflichten nicht nachkommen kann, weil er nicht in der Lage ist, dem Opfer Schutz vor Verfolgung (durch Private oder sonstige Akteure, deren Verhalten dem jeweiligen Staat nicht zugerechnet werden kann) zu gewähren, sprechen insbesondere Sinn und Zweck der Konvention für die Einbeziehung auch dieser Konstellation in den Begriff der flüchtlingsrechtlich bedeutsamen Verfolgung: Die Konvention soll all denjenigen Personen einen gewissen Schutz bieten, die aufgrund bestimmter Motive gezielt verfolgt werden und denen der Heimat- oder Herkunftsstaat keinen wirksamen Schutz gewährt. Die Schutzbedürftigkeit der betroffenen Person wird durch die Schutzunfähigkeit des Staates nicht gemindert, so dass der Schutzzweck der Konvention bei Vorliegen gleichartiger Menschenrechtsverletzungen keine Differenzierung nach deren Urheber erlaubt.[202]

Die Qualifikationsrichtlinie[203] stellt nunmehr durch ihren Art. 6 klar, dass Verfolgung ausgehen kann von

gemeinschaftlichen Asylrecht, S. 252 ff., und für die schweizerische Praxis die Darstellung bei Binder, Frauenspezifische Verfolgung, S. 118 ff.

201 BVerfGE 80, 315 (336).

202 Dies dürfte der herrschenden – wenn auch nicht unumstrittenen – Meinung in Praxis und Literatur entsprechen. Vgl. Goodwin-Gill/McAdam, The Refugee in International Law, S. 98 ff.; Bank/Schneider, Beilage zum Asylmagazin 6/2006, 1 (6 f.), erhältlich unter: www.asyl.net (zuletzt besucht Januar 2013); Kälin/Künzli, Universeller Menschenrechtsschutz, S. 488; Hathaway, The Law of Refugee Status, S. 127 ff.; Battjes, European Asylum Law and International Law, S. 243 ff.; Vevstad, Refugee Protection, S. 65 ff.

203 Richtlinie 2004/83/EG des Rates vom 29. April 2004 über Mindestnormen für die Anerkennung und den Status von Drittstaatsangehörigen oder Staatenlosen als Flüchtlinge oder

„a) dem Staat;

b) Parteien oder Organisationen, die den Staat oder einen wesentlichen Teil des Staatsgebiets beherrschen;

c) nichtstaatlichen Akteuren, sofern die unter den Buchstaben a) und b) genannten Akteure einschließlich internationaler Organisationen erwiesenermaßen nicht in der Lage oder nicht willens sind, Schutz vor Verfolgung bzw. ernsthaftem Schaden im Sinne des Artikels 7 zu bieten."

Sowohl Deutschland als auch Frankreich sind als EU-Mitgliedstaaten demnach verpflichtet, auf das Kriterium der staatlichen Urheberschaft der Verfolgung zu verzichten.[204] Auch die Schweiz hat sich im Jahre 2006 durch ein Grundsatzurteil der Asylrekurskommission offiziell der allgemein anerkannten und verbreiteten Schutztheorie angeschlossen.[205] Die Asylpraxis hat demnach in Bezug auf die Urheberschaft der Verfolgungshandlung eine Angleichung erfahren, so dass die ehemalige Kontroverse hier nicht weiter vertieft wird.

V. Die Verfolgungsmotive

Nach der Erörterung eines wichtigen Grundsatzes, der bei der Beurteilung der Verfolgungsmotivation zu beachten ist, wird nachfolgend ein Überblick über die einzelnen Verfolgungsmotive – Rasse, Religion, Nationalität und politische Anschauung – gegeben. Das Motiv der „Zugehörigkeit zu einer bestimmten sozialen Gruppe" wird im dritten Kapitel dieser Arbeit eingehend diskutiert.

1. Die Maßgeblichkeit der Perspektive des Verfolgers

Bei der Prüfung, ob die begründete Furcht vor Verfolgung auf einem der in Art. 1A Nr. 2 GFK genannten Gründen beruht, ist allein auf die Perspektive des

als Personen, die anderweitig internationalen Schutz benötigen, und über den Inhalt des zu gewährenden Schutzes (ABl. L 304/12 vom 30. September 2004). Art. 6 wurde unverändert in der Neufassung der Qualifikationsrichtlinie, der Richtlinie 2011/95/EU (ABl. L 337 vom 20. Dezember 2011, S. 9), mit der die alte Fassung mit Wirkung vom 21. Dezember 2013 aufgehoben wird, übernommen.

204 Um seiner Pflicht zur Umsetzung der Richtlinie nachzukommen, hat der deutsche Gesetzgeber den Wortlaut der Richtlinie in § 60 Abs. 1 S. 4 AufenthG wiedergegeben.

205 ARK, Urt. v. 8. Juni 2006 i.S. A.I.I., Somalia, EMARK 2006 Nr. 18, Ziff. 7., insbes. 7.9.

(potentiellen) Verfolgers abzustellen.[206] Ob die betroffene Person tatsächlich eines der Verfolgungsmerkmale aufweist, ist demnach irrelevant. Wird der schutzsuchenden Person beispielsweise eine bestimmte politische Ansicht unterstellt und droht ihr aufgrund dessen Verfolgung, ist ihr die Flüchtlingseigenschaft nicht zu versagen, nur weil sie diese politische Meinung in Wirklichkeit nicht selbst vertritt.[207] Der Sinn und Zweck der Konvention, effektiven internationalen Schutz denjenigen zu gewähren, deren grundlegende Menschenrechte rechtswidrig verletzt werden, gebietet es, allein auf die Perspektive des potentiellen Verfolgers abzustellen, da sich an dem begangenen Unrecht nichts ändert.[208] Ebenso spielt es für das Schutzbedürfnis der betroffenen Person keine Rolle, ob sie das ihr zugesprochene Merkmal nun aufweist oder nicht.[209]

2. Die einzelnen Verfolgungsmotive

Nicht jede Art von Menschenrechtsverletzung oder begründeter Furcht vor Verfolgung ist im Rahmen der Genfer Flüchtlingskonvention relevant. Eine Verfolgungsmaßnahme kann nur dann zur Anerkennung der Flüchtlingseigenschaft führen, wenn sie aufgrund einer bestimmten Motivation erfolgt. Nach Art. 1A Nr. 2 GFK gilt eine Person als Flüchtling, wenn sie „wegen ihrer Rasse, Religion, Nationalität, Zugehörigkeit zu einer bestimmten sozialen Gruppe oder wegen ihrer politischen Überzeugung [...]" verfolgt wird.[210] Hierbei ist es unerheblich, ob der betreffenden Person nur aus einem der so genannten Verfolgungsmotive ernsthafte Nachteile drohen oder sie aufgrund von mehreren Gründen einer Verfolgung ausgesetzt ist.[211] Kommt es zu einer Überschneidung, erübrigt sich in der Praxis eine Abgrenzung der einzelnen Verfolgungsmotive, da das Vorliegen bereits eines einzelnen Motivs für die Zuerkennung der Flüchtlingseigenschaft ausreicht.[212] Dabei ist allein die Tatsache, dass die schutzsuchende Person eines der in Art. 1A

206 Carlier, in: ders. u.a., Who is a Refugee?, S. 683 (712); Huber/Göbel-Zimmermann, Ausländer- und Asylrecht, Rn. 1626; Kälin, Grundriss des Asylverfahrens, S. 88.

207 Carlier, in: ders. u.a., Who is a Refugee?, S. 683 (714); Goodwin-Gill/McAdam, The Refugee in International Law, S. 87.

208 Binder, Frauenspezifische Verfolgung, S. 191.

209 Vgl. Binder, Frauenspezifische Verfolgung, S. 191.

210 Für eine Einbeziehung von Opfern allgemeiner Unterdrückung in den Schutzbereich der Konvention vgl. Gagliardi, 24 Stan. J. Int'l L. 1987–1988, 259 (269).

211 Vgl. UNHCR-Handbuch, Ziff. 66. Möglich ist beispielsweise die Verfolgung eines Mitglieds einer religiösen Gemeinschaft, das gleichzeitig Angehöriger einer ethnischen Minderheit ist.

212 Kälin, Grundriss des Asylverfahrens, S. 91.

Nr. 2 aufgelisteten Merkmale aufweist, für sich allein noch kein ausreichender Grund für die Zuerkennung der Flüchtlingseigenschaft.[213] Vielmehr ist erforderlich, dass die betreffende Person glaubhaft vorbringt, dass ihr bei Rückkehr in den Heimat- oder Herkunftsstaat Verfolgung *aufgrund* dieses Merkmals droht.[214]

a) Rasse

Der Begriff der „Rasse" ist in einem weiten, sozialen Sinne zu verstehen.[215] Er umfasst die Hautfarbe, Herkunft, Ethnie, den nationalen Ursprung etc.[216] Ausschlaggebend ist nicht, dass die schutzsuchende Person gewisse Merkmale aufweist, sondern dass sie von dem Verfolger als einer minderwertigen Gruppe angehörig betrachtet wird, und daher in flüchtlingsrechtlich relevanter Art und Weise unterdrückt wird.[217]

Gemäß Art. 1 des Internationalen Übereinkommens zur Beseitigung jeder Form von Rassendiskriminierung[218] bedeutet Diskriminierung aufgrund der Rasse

> „jede auf der Rasse, der Hautfarbe, der Abstammung, dem nationalen Ursprung oder dem Volkstum beruhende Unterscheidung, Ausschliessung, Beschränkung, die zum Ziel oder zur Folge hat, dass dadurch ein gleichberechtigtes Anerkennen, Geniessen oder Ausüben von Menschenrechten und Grundfreiheiten im politischen, wirtschaftlichen, sozialen, kulturellen oder jedem sonstigen Bereich des öffentlichen Lebens vereitelt oder beeinträchtigt wird".

Diese international anerkannte Definition kann auch für die Anerkennung des Flüchtlingsstatus im Rahmen der Genfer Flüchtlingskonvention herangezogen werden.[219] Der Begriff der „Rasse" wird in der heutigen Fachsprache häufig durch die Bezeichnung „ethnische Gruppe/Herkunft" ersetzt.[220]

---

213 Vgl. UNHCR-Handbuch, Ziff. 70, 73, 79, 80, wonach Ausnahmen denkbar sind.

214 Siehe hierzu die Ausführungen unter C.VI.

215 Vgl. UNHCR-Handbuch, Ziff. 68. Bei der „Rasse" i.S.d. Flüchtlingskonvention kommt es nicht auf gemeinsame genetische Merkmale bzw. eine gemeinsame Abstammung an. Menschen sind sich genetisch betrachtet überaus ähnlich, weshalb es menschliche „Rassen" unter Zugrundelegung eines biologischen Begriffsverständnisses nicht gibt. Vgl. Göksu, Rassendiskriminierung, Rn. 20.

216 Gattiker, Das Asyl- und Wegweisugsverfahren, S. 73; vgl. auch UNHCR-Handbuch, Ziff. 68; Kälin, Grundriss des Asylverfahres, S. 93.

217 Kälin, Grundriss des Asylverfahres, S. 91.

218 Internationales Übereinkommen zur Beseitigung jeder Form von Rassendiskriminierung vom 7. März 1966, BGBl. II 1969, S. 961.

219 Goodwin-Gill/McAdam, The Refugee in International Law, S. 70; Hathaway, The Law of Refugee Status, S. 142; siehe auch UNHCR-Handbuch, Ziff. 8.

220 Zum Begriff der Ethnizität siehe Bausinger, in: Köstlin/Nikitsch, Ethnographisches Wissen, S. 31 (31 ff.).

b) Religion

Auf völkerrechtlicher Ebene wird die Glaubens- und Gewissensfreiheit durch Art. 18 IPbürgR sowie Art. 9 EMRK gewährleistet. Inhaltlich wird jeder Person das Recht garantiert, aus freiem Willen einer Religion oder einer Glaubensrichtung anzugehören oder ihr beizutreten, sowie das Recht, dieser Überzeugung privat und/oder öffentlich Ausdruck zu verleihen. Während das Recht, einen Glauben zu haben, nicht beschränkt werden kann, ist das Recht auf Ausübung des Glaubens unter bestimmten Vorgaben einschränkbar.[221]

In Bezug auf die inhaltliche Bestimmung des Verfolgungsmotivs der „Religion" kann auf die Gewährleistungen der genannten Konventionen zurückgegriffen werden.[222] Demnach werden sowohl Personen, die aufgrund ihrer bloßen Angehörigkeit einer bestimmten Glaubensrichtung verfolgt werden, wie auch Personen, denen Verfolgung droht, weil sie von ihrem Recht auf Glaubensäußerung Gebrauch machen oder gemacht haben, vom Flüchtlingsbegriff der Genfer Flüchtlingskonvention erfasst.[223]

c) Nationalität

Der Verfolgungsgrund „Nationalität" im Sinne der Genfer Flüchtlingskonvention ist nicht gleichbedeutend mit dem juristischen Begriff der Staatsangehörigkeit. Eine Verfolgung seitens des Staates, dessen Staatsbürgerschaft das Opfer besitzt, ist zwar denkbar, sie findet jedoch kaum allein aufgrund dieser Tatsache statt. Der Begriff der Nationalität erfasst neben Personen bestimmter Herkunft auch Mitglieder einer bestimmten ethnischen oder sprachlichen Gruppierung. Eine solche Gruppierung zeichnet sich in der Regel vielmehr durch eine gemeinsame Kultur und bestimmte Traditionen als über die Staatsangehörigkeit aus.[224] Auch Staatenlose, die gerade aufgrund des Fehlens einer Staatsangehörigkeit

---

221 Vgl. Art. 18 Abs. 2 und 3 IPbürgR und Art. 9 EMRK.

222 Vgl. Hathaway, The Law of Refugee Status, S. 145 f.; Goodwin-Gill/McAdam, Refugee in International Law, S. 71 f., die zudem auf die unverbindliche Allgemeinen Erklärung der Menschenrechte (Art. 18) und die Erklärung über die Beseitigung aller Formen von Intoleranz und Diskriminierung aufgrund der Religion oder der Überzeugung von 1981 verweisen.

223 Hathaway, The Law of Refugee Status, S. 146; vgl. auch UNHCR-Handbuch, Ziff. 71 f. Auch die Qualifikationsrichtlinie stellt in Bezug auf den Schutzbereich des Verfolgungsmerkmals „Religion" klar, dass sowohl die Teilnahme als auch die Nichtteilnahme im privaten wie im öffentlichen Bereich vom Begriff der „Religion" umfasst sind. Siehe hierzu Meyer/Schallenberger, NVwZ 2005, 776 (776 ff.).

224 Vgl. UNHCR-Handbuch, Ziff. 74.

misshandelt oder unterdrückt werden, sind von dem Verfolgungsmotiv „Nationalität“ erfasst.[225]

d) Politische Anschauung

Politisch ist jede Anschauung, die in einer Verbindung zur staatlichen, wirtschaftlichen, gesellschaftlichen oder kulturellen Ordnung und ihrer sachlichen und personellen Ausgestaltung steht.[226] Auch die bewusst neutrale Anschauung kann als politische Meinung gelten. Die Genfer Flüchtlingskonvention spricht ausdrücklich von Verfolgung aufgrund politischer Überzeugung und nicht aufgrund politischer Aktivitäten. Geschützt ist somit auch das so genannte *forum internum*. Für das Vorliegen einer Verfolgung aufgrund politischer Anschauung ist es folglich nicht notwendig, dass der Schutzsuchende seine Überzeugung im Heimat- oder Herkunftsstaat zum Ausdruck gebracht hat.[227] Erforderlich ist aber, dass der Verfolger Kenntnis von der Gesinnung der schutzsuchenden Person hat und hierauf negativ reagiert. Wird die politische Überzeugung durch verbotene Handlungen ausgedrückt, bleibt zu prüfen, ob sich die Reaktion des Staates als Verfolgung im Sinne der Genfer Flüchtlingskonvention darstellt, oder ob es sich um eine legitime staatliche Bestrafung handelt.[228]

VI. Die Verbindung zwischen Verfolgungsmaßnahme und Verfolgungsgrund

Nach der Flüchtlingsdefinition der Genfer Flüchtlingskonvention muss zwischen Verfolgungshandlung und Verfolgungsgrund eine Verbindung bestehen; dem Betroffenen muss eine Verfolgung „*wegen*“ eines der genannten Verfolgungsgründe drohen.[229] Ernsthafte Nachteile, die „lediglich“ aufgrund allgemeiner Unruhen und Gewalt, staatlicher Instabilität oder einer generell schwachen Menschenrechtslage im Heimat- oder Herkunftsstaat zufällig drohen, reichen für die Begründung

225 Kälin, Grundriss des Asylverfahres, S. 94; Grahl-Madsen, The Status of Refugees, Vol. 1, S. 219.

226 Kälin, Grundriss des Asylverfahres, S. 98.

227 Hathaway, The Law of Refugee Status, S. 149.

228 Zur Abgrenzung von legitimer und illegitimer Verfolgung generell siehe Kälin, Grundriss des Asylverfahrens, S. 99 ff.

229 Vgl. auch Art. 9 III QRL.

der Flüchtlingseigenschaft nach der Genfer Flüchtlingskonvention nicht aus.[230] Ebenso ist die Flüchtlingseigenschaft grundsätzlich in Fällen von Umwelt- und Naturkatastrophen und in Situationen allgemeiner sozialer Not, sei es aufgrund von schlechter wirtschaftlicher Lage, Missernten, Korruption oder Ausbeutung, zu verneinen.[231]

Ist die Verfolgungshandlung subjektiv durch eines der genannten Konventionsmerkmale motiviert, kann der kausale Zusammenhang zwischen begründeter Furcht vor Verfolgung und dem betroffenen Verfolgungsmotiv unproblematisch bejaht werden.[232]

Strittig ist hingegen, ob eine subjektive Verfolgungsmotivation zwingende Voraussetzung ist, oder ob das Vorliegen objektiver Kausalität ausreicht. Sowohl Teile der US-amerikanischen Praxis[233] als auch Teile der britischen[234] und australischen[235] Praxis verlangen einen subjektiv die Verfolgungshandlung motivierenden Verfolgungsgrund. Die deutsche Praxis hingegen prüft seit dem Tamilen-Entscheid des BVerfG von 1989 allein anhand einer objektiven

---

230 Siehe etwa von Thenen, Geschlechtsspezifische Flucht- und Bleibegründe, S. 70; Kälin/Künzli, Universeller Menschenrechtsschutz, S. 488; vgl. auch BVerfGE 80, 315 (335). Regionale Abkommen hingegen, wie beispielsweise die Flüchtlingskonvention der Organisation für Afrikanische Einheit (OAU, heutige AU) von 1969 oder die auf Lateinamerika bezogene Erklärung von Cartagena von 1984 erweitern den Flüchtlingsbegriff auf Personen, die vor Krieg und Unruhen fliehen. Siehe auch Kälin, 3 IJRL 1991, 435 (435 ff.), der im Wege einer liberalen Auslegung auch veränderte Verfolgungssituationen berücksichtigt und Bürgerkriegsflüchtlinge mit in den Schutzbereich der Genfer Flüchtlingskonvention einbezieht. Vgl. hierzu auch Gagliardi, 24 Stan. J. Int'l L. 1987–1988, 259 (269).

231 Vgl. Binder, Frauenspezifische Verfolgung, S. 160; Schaeffer, Asylberechtigung, S. 85 f.; vgl. auch BVerfGE 54, 341 (357); BVerfGE 80, 315 (335).

232 Goddwin-Gill/McAdam, The Refugee in International Law, S. 101; Hathaway/Foster, 15 IJRL 2003, 461 (461).

233 I.N.S. v. Elias-Zacarias, 502 US 478, 483; Lukwago v. Ashcroft (AG), 329 F.3d 157, 170 (3rd Cir. 2003); anders hingegen Pitcherskaia v. INS, 118 F.3d 641, 646 (9th Cir. 1997).

234 Omoruyi v. SSHD, [2000] EWCA Civ 258 (12 October 2000), [2001] Imm AR 175 (184) per Simon Brown LJJ; anders hingegen: Sepet & Anor v. SSHD, (2001) EWCA Civ 681 (11 May 2001), Ziff. 89 ff. per Lord Laws. Ausdrücklich offen gelassen in Islam v. SSHD and Anor, Ex Parte Shah, R v., [1999] UKHL 20 (25 March 1999), abgedruckt in: 11 IJRL 1999, 496 (505 f.) per Lord Steyn.

235 MIMA v. Haji Ibrahim, [2000] HCA 55, 175 ALR 585, Ziff. 102 per McHugh J.; Ram v. MIMA, [1995] FCA, 130 ALR 314, Ziff. 8 per Burchett J.; Applicant A. v. MIEA, [1997] HCA 4, 190 CLR 225, 142 ALR 331 (375) per Gummow J.; anders hingegen Okere v. MIMA, [1998] FCA 1171, 157 ALR 678.

Betrachtungsweise, ob die Handlung des Verfolgers in flüchtlingsrechtlich relevanter Weise motiviert erscheint.[236] So ist laut BVerfG die Frage nach der Verfolgungsmotivation „anhand ihres inhaltlichen Charakters nach der erkennbaren Gerichtetheit der Maßnahme selbst zu beurteilen, nicht nach den subjektiven Gründen oder Motiven, die den Verfolgenden dabei leiten [...].“[237] Äußere Anhaltspunkte bilden daher die Grundlage für die Beurteilung, ob eine flüchtlingsrechtlich relevante Verfolgung vorliegt.[238] Ebenso befürwortet die Literatur[239] eine objektive Betrachtungsweise.

Auch nach der hier vertretenen Ansicht ist für die Prüfung der Kausalität allein die objektiv feststellbare Verfolgungsmotivation maßgeblich, auf die subjektiven Beweggründe des Verfolgers kommt es hingegen nicht an. Zum einen wird der Beweis für subjektive Beweggründe nur sehr schwer zu erbringen sein.[240] Zum anderen stehen dem Abstellen auf die subjektive Sicht des Verfolgers Schutzzweckerwägungen entgegen. Allein die Auswirkung einer Verfolgungshandlung, nicht aber die Verfolgungsmotivation ist für das Schutzbedürfnis relevant.[241] Für straf- oder haftungsrechtliche Aspekte kann die Frage nach der Motivation des Verfolgungsakteurs hingegen bedeutsam sein.[242] Diese sind jedoch nicht von Sinn

---

236 Zur früheren Rechtsprechung, die der subjektiven Betrachtungsweise folgte, vgl. Kälin, Grundriss des Asylverfahrens, S. 89 m.N.

237 BVerfGE 80, 315 (335). Siehe auch Huber/Göbel-Zimmermann, Ausländer- und Asylrecht, Rn. 1626; Binder, Frauenspezifische Verfolgung, S. 198 f.

238 Kälin, Grundriss des Asylverfahrens, S. 90.

239 Vgl. Binder, Frauenspezifische Verfolgung, S. 192 ff; Heines, in: Feller u.a., Refugee Protection in International Law, S. 319 (340 f.); Goodwin-Gill/McAdam, The Refugee in International Law, S. 100 ff.; UML, Program in Refugee and Asylum Law: The Michigan Guidelines on Nexus to a Convention ground, Ziff. 10; Musalo, 16 IJRL 2004, 165 (217); Hathaway/Foster, 15 IJRL 2003, 461 (465, 467ff.); von Thenen, Geschlechtsspezifische Flucht- und Bleibegründe, S. 71 und 182 f.; Cook, 23 Mich. J. Int'l L. 2002, 223 (241 ff.); Foster, 23 Mich. J. Int'l L. 2002, 265 (268 f.); Kälin, 3 IJRL 1991, 435 (449 f.); ders. Grundriss des Asylverfahrens, S. 89; Marx, in: Hofmann/Löhr, Europäisches Flüchtlings- und Einwanderungsrecht, S. 115 (125).

240 So auch Cook, 23 Mich. J. Int'l L. 2002, S. 223 (230). Vgl. auch Hathaway/Foster, 15 IJRL 2003, 461 (464).

241 Hathaway/Foster, 15 IJRL 2003, 461 (468); Löhr, Die kinderspezifische Auslegung, S. 145; Musalo, 15 Mich. J. Int'l L. 1994, 1179 (1181); Cook, 23 Mich. J. Int'l L. 2002, 223 (243); von Thenen, Geschlechtsspezifische Flucht- und Bleibegründe, S. 71.

242 Löhr, Die kinderspezifische Auslegung, S. 145.

und Zweck der Konvention erfasst.[243] Entscheidend muss daher allein der objektiv feststellbare Sachverhalt sein.[244]

In Fällen mittelbarer staatlicher oder privater Verfolgung stellt sich die Frage, ob eine asylrelevante Verfolgungsmotivation vorliegt, wenn zwar die Versagung des staatlichen Schutzes gegenüber der Drittverfolgung auf einem Konventionsmerkmal beruht, die Drittverfolgung dies aber nicht tut. Umgekehrt ist fraglich, ob zur Bejahung der Verfolgungsmotivation ausreicht, dass zwar die Maßnahmen des Dritten, nicht aber die Untätigkeit des Staates auf einem Verfolgungsmerkmal beruhen. Die Literatur[245], die Staatenpraxis[246] und der UNHCR[247] gehen in beiden Konstellationen davon aus, dass eine flüchtlingsrechtliche Verfolgungsmotivation gegeben ist. Das Verfolgungsopfer ist in beiden Fällen gleichermaßen schutzwürdig. Im Hinblick auf die objektiv festzustellende Verfolgermotivation ist bei einer Drittverfolgung nicht nur auf die Motivation des unmittelbaren Verfolgers abzustellen, sondern sind auch das Verhalten des Staates und der gesellschaftliche Kontext von Bedeutung.[248]

VII. Individualität und Zielgerichtetheit der Verfolgung

In der deutschen und schweizerischen Rechtsprechung wird, im Gegensatz zur amerikanischen und kanadischen Asylpraxis, das Kriterium der Gezieltheit der Verfolgungshandlung zusätzlich zur Verfolgungsmotivation geprüft.[249] Verlangt wird eine

---

243 Hathaway/Foster, 15 IJRL 2003, 461 (468); Cook, 23 Mich. J. Int'l L. 2002, S. 223 (243).

244 So auch Binder, Frauenspezifische Verfolgung, S. 192.

245 Battjes, European Asylum Law and International Law, S. 243 f.; Musalo, 16 IJRL 2004, 165 (207 f.); Hathaway, The Law of Refugee Status, S. 128; ders./Foster, 15 IJRL 2003, 461 (464 f.); Aleinikoff, in: Feller u.a., Refugee Protection in International Law, S. 263 (302); Haines, in: Feller u.a., Refugee Protection in International Law, S. 319 (340); Kälin, Grundriss des Asylverfahrens, S. 63.

246 Islam v. SSHD and Anor, Ex Parte Shah, R v., [1999] UKHL 20 (25 March 1999), abgedruckt in: 11 IJRL 1999, 496 (514) per Lord Hoffmann.

247 UNHCR, Richtlinien zum internationalen Schutz: „Zugehörigkeit zu einer bestimmten sozialen Gruppe" im Zusammenhang mit Artikel 1 A (2) des Abkommens von 1951 bzw. des Protokolls von 1967 über die Rechtsstellung der Flüchtlinge, UN Doc. HCR/GIP/02/02 (7. Mai 2002), Ziff. 22; UNHCR, Richtlinien zum internationalen Schutz: Geschlechtsspezifische Verfolgung im Zusammenhang mit Artikel 1 A (2) des Abkommens von 1951 bzw. des Protokolls von 1967 über die Rechtsstellung der Flüchtlinge, UN Doc. HCR/GIP/02/01 (7. Mai 2002), Ziff. 21.

248 Binder, Frauenspezifische Verfolgung, S. 197 f.

249 Binder, Frauenspezifische Verfolgung, S. 159. Für die deutsche und schweizerische Asylpraxis vgl. Beitz/Wollenschläger, Handbuch des Asylrechts, S. 204 ff.; Kälin, Grundriss

individuell ausgerichtete, konkrete Verfolgungshandlung, die eine bestimmte Person oder Personengruppe *gezielt*, d.h. „in Anknüpfung an asylerhebliche Merkmale“,[250] Rechtsverletzungen zufügt.[251] Das Erfordernis der Gezieltheit der Verfolgungshandlung ist eng verknüpft mit dem Vorliegen einer flüchtlingsrechtlich relevanten Verfolgungsmotivation und der Frage nach der begründeten Furcht vor Verfolgung.[252]

Der Verweis auf im Heimat- oder Herkunftsstaat stattfindende asylrelevante Verfolgungen reicht für die Begründung des Flüchtlingsstatus nicht aus.[253] Ebenso bleibt der internationale Schutz zufälligen Opfern einer Verfolgungshandlung verwehrt.[254] Anderes gilt für Personen, die von einer indirekten Verfolgung[255] betroffen sind. Hier richten sich Misshandlungen beispielsweise gegen Familienangehörige derjenigen Person, die der Verfolger eigentlich im Visier hat.[256]

Der Grund für die Einschränkung des Schutzbereiches der GFK auf Opfer gezielter und individuell erlebter bzw. befürchteter Verfolgung liegt in der Funktion des Asylrechts, dessen Aufgabe es nicht ist, „vor allgemeinen Unglücksfolgen zu bewahren, die aus Krieg, Bürgerkrieg, Revolution und sonstigen Unruhen hervorgehen“.[257]

Flüchtlingsrechtlich relevant ist nicht nur die Verfolgung einer einzelnen Person (Individualverfolgung). Eine Verfolgungsmaßnahme kann sich vielmehr auch gegen ein ganzes Kollektiv richten (Gruppenverfolgung).[258] So gaben gerade die Flüchtlingsströme aus Nazideutschland und die unmittelbar nach dem Zweiten

---

des Asylverfahrens, S. 74 ff.; Schaeffer, Asylberechtigung, S. 85; Werenfels, Der Begriff des Flüchtlings, S. 201 ff.

250 BVerfGE, 80, 315 (334 f.); OVG NRW, Urt. v. 27.03.2007, Az. 8 A 4728/05.A, Ziff. 30 (Juris).

251 Vgl. BVerwGE 65, 244; Hailbronner, Asyl- und Ausländerrecht, Rn. 673 ff.; Gattiker, Das Asyl- und Wegweisungsverfahren, S. 71; Huber/Göbel-Zimmermann, Ausländer- und Asylrecht, Rn. 1626; Kälin, Grundriss des Asylverfahrens, S. 74; Kälin/Künzli, Universeller Menschenrechtsschutz, S. 488; Hausammann, Frauenverfolgung, S. 24 ff.; vgl. auch Schenk, Asylrecht, Rn. 33 ff.; Stöckli, in: Uebersax u.a., Handbücher für die Anwaltspraxis, Bd. VIII, § 11 Rn. 11.16.

252 Binder, Frauenspezifische Verfolgung, S. 159.

253 Achermann/Hausammann, Handbuch des Asylrechts, S. 90.

254 Werenfels, Der Begriff des Flüchtlings, S. 204 ff.; Stöckli, in: Uebersax u.a., Handbücher für die Anwaltspraxis, Bd. VIII, § 11 Rn. 11.16.

255 Werenfels, Der Begriff des Flüchtlings, S. 205.

256 Vgl. auch Stöckli, in: Uebersax u.a., Handbücher für die Anwaltspraxis, Bd. VIII, § 11 Rn. 11.16.

257 BVerwG, Beschluss vom 19.09.1978 - 1 B 303.78, BeckRS 1978, 31261147.

258 Vgl. hierzu und zu der in diesem Zusammenhang von der deutschen Rechtsprechung vertretenen „Lehre vom Sonderopfer“ Schaeffer, Asylberechtigung, S. 103 ff.

Weltkrieg einsetzenden Flüchtlingsströme aus den kommunistischen Regimes in den mittel- und osteuropäischen Staaten Anlass zur Schaffung der Genfer Flüchtlingskonvention. Stellt eine ganze Gruppe das Ziel einer Verfolgungsmaßnahme dar, kann dem Erfordernis der individuellen Verfolgung nur eine eingeschränkte Bedeutung zukommen. Für die Annahme einer Gruppenverfolgung müssen die gegen das Kollektiv gerichteten Verfolgungsmaßnahmen derart intensiv sein, dass jedes Gruppenmitglied mit gutem Grund fürchten muss, von der Verfolgung betroffen zu sein. Voraussetzung der Flüchtlingsanerkennung bleibt also stets die individuell erlebte oder in Zukunft zu befürchtende Verfolgung.[259]

D. Keine inländische Fluchtalternative

Nach dem Konzept der inländischen Fluchtalternative ist die Flüchtlingsanerkennung zu versagen, wenn die betroffene Person zum Zeitpunkt der Entscheidung über ihren Antrag auf Zuerkennung der Flüchtlingseigenschaft tatsächlich die Möglichkeit hat, in einer anderen Region ihres Heimat- oder Herkunftsstaates Zuflucht zu suchen.[260] Insbesondere in allgemeinen Konflikt- und Gewaltsituationen kann sich die Verfolgung auf bestimmte Regionen begrenzen, in denen sie von privaten Akteuren, wie z.B. politischen oder ethnischen Gruppen, ausgeht und der Staat zu schwach ist, um der betroffenen Bevölkerung in diesem Gebiet wirksamen Schutz zu bieten.[261] Die Staatenpraxis geht in der Regel auch dann von einer regional begrenzten Verfolgung aus, wenn der Zentralstaat nicht willens oder nicht in der Lage ist, die regionale Bevölkerung wirksam vor Übergriffen durch lokale Behörden zu schützen.[262] In einem solchen Fall kann sowohl der betreffende Heimatstaat als auch eine quasi-staatliche Körperschaft oder eine internationale Organisation[263] jedoch willens und fähig sein, der betroffenen Person in einem anderen Teil des Landes Schutz zu gewähren. Dem Schutz der internationalen

259 Vgl. Sitaropoulos, Judicial Interpretation, S. 248; Binder, Frauenspezifische Verfolgung, S. 189 f.; Schaeffer, Asylberechtigung, S. 105; vgl. auch Köfner/Nicolaus, Grundlagen des Asylrechts, Bd. 2, S. 446.

260 BVerfGE 80, 315 (345); BVerwGE 67, 314 (316).

261 Binder, Frauenspezifische Verfolgung, S. 150.

262 Siehe Hathaway, The Law of Refugee Status, S. 133; Kälin, Grundriss des Asylverfahrens, S. 73; Werenfels, Der Begriff des Flüchtlings, S. 336.

263 Vgl. Art. 7 Abs. 1 QRL.

Gemeinschaft kommt, dem Grundgedanken des Flüchtlingsschutzes entsprechend, nur ein subsidiärer Charakter zu.[264]

Die Idee der inländischen Fluchtalternative sollte im Hinblick auf das Ziel der Genfer Flüchtlingskonvention, tatsächlich verfolgten Personen internationalen Schutz zu gewähren, restriktiv angewandt werden: Maßgeblich muss sein, ob für die betreffende Person tatsächlich die Möglichkeit besteht, in das sichere Gebiet zu reisen, ob sie dort auch effektiven Schutz erhalten kann und ob kein Risiko der Abschiebung in die Herkunftsregion besteht.[265] Die Anforderungen an die Effektivität des innerstaatlichen Schutzes sind sehr hoch, es ist nicht ausreichend, dass die schutzsuchende Person in ihrem Heimat- oder Herkunftsstaat keine unmittelbaren Verfolgungsmaßnahmen erreichen. Vielmehr muss sich der effektive Schutz auch auf mittelbare Gefährdungen durch private Dritte erstrecken.[266] Zudem muss der Verweis auf eine inländische Fluchtalternative im konkreten Fall zumutbar sein. Das bedeutet, dass die Alternative der betroffenen Person ein sicheres Umfeld bieten muss, in der sie gemeinsam mit ihren Angehörigen unter ähnlichen wirtschaftlichen, sozialen und kulturellen Bedingungen wie andere, unter „normalen" Umständen lebende Bewohner des Heimatlandes ein intaktes Leben führen kann und die Inanspruchnahme und Ausübung ihrer bürgerlichen und politischen Rechte gewährleistet ist.[267]

E. Ausschlussgründe (Art. 1D, E, F GFK)

Sind alle Voraussetzungen für die Anerkennung als Flüchtling nach der Genfer Flüchtlingskonvention erfüllt, ist noch zu prüfen, ob nicht ein Ausschlussgrund vorliegt.

---

264 Canada (Attorney General) v. Ward, [1993] 2 S.C.R., 689 (716) per La Forest J.; Marx, 14 IJRL 2002, 179 (180); Hathaway/Foster, in: Feller u.a., Refugee Protection in International Law, S. 357 (358 ff.); vgl. auch UML, Program in Refugee and Asylum Law: The Michigan Guidelines on the Internal Protection Alternative, Ziff. 4; Binder, Frauenspezifische Verfolgung, S. 151; UNHCR-Handbuch, Ziff. 90.

265 Hierzu ausführlich: Hathaway/Foster, in: Feller u.a., Refugee Protection in International Law, S. 357–417; Kneebone, in: dies., The Refugees Conention, S. 279 (287 ff.); Kelley, 14 IJRL 2002, 4 (4 ff.).

266 Binder, Frauenspezifische Verfolgung, S. 152.

267 Vgl. UNHCR, Richtlinien zum internationalen Schutz: Interne Flucht- oder Neuansiedlungsalternative im Zusammenhang mit Artikel 1 A (2) des Abkommens von 1951 bzw. des Protokolls von 1967 über die Rechtsstellung der Flüchtlinge, UN Doc. HCR/GIP/03/04 (23. Juli 2003), Ziff. 22 ff.

I. Schutzunwürdige Fälle

Der Flüchtlingsstatus dient dem Schutz von Verfolgungsopfern. Verfolgte Täter, die Menschenrechtsverletzungen begangen haben, sollen hingegen dem Schutzbereich nicht unterfallen. Vom Flüchtlingsstatus ausgeschlossen sind daher nach Art. 1F GFK

„Personen, in Bezug auf die aus schwerwiegenden Gründen die Annahme gerechtfertigt ist,

a) dass sie ein Verbrechen gegen den Frieden, ein Kriegsverbrechen oder ein Verbrechen gegen die Menschlichkeit im Sinne der internationalen Vertragswerke begangen haben, die ausgearbeitet worden sind, um Bestimmungen bezüglich dieser Verbrechen zu treffen;
b) dass sie ein schweres nichtpolitisches Verbrechen außerhalb des Aufnahmelandes begangen haben, bevor sie dort als Flüchtling aufgenommen wurden;
c) dass sie sich Handlungen zuschulden kommen ließen, die den Zielen und Grundsätzen der Vereinten Nationen zuwiderlaufen."

Bei den aufgeführten Gründen handelt es sich um eine enumerative Aufzählung, die restriktiv zu interpretieren ist, damit Ziel und Zweck des Flüchtlingsschutzes nicht vereitelt werden.[268] Die Ausschlussklausel dient zum einen dem Zweck, einem Täter, der sich durch seine Handlungen in einen zu starken Widerspruch zu den Zielen des internationalen Flüchtlingsrechts setzt, dessen Schutz zu verwehren.[269] Zum anderen soll sie verhindern, dass sich der Täter einer nach völkerrechtlichen Maßstäben als legitim erachteten strafrechtlichen Verfolgung entzieht.[270]

---

268 Lawyers Committee for Human Rights, 12 IJRL 2000, 317 (324); Gilbert, in: Feller u.a., Refugee Protection in International Law, S. 425 (428 f.); Gallagher, 13 IJRL 2001, 310 (315); UNHCR, Richtlinien zum internationalen Schutz: Anwendung der Ausschlussklauseln: Artikel 1 F des Abkommens von 1951 über die Rechtsstellung der Flüchtlinge, UN Doc. HCR/GIP/03/05 (4. September 2003), Ziff. 2.

269 Gilbert, in: Feller u.a., Refugee Protection in International Law, S. 425 (428); UNHCR, Richtlinien zum internationalen Schutz: Anwendung der Ausschlussklauseln: Artikel 1 F des Abkommens von 1951 über die Rechtsstellung der Flüchtlinge, UN Doc. HCR/GIP/03/05 (4. September 2003), Ziff. 2.

270 Gilbert, in: Feller u.a., Refugee Protection in International Law, S. 425 (428); UNHCR, Richtlinien zum internationalen Schutz: Anwendung der Ausschlussklauseln: Artikel 1 F des Abkommens von 1951 über die Rechtsstellung der Flüchtlinge, UN Doc. HCR/GIP/03/05 (4. September 2003), Ziff. 2.

Als Verbrechen im Sinne von Art. 1F lit. a GFK gelten beispielsweise die Planung und Führung eines Angriffskrieges, die Tötung oder Misshandlung Angehöriger der Zivilbevölkerung oder Kriegsgefangener, die gewaltsame Vertreibung ganzer Volksgruppen oder andere unmenschliche Akte während eines Krieges.[271] Schwere nichtpolitische Verbrechen nach Art. 1F lit. b GFK sind regelmäßig Kapitalverbrechen, wie beispielsweise Verbrechen gegen Leib, Leben oder die Freiheit von Menschen, die im Heimat- oder Herkunftsstaat verübt worden sind.[272] Der allgemein gefasste Art. 1F lit. c GFK überschneidet sich inhaltlich mit den ihm vorausgehenden Bestimmungen. Gemäß Rechtsprechung, Lehre und UNHCR findet er prinzipiell nur auf Personen Anwendung, die eine gewisse Position innehaben, die eine persönliche Mitverantwortung für die jeweilige Regierungspolitik begründet.[273]

II. Schutz durch eine andere UN-Organisation oder UN-Institution als den UNHCR

Zudem sind Personen, die bereits anderweitig Schutz gefunden haben, vom Schutzbereich der Genfer Flüchtlingskonvention ausgeschlossen. Gemäß Art. 1D GFK findet die Konvention

> „keine Anwendung auf Personen, die zurzeit den Schutz oder Beistand einer Organisation oder einer Institution der Vereinten Nationen mit Ausnahme des Hohen Kommissars der Vereinten Nationen für Flüchtlinge genießen."[274]

---

271 Gattiker, Das Asyl- und Wegweisungsverfahren, S. 82; siehe auch UNHCR-Handbuch, Ziff. 150; UNHCR, Richtlinien zum internationalen Schutz: Anwendung der Ausschlussklauseln: Artikel 1 F des Abkommens von 1951 über die Rechtsstellung der Flüchtlinge, UN Doc. HCR/GIP/03/05 (4. September 2003), Ziff. 10 ff.

272 Gattiker, Das Asyl- und Wegweisungsverfahren, S. 82; siehe auch UNHCR-Handbuch, Ziff. 151 ff.; UNHCR, Richtlinien zum internationalen Schutz: Anwendung der Ausschlussklauseln: Artikel 1 F des Abkommens von 1951 über die Rechtsstellung der Flüchtlinge, UN Doc. HCR/GIP/03/05 (4. September 2003), Ziff. 14 ff. Vgl. auch Marx, Kommentar zum AsylVfG, § 3 Rn. 30 ff.

273 ARK, Urt. v. 16. Juni 2005 i.S. X. und Familie, Afghanistan, EMARK 2005 Nr. 18, Ziff. 6.2; Gattiker, Das Asyl- und Wegweisungsverfahren, S. 82; Kälin, Grundriss des Asylverfahrens, S. 182 f.; UNHCR-Handbuch, Ziff. 162 f.; UNHCR, Richtlinien zum internationalen Schutz: Anwendung der Ausschlussklauseln: Artikel 1 F des Abkommens von 1951 über die Rechtsstellung der Flüchtlinge, UN Doc. HCR/GIP/03/05 (4. September 2003), Ziff. 17; Köfner/Nicolaus, Grundlagen des Asylrechts, Bd. 1, S. 329 f. m.w.N.

274 Hintergrund dieser Bestimmung war die Situation palästinensischer Flüchtlinge, die zum Zeitpunkt der Ausarbeitung der Genfer Flüchtlingskonvention durch die United Nations

Sollte der anderweitige Schutz aus irgendeinem Grund wegfallen, ohne dass die Situation der betreffenden Person endgültig geregelt worden wäre, wäre diese Person erneut schutzbedürftig und fiele somit wieder in den Anwendungsbereich der Konvention.

III. Schutz durch einen anderen Staat

Neben einer UN-Organisation oder UN-Institution kann auch ein anderer Staat der betroffenen Person Schutz vor Verfolgung gewähren. Erfüllt eine Person alle Voraussetzungen zur Flüchtlingsanerkennung, ist ihr der Status gemäß Art. 1E GFK dennoch zu versagen, wenn sie in einem anderen Staat Wohnsitz genommen hat und sie dort die gleichen Rechte und Pflichten genießt wie die Angehörigen dieses Staates.[275] Dabei müssen der schutzsuchenden Person nicht alle Rechte eines Staatsangehörigen gewährt werden, es reicht aus, dass sie zumindest das Recht auf Einreise und Verbleib genießt und ihr der gleiche Ausweisungsschutz wie den Staatsangehörigen zuteil wird.[276]

F. Beendigung der Flüchtlingseigenschaft (Art. 1C GFK)

Der internationale Flüchtlingsschutz soll fehlenden nationalen Schutz des Heimat- oder Herkunftsstaates ersetzten. Er ist nur auf Zeit angelegt,[277] Menschen sollen nicht auf Dauer mit dem Rechtsstatus des Flüchtlings leben, sondern langfristig wieder Mitglied einer staatlichen Gemeinschaft werden.[278] Bedarf der Flüchtling

Relief and Works Acency – einem Unterorgan der UN-Generalversammlung – und nicht durch den UNHCR Schutz erhielten. Vgl. Grahl-Madsen, The Status of Refugees, Vol. 1, S. 140 ff.; Goodwin-Gill/McAdam, Refugee in International Law, S. 153 ff.

275 Mit dieser Regelung wollte man zum Zeitpunkt der Verhandlungen über die Flüchtlingskonvention vor allem die „Volksdeutschen" erfassen, die in der Bundesrepublik Schutz fanden, obwohl sie keine deutschen Staatsbürger waren. Vgl. Grahl-Madsen, The Status of Refugees, Vol. 1, S. 265 ff.

276 UNHCR-Handbuch, Ziff. 144 f.; Goodwin-Gill/McAdam, The Refugee in International Law, S. 162.

277 Milner, 16 IJRL 2004, 91 (91); Hathaway, The Rights of Refugees under International Law, S. 919 f.; R v. SSHD, ex parte Yogathas, [2002] UKHL 36 (17 October 2002), Ziff. 106 per Lord Scott.

278 Löhr, Die kinderspezifische Auslegung, S. 153.

des internationalen Flüchtlingsschutzes nicht mehr, erlischt gemäß Art. 1C GFK die Flüchtlingseigenschaft. Der Verlust des Flüchtlingsstatus führt zum Wegfall der Konventionsrechte. Dabei lassen sich die Erlöschensgründe nach Art. 1C GFK in zwei Fallkonstellationen einteilen: Zunächst kann sich das Schutzbedürfnis aufgrund freiwilliger Handlungen des Flüchtlings verändern. Dies ist der Fall, wenn der Flüchtling durch sein eigenes, freiwilliges Verhalten deutlich macht, dass er nicht länger einer begründeten Furcht vor Verfolgung unterliegt. Nach Art. 1C GFK kann dies durch die freiwillige Unterstellung unter den Schutz des Verfolgerstaates (Art. 1C Abs. 1 GFK), durch den freiwilligen Wiedererwerb der verlorenen Staatsangehörigkeit (Art. 1C Abs. 2 GFK), den Erwerb einer neuen Staatsangehörigkeit, sofern er in diesem Staat auch tatsächlichen Schutz genießt (Art. 1C Abs. 3 GFK), sowie durch die freiwillige Rückkehr und Niederlassung im Verfolgerstaat (Art. 1C Abs. 4 GFK) erfolgen.[279] Ob das jeweilige Verhalten tatsächlich als „freiwillig" eingestuft werden kann, und ein Erlöschensgrund wirklich vorliegt, kann im Einzelnen sehr schwierig zu beantworten sein.

Neben der Veränderung des Schutzbedürfnisses aufgrund freiwilliger Handlungen des Flüchtlings kann eine Veränderung der Umstände zum Verlust der Flüchtlingseigenschaft führen. Die so genannte Wegfall der Umstände-Klausel in Art. 1C Abs. 5 GFK lautet:

> „Eine Person, auf die die Bestimmungen des Absatzes A zutrifft, fällt nicht mehr unter dieses Abkommen, […] wenn sie nach Wegfall der Umstände, auf Grund derer sie als Flüchtling anerkannt worden ist, es nicht mehr ablehnen kann, den Schutz des Landes in Anspruch zu nehmen, dessen Staatsangehörigkeit sie besitzt […]."

Um dem Schutzzweck der Konvention Rechnung zu tragen und einen effektiven Schutz verfolgter Personen zu gewährleisten, ist eine äußerst restriktive Auslegung dieser Bestimmung gerechtfertigt.[280] Zudem ist der abschließenden Aufzählung der Erlöschensgründe zu entnehmen, dass eine Beendigung des Flüchtlingsstatus

---

279 Siehe zu den einzelnen Erlöschensgründen Fitzpatrick/Bonoan, in: Feller u.a., Refugee Protection in International Law, S. 491 (523–530). Ausführlich auch Buchhorn, Beilage zum Asylmagazin 4/2004, 25 (26 ff.), erhältlich unter: www.asyl.net (zuletzt besucht Januar 2013); Hathaway, The Law of Refugee Status, S. 192 ff.

280 UNHCR, Richtlinien zum internationalen Schutz: Beendigung der Flüchtlingseigenschaft im Sinne des Artikels 1 C (5) und (6) des Abkommens von 1951 über die Rechtsstellung der Flüchtlinge („Wegfall der Umstände"-Klauseln), UN Doc. HCR/GIP/03/03 (10. Februar 2003), Ziff. 7 u. 25; Fitzpatrick/Bonoan, in: Feller u.a., Refugee Protection in International Law, S. 491 (497 ff.); UNHCR-Exekutivkomitee, Beschluss Nr. 69 (XLIII) 1992, Präambel; Löhr, Die kinderspezifische Auslegung, S. 154 m.w.N.

aus anderen als den aufgelisteten Gründen nicht zulässig ist.[281] Im Beschuss 69 des UNHCR-Exekutivkomitees wird von den Konventionsstaaten u.a. gefordert, dass sie

> „bei jeder Entscheidung über die Anwendung der Beendigungsklauseln, die sich auf den ‚Wegfall der Umstände' stützt, sorgfältig den grundlegenden Charakter der Veränderungen im Heimat- oder Herkunftsland einschliesslich der generellen Menschenrechtssituation und der besonderen Ursache für die Verfolgungsfurcht beurteilen müssen, um auf objektive und nachprüfbare Weise sicherzustellen, dass die Situation, welche die Zuerkennung des Flüchtlingsstatus rechtfertige, nicht länger existiert."[282]

Bei der Beantwortung der Frage, ob die den Flüchtlingsstatus begründenden Umstände weggefallen sind, ist auf die objektiven Umstände im Heimat- oder Herkunftsstaat abzustellen.[283] Die Literatur verlangt ebenso wie der UNHCR[284] und das UNHCR-Exekutivkomitee[285] die Erfüllung dreier Tatbestandsmerkmale. Erstens muss es zu einer grundlegenden Änderung im Heimat- oder Herkunftsstaat gekommen sein. Zweitens muss diese Veränderung von gewisser Dauer und Stabilität sein. Drittens muss die Wiederherstellung effektiven Schutzes für den Flüchtling durch den Heimat- oder Herkunftsstaat gewährleistet sein.[286]

---

281 UNHCR, Richtlinien zum internationalen Schutz: Beendigung der Flüchtlingseigenschaft im Sinne des Artikels 1 C (5) und (6) des Abkommens von 1951 über die Rechtsstellung der Flüchtlinge („Wegfall der Umstände"-Klauseln), UN Doc. HCR/GIP/03/03 (10. Februar 2003), Ziff. 4.

282 UNHCR-Exekutivkomitee, Beschluss Nr. 69 (XLIII) 1992, lit. a.

283 UNHCR, Richtlinien zum internationalen Schutz: Beendigung der Flüchtlingseigenschaft im Sinne des Artikels 1 C (5) und (6) des Abkommens von 1951 über die Rechtsstellung der Flüchtlinge („Wegfall der Umstände"-Klauseln), UN Doc. HCR/GIP/03/03 (10. Februar 2003), Ziff. 25; UNHCR-Exekutivkomitee, Beschluss Nr. 69 (XLIII) 1992, lit. a.

284 UNHCR, Richtlinien zum internationalen Schutz: Beendigung der Flüchtlingseigenschaft im Sinne des Artikels 1 C (5) und (6) des Abkommens von 1951 über die Rechtsstellung der Flüchtlinge („Wegfall der Umstände"-Klauseln), UN Doc. HCR/GIP/03/03 (10. Februar 2003), Ziff. 25 f.; ders., Auslegung von Art. 1, Ziff. 54; ders., Kommentar des Hohen Flüchtlingskommissars der Vereinten Nationen (UNHCR) zur Richtlinie 2004/83/EG des Rates vom 29. April 2004 über Mindestnormen für die Anerkennung und den Status von Drittstaatsangehörigen oder Staatenlosen als Flüchtlinge oder als Personen, die anderweitig internationalen Schutz benötigen, und über den Inhalt des zu gewährenden Schutzes (OJ L 304/12 vom 30.09.2004), März 2005, Kommentar zu Art. 11, S. 22; UNHCR-Handbuch, Ziff. 135.

285 UNHCR-Exekutivkomitee, Beschluss Nr. 69 (XLIII) 1992, lit. b.

286 Hathaway, The Rights of Refugees under International Law, S. 922; ders., The Law of Refugee Status, S. 200 ff.; hierzu ausführlich: Löhr, NVwZ 2006, 1021 (1022 f.); Tarwater, 15

G. Zwischenergebnis

Als Flüchtling gilt nach der Genfer Flüchtlingskonvention derjenige, der sich außerhalb seines Heimat- oder Herkunftsstaats befindet und eine begründete Furcht vor einer schwerwiegenden Menschenrechtsverletzung glaubhaft machen kann. Bei der Prüfung ist ein objektiver Maßstab, unter Berücksichtigung der individuellen Verhältnisse des Schutzsuchenden, anzulegen. Die Menschenrechtsverletzung muss dem Betroffenen entweder aufgrund seiner Rasse, Religion, Nationalität, Zugehörigkeit zu einer bestimmten sozialen Gruppe oder politischen Anschauung drohen. Dabei ist allein auf die Perspektive des Verfolgers abzustellen. Der Antragsteller darf ferner weder Schutz durch den Heimat- oder Herkunftsstaat, einen anderen Staat oder eine sonstige Institution erlangen können, noch der Verfolgung durch Flucht in eine andere Region des Verfolgerstaates entgehen können. Personen, die sich ihrerseits schwerwiegender Verbrechen strafbar gemacht haben, sind von dem Flüchtlingsstatus ausgeschlossen. Flüchtlingsschutz ist subsidiärer Schutz. Die Flüchtlingseigenschaft erlischt folglich, sobald der Flüchtling des internationalen Schutzes nicht mehr bedarf.

Geo. Immigr. L. J. 2001, 563 (564 ff.); vgl. auch Türk/Nicholson, in: Feller u.a., Refugee Protection in International Law, S. 3 (32); Goodwin-Gill/McAdam, The Refugee in International Law, S. 139 ff.

3. Kapitel: Das Merkmal „Zugehörigkeit zu einer bestimmten sozialen Gruppe“ in der Genfer Flüchtlingskonvention

A. Einführung

Das Merkmal „Zugehörigkeit zu einer bestimmten sozialen Gruppe“ stellt einen der fünf Verfolgungsgründe dar, aufgrund derer ein Individuum als Flüchtling gemäß Art. 1A Nr. 2 GFK anzuerkennen ist. Es entzieht sich, stärker als die anderen Verfolgungsgründe der GFK, einer genauen Eingrenzung. Die Konvention enthält weder eine abschließende Aufzählung, noch Beispiele von Gruppen, die unter das Merkmal fallen. Auch ist zur näheren Bestimmung des Begriffs kein Rückgriff auf andere internationale Abkommen oder Diskriminierungsverbote möglich. Während die übrigen Verfolgungsmerkmale (Rasse, Religion, Nationalität und politische Überzeugung) als Begriffe auch in anderen Menschenrechtskonventionen auftauchen und meist schon eine hinreichende Interpretation erfahren haben, handelt es sich bei dem Begriff der „bestimmten sozialen Gruppe“ um ein Diskriminierungsverbot, das in der Geschichte menschenrechtlicher Abkommen im Völkerrecht ein Novum darstellt.[287]

Dennoch wurde dem Begriff der „bestimmten sozialen Gruppe“ bis zu Beginn der 1980er Jahre sowohl von der Rechtsprechung als auch vom Schrifttum wenig Beachtung geschenkt. In der älteren Literatur, insbesondere bei *Grahl-Madsen*, findet sich eine Auflistung beispielhafter Gruppen, die nach damaliger Ansicht unter den Begriff subsumierbar seien: „Nobility, capitalists, landowner, civil servants, businessmen, professional people, farmers, workers, members of a linguistic or other minority, even members of certain associations, clubs, or societies, all constitute social groups of various kinds.“[288] Auch der UNHCR ging in einer früheren Auslegung davon aus, dass es sich bei den Mitgliedern einer bestimmten sozialen Gruppe normalerweise um „Personen mit ähnlichem Hintergrund, Gewohnheiten oder sozialer Stellung“[289] handelt. In dem Handbuch des UNHCR heißt es weiter: „Die Zugehörigkeit zu einer solchen sozialen Gruppe kann Anlass zur Verfolgung

287 Marx, ZAR 2005, 177 (177).

288 Grahl-Madsen, The Status of Refugees, Vol. 1, S. 219.

289 UNHCR-Handbuch, Ziff. 77.

sein, wenn kein Vertrauen in die Loyalität der Gruppe der Regierung gegenüber besteht, oder auch wenn die politische Ausrichtung, das Vorleben oder die wirtschaftliche Tätigkeit der Mitglieder der Gruppe oder auch schon allein die Existenz der Gruppe an sich als Hindernis für die Politik der Regierung angesehen werden.“[290] Diese Sicht beruhte wohl auch auf dem damaligen Ost-West-Konflikt und der Verfolgung bestimmter gesellschaftlicher Gruppen durch die kommunistisch regierten Staaten Osteuropas.[291] Sie erscheint für die genauere Bestimmung des Verfolgungsgrundes und insbesondere im Hinblick auf die Subsumtion der außerhalb des Ost-West-Gegensatzes bestehenden sozialen Gruppen wenig hilfreich.[292] So lassen sich der Definition keine klaren Kriterien für die Eingrenzung des Merkmals entnehmen. Zudem fehlt es an einer dogmatischen Begründung. Daher sollen im Folgenden allgemeine Kriterien zur näheren Bestimmung des Begriffs herausgearbeitet werden. Hierfür wird zunächst überlegt, welche historischen Erwägungen für die Aufnahme des Merkmals der „bestimmten sozialen Gruppe“ in die Konvention bestanden und eine Abgrenzung zu den anderen Verfolgungsgründen der Genfer Flüchtlingskonvention vorgenommen (B). Im Anschluss wird der Frage nach einer autoritativen Auslegungsinstanz nachgegangen (C). Mit den gewonnenen Erkenntnissen und unter Zugrundelegung der für die Auslegung von Völkervertragsrecht geltenden Regelungen sollen hieran anschließend allgemeine Kriterien zur näheren Begriffsbestimmung entwickelt werden (D).

B. Historische Erwägungen und Abgrenzung zu den anderen Verfolgungsmerkmalen

Der Verfolgungsgrund der „Zugehörigkeit zu einer bestimmten sozialen Gruppe“ war in den Vorentwürfen zur GFK noch nicht enthalten. Er wurde kurz vor der Abstimmung der Delegiertenversammlung auf Vorschlag des schwedischen Repräsentanten ohne weitere Diskussion angenommen und in die Flüchtlingsdefinition eingefügt.[293]

290 UNHCR-Handbuch, Ziff. 78.

291 Von Thenen, Geschlechtsspezifische Flucht- und Bleibegründe, S. 189.

292 Vgl. Sanchez-Trujillo v. INS, 801 F.2d 1571 (9th Cir. 1986), Ziff. 23 (Refworld).

293 UN Doc. A/Conf. 2/9, abgedruckt bei Takkenberg/Thabaz: The Collected Travaux Préparatoires of the 1951 Geneva Convention Relating to the Status of Refugees. Siehe hierzu Marugg, Völkerrechtliche Definitionen, S. 143. Das Verfolgungsmerkmal fehlt auch in der Flüchtlingsdefinition des UNHCR-Statuts vom 14.12.1950.

Dieser hatte erklärt:

> „[…] experience had shown that certain refugees had been persecuted because they belonged to particular social groups. The draft Convention made no provision for such cases, and one designed to cover them should accordingly be included“[294], und: „Such cases existed, and it would be as well to mention them explicitly.“[295]

Allgemein wird angenommen, dass der Mangel an inhaltlicher Auseinandersetzung mit dem Verfolgungsgrund darauf hindeutet, dass die Verfasser bestimmte aktuelle Beispiele in der Staatenpraxis im Blick hatten, wie beispielsweise die Verfolgung von „Großgrundbesitzern“, „unabhängigen Geschäftsleuten“, der „Mittelklasse“ und deren Familien.[296] Man wollte – in den Worten des Bundesverwaltungsgerichts – „an geschichtlich erfahrene Verfolgung und Verfolgungsschicksale“ anknüpfen; die aufgezählten Verfolgungsmotive seien demnach solche, „die nach geschichtlicher Erfahrung die häufigsten und entscheidenden Anknüpfungs- und Bezugspunkte für die Unterdrückung und Verfolgung Andersartiger und Andersdenkender bildeten und weiterhin bilden […].“[297]

Drei Jahre vor dem Inkrafttreten der GFK im Jahre 1951 wurde das Übereinkommen über die Verhütung und Bestrafung des Völkermordes[298] (Völkermordkonvention) durch die Resolution 260 A (III) der Generalversammlung der Vereinten Nationen am 9. Dezember 1948 verabschiedet.[299] Völkermord wird als eine durch das Übereinkommen näher bestimmte Handlung definiert, „die in der Absicht begangen wird, eine nationale, ethnische, rassische oder religiöse

294 UN Conference of Plenipotentiaries, UN Doc. A Conf.2/SR.3, 14, abgedruckt bei Takkenberg, III, 219. Der Änderungsvorschlag wurde ohne vorangehende Diskussion mit vierzehn zu acht Stimmen bei keiner Enthaltung angenommen. Vgl. UN Doc. A Conf.2/SR.23, 8, abgedruckt bei Takkenberg, III, 417. Vgl. auch UN Doc. A/Conf. 2/19 abgedruckt bei Takkenberg Vol. III, 377, und UN. Doc. A/Conf.2/23, abgedruckt bei Takkenberg Vol. III, 417.

295 UN Conference of Plenipotentiaries, UN Doc. A Conf.2/SR.19, 14 abgedruckt bei Takkenberg, III, 377.

296 Vgl. Grahl-Madsen, The Status of Refugees, Vol. 1, S. 219; Goodwin-Gill/McAdam, The Refugee in International Law, S. 74; Hathaway, The Law of Refugee Status, S. 159; Kälin, Grundriss des Asylverfahrens, S. 95; Schaeffer, Asylberechtigung, S. 42 f.; Applicant A. v. MIEA, [1997] HCA 4, 190 CLR 225, 142 ALR 331 (360) per McHugh J.

297 BVerwGE 79, 143 (145).

298 BGBl. II 1954, S. 730.

299 Die Völkermordkonvention trat am 12. Januar 1951 in Kraft.

Gruppe als solche ganz oder teilweise zu zerstören […].“[300] Diese Definition und damit der Anwendungsbereich der Völkermordkonvention wurde kontrovers diskutiert, allgemein ging man jedoch davon aus, dass sich der Schutz des Übereinkommens nicht auf „political groups or […] economic, social and cultural groups […]“[301] beziehen sollte.[302]

Insofern ist es bemerkenswert, dass nur wenige Jahre später der Begriff der „sozialen Gruppe“ in die Genfer Flüchtlingskonvention aufgenommen wurde, da die Konventionsgründer auch auf einen bereits in der Völkermordkonvention verwendeten Begriff hätten zurückgreifen können, wie den der „ethnischen Gruppe“. Auch wurden zum damaligen Zeitpunkt vom *United Nations Economic and Social Council* (ECOSOC) „minority groups“ erforscht.[303] Die Bedeutung dieser Begriffe ist enger umrissen als die der „sozialen Gruppe“. Die Aufnahme des unbestimmten Rechtsbegriffs der „sozialen Gruppe“ deutet darauf hin, dass die Konventionsgründer einen weiten Anwendungsbereich des Merkmals bezweckten.[304] Hierzu führt *Parish* aus:

> „The lack of clues as to the meaning of ‚social group‘ may, however, itself be significant. The drafters of the Convention, in introducing this vague term, made no attempt to limit or define its scope. This lack of precision is particularly striking in light of the highly

300 Art. II Völkermordkonvention.

301 Drost, The crime of state, Vol. 2, S. 123, zit. in UN Doc. E/ CN.4/Sub. 2/416, S. 22.

302 Vgl. dazu und zu Nachfolgendem Helton, 15 Colum. Hum. Rts. L. Rev. 1983–1984, 39 (42 ff.).

303 So wurde bereits im Jahre 1947 eine UN-Unterkommission zur Verhinderung von Diskriminierung und zum Schutze von Minderheiten (*UN Sub-Commission on the Prevention of Discrimination and Protection of Minorities*, 1999 umbenannt in Unterkommission zur Förderung und zum Schutze der Menschenrechte, Hauptunterkörper der ehemaligen *Commission on Human Rights* – seit 2006 *Human Rights Council*) eingerichtet. 1948 beschäftigte sich die Generalversammlung mit dem Begriff der „Minderheit“ und „[…] refers to the Economic and Social Council […] and requests the Council to ask the Commission on Human Rights and the Sub-Commission on the Prevention of Diskrimination and the Protection of Minorities to make a thorough study of the problem of minorities, in order that the United Nations may be able to take effective measures for the protection of racial, national, religious or linguistic minorities.“ Generalversammlungsresolution 217 (III) C vom 10. Dezember 1948. Siehe auch *Study on the Rights of Persons Belonging to Ethnic, Religious and Linguistic Minorities*, ausgearbeitet von Mr. Francesco Capotorti, Special Rapporteur, UN Doc. E/CN.4/Sub.2/384/Rev.1 (1979), erhältlich unter: http://daccess-dds-ny.un.org/doc/UNDOC/GEN/NL7/903/66/PDF/NL790366.pdf?OpenElement (zuletzt besucht Januar 2013). Vgl. zur Arbeit der Kommission Ansbach, ArchVölkR 31 (1993), 230 (230 ff.).

304 Grahl-Madsen, The Status of Refugees, Vol. 1, S. 219.; Graves, 26 San Diego L. Rev. 1989, 739 (747 ff.); Compton, 62 Wash. L. Rev. 1987, 913 (925 f.).

> concrete nature of the terms with which ‚social group' is listed: race, religion, nationality, and political opinion. This seemingly intentional ambiguity suggests that the bodies using this language each meant it as a miscellaneous category, containing everything necessary to fill out a broader category that includes race, religion, nationality, and political opinion as well as many other characteristics."[305]

Der Schutz bestimmter Gruppen vor Verfolgung wurde im Rahmen der UN nicht allein dadurch zu gewährleisten versucht, dass die Verfolgungshandlung als Verbrechen deklariert wurde. Vielmehr lenkten auch zahlreiche Resolutionen der Generalversammlung die internationale Aufmerksamkeit auf die individuellen Rechte von Mitgliedern bestimmter Gruppen. So wurden insbesondere Resolutionen zum Schutze von Kindern, Frauen, Behinderten usw. verabschiedet.[306]

Die Verfasser der GFK waren sich darüber bewusst, dass mit den aufgelisteten Kriterien der Nationalität, Rasse, Religion und politischen Anschauung nicht alle Verfolgungsmotive abgedeckt werden konnten. Daher wurde der Verfolgungsgrund „Zugehörigkeit zu einer bestimmten sozialen Gruppe" als weiteres Motiv in den Konventionstext aufgenommen.

Es ist unklar, ob die Schöpfer der Konvention eine Ausweitung des Schutzes auf damals noch unbekannte „soziale Gruppen" anstrebten.[307] *Helton* beispielsweise vertritt, unter Bezugnahme auf die Aussage des schwedischen Repräsentanten, die Meinung:

> „The intent of the framers of the Refugee Convention was not to address prior persecution of social groups, but rather to save individuals from future injustice. The 'social group' category was meant to be a catch-all which could include all the bases for types of persecution which an imaginative despot might conjure up".[308]

Hathaway demgegenüber kommt zu einer gegenteiligen Annahme:

> „It is clear from the comments of the Swedish proponent of the social group category and others that the Convention was designed simply as a means of identifying and protecting refugees from known forms of harm, not of anticipating future, distinct types of state abuse."[309]

Im Hinblick auf die Wortwahl des schwedischen Repräsentanten, der sich auf bestimmte Erfahrungen mit der Verfolgung „bestimmter sozialer Gruppen" bezieht, erscheint die letztgenannte Ansicht vorzugswürdig. Fragt man hingegen nach der

---

305 Parish, 92 Colum. L. R. 1992, 923 (927 f.).

306 Vgl. die Nachweise bei Helton, 15 Colum. Hum. Rts. L. Rev. 1983–1984, 39 (44).

307 Goodwin-Gill/McAdam, The Refugee in International Law, S. 74.

308 Helton, 15 Colum. Hum. Rts. L. Rev. 1983–1984, 39 (45).

309 Hathaway, The Law of Refugee Status, S. 159.

Intention des schwedischen Delegierten, bleibt durchaus Raum für eine weite Interpretation, die den Schutz der Flüchtlingskonvention auf damals noch unbekannte „soziale Gruppen“ ausweitet. Die Erfahrung hat gezeigt, dass Verfolgung auch anderen „sozialen Gruppen“ widerfährt, die man mit in den Schutzbereich einbeziehen wollte. Hätte man allein die zu dieser Zeit bekannten „sozialen Gruppen“ adressieren wollen, hätte es nahe gelegen, diese auch abschließend aufzuzählen. Zwar ist es durchaus wahrscheinlich, dass die Verfasser der Konvention ganz bestimmte Gruppen vor Augen hatten. Aus der Wahl der sehr weit gefassten Formulierung aber kann darauf geschlossen werden, dass die Gewährung internationalen Schutzes eben nicht nur auf diese begrenzt bleiben sollte, sondern das Verfolgungsmerkmal vielmehr in die Konventionsbestimmung aufgenommen wurde, um mögliche Schutzlücken abzudecken.[310]

Auch die zeitliche und geographische Begrenzung der Konvention spricht dafür, dass die Konventionsgeber nicht von einem restriktiven Verständnis der Verfolgungsgründe ausgingen. So sollte der Anwendungsbereich der Konvention wohl eher durch die Beschränkung auf Verfolgung infolge von Ereignissen, die vor dem 1. Januar 1951 eingetreten sind, begrenzt werden.[311]

Im Ergebnis sprechen historische Erwägungen nicht dagegen, den Begriff einer sich dynamisch fortentwickelnden Auslegung zu unterziehen[312], und zu einem weiten Verständnis des Tatbestandes der „Zugehörigkeit zu einer bestimmten sozialen Gruppe“ zu gelangen.[313] Eine liberale Auslegung des Merkmals lässt sich zudem auf die Annahme des Protokolls zur Rechtsstellung der Flüchtlinge von

310 Eine weite Interpretation befürwortend Islam v. SSHD and Anor, Ex Parte Shah, R v., [1999] UKHL 20 (25 March 1999), abgedruckt in: 11 IJRL 1999, 496 (521 f.) per Lord Millett; Grahl-Madsen, The Status of Refugees, Vol. 1, S. 219 („in order to stop a possible gap“) und 220; Helton, 15 Colum. Hum. Rts. L. Rev. 1983–1984, 39 (41 f. u. 45); Neal, 20 Colum. Hum. Rts. L. Rev. (1988–1989), 203 (228 ff.); Taylor, 19 Monash U. L. Rev. 1993, 307 (317 f.); vgl. auch Parish, 92 Colum. L. R. 1992, 923 (926 ff.);; Köfner/Nicolaus, Grundlagen des Asylrechts, Bd. 2, S. 455 m.w.N.

311 Compton, 62 Wash. L. Rev. 1987, 913 (926).

312 Vgl. Canada (Attorney General) v. Ward, [1993] 2 S.C.R., 689 (731), per La Forest J.; Goodwin-Gill/McAdam, The Refugee in International Law, S. 74; Marx, Kommentar zum AsylVfG, S. 310; Parish, 92 Colum. L. R. 1992, 923 (928). Siehe zur dynamischen Interpretation die Ausführungen im 3. Kap. unter D.I.2.b).

313 Vgl. auch Gagliardi, 24 Stan. J. Int’l L. 1987–1988, 259 (267 f.): „[…] the history of the cognizable categories of persecution illustrates that they were intended to serve a liberal purpose, by creating a universally applicable and acceptable standard to replace ad hoc, situational responses to disparate refugee crises.“

1976 stützen, durch das der Schutzbereich der Konvention explizit auf „neue Kategorien von Flüchtlingen" ausgedehnt werden sollte.[314]

Die einzelnen Verfolgungsgründe schließen einander nicht aus. Ein Antragsteller kann vielmehr aus mehr als nur aus einem der in Art. 1A Nr. 2 GFK genannten Verfolgungsgründen statusberechtigt sein. Gerade in Bezug auf das Verfolgungsmerkmal der „bestimmten sozialen Gruppe" wird es oftmals zu Überschneidungen kommen.[315] So liegt beispielsweise häufig die Qualifizierung von Religionsgemeinschaften oder politischen Parteien als „soziale Gruppe" nahe.

C. Autoritative Interpretation durch ein hierzu berufenes Organ

Zuständig für die Auslegung der Bestimmungen eines völkerrechtlichen Vertrags sind grundsätzlich die Vertragsparteien selbst.[316] Sie können die Zuständigkeit aber auch auf ein unabhängiges Organ übertragen.[317] Die Diskussion über die nähere Bestimmung des Verfolgungsmerkmals „Zugehörigkeit zu einer bestimmten sozialen Gruppe" würde an Kontur gewinnen, gäbe es einen Spruchkörper, der zu einer autoritativen Auslegung der Konventionsbestimmungen befugt wäre. Im Folgenden soll die Existenz eines solchen untersucht werden.

I. Abgrenzung zur authentischen Interpretation

Die Begriffe der autoritativen Interpretation einerseits und der authentischen Interpretation andererseits werden in der Literatur uneinheitlich verwendet.[318] Daher werden einige Bemerkungen zu den Begrifflichkeiten vorangestellt, wie sie in dieser Untersuchung verstanden werden.

---

314 Vgl. Binder, Frauenspezifische Verfolgung, S. 26.

315 Vgl. Applicant A. v. MIEA, [1997] HCA 4, 190 CLR 225, 142 ALR 331 (335), per Brennan CJ.

316 Schweisfurth, Völkerrecht, S. 173, Rn. 86; Bernhard, Die Auslegung völkerrechtlicher Verträge, S. 43 f.

317 Fastenrath, Lücken im Völkerrecht, S. 195 f.; Bernhardt, Die Auslegung völkerrechtlicher Verträge, S. 47 f.

318 Siehe beispielsweise Skubiszewski, in: Bernhardt u.a., FS für Mosler, S. 891 (898 ff.), der die autoritative Auslegung der authentischen begrifflich gleichsetzt, indem er von „authoritative (authentic) interpretation" spricht.

Der Begriff der „authentischen Interpretation“ bezeichnet im Nachfolgenden eine für alle Staaten verbindliche Auslegung, die durch die Vertragsstaaten selbst erfolgt.[319] Dabei wird keine enge Begriffsbestimmung zugrunde gelegt, die allein eine zusätzliche Vereinbarung der Vertragsparteien über die Auslegung des Vertrages als „authentische Interpretation“ versteht.[320] Vielmehr kann eine verbindliche Interpretation sowohl aus einer übereinstimmenden Erklärung als auch aus einer gleichförmigen Anwendung der Vertragsbestimmungen resultieren.[321] Die Vertragsstaaten sind hierbei nicht an völkerrechtliche Auslegungsgrundsätze gebunden, so dass die Grenze zur Vertragsfortbildung fließend verläuft.[322] Als Herren der Verträge gestalten die Staaten den Inhalt ihrer Übereinkommen selbst. Es steht ihnen somit frei, den Bestimmungen durch übereinstimmende spätere Erklärung oder Übung (Art. 31 Abs. 3 lit. a u. b WVRK) eine andere Bedeutung zukommen zu lassen.

Im Gegensatz dazu erfolgt die verbindliche Auslegung der Vertragsbestimmungen im Wege der „autoritativen Interpretation“ nicht durch die Vertragsstaaten, sondern durch ein hierzu berufenes Organ.[323] Hierfür bedarf es der ausdrücklichen Ermächtigung eines unabhängigen Spruchkörpers durch die Vertragsstaaten.[324] Gerichtsentscheidungen sind in der Regel nicht autoritativ, sie entfalten Wirkung

---

319 Nach einer a.A. wird auch die durch ein zur verbindlichen Auslegung befugtes Organ vorgenommene Interpretation als „authentische Interpretation“ bezeichnet, vgl. Herdegen, Interpretation in International Law, in: EPIL, Online-Ausgabe, www.mpepil.com (zuletzt besucht Januar 2013), Rn. 35.

320 So aber Bernhardt, Die Auslegung völkerrechtlicher Verträge, S. 44 f.

321 Buck, Geistiges Eigentum und Völkerrecht, S. 118. Vgl. auch BVerfGE 104, 151 (206 f.).

322 Vgl. Kempen, in: von Mangoldt/Klein/Starck, GG Bd. 2, Art. 59 Rn. 51; Verdross/Simma, Universelles Völkerrecht, § 775; BVerfGE 90, 286 (362).

323 So Fastenrath, Lücken im Völkerrecht, S. 194 f. Häufig wird im Gegensatz hierzu die Auslegung von Satzungsbestimmungen einer Internationalen Organisation durch ihre Organe als „autoritative Interpretation“ bezeichnet. Vgl. hierzu Nacimiento, Die Amerikanische Deklaration, S. 10 ff.; Herdegen, in: Beyerlin u.a., FS für Bernhardt, 103 (111 ff.); die Assembly for Human Rights bezeichnete beispielsweise die Allgemeine Erklärung der Menschenrechte mit Bezug auf die UN-Charta als „authoritative interpretation of the Charta […]“, Montreal Statement of the Assembly for Human Rights (1968), S. 2, abgedruckt in: 9 Journal of the International Commission of Jurists, No. 1 (June 1968), 94 (95). A.A. Bernhardt, Die Auslegung völkerrechtlicher Verträge, S. 169, der von „authentischer Interpretation der Gründungsverträge“ durch internationale Organe spricht.

324 Fastenrath, Lücken im Völkerrecht, S. 195 f.; Bernhardt, Die Auslegung völkerrechtlicher Verträge, S. 47 f.

nur für den Einzelfall.[325] Hingegen wird ein zur autoritativen Auslegung berufenes Organ zur allgemein verbindlichen Interpretation ermächtigt.[326]

II. Internationaler Gerichtshof als autoritative Auslegungsinstanz?

Es stellt sich die Frage, ob der Internationale Gerichtshof zur autoritativen Auslegung der Genfer Flüchtlingskonvention befugt ist.

1. Keine Kompetenz zur autoritativen Interpretation

Gemäß Art. 38 GFK verpflichten sich die Staaten, „jede[n] Streitfall zwischen den Parteien dieses Abkommens [der GFK] über dessen Auslegung oder Anwendung, der auf andere Weise nicht beigelegt werden kann, […] auf Antrag einer der an dem Streitfall beteiligten Parteien dem Internationalen Gerichtshof […] zu unterbreiten.“ Ähnlich hierzu bestimmt Art. IV des Protokolls, dass „[j]ede Streitigkeit zwischen Vertragsstaaten dieses Protokolls über dessen Auslegung und Anwendung, die nicht auf andere Weise beigelegt werden kann, auf Antrag einer der Streitparteien dem Internationalen Gerichtshof unterbreitet [wird].“[327]

Hierbei handelt es sich um eine sog. kompromissarische Klausel[328] im Sinne von Art. 36 Abs. 1 IGH-Statut, wonach sich die Zuständigkeit des Gerichtshofes „auf alle […] in geltenden Verträgen und Übereinkommen besonders vorgesehenen Angelegenheiten [erstreckt].“ Insofern bedarf es keiner gesonderten Unterwerfungserklärung der an dem Streitfall beteiligten Staaten.[329] Die Klausel gewährt jeder Vertragspartei das gegenüber jeder anderen Vertragspartei bestehende Recht, Streitigkeiten über die Auslegung oder Anwendung der

325 Fastenrath, Lücken im Völkerrecht, S. 196; Bernhardt, Die Auslegung völkerrechtlicher Verträge, S. 45.

326 Fastenrath, Lücken im Völkerrecht, S. 196.

327 Allerdings können die Staaten nach Art. VII des New Yorker Protokolls zum Zeitpunkt des Beitritts einen Vorbehalt zu Art. IV einlegen. Von dieser Möglichkeit haben bis zum 1.3.2006 insgesamt zehn von 144 Vertragsparteien des Protokolls Gebrauch gemacht. Vgl. http://www.unhcr.org/protect/PROTECTION/3d9abe177.pdf (zuletzt besucht Januar 2013). Eine Vorbehaltsäußerung zu Art. 38 GFK ist gemäß Art. 42 GFK hingegen nicht vorgesehen.

328 Zimmermann, The 1951 Convention, Art. 38 Rn. 1.

329 Zimmermann, The 1951 Convention, Art. 38 Rn. 3.

Vertragsbestimmungen dem Internationalen Gerichtshof zu unterbreiten. Das Anrufungsrecht besteht unabhängig von einem materiell erlittenen Schaden.[330]

Obwohl Art. 38 GFK jeder Vertragspartei das Recht einräumt, bei Streitigkeiten über die Auslegung der Konventionsbestimmungen den Internationalen Gerichtshof anzurufen, kann in der Bestimmung keine Ermächtigung des Gerichtshofes zur autoritativen Interpretation gesehen werden. Zu bedenken ist, dass die vom Gerichtshof gefällten Urteile gemäß Art. 94 IGH-Statut nur *inter partes* wirken. Soll dem jeweiligen Organ hingegen die Fähigkeit zur allgemein verbindlichen Interpretation zukommen, bedarf es hierfür einer ausdrücklichen Ermächtigung.[331] Eine solche findet sich beispielsweise in Art. IX Abs. 2 S. 1 des Gründungsvertrages der Weltbank. Hier heißt es: „Die Ministerkonferenz und der Allgemeine Rat sind ausschließlich befugt, dieses Übereinkommen und die Multilateralen Handelsübereinkommen auszulegen.“ Art. 38 GFK enthält keine hiermit vergleichbare Ermächtigung, die eine Kompetenz des IGH zur autoritativen Auslegung der Genfer Flüchtlingskonvention begründen könnte.

2. Faktische Bindungswirkung der Urteile des IGH

Auch wenn der IGH kein zur autoritativen Auslegung der Genfer Flüchtlingskonvention befugtes Organ darstellt, ist dennoch grundsätzlich von einer faktischen Bindungswirkung seiner Entscheidungen auszugehen.[332]

Im Hinblick auf Streitigkeiten über die Auslegung der Bestimmungen der Flüchtlingskonvention ist jedoch zu bedenken, dass solche Streitigkeiten in den seltensten Fällen zwischen zwei Konventionsstaaten aufkommen. Vielmehr stehen sich vor allem das die Zuerkennung des Flüchtlingsstatus beantragende Individuum und der den Flüchtlingsstatus verwehrende Konventionsstaat im Streit um die richtige Auslegung gegenüber. Das Individuum wird in der Regel keinen diplomatischen Schutz seines Heimatstaates in Anspruch nehmen können oder wollen,

330 Mananashvili, Möglichkeiten und Grenzen zur Durchsetzung der Genfer Flüchtlingskonvention, S. 60.

331 Fastenrath, Lücken im Völkerrecht, S. 195 f.; Bernhardt, Die Auslegung völkerrechtlicher Verträge, S. 47 f.

332 So erkennt das BVerfG eine über die formelle Bindungswirkung hinausgehende Pflicht zur Berücksichtigung der Entscheidungen internationaler Gerichte an. Diese Berücksichtigungspflicht wird maßgeblich damit begründet, dass das jeweils rechtsprechende Organ völkerrechtlich zu einer Interpretation der in Rede stehenden vertraglichen Bestimmungen berufen ist. Vgl. hierzu BVerfGE 111, 307; BVerfG, Beschl. v. 19.09.2006 – 2 BvR 2115/01 (Juris).

da von diesem regelmäßig die Verfolgung ausgeht.[333] Der Flüchtlingsbegriff der Konvention ist zwar allein für die Eröffnung des Anwendungsbereichs der Konvention maßgeblich, er entfaltet aber nichtsdestotrotz Auswirkungen auf die Voraussetzungen der Anerkennung als Flüchtling nach der nationalen Rechtsordnung. So sind im Rahmen nationaler Verfahren die die Anerkennung von Flüchtlingen regelnden nationalen und supranationalen Vorschriften im Lichte der Konvention auszulegen, da eben diese Vorschriften auf den Flüchtlingsbegriff der Konvention zurückgreifen. Für das Individuum besteht allerdings keine Möglichkeit, Streitigkeiten über die Auslegung der Konventionsbestimmungen dem Internationalen Gerichtshof zu unterbreiten.

Bisher hat noch kein Staat von seinem Recht auf Durchsetzung und Überwachung der aus der Konvention folgenden Verpflichtungen vor dem Internationalen Gerichtshof Gebrauch gemacht.[334] Dies beruht auch darauf, dass im Flüchtlingsrecht der Heimatstaat naturgemäß nicht schutzbereit ist und dritte Staaten, bis auf humanitäre Gründe, wenig Interesse am Schutz fremder Staatsangehöriger haben. Zudem wird ein klagender Staat immer befürchten müssen, dass eigene Missstände in der Flüchtlingspolitik durch die Gegenseite, zumindest außerhalb des Gerichtsverfahrens, beleuchtet werden.

3. Fazit

Der Internationale Gerichtshof ist nicht zur autoritativen Auslegung der Genfer Flüchtlingskonvention befugt. Zwar ist grundsätzlich von einer faktischen Bindungswirkung seiner Entscheidungen auszugehen, bislang wurde ihm jedoch keine Streitigkeit unterbreitet, die die Auslegung einer Konventionsbestimmung zum Gegenstand gehabt hätte.

III. UNHCR als autoritative Auslegungsinstanz?

1. Allgemeines

Das Amt des Hohen Kommissars der Vereinten Nationen für Flüchtlinge (*United Nations High Commissioner for Refugees*, UNHCR) ist ein Hilfsorgan der

---

333 Vgl. Zimmermann, The 1951 Convention, Art. 38 Rn. 12, 29; Kimminich, Asylrecht, S. 45.

334 Hathaway, The Rights of Refugees under International Law, S. 994.

Generalversammlung nach Art. 22 UN-Charta.[335] Es wurde mit Wirkung von 1. Januar 1951 von der Generalversammlung durch die Resolution 319 (IV) beschlossen und trat an die Stelle der 1951 aufgelösten *International Refugee Organization* (IRO).[336] Seine Satzung wurde von der Generalversammlung als Anhang zur Resolution 428 (V) am 14. Dezember 1950 angenommen. Sie schreibt Aufgaben, Organisation und Finanzierung des Amtes fest. Neben dem internationalen Schutz von Flüchtlingen zählt die Suche nach Dauerlösungen des Flüchtlingsproblems zu den Hauptaufgaben des UNHCR.[337] Die Generalversammlung kann den Hohen Flüchtlingskommissar gemäß Ziff. 9 seiner Satzung zudem mit weiteren Aufgaben betrauen. Diese müssen sich im Rahmen der ihm zur Verfügung gestellten Mittel halten. Die Generalversammlung hat von dieser Möglichkeit bereits Gebrauch gemacht, indem sie sowohl die Kompetenz *ratione personae* des UNHCR als auch seine Kompetenz *ratione materiae* erweiterte.[338] Der Hohe Kommissar ist zu einer jährlichen Berichterstattung durch den Wirtschafts- und Sozialrat an die Generalversammlung verpflichtet (Ziff. 11 UNHCR-Satzung). Bei der Erfüllung

---

335 Generalversammlungsresolution 428 (V) vom 14. Dezember 1950, erhältlich unter: http://www.unhcr.de/fileadmin/rechtsinfos/fluechtlingsrecht/1_international/1_1_voelkerrecht/1_1_7/FR_int_vr_UNHCR-Satzung.pdf (zuletzt besucht Januar 2013). Nach Art. 22 UN-Charta kann die Generalversammlung Nebenorgane einsetzen, soweit sie dies zur Wahrung ihrer Aufgaben für erforderlich hält. Das Amt wurde gemäß Kap. I, Ziff. 5 seiner Satzung zunächst für die Dauer von drei Jahren ins Leben gerufen. Seine Existenz wurde dann durch die Generalversammlungsresolutionen 727 (VIII) vom 23 Oktober 1953, 1165 (XII) vom 26. November 1957, 1783 (XVII) vom 7. Dezember 1962, 2294 (XXII) vom 11. Dezember 1967, 2957 (XXVII) vom 12. Dezember 1972 und 32/68 vom 8. Dezember 1977 jeweils für fünf Jahre verlängert bis es seit dem Jahre 2004 unbefristet besteht. Vgl. Einleitung der Satzung des Amtes des Hohen Kommissars der Vereinten Nationen für Flüchtlinge, erhältlich unter: http://www.unhcr.de/fileadmin/rechtsinfos/fluechtlingsrecht/1_international/1_1_voelkerrecht/1_1_7/FR_int_vr_UNHCR-Satzung.pdf (zuletzt besucht Januar 2013).

336 Generalversammlungsresolution 428 (V) vom 14. Dezember 1950, erhältlich unter: http://www.unhcr.de/fileadmin/rechtsinfos/fluechtlingsrecht/1_international/1_1_voelkerrecht/1_1_7/FR_int_vr_UNHCR-Satzung.pdf (zuletzt besucht Januar 2013). Zu seiner Gründung siehe Türk, Das Flüchtlingshochkommissariat, S. 20 ff.

337 Siehe hierzu ausführlich Türk, Das Flüchtlingshochkommissariat, S. 139 ff.; Jahn, Der völkerrechtliche Schutz von Flüchtlingen, S. 55 ff.; Marugg, Völkerrechtliche Definitionen, S. 150 ff.

338 So hat sich die Zuständigkeit des UNHCR durch neue Resolutionen etwa auf humanitäre Hilfe und Neuansiedlung von Binnenvertriebenen und Opfern von Naturkatastrophen erweitert. Vgl. Köfner/Nicolaus, Grundlagen des Asylrechts, Bd. 1, S. 177 f.

seiner Aufgaben wird der UNHCR von dem Exekutivkomitee für das Programm des Hohen Flüchtlingskommissars der Vereinten Nationen (ExCom)[339] unterstützt.

In Verbindung mit der Frage um die richtige Auslegung der Konventionsbestimmungen ist ein weiterer Aspekt der Schutzfunktion des UNHCR hervorzuheben. Gemäß Art. 35 GFK und Ziff. 8 lit. a der Satzung ist der Hohe Kommissar mit der Aufgabe betraut, über die Durchführung der Konventionsbestimmungen zu wachen. In der Satzung heißt es:

> „Der Hohe Kommissar sorgt für den Schutz der Flüchtlinge, die unter die Zuständigkeit seines Amtes fallen, indem er
> a) den Abschluss und die Ratifizierung von Internationalen Abkommen zum Schutz der Flüchtlinge fördert, ihre Ausführung überwacht und Verbesserungsvorschläge vorbringt [...]."[340]

In Ausübung dieser Aufgabe äußert sich das Amt zur Rechtspraxis einzelner Konventionsstaaten und nimmt auch Stellung zu einer generellen Auslegung der Genfer Flüchtlingskonvention. Fraglich ist, welche rechtliche Bedeutung diese Äußerungen im Rahmen der Auseinandersetzungen um die richtige Interpretation der Konvention haben. Hierbei ist nach der Art der jeweiligen Äußerung zu unterscheiden.

2. Das UNHCR-Handbuch über Verfahren und Kriterien zur Feststellung der Flüchtlingseigenschaft

a) Allgemeines

Das im Jahre 1979 erstmals veröffentlichte Handbuch über Verfahren und Kriterien zur Feststellung der Flüchtlingseigenschaft[341] (im Folgenden: UNHCR-Handbuch) enthält unter anderem Erläuterungen zu den einzelnen Definitionsmerkmalen des Art. 1A Nr. 2 GFK, die den Entscheidungsträgern im Asylverfahren bei der Bestimmung der Flüchtlingseigenschaft nach der Genfer Flüchtlingskonvention und dem Protokoll von 1967 helfen sollen.[342] Erstellt wurde es auf der Grundlage der

339 Siehe hierzu C.III.4.a).

340 Ziff. 8 lit. a Satzung des Amtes des Hohen Kommissars der Vereinten Nationen für Flüchtlinge, Annex Resolution der Generalversammlung 428 (V) vom 14. Dezember 1950.

341 UNHCR, Handbuch über Verfahren und Kriterien zur Feststellung der Flüchtlingseigenschaft (erstmals erschienen 1979; unveränderte Neuauflage in der deutschen Fassung von 2003). Die Veröffentlichung des Handbuchs geht auf einen Beschluss des Exekutivkomitees aus dem Jahre 1977 zurück, Beschluss Nr. 8 (XXVIII), lit. g.

342 Porter, 25 Cornell Int'l L. J. 1992, 231 (232).

Erfahrungen des Amtes des Hohen Flüchtlingskommissars, den vom Exekutivorgan verfassten Richtlinien, der Staatenpraxis sowie dem Meinungsaustausch zwischen den einzelnen Staaten und dem UNHCR.[343]

Die Erläuterungen des UNHCR zur „bestimmten sozialen Gruppe“ in seinem Handbuch sind relativ allgemein gehalten. Hier heißt es:

> "[77.] A ‚particular social group‘ normally comprises persons of similar background, habits or social status. A claim to fear of persecution under this heading may frequently overlap with a claim to fear of persecution on other grounds, i.e. race, religion or nationality.
>
> [78.] Membership of such a particular social group may be at the root of persecution because there is no confidence in the group's loyalty to the Government or because the political outlook, antecedents or economic activity of its members, or the very existence of the social group as such, is held to be an obstacle to the Government's policies.
>
> [79.] Mere membership of a particular social group will not normally be enough to substantiate a claim to refugee status. There may, however, be special circumstances where mere membership can be a sufficient ground to fear persecution."

Für die nähere Bestimmung des Merkmals der „Zugehörigkeit zu einer bestimmten sozialen Gruppe“ bietet das Handbuch kaum Anhaltspunkte. Es spiegelt vielmehr die geringe Auseinandersetzung der Rechtsprechung und Literatur mit dieser Fallgruppe zum Zeitpunkt seines Entstehens wider.

b) Rechtscharakter

Fraglich ist, welche rechtliche Bedeutung die Bestimmungen des UNHCR-Handbuchs im Rahmen der Auseinandersetzungen um die richtige Interpretation der Konvention haben.

aa) Keine Kompetenz zur autoritativen Interpretation

Eine Regelung, die den UNHCR ausdrücklich zu einer autoritativen Auslegung ermächtigt, existiert nicht. Vereinzelt werden die Bestimmungen des UNHCR-Handbuches trotzdem als ein für alle Konventionsstaaten verbindlich anzuerkennender Standard angesehen.[344] Es wird insoweit die Ansicht vertreten, die Kontrollrechte des UNHCR seien unklar und abstrakt formuliert und bedürften

343 Franco, Vorwort zum UNHCR-Handbuch, Ziff. vii.

344 Türk, Das Flüchtlingshochkommissariat, S. 165; vgl. auch Bierwirth, ArchVölkR 29 (1991), 295 (339).

einer weiten Auslegung, damit die Aufgabe der Überwachung des internationalen Schutzes sinnvoll erfüllt werden könne.[345]

In Art. 35 Genfer Flüchtlingskonvention heißt es betreffend der Zusammenarbeit der Vertragsstaaten und dem UNHCR:

„1. Die vertragschließenden Staaten verpflichten sich zur Zusammenarbeit mit dem Amt des Hohen Kommissars der Vereinten Nationen für Flüchtlinge oder jeder ihm etwa nachfolgenden anderen Stelle der Vereinten Nationen bei der Ausübung seiner Befugnisse, insbesondere zur Erleichterung seiner Aufgabe, die Durchführung der Bestimmungen dieses Abkommens zu überwachen.

2. Um es dem Amt des Hohen Kommissars oder jeder ihm etwa nachfolgenden anderen Stelle der Vereinten Nationen zu ermöglichen, den zuständigen Organen der Vereinten Nationen Berichte vorzulegen, verpflichten sich die vertragschließenden Staaten, ihm in geeigneter Form die erbetenen Auskünfte und statistischen Angaben zu liefern über
   a) die Lage der Flüchtlinge,
   b) die Durchführung dieses Abkommens und
   c) die Gesetze, Verordnungen und Verwaltungsvorschriften, die in Bezug auf Flüchtlinge jetzt oder künftig in Kraft sind.“[346]

Neben Art. 35 GFK betont auch die Präambel die besondere Bedeutung der Zusammenarbeit von Konventionsstaaten und UNHCR. In Erwägungsgrund 6 der Präambel erkennen die Konventionsstaaten an,

> „dass dem Hohen Kommissar der Vereinten Nationen für Flüchtlinge die Aufgabe obliegt, die Durchführung der internationalen Abkommen zum Schutz der Flüchtlinge zu überwachen, und dass eine wirksame Koordinierung der zur Lösung dieses Problems getroffenen Maßnahmen von der Zusammenarbeit der Staaten mit dem Hohen Kommissar abhängen wird.“

In Bezug auf die Überwachungsfunktion wird vertreten, der UNHCR müsse „zuerst einmal selbst klare Vorstellungen vom Inhalt der Bestimmungen von flüchtlingsrelevantem Völkerrecht haben […], um auch die Anwendung der Bestimmungen des Flüchtlingsvölkerrechts überwachen zu können.“[347] Hieraus folge die Befugnis des UNHCR, seine eigene Interpretation der für die Erfüllung

345 Türk, Das Flüchtlingshochkommissariat, S. 164 f.

346 Zu der Entstehungsgeschichte der Bestimmung siehe Mananashvili, Möglichkeiten und Grenzen zur Durchsetzung der Genfer Flüchtlingskonvention, S. 76 ff.

347 Türk, Das Flüchtlingshochkommissariat, S. 165.

seiner Aufgaben relevanten völkerrechtlichen Bestimmungen zu entwickeln und die Überwachung anhand dieses Maßstabes vorzunehmen. Die Auslegung sei von den Staaten als maßgeblicher Standard anzuerkennen und anzuwenden.[348]

Diese Ansicht verkennt, dass die Konventionsstaaten zwar nach der genannten Bestimmung dazu verpflichtet sind, mit dem Flüchtlingskommissar „zusammenzuarbeiten“, nicht aber, seine Weisungen als verbindlich anzuerkennen.[349] Aus der Kompetenz, über die Anwendung der Konvention zu wachen, kann nicht auf die Kompetenz zu einer autoritativen Interpretation der Konvention geschlossen werden.[350] Flüchtlingskonvention und Flüchtlingskommissariat stehen selbstständig nebeneinander. Zuständig für die Anwendung und damit auch die Auslegung der Konvention sind allein die Konventionsstaaten, nicht hingegen die Vereinten Nationen und ihre Untergliederungen.[351] Die Genfer Flüchtlingskonvention sieht keinerlei Exekutivbefugnisse des UNHCR gegenüber den Staaten vor, das

348 Türk, Das Flüchtlingshochkommissariat, S. 165.

349 Maaßen, Die Rechtsstellung des Asylbewerbers, S. 16; Masing, in: Grawert u.a., FS für Böckenförde, S. 51 (79). Im Ergebnis so auch das BVerfG, Beschl. v. 26.9.2006 – 2 BvR 1731/04, Ziff. 13 (www.bverfg.de). Hier heißt es: „Aus einer abweichenden Auslegung der Genfer Flüchtlingskonvention in Publikationen des Hochkommissars für Flüchtlinge lässt sich kein Verstoß der Fachgerichte gegen eine verfassungsrechtliche Pflicht zur Beachtung des Völkerrechts folgern, auch nicht in der Ausprägung des Gebots der völkerrechtsfreundlichen Auslegung des Bundesrechts. Es steht den nationalen Gerichten der Mitgliedstaaten frei, zur Auslegung der Genfer Flüchtlingskonvention die einschlägigen Publikationen des Hochkommissars der Vereinten Nationen für Flüchtlinge heranzuziehen. Eine verfassungsrechtliche Pflicht obliegt den Fachgerichten hingegen nicht, da von diesen Publikationen keine völkerrechtliche Bindungswirkung ausgeht. Wenngleich die Einheitlichkeit der Rechtsanwendung in den Mitgliedstaaten als ein erstrebenswertes Ziel angesehen werden kann, zu dem das Hochkommissariat wesentlich beiträgt, führt dies nicht dazu, dass ein Staat an die Auslegung eines Organs oder eines anderen Staats gebunden wäre (vgl. BVerfGE 52, 391 (404)).“

350 Grahl-Madsen, The Status of Refugees, Vol. 1, S. 333; vgl. auch Holborn, Refugees: A Problem of our Time, Vol. 1, S. 161 f.; Richter, ZaöRV 51 (1991), 1 (14 f.); Frowein/Zimmermann, Der völkerrechtliche Rahmen, S. 28.

351 Vgl. Brandl, in: Carlier/Vanheule: Europe and Refugees: A Challenge?, S. 203 (215); Kälin, in: Feller u.a., Refugee Protection in International Law, S. 613 (625 ff.) mit Nachweisen aus der Rechtsprechung einzelner Konventionsstaaten; Maaßen, die Rechtsstellung des Asylbewerbers, S. 16 f.; Holborn, Refugees: A Problem of our Time, Vol. 1, S. 162; Frowein/Zimmermann, Der völkerrechtliche Rahmen, S. 28; Jensen, Frauen im Asyl- und Flüchtlingsrecht, S. 39; Grahl-Madsen, The Status of Refugees, Vol. 1, S. 333; Binder, Frauenspezifische Verfolgung, S. 5; Masing, in: Grawert u.a., FS für Böckenförde, S. 51 (79).

UNHCR-Handbuch ist daher als reine Empfehlung zu betrachten, dem keine Verbindlichkeit zukommt. Der UNHCR kann seiner Überwachungsfunktion vielmehr auch durch andere Handlungsformen wie beispielsweise Stellungnahmen nachkommen, dass Sinn und Zweck der Bestimmungen nicht vereitelt werden.[352]

Gegen die Verbindlichkeit der von dem UNHCR vorgenommenen Interpretation der Konventionsbestimmungen spricht zudem der Grundsatz, dass ein Organ der Generalversammlung keine über deren Befugnisse hinausgehenden Kompetenzen ausüben kann.[353] Die Generalversammlung ist nach Art. 10 i.V.m. Art. 55 UN-Charta lediglich zur Abgabe unverbindlicher Empfehlungen ermächtigt, sie ist hingegen nicht zu einer verbindlichen Auslegung befugt.[354] Die Annahme einer autoritativen Auslegung der Konventionsbestimmungen durch den UNHCR wäre hiermit unvereinbar.

bb) Orientierungsfunktion und Kooperationsverpflichtung

Auch wenn dem Handbuch nicht der Rang einer formellen Völkerrechtsquelle zugebilligt werden kann, stellt sich die Frage, ob ihm dennoch zumindest eine gewisse Orientierungsfunktion zukommt. Eine solche wird insbesondere für Urteile und Stellungnahmen internationaler Gerichte angenommen.[355] Obwohl den Urteilen internationaler Gerichte regelmäßig nur eine Bindungswirkung *inter partes* zukommt, dienen sie „als Hilfsmittel zur Feststellung von Rechtsnormen" (Art. 38 Abs. 1 lit. d IGH-Statut). Ihre Berücksichtigung auch bei der Auslegung völkerrechtlicher Verträge entspreche der völkerrechtlichen Courtoisie, den Entscheidungen anderer internationaler Instanzen Beachtung zu schenken.[356] Eine Pflicht zur Berücksichtigung wird grundsätzlich für alle gerichtlich organisierten

352 Vgl. Kälin, in: Feller u.a., Refugee Protection in International Law, S. 613 (621 f.), der auf verschiedene Beschlüsse des UNHCR-Exekutivkomitees verweist.

353 Mananashvili, Möglichkeiten und Grenzen zur Durchsetzung der Genfer Flüchtlingskonvention, S. 83. Zu dem Grundsatz siehe auch Hilf/Khan, in: Simma, The Charta of the United Nations, Vol. I, Art. 22 Rn. 22.

354 Gareis/Varwick, Die Vereinten Nationen, S. 43; Verdross/Simma, Universelles Völkerrecht, §§ 634 f.

355 Fischer-Lescano/Horst, ZAR 2001, 81 (84), die auf die einschlägige Rechtsprechung des Bundesverfassungsgerichts verweisen, das eine Pflicht der deutschen Gerichte zur Beachtung von Entscheidungen internationaler Gerichte und der Auseinandersetzung mit diesen aus Art. 20 Abs. 3 GG abgeleitet hat (vgl. BVerfG, Beschl. v. 19.9.2006 – 2 BvR 2115/01, Ziff. 54 (www.bverfg.de). Siehe ausführlich Viellechner, in: Matz-Lück/Hong, Grundrechte und Grundfreiheiten im Mehrebenensystem, S. 109 (109 ff.).

356 Fischer-Lescano/Horst, ZAR 2001, 81 (84).

Organe angenommen, denen eine Überwachungsfunktion in einem internationalen Vertrag zugeschrieben wird.[357] Vereinzelt wird sie auch auf bloße Ausschüsse ausgedehnt.[358]

Es ist jedoch zu bedenken, dass das UN-Organ UNHCR weder gerichtlich organisiert ist, noch sollen seine Äußerungen nach der Genfer Flüchtlingskonvention Bindungswirkung gegenüber den Mitgliedstaaten der Konvention entfalten. Die Berücksichtigungspflicht, die für Urteile und Stellungnahmen internationaler Gerichte angenommen wird, ist daher auf Äußerungen des UNHCR nicht unmittelbar übertragbar.

Als Ausdruck und Resümee der Staatenpraxis zu den in ihm behandelten Fragen kommt dem Handbuch dennoch große Autorität zu.[359] Seit *Cardoza-Fonseca*[360] wird das UNHCR-Handbuch in den Vereinigten Staaten von Amerika offiziell als Auslegungshilfe eingesetzt. Der Gemeinsame Standpunkt des Rates der EU vom 4. März 1996 bezeichnet das Handbuch als „nützliches Instrument für die Bestimmung der Flüchtlingseigenschaft“[361] und das Europäische Parlament ist der Ansicht, dass das Handbuch als Interpretationsgrundlage bei der Bestimmung jedes Flüchtlingsstatus gelten sollte.[362] Auch das BVerfG hält die Äußerungen des UNHCR für die gerichtliche Praxis generell für bedeutsam.[363] Sie seien als eine für die Auslegung beachtliche Auffassung heranzuziehen. Dies beruht auch darauf, dass der UNHCR durch den Erlass des

357 Fischer-Lescano/Horst, ZAR 2001, 81 (84).

358 So Lorenzmeier, HFR 13/2008, 130 (136).

359 SSHD, Ex Parte Adan R v. SSHD Ex Parte Aitseguer, R v., [2000] UKHL 67, per Lord Steyn (BAILII); Hathaway, The Rights of Refugees under International Law, S. 114 ff. mit Nachweisen aus der Rechtsprechung; vgl. auch den Überblick über die gerichtliche Praxis einzelner Konventionsstaaten bei Kälin, in: Feller u.a., Refugee Protection in International Law, S. 613 (621 f.).

360 INS v. Cardoza-Fonseca, [1987] 480 U.S. 421.

361 Gemeinsamer Standpunkt vom 4. März 1996 betreffend die harmonisierte Anwendung der Definition des Begriffs „Flüchtling“ in Art. 1 des Genfer Abkommens vom 28. Juli 1951 über die Rechtsstellung der Flüchtlinge, ABl. L 063 vom 13/03/1996 S. 0002 – 0007, erhältlich unter: http://eur-lex.europa.eu/LexUriServ/LexUriServ.do?uri=CELEX:31996F0196:DE:HTML (zuletzt besucht Januar 2013).

362 Lit. M, Ziff. 13 der Entschließung vom 19. Januar 1994, Dok.: A3-0402/93: Grundprinzipien einer europäischen Flüchtlingspolitik, abgedruckt in: EuGRZ 1994, 141 ff.

363 Vgl. BVerfG, Beschl. v. 12.3.2008 – 2 BvR 378/05, Ziff. 38 (www.bverfg.de). Es verneint jedoch eine Bindungswirkung der Publikationen von UNHCR, vgl. BVerfG, Beschl. v. 26.9.2006 – 2 BvR 1731/04, Ziff. 13 (www.bverfg.de). Vgl. auch OVG Münster, Urt. v. 27.03.2007 - 8 A 2632/06.A, BeckRS 2009, 36139.

Handbuchs seiner Schutzfunktion für Flüchtlinge nachkommt, indem er „den Abschluss und die Ratifizierung von Internationalen Abkommen zum Schutz der Flüchtlinge fördert, *ihre Ausführung überwacht* und Verbesserungsvorschläge vorbringt."[364] Die dem UNHCR nach seiner Satzung zukommende Überwachungsfunktion impliziert insbesondere die Förderung einer einheitlichen Anwendung der Konventionsbestimmungen. In der Eröffnungsrede der Sitzung des *ad hoc* Komitees zur Verhandlung über den späteren Art. 35 GFK betonte der Hohe Flüchtlingskommissar die Wichtigkeit der Verbindung von UNHCR und Flüchtlingskonvention zur Förderung einer einheitlichen Anwendung der Konventionsbestimmungen.[365] Einer gleichförmigen Anwendung hat eine einheitliche Interpretation der Bestimmungen vorauszugehen.

Zwar liegt dem UNHCR keine gerichtliche Organisationsstruktur zugrunde. Ausschlaggebend für eine Berücksichtigung der Spruchpraxis internationaler Gerichte ist aber gerade nicht deren Bindungswirkung, die sich meist allein zwischen den Parteien entfaltet. Entscheidend ist vielmehr die Anerkennung des Organs als völkerrechtlich zu einer Interpretation der in Rede stehenden vertraglichen Bestimmungen berufen. Die Gleichbehandlung von solchen Organen, denen es zwar an einem gerichtlichen Aufbau fehlt, die aber gleichsam die Anwendung der Vertragsbestimmungen überwachen, erscheint daher gerechtfertigt.[366]

Der UNHCR ist vertraglich als Überwachungsorgan der Genfer Flüchtlingskonvention vorgesehen. Damit korrespondiert die Kooperationspflicht der Konventionsstaaten gegenüber dem Hohen Flüchtlingskommissar. Die Verpflichtung zur Zusammenarbeit gebietet eine Auseinandersetzung mit seinen Äußerungen zur Auslegung der Konventionsbestimmungen.

Die Verpflichtung der Konventionsstaaten zur Berücksichtigung der Äußerungen von UNHCR in Bezug auf die Anwendung der Konvention wird durch eine weitere Überlegung gestützt. So weist die in Art. 35 GFK verankerte Pflicht zur Kooperation mit dem UNHCR eine Ähnlichkeit zu Art. 56 UN-Charta auf. Aus

---

364 Art. 8 lit. a der Satzung des Amtes des Hohen Kommissars der Vereinten Nationen für Flüchtlinge, Annex Resolution der Generalversammlung 428 (V) vom 14. Dezember 1950, Hervorherbung durch die Verfasserin.

365 UN Conference of Plenipotentiaries on the Status of Refugees and Stateless Persons, UN Doc. A/CONF.2/SR.2, S. 17, erhältlich unter: http://daccess-dds-ny.un.org/doc/UNDOC/GEN/NL5/106/66/PDF/NL510666.pdf?OpenElement (zuletzt besucht Januar 2013); Kälin, in: Feller u.a., Refugee Protection in International Law, S. 613 (617); Mananashvili, Möglichkeiten und Grenzen zur Durchsetzung der Genfer Flüchtlingskonvention, S. 78.

366 Fischer-Lescano/Horst, ZAR 2001, 81 (85). Vgl. auch Viellechner, in: Matz-Lück/Hong, Grundrechte und Grundfreiheiten im Mehrebenensystem, S. 109 (154).

Art. 56 UN-Charta folgt eine Rechtsverpflichtung zur Zusammenarbeit, die folglich auch durch Art. 35 GFK begründet wird und von den Vertragsstaaten nach Treu und Glauben zu erfüllen ist. Die Konventionsstaaten müssen daher alles ihnen Mögliche unternehmen, um bei der Zusammenarbeit mit dem UNHCR eine einheitliche, in Übereinstimmung mit Ziel und Zweck der Genfer Flüchtlingskonvention stehende Anwendung und Umsetzung der Konventionsbestimmungen zu erreichen. Neben der Berücksichtigung der vom UNHCR vorgenommenen Äußerungen in Bezug auf die Auslegung der Bestimmungen umfasst diese nach Treu und Glauben zu erfüllende Pflicht zur Zusammenarbeit auch gemeinsame Konsultationen. Ein Vertragsstaat ist daher zur Kontaktaufnahme und zum Austausch mit dem UNHCR verpflichtet, sobald es ihm nicht möglich ist, die von dem UNHCR vorgenommenen Empfehlungen zu befolgen. Kommt der betreffende Staat der Pflicht zur Beachtung zum wiederholten Male nicht nach, und weigert er sich, eine Lösung mittels Beratungen mit dem Hohen Flüchtlingskommissar zu suchen, stellt dies eine Verletzung der Kooperationsverpflichtung dar.[367]

In diesem Zusammenhang wird darauf hingewiesen, dass sich die Konsultationspflicht nicht allein auf die einzelnen Konventionsstaaten, sondern auch auf die Europäische Union erstreckt.[368] Nach dem Vertrag von Amsterdam, der am 1. Mai 1999 in Kraft trat, kommt der Europäischen Union die Kompetenz zur europäischen Harmonisierung der Asyl- und Flüchtlingspolitik zu.[369] Hierbei haben ihre Maßnahmen gemäß Art. 63 Abs. 1 Nr. 1 EGV (78 Abs. 1 AEUV) „in Übereinstimmung mit dem Genfer Abkommen vom 28. Juli 1951 und dem Protokoll vom 31. Januar 1967 über die Rechtsstellung der Flüchtlinge […]“ zu erfolgen.

cc) Fazit

Der UNHCR-Handbuch stellt zum einen ein Instrument dar, das keine für die Konventionsstaaten verbindlichen Vorgaben enthält. Zum anderen kommt ihm eine gewisse Orientierungsfunktion dennoch zu. Auch wenn die Äußerungen des UNHCR für die Konventionsstaaten rechtlich unverbindlich sind, müssen die staatlichen Entscheidungsträger sie aufgrund der in Art. 35 GFK normierten

367 Mananashvili, Möglichkeiten und Grenzen zur Durchsetzung der Genfer Flüchtlingskonvention, S. 84.

368 Mananashvili, Möglichkeiten und Grenzen zur Durchsetzung der Genfer Flüchtlingskonvention, S. 85.

369 Siehe hierzu die Ausführungen im 4. Kap. unter B.

Kooperationsverpflichtung bei der Auslegung der Konventionsbestimmungen berücksichtigen.[370]

3. Die UNHCR-Richtlinien zum internationalen Schutz

a) Allgemeines

Das UNHCR-Handbuch wurde in den letzten Jahren durch verschiedene Richtlinien zum internationalen Schutz[371] sowie Stellungnahmen zum internationalen, europäischen und nationalen Flüchtlingsrecht[372] ergänzt. Die *Richtlinien zum*

---

370 Vgl. Fischer-Lescano/Horst, ZAR 2001, 81 (85).

371 Bisher sind erschienen: Richtlinien zum internationalen Schutz: Geschlechtsspezifische Verfolgung im Zusammenhang mit Artikel 1 A (2) des Abkommens von 1951 bzw. des Protokolls von 1967 über die Rechtsstellung der Flüchtlinge, UN Doc. HCR/GIP/02/01 (7. Mai 2002); Richtlinien zum internationalen Schutz: „Zugehörigkeit zu einer bestimmten sozialen Gruppe" im Zusammenhang mit Artikel 1 A (2) des Abkommens von 1951 bzw. des Protokolls von 1967 über die Rechtsstellung der Flüchtlinge, UN Doc. HCR/GIP/02/02 (7. Mai 2002); Richtlinien zum internationalen Schutz: Beendigung der Flüchtlingseigenschaft im Sinne des Artikels 1 C (5) und (6) des Abkommens von 1951 über die Rechtsstellung der Flüchtlinge („Wegfall der Umstände"-Klauseln), UN Doc. HCR/GIP/03/03 (10. Februar 2003); Richtlinien zum internationalen Schutz: „Interne Flucht- oder Neuansiedlungsalternative" im Zusammenhang mit Artikel 1 A (2) des Abkommens von 1951 bzw. des Protokolls von 1967 über die Rechtsstellung der Flüchtlinge, UN Doc. HCR/GIP/03/04 (23. Juli 2003); Richtlinien zum internationalen Schutz: Anwendung der Ausschlussklauseln: Artikel 1 F des Abkommens von 1951 über die Rechtsstellung der Flüchtlinge, UN Doc. HCR/GIP/03/05 (4. September 2003); Richtlinien zum internationalen Schutz: Anträge auf Anerkennung der Flüchtlingseigenschaft aufgrund religiöser Verfolgung im Sinne des Artikels 1A(2) des Abkommens von 1951 und/ oder des Protokolls von 1967 über die Rechtsstellung der Flüchtlinge, UN Doc. HCR/GIP/04/06 (28. April 2004); Richtlinien zum internationalen Schutz: Anwendung des Artikels 1 A (2) des Abkommens von 1951 bzw. des Protokolls von 1967 über die Rechtsstellung der Flüchtlinge auf die Opfer von Menschenhandel und entsprechend gefährdete Personen, UN Doc. HCR/GIP/06/07 (7. April 2006); Richtlinien zum internationalen Schutz: Asylanträge von Kindern im Zusammenhang mit der Genfer Flüchtlingskonvention, UN Doc. HCR/GIP/09/08 (22. Dezember 2009), alle erhältlich unter: http://www.unhcr.de/recht/i1-internat-fluechtlingsrecht/11-voelkerrecht.html (zuletzt besucht Januar 2013).

372 Zum internationalen Flüchtlingsschutz bisher erschienen: Auslegung von Art. 1 des Abkommens von 1951 über die Rechtsstellung der Flüchtlinge vom April 2001; Komplementäre Schutzformen vom April 2001, erhältlich unter: www.unhcr.de (zuletzt besucht Januar 2013).

internationalen Schutz: „Zugehörigkeit zu einer bestimmten sozialen Gruppe“[373] wurden auf der Grundlage der im Jahre 2001 auf Initiative des UNHCR durchgeführten Weltweiten Konsultationen zum internationalen Flüchtlingsschutz erlassen.[374] Anlässlich dieser tagten verschiedene Expertenrunden, deren Ergebnisse in Richtlinien zusammengefasst sind. Die Richtlinien verstehen sich als Ergänzung des UNHCR-Handbuchs.

Die *Richtlinien zum internationalen Schutz: „Zugehörigkeit zu einer bestimmten sozialen Gruppe“*[375] sind das Produkt eines „*expert roundtable*“, der im September 2001 in San Remo stattfand und sich speziell mit dem Verfolgungsmerkmal der „Zugehörigkeit zu einer bestimmten sozialen Gruppe“ befasste.[376] Sie richten sich an Regierungen, weitere Entscheidungsträger und die Richterschaft, sowie an UNHCR-Mitarbeiter, die sich mit der Feststellung der Flüchtlingseigenschaft beschäftigen.[377] Die Richtlinien geben einen Überblick über zwei in der Staatenpraxis des Rechtskreises des Common Law entwickelte Definitionen und enthalten eine eigene Definition des UNHCR. Zudem statuieren sie allgemeine Kriterien, die bei der Prüfung des Merkmals eine Rolle spielen sollen.

b) Rechtscharakter

aa) Keine Kompetenz zur autoritativen Interpretation

Die Herausgabe der Richtlinien zum internationalen Schutz durch den UNHCR erfolgt in Ausübung seines Mandates gemäß der Satzung des Amtes des Hohen Flüchtlingskommissars der Vereinten Nationen für Flüchtlinge von 1950[378],

373 Richtlinien zum internationalen Schutz: „Zugehörigkeit zu einer bestimmten sozialen Gruppe“ im Zusammenhang mit Artikel 1 A (2) des Abkommens von 1951 bzw. des Protokolls von 1967 über die Rechtsstellung der Flüchtlinge, UN Doc. HCR/GIP/02/02 (7. Mai 2002).

374 Siehe die Ausführungen im 1. Kap. unter A.III.2.

375 Richtlinien zum internationalen Schutz: „Zugehörigkeit zu einer bestimmten sozialen Gruppe“ im Zusammenhang mit Artikel 1 A (2) des Abkommens von 1951 bzw. des Protokolls von 1967 über die Rechtsstellung der Flüchtlinge, UN Doc. HCR/GIP/02/02 (7. Mai 2002).

376 Sie ersetzen IOM/132/1989 – FOM/110/1989 „Zugehörigkeit zu einer bestimmten sozialen Gruppe“ (UNHCR, Genf, 12. Dezember 1989).

377 Richtlinien zum internationalen Schutz: „Zugehörigkeit zu einer bestimmten sozialen Gruppe“ im Zusammenhang mit Artikel 1 A (2) des Abkommens von 1951 bzw. des Protokolls von 1967 über die Rechtsstellung der Flüchtlinge, UN Doc. HCR/GIP/02/02 (7. Mai 2002), S. 1.

378 Die Satzung des Amtes des Hohen Kommissars der Vereinten Nationen für Flüchtlinge ist erhältlich unter: http://www.unhcr.de/fileadmin/rechtsinfos/fluechtlingsrecht/

sowie gestützt auf Artikel 35 GFK und Artikel II des dazugehörigen Protokolls von 1967. Der UNHCR versteht sie als Hilfsmittel und Leitlinien, die bei der Rechtsauslegung dienlich sein sollen.[379] Aus der Befugnis, über die Anwendung der Konvention zu wachen, folgt jedoch keine Kompetenz zur verbindlichen Interpretation.[380] Die Richtlinien sind daher genau wie das UNHCR-Handbuch als reine Empfehlung zu qualifizieren, die keinerlei rechtliche Verbindlichkeit entfalten. Allein die Konventionsstaaten sind zuständig für die Anwendung und Auslegung der Konventionsbestimmungen.[381]

Wie bereits gesehen, trifft die Konventionsstaaten jedoch eine Pflicht zur Kooperation mit dem UNHCR (Art. 35 GFK). Hiernach sind sie zur Berücksichtigung der Äußerungen des UNHCR zur Auslegung der Konventionsbestimmungen und somit auch der UNHCR-Richtlinien verpflichtet.

bb) Richtlinien als „spätere Übung" i.S.v. Art. 31 Abs. 2 lit. b WVRK

Auch wenn den *Richtlinien zum internationalen Schutz: „Zugehörigkeit zu einer bestimmten sozialen Gruppe"* keine bindende Wirkung zukommt, kann eine abweichende Auslegung dennoch einer besonderen Rechtfertigung bedürfen.[382] So ist zu berücksichtigen, dass sie nicht nur das Ergebnis des Globalen Konsultationsprozesses sind, sondern nach ihrem Sinn und Zweck sowie der Zusammensetzung der Expertenrunde auch die zu diesem Zeitpunkt herrschende Staatenpraxis

1_international/1_1_voelkerrecht/1_1_7/FR_int_vr_UNHCR-Satzung.pdf (zuletzt besucht Januar 2013).

379 Vgl. die Formulierung „Hilfsmittel zur Rechtsauslegung" in den Richtlinien zum internationalen Schutz: „Zugehörigkeit zu einer bestimmten sozialen Gruppe" im Zusammenhang mit Artikel 1 A (2) des Abkommens von 1951 bzw. des Protokolls von 1967 über die Rechtsstellung der Flüchtlinge, UN Doc. HCR/GIP/02/02 (7. Mai 2002) und in den Richtlinien zum internationalen Schutz: Anwendung des Artikels 1 A (2) des Abkommens von 1951 bzw. des Protokolls von 1967 über die Rechtsstellung der Flüchtlinge auf die Opfer von Menschenhandel und entsprechend gefährdete Personen, UN Doc. HCR/GIP/06/07 (7. April 2006).

380 Siehe die Nachweise in Fn. 351.

381 Vgl. Kälin, in: Feller u.a., Refugee Protection in International Law, S. 613 (625 ff.); vgl. auch Brandl, in: Carlier/Vanheule: Europe and Refugees: A Challenge?, S. 203 (215); sowie Maaßen, Die Rechtsstellung des Asylbewerbers, S. 16 f.; Frowein/Zimmermann, Der völkerrechtliche Rahmen, S. 28; Jensen, Frauen im Asyl- und Flüchtlingsrecht, S. 39; Grahl-Madsen, The Status of Refugees, Vol.1, S. 333; Binder, Frauenspezifische Verfolgung, S. 5 f.; Masing, in: Grawert u.a., FS für Böckenförde, S. 51 (79).

382 Vgl. Goodwin-Gill/McAdam, The Refugee in International Law, S. 430 f.; so auch OVG NRW, Urt. v. 27.03.2007, Az. 8 A 4728/05.A, Ziff. 118 ff. u. 160 (www.justiz.nrw.de).

widerspiegeln.[383] Sowohl Regierungsvertreter als auch Wissenschaftler und Praktiker aus allen Vertragsstaaten waren an den Expertenrunden beteiligt.[384] Ihr Zweck bestand gerade darin, die Anwendungspraxis einzelner Bestimmungen umfassend zu analysieren.[385]

(1) Vorüberlegung

Der Inhalt der Richtlinien könnte im Rahmen der Auslegungsgrundsätze nach der Wiener Vertragsrechtskonvention zu berücksichtigen sein. Nach Art. 31 Abs. 1 WVRK ist ein völkerrechtlicher Vertrag „nach Treu und Glauben in Übereinstimmung mit der gewöhnlichen, seinen Bestimmungen in ihrem Zusammenhang zukommenden Bedeutung und im Lichte seines Zieles und seines Zweckes auszulegen“. Daneben ordnet Art. 31 Abs. 3 WVRK an, dass außer dem Zusammenhang in gleicher Weise „jede spätere Übereinkunft zwischen den Vertragsparteien über die Auslegung des Vertrages oder die Anwendung seiner Bestimmungen“ (lit. a) sowie „jede spätere Übung bei der Anwendung des Vertrages, aus der die Übereinstimmung der Vertragsparteien über seine Auslegung hervorgeht“ (lit. b), und „jeder in den Beziehungen zwischen den Vertragsparteien anwendbare einschlägige Völkerrechtssatz“ (lit. c) zu berücksichtigen ist.

Auslegungsvereinbarungen der Vertragsparteien nach Art. 31 Abs. 3 lit. a WVRK können völkerrechtliche Verträge, aber auch andere Übereinkünfte der Vertragsstaaten, insbesondere auch mündliche Absprachen, sein.[386] Jedoch kann nicht jede beliebige Verlautbarung einer Konferenz oder Organisation, oder Texte nicht ratifizierter Konventionen, ohne weiteres eine bei der Auslegung zu berücksichtigende Vereinbarung darstellen. Es muss sich vielmehr um eine vertragliche Vereinbarung handeln,[387] wobei insbesondere das Abstimmungsverhalten der Staaten berücksichtigt werden muss. Erforderlich ist ein Konsens zwischen allen Vertragsstaaten.[388]

---

383 Titze, Die deutsche Asylrechtsprechung und das internationale Flüchtlingsrecht, S. 139.; siehe auch 1. Kap. A.III.2.

384 Vgl. UNHCR, Refugee Protection in International Law, List of Participants, Expert Roundtable, San Remo, Italy, 6–8 September 2001, erhältlich unter http://www.unhcr.org/419cbf094.html (zuletzt besucht Januar 2013).

385 Titze, Die deutsche Asylrechtsprechung und das internationale Flüchtlingsrecht, S. 139.

386 Villiger, Commentary on the 1969 Vienna Convention on the Law of Treaties, Art. 31 Rn. 18.

387 Villiger, Commentary on the 1969 Vienna Convention on the Law of Treaties, Art. 31 Rn. 18.

388 Villiger, Commentary on the 1969 Vienna Convention on the Law of Treaties, Art. 31 Rn. 18, in Bezug auf das Verständis des Begriffs der „Übereinkunft“ in Art. 31 Abs. 2 lit. a

Bei den Richtlinien handelt es sich um keine spätere Übereinkunft i.S.v. Art. 31 Abs. 3 lit. a WVRK. Die Richtlinien werden vom UNHCR erlassen und sind diesem auch zuzuordnen. Sie stellen daher eben keine Übereinkunft dar, die zwischen den Mitgliedstaaten der Konvention zustande gekommen ist.

Fraglich ist, ob die *Richtlinien zum internationalen Schutz „Zugehörigkeit zu einer bestimmten sozialen Gruppe“*[389] als spätere Übung bei der Anwendung des Vertrages gemäß Art. 31 Abs. 3 lit. b WVRK herangezogen werden können. Dann müssten die Richtlinien eine Auslegung vorgeben, aus der die einheitliche konventionsstaatliche Praxis hervorgeht. Dabei ist nicht direkt auf die Richtlinien als solche abzustellen. Vielmehr ist zu untersuchen, ob eine Übung der Staaten vorliegt, die in den Richtlinien zum Ausdruck kommt. Zudem ist zu erörtern, ob die Richtlinien eine Praxis des UNHCR darstellen, die als „spätere Übung“ bei der Auslegung zu berücksichtigen ist.

Zunächst soll untersucht werden, ob die Richtlinien als Praxis von UNHCR als Organ der Vereinten Nationen einen selbstständigen Auslegungsfaktor in Form der „späteren Übung“ bilden (2). In einem zweiten Schritt gilt es sodann zu ermitteln, ob die Richtlinien eine zur Auslegung des Merkmals der „bestimmten sozialen Gruppe“ bestehende einheitliche Staatenpraxis kodifizieren oder ob sich zumindest nach Erlass der Richtlinien eine solche gebildet hat (3).

(2) Praxis des Organs UNHCR als „spätere Übung“ i.S.v. Art. 31 Abs. 2 lit. b WVRK?

(a) Allgemeines

Der Begriff der „Übung“ umfasst genau wie der Begriff der gewohnheitsrechtlichen Praxis nicht nur formelle staatliche Akte sondern jede staatliche Praxis.[390]

WVRK. Für die Bedeutung des Begriffs der „Übereinkunft“ in Art. 31 Abs. 3 lit. a WVRK kann nichts anderes gelten. Vgl. Dörr, in: ders./Schmalenbach, Vienna Convention on the Law of Treaties, Art. 31 Rn. 66.

389 Richtlinien zum internationalen Schutz: „Zugehörigkeit zu einer bestimmten sozialen Gruppe“ im Zusammenhang mit Artikel 1 A (2) des Abkommens von 1951 bzw. des Protokolls von 1967 über die Rechtsstellung der Flüchtlinge, UN Doc. HCR/GIP/02/02 (7. Mai 2002).

390 Karl, Vertrag und spätere Praxis, S. 189; Ress, in: Bieber/Ress, Die Dynamik des Europäischen Gemeinschaftsrechts, S. 49 (55 f); Dörr, in: ders./Schmalenbach, Vienna Convention on the Law of Treaties, Art. 31 Rn. 78.

Es stellt sich die Frage, ob neben der staatlichen „Übung“ auch die Praxis eines Organs einer Internationalen Organisation einzubeziehen sein kann.

Hierfür gilt es erst einmal zu klären, ob die Praxis eines Organs einer Internationalen Organisation überhaupt der Organisation selbst oder aber ihren Mitgliedstaaten zuzurechnen ist. Vereinzelt wird hinsichtlich der Zurechnung nach der Zusammensetzung des Organs differenziert. Während die Praxis beispielsweise eines Sekretariats einer Internationalen Organisation der Organisation zuzurechnen sei, gelte anderes für Organe, die sich aus Vertretern der Mitgliedstaaten zusammensetzen.[391] Dies lässt jedoch außer Acht, dass die Praxis einer Internationalen Organisation zwar letztlich das Produkt staatlichen Handelns ist, sie jedoch nicht mit dem Willen der Vertragsstaaten gleichzusetzen ist.[392] Eine Zurechnung der Organhandlungen zur Internationalen Organisation lässt sich auch damit begründen, dass es sich bei einer Internationalen Organisation um ein rechtlich eigenständiges, von ihren Mitgliedstaaten unterscheidbares Gebilde handelt.[393] Sie agiert unabhängig von ihren Mitgliedstaaten oder fällt zumindest Mehrheitsbeschlüsse.[394] Bei der Praxis der Organe Internationaler Organisationen handelt es sich folglich um Rechtsakte der Organisation selbst,[395] und das unabhängig von der Zusammensetzung des jeweils handelnden Organs.

In der Praxis und wohl auch im völkerrechtlichen Schrifttum besteht prinzipiell Einigkeit darüber, dass auch die Praxis der Organe Internationaler Organisationen bei der Auslegung eine Rolle spielt.[396] Sofern es sich um eine konstante Praxis handelt, die andere Anhaltspunkte bestätigt und die mit dem Wortlaut des auszulegenden Vertrages vereinbar ist, wird sie als selbstständiger Auslegungsfaktor anerkannt.[397] Eine Praxis, die kurzlebig und umstritten ist, kann andererseits keinesfalls Bindungswirkung entfalten.[398]

Fraglich ist, ob auch die WVRK die organschaftliche Praxis neben der vertragsstaatlichen in die „spätere Übung“ mit einbezieht. Der Wortlaut der Vorschrift

391 Vgl. Villiger, Customary International Law, S. 16 f.

392 Bernhardt, Die Auslegung völkerrechtlicher Verträge, S. 169.

393 Vgl. Klein, in: Bieber/Ress, Die Dynamik des Europäischen Gemeinschaftsrechts, S. 101 (103).

394 Bernhardt, Die Auslegung völkerrechtlicher Verträge, S. 169.

395 Bernhardt, Die Auslegung völkerrechtlicher Verträge, S. 169.

396 Ress, in: Bieber/Ress, Die Dynamik des Europäischen Gemeinschaftsrechts, S. 49 (58).

397 Bernhardt, Die Auslegung völkerrechtlicher Verträge, S. 171 u. 173.

398 Vgl. hierzu Bernhardt, Die Auslegung völkerrechtlicher Verträge, S. 171, der auf das Gutachten Serie A/B No. 40 des Ständigen Internationalen Gerichtshofes, CPJI Série A/B No 40 (Ecoles minoritaires en Haute-Silésie, Avis consultatif) S. 16 ff. verweist.

(Art. 31 Abs. 2 lit. b) ist hierfür durchaus offen.[399] Er fordert allein, dass ein Konsens der Vertragsparteien über die Auslegung des Vertrages aus der „späteren Übung" hervorgeht.

Aus dem Abstellen der Vorschrift auf die „Übereinstimmung der Vertragsparteien" wird vereinzelt gefolgert, dass die Vorschrift allein die vertragsstaatliche Praxis berücksichtigt wissen will.[400] Da sich das konsensuale Element nach Art. 31 Abs. 2 lit. b WVRK im Einvernehmen der Vertragsstaaten erschöpft, wäre die Praxis einer Internationalen Organisation nur dann als „spätere Übung" beachtlich, sofern sie Licht auf die Haltung ihrer Mitgliedstaaten wirft und Rückschlüsse auf deren Übereinstimmung bei der Vertragsauslegung zulässt. Als eigenständiger Auslegungsfaktor wäre sie allenfalls im Rahmen von Art. 32 WVRK subsidiär heranzuziehen.[401]

Internationale Organisationen werden in Art. 31 WVRK nicht ausdrücklich erwähnt. Hieraus ist jedoch nicht darauf zu schließen, dass ihre Praxis von der „späteren Übung" gänzlich ausgenommen wäre. Zu berücksichtigen ist, dass die Vertragsparteien selber in den Organen der Internationalen Organisationen auf verschiedene Art und Weise tätig sind. Insofern erscheint eine gesonderte Benennung der Organpraxis überflüssig. Sie bei der Auslegung ganz außer Acht zu lassen, bzw. sie allein subsidiär im Rahmen von Art. 32 WVRK heranzuziehen, erscheint in Bezug auf ihre Wichtigkeit und insbesondere ihre Berufung zur selbstständigen Auslegung der Gründungsverträge Internationaler Organisationen unangemessen.[402]

Grundsätzlich kann daher auch die Praxis des Organs einer Internationalen Organisation bei der Auslegung als „spätere Übung bei der Anwendung des Vertrages" im Sinne von Art. 31 Abs. 3 lit. b WVRK herangezogen werden.[403] Sie ist jedoch, wie auch die Staatenpraxis, nur beachtlich, sofern sie vom Konsens der Vertragsstaaten als Herren des Vertrages getragen ist. Demnach kann die Praxis des Organs einer Internationalen Organisation für die Auslegung der

---

399 Dörr, in: ders./Schmalenbach, Vienna Convention on the Law of Treaties, Art. 31 Rn. 84.

400 So Karl, Vertrag und spätere Praxis, S. 188. Auch Villiger scheint allein die Staatenpraxis als spätere Übung für beachtlich zu halten indem er „some active practice of the parties to the treaty" für erforderlich hält. Villiger, Commentary on the 1969 Vienna Convention on the Law of Treaties, Art. 31 Rn. 22.

401 So Karl, Vertrag und spätere Praxis im Völkerrecht, S. 188.

402 Ress, in: Bieber/Ress, Die Dynamik des Europäischen Gemeinschaftsrechts, S. 49 (60).

403 So auch Dörr, in: ders./Schmalenbach, Vienna Convention on the Law of Treaties, Art. 31 Rn. 84.

Vertragsbestimmungen nur dann von Bedeutung sein, wenn keine dieser Auslegung entgegenstehende Praxis der Vertragsstaaten existiert.[404]

(b) Praxis des Organs UNHCR hinsichtlich des Merkmals der „bestimmten sozialen Gruppe“

Es ist zu untersuchen, ob eine konstante Praxis des UNHCR als Organ der Vereinten Nationen in Bezug auf die Auslegung des Merkmals der „bestimmten sozialen Gruppe“ besteht, die nach Art. 31 Abs. 3 lit. b WVRK zur Auslegung herangezogen werden kann.

(aa) Konstante Organpraxis

Die Praxis des UNHCR besteht in formellen Willensäußerungen durch Erlass verschiedener Richtlinien. Sowohl in den *Richtlinien zum internationalen Schutz: „Zugehörigkeit zu einer bestimmten sozialen Gruppe“*,[405] als auch in den *Richtlinien zum internationalen Schutz: Geschlechtsspezifische Verfolgung*[406] definierte der UNHCR die „bestimmte soziale Gruppe“ im Jahre 2002 als

> „[…] eine Gruppe von Personen, die neben ihrem Verfolgungsrisiko ein weiteres gemeinsames Merkmal aufweisen oder von der Gesellschaft als eine Gruppe wahrgenommen werden. Das Merkmal wird oft angeboren, unabänderlich oder in anderer Hinsicht prägend für die Identität, das Bewusstsein oder die Ausübung der Menschenrechte sein.“[407]

Nach den Richtlinien ist bei der Qualifizierung einer Gruppe als „bestimmte soziale Gruppe“ also zunächst zu prüfen, ob die Gruppenmitglieder ein gemeinsames

---

404 Dörr, in: ders./Schmalenbach, Vienna Convention on the Law of Treaties, Art. 31 Rn. 86.

405 Richtlinien zum internationalen Schutz: „Zugehörigkeit zu einer bestimmten sozialen Gruppe“ im Zusammenhang mit Artikel 1 A (2) des Abkommens von 1951 bzw. des Protokolls von 1967 über die Rechtsstellung der Flüchtlinge, UN Doc. HCR/GIP/02/02 (7. Mai 2002).

406 Richtlinien zum internationalen Schutz: Geschlechtsspezifische Verfolgung im Zusammenhang mit Artikel 1 A (2) des Abkommens von 1951 bzw. des Protokolls von 1967 über die Rechtsstellung der Flüchtlinge, UN Doc. HCR/GIP/02/01 (7. Mai 2002).

407 Richtlinien zum internationalen Schutz: „Zugehörigkeit zu einer bestimmten sozialen Gruppe“ im Zusammenhang mit Artikel 1 A (2) des Abkommens von 1951 bzw. des Protokolls von 1967 über die Rechtsstellung der Flüchtlinge, Ziff. 11, UN Doc. HCR/GIP/02/02 (7. Mai 2002); Richtlinien zum internationalen Schutz: Geschlechtsspezifische Verfolgung im Zusammenhang mit Artikel 1 A (2) des Abkommens von 1951 bzw. des Protokolls von 1967 über die Rechtsstellung der Flüchtlinge, Ziff. 29, UN Doc. HCR/GIP/02/01 (7. Mai 2002).

schützenswertes Merkmal aufeinander vereinen. Ist die Existenz eines solchen Merkmals nicht auszumachen, soll in einem zweiten Schritt geprüft werden, ob die Gruppe von der übrigen Gesellschaft als eine zusammengehörende Einheit wahrgenommen wird.[408]

In den 2006 erlassenen *Richtlinien zum internationalen Schutz: Anwendung des Artikels 1 A (2) des Abkommens von 1951 bzw. des Protokolls von 1967 über die Rechtsstellung der Flüchtlinge auf die Opfer von Menschenhandel und entsprechend gefährdete Personen*[409] und in den *Richtlinien zum internationalen Schutz: Asylanträge von Kindern im Zusammenhang mit Artikel 1 (A) 2 und 1 (F) des Abkommens von 1951 bzw. des Protokolls von 1967 über die Rechtsstellung der Flüchtlinge*[410] von 2009 äußert sich der UNHCR zu der Auslegung des Begriffs der „bestimmten sozialen Gruppe" erneut und übernimmt die von ihm in den zuvor genannten Richtlinien entwickelte Definition wortwörtlich. Die *Zusammenstellung der bisherigen Ausgaben*[411], die im Jahre 2011 von der UNHCR-Vertretung für Deutschland und Österreich herausgegeben wurde, lässt keine Abkehr von der bisher vertretenen Definition erkennen.

Die Interpretation des UNHRC erfolgt demnach gleichförmig über einen längeren Zeitraum, so dass von einer konstanten Praxis des UNHCR hinsichtlich der Auslegung des Merkmals der „Zugehörigkeit zu einer bestimmten sozialen Gruppe" gesprochen werden kann.

---

408 Richtlinien zum internationalen Schutz: „Zugehörigkeit zu einer bestimmten sozialen Gruppe" im Zusammenhang mit Artikel 1 A (2) des Abkommens von 1951 bzw. des Protokolls von 1967 über die Rechtsstellung der Flüchtlinge, UN Doc. HCR/GIP/02/02 (7. Mai 2002), Ziff. 13.

409 Richtlinien zum internationalen Schutz: Anwendung des Artikels 1 A (2) des Abkommens von 1951 bzw. des Protokolls von 1967 über die Rechtsstellung der Flüchtlinge auf die Opfer von Menschenhandel und entsprechend gefährdete Personen, UN Doc. HCR/GIP/06/07 (7. April 2006).

410 Richtlinien zum internationalen Schutz: Asylanträge von Kindern im Zusammenhang mit Artikel 1 (A) 2 und 1 (F) des Abkommens von 1951 bzw. des Protokolls von 1967 über die Rechtsstellung der Flüchtlinge, UN Doc. HCR/GIP/09/08 (22. Dezember 2009).

411 Richtlinien zum internationalen Schutz – Zusammenstellung der bisherigen Ausgaben (Januar 2011), erhältlich unter: http://www.unhcr.de/fileadmin/rechtsinfos/fluechtlingsrecht/1_international/1_1_voelkerrecht/1_1_3/FR_int_vr_rl-Richtlinie_Zsf.pdf (zuletzt besucht Januar 2013).

(bb) Praxis als Umsetzung der vertraglichen Bestimmung

Es ist jedoch fraglich, ob die Praxis des UNHCR in Form des Erlasses der Richtlinien überhaupt als „spätere Übung“ i.S.v. Art. 31 Abs. 3 lit. b WVRK erfasst ist. Auch wenn grundsätzlich die Praxis der Organe Internationaler Organisationen im Rahmen der „späteren Übung“ bedeutsam ist, gilt es vorliegend zu berücksichtigen, dass es sich bei den Äußerungen des UNHCR zu der Auslegung des Konventionsmerkmals nicht um eine Praxis bei der Anwendung des Gründungsvertrages einer Internationalen Organisation handelt. Das UNHCR-Statut ist von der Genfer Flüchtlingskonvention zu unterscheiden. Flüchtlingskonvention und Flüchtlingskommissariat stehen selbstständig nebeneinander.

Die Praxis des UNHCR zur Auslegung der Bestimmungen der Genfer Flüchtlingskonvention, stützt sich auf Ziff. 8 lit. a des UNHCR-Statuts. Hier heißt es:

> „Der Hohe Kommissar sorgt für den Schutz der Flüchtlinge, die unter die Zuständigkeit seines Amtes fallen, indem er
> a) den Abschluss und die Ratifizierung von Internationalen Abkommen zum Schutz der Flüchtlinge fördert, ihre Ausführung überwacht und Verbesserungsvorschläge vorbringt […].“[412]

Es erscheint daher zweifelhaft, ob es sich bei der Praxis des UNHCR um eine Praxis „bei der Anwendung des Vertrages“ im Sinne von Art. 31 Abs. 3 lit. b WVRK, d.h. um eine Anwendung der GFK, handelt. Die Genfer Flüchtlingskonvention sieht keinerlei Befugnisse für den UNHCR vor. Sie verpflichtet allein die Mitgliedstaaten zur Zusammenarbeit mit dem Amt des Hohen Kommissars der Vereinten Nationen für Flüchtlinge.[413]

Zuständig für die Anwendung der Konvention bleiben damit allein die Konventionsstaaten, nicht hingegen die Vereinten Nationen und ihre Untergliederungen. Der UNHCR mag zwar zur selbstständigen Interpretation seiner Satzung berufen sein, eine Befugnis zur Anwendung und Interpretation der Genfer Flüchtlingskonvention besteht hingegen nicht. Seine Äußerungen in Form des Erlasses der Richtlinien erfolgen damit in Anwendung des UNHCR-Statuts und der Generalversammlungsresolutionen und nicht in Anwendung der Genfer Flüchtlingskonvention. Sie stellen demnach keine „spätere Übung“ im Sinne von Art. 31 Abs.

412 Satzung des Amtes des Hohen Kommissars der Vereinten Nationen für Flüchtlinge, Annex Resolution der Generalversammlung 428 (V) vom 14. Dezember 1950.

413 Vgl. Art. 35 GFK.

2 lit. b WVRK dar und sind somit in diesem Sinne auch nicht als authentische Interpretation maßgeblich.

Ob die Praxis von UNHCR bezüglich der Auslegung des Merkmals der „bestimmten sozialen Gruppe“ von dem Konsens der Konventionsstaaten getragen ist, kann an dieser Stelle dahinstehen, da jedenfalls die Äußerungen in Form der Richtlinien des UNHCR nicht als „spätere Übung“ im Sinne von Art. 31 Abs. 2 lit. b WVRK qualifiziert werden können.

Dieses Ergebnis wird von einer weiteren Überlegung gestützt. So kann die Organpraxis nur insoweit rechtliche Wirkung im Rahmen von Art. 31 Abs. 3 lit. b WVRK entfalten, wie dem Organ selbst auch die Kompetenz zukommt, bindende Beschlüsse zu fassen.[414] Da der UNHCR nicht zur verbindlichen Auslegung der Genfer Flüchtlingskonvention befugt ist, darf dies auch nicht durch eine Berücksichtigung seiner Interpretation im Rahmen der Regelungen des Wiener Übereinkommens über das Recht der Verträge umgangen werden.

(c) Ergebnis

Im Ergebnis ist festzuhalten, dass eine konstante Praxis des UNHCR als Organ der Vereinten Nationen zur Auslegung des Verfolgungsmerkmals der „bestimmten sozialen Gruppe“ besteht. Sie ist jedoch nicht als „spätere Übung bei der Anwendung“ der Genfer Flüchtlingskonvention zu verstehen und daher nicht zur Auslegung des Merkmals der „bestimmten sozialen Gruppe“ heranzuziehen.

(3) Staatenpraxis als „spätere Übung“ i.S.v. Art. 31 Abs. 2 lit. b WVRK

Fraglich ist, ob sich in den Richtlinien „Zugehörigkeit zu einer bestimmten sozialen Gruppe“[415] die „spätere Übung bei der Anwendung des Vertrages“ durch die Konventionsstaaten manifestiert. Dann müsste die in den Richtlinien enthaltene Definition des Begriffs der „bestimmten sozialen Gruppe“ von einer diesbezüglichen Praxis der Konventionsstaaten getragen sein. Die Richtlinien könnten also, indem sie eine einheitliche Staatenpraxis zum Ausdruck bringen, als authentische Auslegung im Rahmen von Art. 31 Abs. 3 lit. b WVRK herangezogen werden.

---

414 Vgl. Skubiszewski, in: Bernhardt u.a., FS für Mosler, S. 891 (900).

415 Richtlinien zum internationalen Schutz: „Zugehörigkeit zu einer bestimmten sozialen Gruppe“ im Zusammenhang mit Artikel 1 A (2) des Abkommens von 1951 bzw. des Protokolls von 1967 über die Rechtsstellung der Flüchtlinge, UN Doc. HCR/GIP/02/02 (7. Mai 2002).

(a) Allgemeines

Die Frage ist, welche Anforderungen an die Staatenpraxis gestellt werden müssen, damit sie als „spätere Übung" im Sinne von Art. 31 Abs. 2 lit. b WVRK angesehen werden kann. *Karl* definiert die „spätere Praxis" als „Brauch, Übung oder herrschender Standpunkt [...], der in Akten, Entscheidungen und Äußerungen zu einem bestimmten Vertrag zutage trat".[416] Damit die Praxis der Konventionsstaaten als „spätere Übung bei der Anwendung des Vertrages" verstanden werden kann, muss sie von der „Übereinstimmung der Vertragsparteien" getragen sein. Maßgeblich ist demnach eine Entscheidungspraxis, die sich nachweislich als Umsetzung der betreffenden vertraglichen Bestimmung versteht und einen diesbezüglichen Konsens aller Vertragsparteien eindeutig erkennen lässt.[417] Eine einheitliche Staatenpraxis vermag in dieser Weise den Vertragsinhalt konkretisierend fortzubilden, ohne dass ein nach Art. 59 Abs. 2 GG zustimmungsbedürftiger Änderungsvertrag vorliegt.[418] Die Grenzen zwischen Vertragsänderung und Vertragsauslegung verlaufen fließend.[419] Die GFK ist von den einzelnen Vertragsstaaten in innerstaatliches Recht umzusetzen, so dass als „spätere Übung" allein innerstaatliche Akte in Betracht kommen. Auch innerstaatliche Praxis kann Praxis im völkerrechtlichen Sinne sein. Staatliche Organe wenden zwar innerstaatliches Recht an, müssen dieses aber unter Beachtung des Völkerrechts auslegen.[420] Um dem Wortlaut, der auf Übereinstimmung der Vertragsparteien abstellt,[421] gerecht zu werden, hat der nationale Richter im Streitfall zu prüfen, ob die vertragsbezügliche Praxis einen Konsens aller Vertragsstaaten bzw. eine allgemein gebilligte Rechtspraxis erkennen lässt. Bestehen unterschiedliche Auslegungen nebeneinander, kann die Staatenpraxis nicht als zwingend herangezogen werden.[422] Eine von allen Staaten gleichermaßen geübte Praxis im Sinne einer aktiven Übung ist allerdings nicht erforderlich, vielmehr ist eine aus der späteren Praxis konkludent

---

416 Karl, Vertrag und spätere Praxis im Völkerrecht, S. 112.

417 Masing, in: Grawert u.a., FS für Böckenförde, S. 51 (65).

418 BVerfGE 90, 286 (362); Rojahn, in: von Münch/Kunig, GG-Kommentar, Bd. 1, Art. 59 Rn. 47.

419 BVerfGE 90, 286 (362); Kempen, in: von Mangoldt/Klein/Starck, GG Bd. 2, Art. 59 Rn. 51; Verdross/Simma, Universelles Völkerrecht, § 775.

420 Masing, in: Grawert u.a., FS für Böckenförde, S. 51 (64); vgl. auch Verdross/Simma, Universelles Völkerrecht, § 46.

421 Hathaway, The Rights of Refugees under International Law, S. 68.

422 Masing, in: Grawert u.a., FS für Böckenförde, S. 51 (65 und 70f.); vgl. auch Karl, Vertrag und spätere Praxis im Völkerrecht, S. 188 ff.

hervorgehende Übereinstimmung ausreichend.[423] Diese wird insbesondere bei der Billigung einer bestimmten Anwendungspraxis durch die anderen Vertragspartner angenommen, sofern diesen die in Rede stehende Praxis zur Kenntnis gelangt ist und bei gegenteiliger Auffassung eine aktive Reaktion zu erwarten gewesen wäre. Ein Protest wird bei multilateralen Verträgen regelmäßig jedoch erst dann verlangt werden können, wenn sich die Praxis auf eine gleichförmige Linie verdichtet hat oder von besonderer öffentlicher Brisanz ist.[424]

Erforderlich ist immer eine umfassende Analyse der Vertragswirklichkeit, die in der Praxis zu erheblichen Schwierigkeiten führen kann. Zum einen wird hinsichtlich problematischer Punkte in den seltensten Fällen Einigkeit zwischen allen Signatarstaaten bestehen. Zum anderen ist die Zahl der GFK-Vertragsstaaten so hoch, dass die innerstaatliche Praxis aller Vertragsstaaten im Hinblick auf eine konkrete Auslegungsfrage nur selten ermittelbar sein wird[425]. Auffassungen der Regierungen sind ebenso wie die administrative und richterliche Vertragsauslegung zu ermitteln, zu würdigen und zu gewichten. Die Staatenpraxis ist jedoch häufig von außen nur begrenzt einsehbar, zudem werden die Vorschriften der Genfer Flüchtlingskonvention innerstaatlich oftmals durch eigene Regeln überlagert, deren Verhältnis zu den Vorschriften der GFK unterschiedlich sein kann.[426] Eine lediglich überwiegende innerstaatliche Praxis mehrerer Vertragsstaaten reicht nach der hier vertretenen Ansicht nicht aus, um als „spätere Übung“ im Sinne des Art. 31 Abs. 2 lit. b WVRK zu gelten.[427]

(b) Staatenpraxis hinsichtlich des Merkmals „Zugehörigkeit zu einer bestimmten sozialen Gruppe“

(aa) Konstante Staatenpraxis vor Erlass der UNHCR-Richtlinien

Den *Richtlinien zum internationalen Schutz: „Zugehörigkeit zu einer bestimmten sozialen Gruppe“*[428] zufolge finden sich in der Staatenpraxis der Konventionsstaaten

423 Masing, in: Grawert u.a., FS für Böckenförde, S. 51 (65); Hathaway, The Rights of Refugees under International Law, S. 69 f.

424 Masing, in: Grawert u.a., FS für Böckenförde, S. 51 (65 ff.).

425 Masing, in: Grawert u.a., FS für Böckenförde, S. 51 (63); Löhr, Die kinderspezifische Auslegung, S. 59.

426 Masing, in: Grawert u.a., FS für Böckenförde, S. 51 (63).

427 So auch Hathaway, The Rights of Refugees under International Law, S. 68 und 71 f.; Löhr, Die kinderspezifische Auslegung, S. 59.

428 Richtlinien zum internationalen Schutz: „Zugehörigkeit zu einer bestimmten sozialen Gruppe“ im Zusammenhang mit Artikel 1 A (2) des Abkommens von 1951 bzw. des

„die unterschiedlichsten Auslegungen dessen, was eine soziale Gruppe im Sinne der Genfer Flüchtlingskonvention ausmacht“.[429]

Die Diskussion um das Merkmal „Zugehörigkeit zu einer bestimmten sozialen Gruppe“ wurde in den vergangenen Jahren entscheidend von der Praxis Kanadas, Australiens, Neuseelands, der Vereinigten Staaten von Amerika und des Vereinigten Königreichs geprägt. Gerade im englischsprachigen Raum hat sich die Rechtsprechung des Merkmals bedient, um die Genfer Flüchtlingskonvention für nicht ausdrücklich erwähnte Gruppen wie Kinder, Frauen oder Homosexuelle zu öffnen. Hervorzuheben ist die ausführliche Auseinandersetzung der Rechtsprechung mit den Entscheidungen, die in den jeweils anderen Common Law-Staaten gefällt wurden.[430]

Die *Richtlinien zum internationalen Schutz: „Zugehörigkeit zu einer bestimmten sozialen Gruppe“*[431] nehmen Bezug auf zwei Interpretationswege, die sich in der Entscheidungsfindung im Rechtskreis des Common Law herauskristallisiert haben.

Die erste stellt den Begriff „geschützte Merkmale“ in den Mittelpunkt der Prüfung. Das US-amerikanische Board of Immigration Appeals (BIA) unternahm 1985 im Fall *Acosta*[432] erstmals den Versuch einer Definition der „bestimmten sozialen Gruppe“. Eine solche zeichne sich dadurch aus, dass ihre Mitglieder ein gemeinsames, unveränderliches Merkmal teilen.[433] Dieses könne zum einen ein angeborenes Merkmal sein, wie z.B. das (biologische) Geschlecht oder die Hautfarbe. Zum anderen komme ein auf gemeinsamer, in der Vergangenheit liegender Erfahrung beruhendes Erlebnis oder Ereignis in Frage.[434] Ein Merkmal gelte als unveränderlich, wenn es nicht geändert werden könne oder von der betreffenden Person nicht erwartet werden könne, dass sie es ändert, da es von grundlegender

Protokolls von 1967 über die Rechtsstellung der Flüchtlinge, UN Doc. HCR/GIP/02/02 (7. Mai 2002).

429 Richtlinien zum internationalen Schutz: „Zugehörigkeit zu einer bestimmten sozialen Gruppe“ im Zusammenhang mit Artikel 1 A (2) des Abkommens von 1951 bzw. des Protokolls von 1967 über die Rechtsstellung der Flüchtlinge, UN Doc. HCR/GIP/02/02 (7. Mai 2002), Ziff. 5.

430 Löhr, Die kinderspezifische Auslegung, S. 50.

431 Richtlinien zum internationalen Schutz: „Zugehörigkeit zu einer bestimmten sozialen Gruppe“ im Zusammenhang mit Artikel 1 A (2) des Abkommens von 1951 bzw. des Protokolls von 1967 über die Rechtsstellung der Flüchtlinge, UN Doc. HCR/GIP/02/02 (7. Mai 2002).

432 Matter of Acosta, Int. Dec. No. 2986, 19 I.&N. Dec. 211, 233 (BIA, 1 March 1985).

433 „A group of persons all of whom share a common, immutable characteristic […].“ Matter of Acosta, Int. Dec. No. 2986, 19 I.&N. Dec. 211, 233 (BIA, 1 March 1985).

434 Siehe hierzu: In Re C-A, Int. Dec. No. 3535, 23 I & N Dec. 951, 958 f. (BIA, 15 June 2006).

Bedeutung für ihre Identität oder ihr Gewissen sei.[435] Diese Position wurde von der überwiegenden US- amerikanischen Praxis angenommen und wird als sogenannter protected-characteristics (geschützte Merkmale)-Ansatz diskutiert.[436]

Der zweiten, in der Literatur unter dem Namen social perception-Ansatz diskutierten Position zufolge, bildet die „Wahrnehmung von außen" das entscheidende Kriterium bei der Bestimmung der „sozialen Gruppe". Der Ansatz stammt aus der australischen Praxis und wurde von weiten Teilen der Literatur übernommen.[437] Um eine „bestimmte soziale Gruppe" darzustellen, müssen die Gruppenmitglieder hiernach ein bestimmtes gemeinsames Merkmal aufweisen, das sie vereint und das dazu führt, dass die Gruppe als andersartig wahrgenommen wird. An das die Gruppenmitglieder verbindende Merkmal werden keine einschränkenden Anforderungen gestellt, insbesondere muss das Merkmal nicht unveränderlich sein. Wann hingegen von einer äußerlichen Wahrnehmung der Gruppe als zusammengehörende Einheit gesprochen werden kann, wird innerhalb des Ansatzes unterschiedlich beurteilt. Einer Ansicht zufolge reicht die alleinige Wahrnehmung der Gruppe durch staatliche Organe bzw. den Verfolger aus,[438] ein anderer Ansatz verlangt die Wahrnehmung durch die Gesellschaft[439] bzw. durch andere Gruppen innerhalb der Gesellschaft des jeweiligen Landes.[440]

---

435 Matter of Acosta, Int. Dec. No. 2986, 19 I.&N. Dec. 211, 233 (BIA, 1 March 1985).

436 In Re Kasinga, Int. Dec. No. 3278, 1996, 21 I.&N.Dec. 357, 365 f. (BIA, 13 June 1996); Matter of Toboso-Alfonso, 20 I.&N.Dec. 819, 822 (BIA, 12 March 1990); Lwin v. INS, 144 F 3d 505, 511 (7th Cir. 1998); Hernandez-Montiel v. INS, 225 F.3d 1084 (9th Cir. 2000); In Re C-A, Int. Dec. No. 3535, 23 I & N Dec. 951, 957 (BIA, 15 June 2006); Canada (AG) v. Ward, [1993] 2 S.C.R. 689 (734 ff.) per La Forest J.; RSAA, Ref. App. No. 1312/93 (30 August 1995), erhältlich unter: www.refugee.org.nz (zuletzt besucht Januar 2013); Montoya v. SSHD, [2002] EWCA Civ 620 (9th May, 2002), Ziff. 55; Islam v. SSHD and Anor, Ex Parte Shah, R v., [1999] UKHL 20 (25 March 1999), abgedruckt in: 11 IJRL 1999, 496. Siehe hierzu: Hathaway/Foster, 15 IJRL 2003, 477 (480).

437 Applicant A. v. MIEA, [1997] HCA 4, 190 CLR 225, 142 ALR 331; Applicant S. v. MIMA, [2004] HCA 25, 217 CLR 387, 206 ALR 242. Siehe hierzu Goodwin-Gill, 11 IJRL 1999, 537 (542).

438 Vgl. Graves, 26 San Diego L. Rev. 1989, 739 (780); vgl. auch Parish, 92 Colum. L. R. 1992, 923 (932 f.) m.w.N.

439 Islam v. SSHD and Anor, Ex Parte Shah, R v., [1999] UKHL 20 (25 March 1999), abgedruckt in: 11 IJRL 1999, 496 (518 f.), per Lord Hope, (521), per Lord Millett; Parish, 92 Colum. L. R. 1992, 923 (945 ff.).

440 Applicant A. v. MIEA, [1997] HCA 4, 190 CLR 225, 142 ALR 331 (359), per McHugh J.; Parish, 92 Colum. L. R. 1992, 923 (945 ff.).

Die beiden Positionen kommen trotz unterschiedlicher Herangehensweise häufig zum selben Ergebnis. Teilen die Gruppenmitglieder ein geschütztes Merkmal, werden sie meist auch von der übrigen Gesellschaft als andersartig wahrgenommen, wie z.B. Homosexuelle. Sind den Gruppenmitgliedern aber beispielsweise Merkmale gemein, die weder unveränderbar noch als fundamental für ihre Identität oder ihr Gewissen beurteilt werden, führen die verschiedenen Ansätze zu unterschiedlichen Ergebnissen.

Die UNHCR-Richtlinien bringen keine einheitliche Staatenpraxis zum Ausdruck, weil sie schon innerhalb der Common Law-Staaten keinen einheitlichen Auslegungsweg beschreiben. Von einer „spätere[n] Übung bei der Anwendung des Vertrags, aus der die Übereinstimmung der Vertragsparteien über seine Auslegung hervorgeht“[441], kann, zumindest im Zeitpunkt des Erlasses der Richtlinien, nicht gesprochen werden.[442] Die Richtlinien konkretisieren daher keine Staatenpraxis, die als „spätere Übung“ i.S.v. Art. 31 Abs. 3 lit. b WVRK als authentische Interpretation heranzuziehen wäre.

(bb) Konstante Staatenpraxis nach Erlass der UNHCR-Richtlinien

Zu klären bleibt, ob sich die Staatenpraxis insbesondere nach Erlass der *Richtlinien zum internationalen Schutz: „Zugehörigkeit zu einer bestimmten sozialen Gruppe“*[443] im Jahre 2002 so weit verdichtet hat, dass man von einer einheitlichen Praxis nach Vorgabe der von den Richtlinien statuierten Auslegung sprechen kann. Da die Richtlinien nicht von einer kumulativen Anwendung beider Modelle ausgehen, sondern sie nebeneinander stellen, wäre hierfür ein Staatenkonsens erforderlich, dass die Auslegung des Merkmals alternativ nach einem der beiden Ansätze zu erfolgen hat.

Bereits ein Blick auf die Praxis der Europäischen Union zeigt, dass von einem Konsens der Konventionsstaaten hinsichtlich einer alternativen Kombination des protected characteristic- und des social perception-Ansatzes nicht gesprochen

---

441 Art. 31 Abs. 3 Ziff. b WVRK.

442 Vgl. auch Islam v. SSHD and Anor, Ex Parte Shah, R v., [1999] UKHL 20 (25 March 1999), abgedruckt in: 11 IJRL 1999, 496 (518), per Lord Hope.

443 Richtlinien zum internationalen Schutz: „Zugehörigkeit zu einer bestimmten sozialen Gruppe“ im Zusammenhang mit Artikel 1 A (2) des Abkommens von 1951 bzw. des Protokolls von 1967 über die Rechtsstellung der Flüchtlinge, UN Doc. HCR/GIP/02/02 (7. Mai 2002).

werden kann. Die EU-Qualifikationsrichtlinie fordert ihrem Wortlaut nach eine kumulative Verknüpfung beider Ansätze.[444]

Auch aus der Rechtsprechung des United States Board of Immigration Appeals geht deutlich hervor, dass sich die konventionsstaatliche Praxis nicht einheitlich an der in den UNHCR-Richtlinien vorgegebenen Prüfung orientiert. Das BIA wendete zunächst den von ihm entwickelten protected characteristic-Test auch in den folgenden fünf Jahren nach Erlass der Richtlinien an. Erst im Jahre 2006 kombiniert es die auf geschützte Merkmale abstellende Position mit einer neuen Variante des social perception-Ansatzes. In dem Fall *C-A-*[445] fordert es für die Bejahung einer „bestimmten sozialen Gruppe" erstmals das Vorliegen eines gemeinsamen geschützten Merkmales und die Erkennbarkeit des Gruppenmitgliedes in der Gesellschaft in kumulativer Weise.[446] Bei der Frage nach der Erkennbarkeit der Gruppe von außen hält das BIA jedoch nicht die Wahrnehmung der Gruppe als solcher, sondern die Erkennbarkeit der einzelnen Gruppenmitglieder in der Gesellschaft für maßgeblich.[447] Insofern unterscheidet sich die Prüfung von der in der Grundsatzentscheidung *Applicant A*[448] vom High Court of Australia vorgenommenen. Indem es eine zweistufige Prüfung vornimmt, in der es das kumulative Vorliegen eines geschützten Merkmales auf der einen, als auch die Wahrnehmung

---

444 Vgl. Richtlinie 2004/83/EG des Rates vom 29. April 2004 über Mindestnormen für die Anerkennung und den Status von Drittstaatsangehörigen oder Staatenlosen als Flüchtlinge oder als Personen, die anderweitig internationalen Schutz benötigen, und über den Inhalt des zu gewährenden Schutzes, sog. Qualifikationsrichtlinie (ABl. L 304/12 vom 30. September 2004), Art. 10 Abs. 1 lit. d: „Eine Gruppe gilt insbesondere als eine bestimmte soziale Gruppe, wenn

> die Mitglieder dieser Gruppe angeborene Merkmale oder einen Hintergrund, der nicht verändert werden kann, gemein haben, oder Merkmale oder eine Glaubensüberzeugung teilen, die so bedeutsam für die Identität oder das Gewissen sind, dass der Betreffende nicht gezwungen werden sollte, auf sie zu verzichten, und
> die Gruppe in dem betreffenden Land eine deutlich abgegrenzte Identität hat, da sie von der sie umgebenden Gesellschaft als andersartig betrachtet wird."

Die Neufassung der Qualifikationsrichtlinie – RL 2011/95/EU vom 13. Dezember 2011 (ABl. L 337 vom 20. Dezember 2011) – übernimmt den Wortlaut der Vorschrift wortgetreu. Vgl. die Ausführungen im 4. Kap. unter D.II.

445 In Re C-A, Int. Dec. No. 3535, 23 I & N Dec. 951, 955 ff. (BIA, 15 June 2006).

446 Die vom BIA vorgenommen zweistufige Prüfung wird in der Literatur als ‚social visibility'-Ansatz bezeichnet. Vgl. Bresnahan, 29 No. 2 Berk. J. Int'l Law 2011, 649 (649 ff.); Marouf, 27 Yale L. & Pol'y Rev. 47 2008–2009, 52 (63 ff).

447 Marouf, 27 Yale L. & Pol'y Rev. 47 2008–2009, 52 (64).

448 Applicant A. v. MIEA, [1997] HCA 4, 190 CLR 225, 142 ALR 331.

der Gruppenmitglieder durch die Gesellschaft auf der anderen Seite fordert, folgt auch das BIA nicht dem in den Richtlinien beschriebenen Lösungsweg.

Der australische High Court hält in seinem 2004 entschiedenen Fall *Applicant S*[449] an seinem *social perception*-Ansatz fest. Er spezifiziert diesen zudem, indem er für die Beurteilung, ob sich die Gruppe von der übrigen Gesellschaft unterscheidet, einen objektiven Maßstab verlangt.[450] Einen Bezug zu den UNHCR-Richtlinien und der von ihnen geforderten Prüfung – ausgehend von der Frage nach einem geschützten Merkmal – stellt er nicht her.

Auch nach Erlass der UNHCR-Richtlinien im Jahre 2002 kann nicht von einer allgemein gebilligten Rechtspraxis in Bezug auf die Auslegung des Merkmals „Zugehörigkeit zu bestimmten sozialen Gruppe“ gesprochen werden.

(c) Ergebnis

Die *Richtlinien zum internationalen Schutz: „Zugehörigkeit zu einer bestimmten sozialen Gruppe“*[451] geben keine einheitliche Staatenpraxis in Bezug auf die Auslegung des Konventionsbegriffs der „bestimmten sozialen Gruppe“ wieder. Auch nach Erlass der Richtlinien hat sich kein Konsens der Konventionsstaaten hinsichtlich der von ihnen statuierten Definition gebildet. Die Richtlinien bringen somit keine einheitliche Staatenpraxis zum Ausdruck und können demnach auch nicht als authentische Auslegung im Rahmen von Art. 31 Abs. 3 lit. b WVRK herangezogen werden.

cc) Fazit

Den *Richtlinien zum internationalen Schutz: „Zugehörigkeit zu einer bestimmten sozialen Gruppe“* kommt keine bindende Wirkung zu. Insbesondere sind sie nicht als „spätere Übung“ im Sinne von Art. 31 Abs. 3 lit. b WVRK bei der Auslegung zu berücksichtigen.

Grundsätzlich kann zwar die Praxis des Organs einer Internationalen Organisation neben der Staatenpraxis bei der Auslegung als „spätere Übung bei der Anwendung des Vertrages“ herangezogen werden. Aufgrund der Eigenständigkeit des UNCHR und der alleinigen Verpflichtung der Konventionsstaaten zur

449 Applicant S. v. MIMA, [2004] HCA 25, 217 CLR 387, 206 ALR 242 (AustLII).

450 Applicant S. v. MIMA, [2004] HCA 25, 217 CLR 387, 206 ALR 242, Ziff. 34 f. (AustLII).

451 Richtlinien zum internationalen Schutz: „Zugehörigkeit zu einer bestimmten sozialen Gruppe“ im Zusammenhang mit Artikel 1 A (2) des Abkommens von 1951 bzw. des Protokolls von 1967 über die Rechtsstellung der Flüchtlinge, UN Doc. HCR/GIP/02/02 (7. Mai 2002).

„Zusammenarbeit" mit diesem Organ kann seine Praxis jedoch keinen so hohen Stellenwert einnehmen, als dass sie als authentische Interpretation nach Art. 31 Abs. 3 lit. b WVRK zu qualifizieren wäre.

Die *Richtlinien zum internationalen Schutz: „Zugehörigkeit zu einer bestimmten sozialen Gruppe"* konkretisieren auch keine Staatenpraxis. Es bestand weder vor Erlass der Richtlinien eine Staatenpraxis, die als authentische Interpretation nach Art. 31 Abs. 3 lit. b WVRK Aufschluss über die Auslegung der Merkmals geben würde, noch hat sich nach Erlass der Richtlinien im Jahre 2002 eine solche gebildet.

Dennoch sind die UNHCR-Richtlinien für die Auslegung der Konventionsbestimmungen nicht völlig unbedeutend. Wie die oben angestellten Überlegungen zeigen, kommt den Äußerungen von UNHCR eine Orientierungsfunktion zu. Eine Nichtbeachtung der Vorgaben der UNHCR-Richtlinien stellt zudem einen Verstoß gegen das in Art. 35 GFK zum Ausdruck kommende Gebot der Zusammenarbeit dar.

4. Beschlüsse des Exekutivkomitees

a) Allgemeines

Das *Executive Committee of the High Commissioner's Programme* (ExCom) des UNHCR wurde im Jahre 1958 gegründet.[452] Es ist genau wie der UNHCR ein Hilfsorgan der Generalversammlung. Das Exekutivkomitee setzt sich aus

452 Vgl. zu seiner Rechtsgrundlage § 4 der Satzung des Amtes des Hohen Kommissars der Vereinten Nationen für Flüchtlinge („Der Wirtschafts- und Sozialrat kann nach Anhören der Meinung des Hohen Kommissars zur Sache die Errichtung eines Beratenden Ausschusses für Flüchtlinge beschließen, der aus Vertretern von Mitglied- und Nichtmitgliedstaaten der Vereinten Nationen bestehen soll, die vom Rat auf Grund ihres erwiesenen Eifers und Interesses in Bezug auf eine Lösung des Flüchtlingsproblems auszuwählen sind."), Annex Resolution der Generalversammlung 428 (V) vom 14. Dezember 1950 i.V.m. den hierauf beruhenden Resolutionen der Generalversammlung 1166 (XII), Resolution von 26. November 1957 und des ECOSOC, Resolution 672 (XXV) von 30. April 1958. Zunächst wurde vom ECOSOC durch Resolution 393 B (XIII) von 10. November 1951 ein Beratender Ausschuss für Flüchtlinge eingesetzt. Dieser wurde später als Exekutivausschuss für den Flüchtlingsfond der Vereinten Nationen (UNREF) neu errichtet. 1957 ersuchte die Generalversammlung den ECOSOC ein *„Executive Commitee of the High Commisssioner's Programme"* zu schaffen und beschloss die Auflösung des UNREF. Ausführlich hierzu: Türk, Das Flüchtlingshochkommissariat, S. 98 ff.

Regierungsvertretern der Mitgliedstaaten der Vereinten Nationen zusammen. Aktuell besteht es aus Vertretern von insgesamt 87 Staaten. Auch Deutschland gehört dem Exekutivausschuss an. Hauptaufgaben des ExCom sind die Konsolidierung des Haushaltsplans und die Festlegung der Kernpunkte der Flüchtlingspolitik. Es genehmigt und überwacht das Hilfsprogramm von UNHCR und unterstützt dessen Tätigkeit auf Ersuchen.

Das Exekutivkomitee fasst seine Beschlüsse einstimmig. In der Praxis kommt ihnen große Bedeutung zu, da sich in ihnen ein Konsens der Konventionsstaaten bezüglich der Auslegung einzelner Bestimmungen niederschlägt.[453] Im Folgenden sollen zunächst die für die Auslegung des Merkmals der „Zugehörigkeit zu einer bestimmten sozialen Gruppe“ relevanten Beschlüsse vorgestellt werden. Im Anschluss soll ihre Rechtsnatur genauer untersucht werden.

aa) Beschluss Nr. 39 (XXXVI)

Ein Beschluss des UNHCR-Exekutivorgans, der auf die Auslegung des Merkmals „Zugehörigkeit zu einer bestimmten sozialen Gruppe“ Bezug nimmt, existiert bislang nicht. Allein dem Beschluss Nr. 39 (XXXVI) Flüchtlingsfrauen und internationaler Schutz ist zu entnehmen, dass

> „[…] es den Staaten in der Ausübung ihrer Souveränität freisteht, sich die Interpretation zu Eigen zu machen, dass weibliche Asylsuchende, die harte oder unmenschliche Behandlung zu erwarten haben, weil sie gegen den sozialen Sittenkodex in der Gesellschaft, in der sie leben, verstoßen haben, eine ‚bestimmte soziale Gruppe‘ im Sinne von Art. 1 A (2) der UN-Flüchtlingskonvention von 1951 darstellen.“[454]

Da das Geschlecht als eigenes Verfolgungsmerkmal in der Genfer Flüchtlingskonvention nicht enthalten ist, stellt die Subsumtion von geschlechtsspezifisch verfolgten Personen unter das Merkmal der „Zugehörigkeit zu einer bestimmten sozialen Gruppe“ häufig die einzige Möglichkeit dar, diese Form der Verfolgung zu erfassen. Der Beschluss des UNHCR-Exekutivorgans verdeutlicht, dass Frauen, die geschlechtsspezifisch diskriminiert werden, nach Ansicht des ExCom durchaus eine „bestimmte soziale Gruppe“ im Sinne der Konvention bilden können.

---

453 Vgl. Hathaway, The Rights of Refugees under International Law, S. 112 f. Vgl. zum Einfluss des UNHCR auf die Entwicklung des Internationalen Flüchtlingsrechts auch Lewis, 17 IJRL 2005, 67 (67 ff.). Die New Zealand Refugee Status Appeals Authority ist der Ansicht, dass den Beschlüssen „considerable persuasive authority“ zukomme. RSAA, Ref. App. No. 1/92 Re SA, erhältlich unter: http://www.unhcr.org/refworld/docid/3ae6b73d8.html (zuletzt besucht Januar 2013).

454 UNHCR-Exekutivkomitee, Beschluss Nr. 39 (XXXVI) 1985, lit. k.

bb) Beschluss Nr. 89 (LI)

Dem Beschluss Nr. 89 (LI) zum internationalen Rechtsschutz ist ein Hinweis auf einen generellen Auslegungsgrundsatz zu entnehmen. In diesem Beschluss betont das Exekutivkomitee,

> „[…] dass der internationale Rechtsschutz eine dynamische und handlungsorientierte Aufgabe ist, die in Zusammenarbeit mit den Staaten und anderen Partnern ausgeübt wird, um den Zugang zum Hoheitsgebiet, die Aufnahme und die Behandlung von Flüchtlingen zu fördern und zu bewerkstelligen und Schutz bietende Lösungen zu gewährleisten […]“.[455]

Hieraus lässt sich schließen, dass nach Ansicht des Exekutivkomitees eine dynamische Interpretation[456] der Konventionsbestimmungen zu erfolgen hat. In Bezug auf das Merkmal der „Zugehörigkeit zu einer bestimmten sozialen Gruppe“ führt diese zu einer weiten Auslegung des Merkmals, die offen ist, für die Einbeziehung vielfältiger, sich wandelnder Erscheinungsformen der „sozialen Gruppe“.

b) Rechtscharakter

Soweit ersichtlich ist unumstritten, dass die Beschlüsse des ExCom innerhalb des Amtes des Hohen Flüchtlingskommissars der Vereinten Nationen Bindungswirkung entfalten.[457] Fraglich ist, ob sie darüber hinaus auch für die Konventionsstaaten bei der Anwendung der Konventionsbestimmungen verbindlich sind.

aa) Beschlüsse des Exekutivkomitees als Vertragsschluss

Die Beschlüsse des ExCom sind das Ergebnis einer zwischenstaatlichen Übereinkunft. Angesichts der Zusammensetzung des UNHCR-Exekutivorgans (Regierungsvertreter von Mitgliedstaaten) und der einstimmigen Beschlussfassung kommt die Frage auf, ob sie als völkerrechtlicher Vertrag zwischen den Staaten eingestuft werden können. Ein völkerrechtlicher Vertrag ist eine Vereinbarung von Völkerrechtssubjekten auf dem Gebiet des Völkerrechts.[458] Einer bestimmten Form bedarf eine solche Vereinbarung nicht.[459]

---

455 UNHCR-Exekutivkomitee, Beschluss Nr. 89 (LI) 2000.

456 Siehe hierzu D.I.2.b).

457 Bierwirth, ArchVölkR 29 (1991), 295 (339).

458 Vgl. BVerfGE 104, 151 (199 f.); siehe hierzu Heintschel von Heinegg, in: Ipsen, Völkerrecht, § 9 Rn. 1 ff.; Kempen/Hillgruber, Völkerrecht, § 13 Rn. 7.

459 BverfGE 90, 286 (359); Nettesheim, in: Maunz/Dürig, GG-Kommentar, Art. 59 Rn. 63; Berber, Lehrbuch des Völkerrechts, Bd. 1, S. 442.

Ein möglicher völkerrechtlicher Vertrag kann jedoch allein zwischen den im ExCom vertretenen Mitgliedstaaten geschlossen werden. Eine hierüber hinausgehende Bindung auch für die restlichen Mitgliedstaaten der Genfer Flüchtlingskonvention kann ohne deren Zustimmung zu dem Vertrag nicht erfolgen. Konventionsstaaten, die nicht im ExCom vertreten sind, kommen folglich nicht als Vertragspartner in Betracht.

(1) Rechtsbindungswille

„Es ist in der internationalen wie nationalen Rechtsprechung anerkannt, dass ein Organakt einer internationalen Organisation zugleich einen Vertrag zwischen zwei oder mehr Mitgliedern der Organisation darstellen kann [...].“[460] Obwohl die Staaten bei der Beschlussfassung durch das Exekutivkomitee als Mitglieder des Exekutivorgans handeln, verlieren sie also nicht die Kompetenz, sich durch eine entsprechende Willenserklärung völkervertraglich zu binden. Ob die Zustimmung der Vertragsstaaten zu einem ExCom-Beschluss gleichzeitig als Vertrag zu werten ist, hängt entscheidend davon ab, dass eindeutige Zeichen für einen Rechtsbindungswillen der Staaten vorliegen. Insbesondere lassen sich aus der Terminologie der jeweiligen Erklärung Rückschlüsse auf einen etwaigen Bindungswillen der Staaten ziehen. Ob die Staaten sich zu einem völkerrechtlichen Vertrag verpflichten wollten, bestimmt sich zudem nach den Umständen des Vertragsabschlusses.[461] Form und Bezeichnung der Erklärung sind hierbei nicht ausschlaggebend, auch eine mündliche Vereinbarung kann einen völkerrechtlichen Vertrag begründen.[462]

Ein vertraglicher Bindungswille könnte sich bereits aus dem Text der Beschlüsse ergeben, falls dieser eine Ratifikationsklausel enthält oder eine Hinterlegung beim Generalsekretär der Vereinten Nationen vorgesehen ist. Das ist vorliegend nicht der Fall und kann als Indiz gegen den Vertragscharakter gewertet werden.[463] Allerdings lässt das Fehlen eines Ratifikationsvorbehaltes keinen zwingenden Rückschluss auf das Fehlen eines völkerrechtlichen Bindungswillens zu.[464]

---

460 BVerfGE 104, 151 (200).

461 Vgl. BVerfGE 90, 286 (360 f.); BverfGE 104, 151 (200); Heintschel von Heinegg, in: Ipsen, Völkerrecht, § 9 Rn. 3.

462 Vgl. Dörr, in: ders./Schmalenbach, Vienna Convention on the Law of Treaties, Art. 31 Rn. 75; Geiger, Grundgesetz und Völkerrecht, S. 87; Verdross/Simma, Universelles Völkerrecht, §§ 660, 792.

463 Vgl. BVerfGE 104, 151 (200).

464 Vgl. IGH, Case Concerning Maritime Delimitation and Territorial Questions between Qatar and Bahrain, Jurisdiction and Admissibility, Judgement, ICJ Reports 1994, S. 112 [para. 23 ff.]; zit. in BVerfGE 104, 151 (200).

Vertragliche Verpflichtungen können gemäß Art. 7 WVRK beispielsweise auch durch „Staatsoberhäupter, Regierungschefs und Außenminister“ eingegangen werden. Grundsätzlich steht die Art und Weise der Zustimmung, durch einen Vertrag völkerrechtlich gebunden sein zu wollen, den Vertragsparteien frei, vgl. Art. 11 WVRK.[465] Die Ratifikation durch das nationale Parlament (Art. 14 WVRK) stellt dabei nur eine mögliche Form der Zustimmung dar.

Für eine bindende Wirkung zumindest für diejenigen Staaten, die im ExCom-Komitee vertreten sind, spricht die Einstimmigkeit, mit der die Beschlüsse gefällt werden. Hierin unterscheidet sich die Beschlussfassung beispielsweise von derjenigen, mit der Resolutionen der UN-Generalversammlung verabschiedet werden.[466] ExCom-Beschlüsse sind das Ergebnis eines von allen im Komitee vertretenen Staaten getragenen Konsenses und stellen keinen bloßen Mehrheitsbeschluss dar.

Die gesamten Umstände der Beschlussfassung lassen hingegen nicht auf einen rechtlichen Bindungswillen der Konventionsstaaten schließen. Stimmen die Staaten einem ExCom-Beschluss zu, müssen sie nicht davon ausgehen, sich durch ihre Zustimmung vertraglich zu binden. Ihre Vereinbarung richtet sich vielmehr auf die Verabschiedung des ExCom-Beschlusses. Die zu den ExCom-Beschlüssen erklärte Zustimmung wird in der Regel allein vom politischen Willen der Konventionsstaaten getragen sein.

Insbesondere der Wortlaut der Beschlüsse spricht gegen die Vertragsnatur. Die Texte bestehen weitgehend aus Schilderungen und Analysen der aktuellen flüchtlingsrechtlichen Lage sowie aus Absichtserklärungen, die jedoch zu allgemein gehalten sind, um aus ihnen vertragliche Verpflichtungen herzuleiten. Die Verwendung rechtlicher Konzepte und Begriffe fehlt weitgehend. Vielmehr deuten Wörter wie „begrüßte“, „betonte“ und „empfahl“ auf das Fehlen eines Rechtsbindungswillens hin. Angesichts der gewählten Formulierungen erscheint der auf eine rechtliche Bindung gerichtete Wille der im Exekutivkomitee vertretenen Staaten daher zweifelhaft.

(2) Vertragsabschlusskompetenz der Delegierten

Neben einem Rechtsbindungswillen ist für den Abschluss eines völkerrechtlichen Vertrages auch die Vertragsabschlusskompetenz der auftretenden Personen

---

465 Fitzmaurice, in: Klabbers/Lefeber, Essays Vierdag, S. 59 (59); Hobe, Einführung in das Völkerrecht, S. 185 f.; Heintschel von Heinegg, in: Ipsen, Völkerrecht, § 9 Rn. 20; Kempen/Hillgruber, Völkerrecht, § 13 Rn. 19.

466 Zur Bindungswirkung von Generalversammlungsresolutionen siehe: Bocek, Die völkerrechtlichen Wirkungen einseitiger Erklärungen der UN-Generalversammlung.

notwendig.[467] Es gilt daher zu untersuchen, ob die Delegierten befugt sind, mit ihrer Zustimmung zu einem ExCom-Beschluss gleichzeitig einen völkerrechtlichen Vertrag zu schließen. Sowohl nach Völkergewohnheitsrecht[468] als auch nach Art. 7 WVRK kann eine Person beim Abschluss eines Vertrages dann verbindlich für einen Staat handeln, wenn sie eine Vollmacht vorlegt oder wenn aus den Umständen hervorgeht, dass die betreffende Person als Vertreter des Staates zum Abschluss des Vertrages befugt ist. Nach Art. 7 Abs. 2 WVRK gelten bestimmte Personen wie etwa Staatsoberhäupter und Regierungschefs kraft ihres Amtes als Vertreter ihres Staates. Nach lit. c der genannten Bestimmung gelten zudem „die von Staaten bei einer internationalen Konferenz oder bei einer internationalen Organisation oder einem ihrer Organe beglaubigten Vertreter zum Annehmen des Textes eines Vertrages im Rahmen der Konferenz, der Organisation oder des Organs […]“ als befugt, eine Willenserklärung im Namen ihres Staates abzugeben. Hiervon ist jedoch nicht der Vertragsschluss mittels Zustimmung zu einem Organakt erfasst.[469]

Demnach bedarf es einer gesonderten Bevollmächtigung der Delegierten zum Abschluss eines völkerrechtlichen Vertrages im Rahmen der Beschlussfassung des Exekutivkomitees. Möglich bleibt eine Konsultation der Staaten im Einzelfall, eine etwaige Bevollmächtigung müsste dann aber aus den Umständen heraus ersichtlich sein.

(3) Ergebnis

Es ist davon auszugehen, dass sich die den ExCom-Beschlüssen zustimmenden Staaten nicht vertraglich binden wollen. Zudem ist nicht anzunehmen, dass die Delegierten zum völkerrechtlichen Vertragsschluss bevollmächtigt sind. Mithin liegt in der Zustimmung zu einem ExCom-Beschluss nicht gleichzeitig eine Willenserklärung zur Annahme eines Vertragsschlusses. Die Beschlüsse des Exekutivkomitees lassen sich folglich nicht als Vertragsschluss werten.[470]

Obwohl die Möglichkeit besteht, mit der Zustimmung zu einem ExCom-Beschluss gleichzeitig einen völkerrechtlichen Vertrag zu schließen, müssen hierfür konkrete Anhaltspunkte vorliegen. Die praktische Relevanz dieser Möglichkeit ist wohl eher als gering einzustufen.

---

467 Hobe, Einführung in das Völkerrecht, S. 217 f.; Heintschel von Heinegg, in: Ipsen, Völkerrecht, § 9 Rn. 1.

468 Dahm/Delbrück/Wolfrum, Völkerrecht, Bd. I/3, S. 532.

469 Vgl. Villiger, Commentary on the 1969 Vienna Convention on the Law of Treaties, Art. 7 Rn. 18.

470 So auch Maaßen, Die Rechtsstellung des Asylbewerbers, S. 29.

bb) Bindungswirkung kraft Vertrauensprinzip

Alle Konventionsstaaten sind gemäß Art. 35 GFK, in Verbindung mit Abs. 5 der Präambel, zur Zusammenarbeit mit dem Hohen Kommissar der Vereinten Nationen für Flüchtlinge verpflichtet. Eine Nichtbeachtung der Beschlüsse des UNHCR-Exekutivkomitees würde, wie bereits oben dargelegt,[471] zumindest einen Verstoß gegen das in Art. 35 GFK zum Ausdruck kommende Gebot der Zusammenarbeit darstellen.

Es stellt sich die Frage, ob die Beschlüsse des UNHCR-Exekutivorgans darüber hinaus eine Bindungswirkung für die in dem Organ vertretenen Konventionsstaaten entfalten.[472] Gegen die Annahme, dass es sich bei ExCom-Beschlüssen lediglich um rechtlich unverbindliche Aussagen der Vertragsstaaten handelt, könnte der *estoppel*-Grundsatz sprechen. Nach diesem, auf dem Gedanken des allgemeinen Vertrauensschutzes beruhenden Grundsatz[473] ist ein Staat an Erwartungen gebunden, die andere Staaten an ihn aufgrund seiner Äußerungen oder seines schlüssigen Verhaltens knüpfen durften.[474] So sei derjenige, der bei der Entstehung einer bestimmten Regelung mitgewirkt hat – ähnlich zu dem im deutschen Recht anerkannten Prinzips des *venire contra factum proprium* – nach „Treu und Glauben" auch zur Einhaltung dieser Regelung verpflichtet. Hierbei führe der Vertrauenstatbestand jedoch nicht zur Rechtsverbindlichkeit des Aktes als solchem. Allein die Erwartung der anderen Staaten werde geschützt, dass ein Staat sich nicht in Widerspruch zu seinem eigenen Verhalten setze.[475]

Für die an der Beschlussfassung mitwirkenden Staaten könnte sich aus dem Vertrauensprinzip folglich eine Rechtspflicht zur Befolgung des einmal gefassten Beschlusses ergeben. Voraussetzung für die Entstehung eines *estoppel* ist, dass eine klare und unzweideutige Ausgangshandlung einer Partei festgestellt werden kann, auf die die andere Partei nach objektiven Maßstäben vertrauen durfte und

471 Siehe die Ausführungen unter 2.b)bb).

472 Eine gewisse Bindungswirkung anerkennend Bierwirth, ArchVölkR 29 (1991), 295 (339); Göbel-Zimmermann, Asyl- und Flüchtlingsrecht, Rn. 130.

473 Bowett, 33 BYIL 1957, 176 (176); vgl. auch McGibbon, 7 ICLQ 1958, 468 (469); Müller/Cottier, in: EPIL, Online-Ausgabe, www.mpepil.com (zuletzt besucht Januar 2013), Rn. 9; Müller, Vertrauensschutz im Völkerrecht, S. 9. Der Gedanke des allgemeinen Vertrauensschutzes bedeutet, dass „bestimmte Erwartungen, die ein Rechtssubjekt durch sein schlüssiges Verhalten bei einem Rechtspartner oder bei der weiteren Rechtsgemeinschaft erweckt, rechtsgestaltend wirken […]", ders., Vertrauensschutz im Völkerrecht, S. 1.

474 Müller, Vertrauensschutz im Völkerrecht, S. 9 f.

475 Vgl. Heymann, Einseitige Interpretationserklärungen, S. 139 f.

vertraut hat.[476] Hierfür ist eine über einen längeren Zeitraum andauernde Praxis erforderlich aus der sich ergibt, dass der betreffende Staat seine Haltung künftig nicht mehr ändern werde.[477] Ein einzelner ExCom-Beschluss wird dieser Anforderung nicht gerecht. Dies gilt besonders im Hinblick auf die Abstraktheit der einzelnen Beschlüsse. Oftmals bekunden die abstimmenden Staaten durch ihre Zustimmung allein eine Rechtsauffassung, ein konkreter Vertrauenstatbestand kann allerdings nur hinsichtlich einer konkreten Sachlage entstehen.[478]

In jenen Fällen, in denen die ExCom-Beschlüsse eine klare inhaltliche Bestimmung enthalten und somit als unzweideutige Ausgangshandlung zum Entstehen eines *estoppel* beitragen könnten, fehlt es bislang zumindest an einem rechtlich erheblichen Handeln, zu dem sich eine andere Vertragspartei im Vertrauen auf den Inhalt dieser Beschlüsse veranlasst sah, und das dieser Partei zum Schaden gereicht hätte.[479]

Somit ist festzuhalten, dass allein die Zustimmung der Staaten zu einem ExCom-Beschluss nicht ihre Bindung an den Inhalt des Beschlusses auslösen kann.

cc) Beschlüsse des UNHCR-Exekutivorgans als „spätere Übereinkunft" i.S.v. Art. 31 Abs. 3 lit. a WVRK

Grundsätzlich können die Beschlüsse, soweit sie die Auslegung oder Anwendung einer bestimmten Bestimmung betreffen, als „spätere Übereinkunft" im Sinne von Art. 31 Abs. 3 lit. a WVRK gewertet werden. Sie stellen eine Einigung dar, die einstimmig von Regierungsvertretern erzielt wurde. Zu berücksichtigen ist aber, dass Art. 31 Abs. 3 lit. a WVRK eine Übereinkunft aller Vertragsparteien fordert.[480] Vor

476 Bowett, 33 BYIL 1957, 176 (188 ff.); Müller/Cottier, in: EPIL, Online-Ausgabe, www.mpepil.com (zuletzt besucht Januar 2013), Rn. 1; Heymann, Einseitige Interpretationserklärungen, S. 139.

477 Müller, Vertrauensschutz im Völkerrecht, S. 23.

478 Vgl. Tomuschat, ZaöRV 36 (1976), 444 (479).

479 Vgl. zu diesem Erfordernis IGH, Temple of Preah Vihear (Cambodia v. Thailand), Merits, Dissenting Opinion of Judge Spender, ICJ Reports 1962, Judgment, 6 (143 f.): „[Estopple] operates to prevent a State contesting before the Court a situation contrary to a clear and unequivocal representation previously made by it to another State, either expressly or impliedly, on which representation the other State was, in the circumstances, entitled to rely and in fact did rely, and as a result that other State has been prejudiced or the State making it has secured some benefit or advantage for itself." Müller/Cottier, in: EPIL, Online-Ausgabe, www.mpepil.com (zuletzt besucht Januar 2013), Rn. 1.

480 Dörr, in: ders./Schmalenbach, Vienna Convention on the Law of Treaties, Art. 31 Rn. 66; Villiger, Commentary on the 1969 Vienna Convention on the Law of Treaties, Art. 31 Rn. 15 f., 18, 21.

diesem Hintergrund scheidet auch eine Berücksichtigung der ExCom-Beschlüsse als authentische Interpretation nach Art. 31 Abs. 3 lit. a WVRK ohne Einwilligung der nicht im ExCom vertretenen Staaten aus.[481] Von einer authentischen Interpretation kann erst dann gesprochen werden, wenn die übrigen Konventionsstaaten den Beschlüssen zustimmen bzw. sich die von ihnen vorgegebene Auslegung zu eigen machen.[482]

dd) Fazit

Den Beschlüssen des UNHCR-Exekutivorgans kommt gegenüber den Konventionsstaaten keine bindende Wirkung zu.[483] Mangels vertraglichen Bindungswillens und Vertragsabschlusskompetenz der Delegierten begründen sie keinen Vertragsschluss. Auch entfalten sie für die im Exekutivkomitee vertretenen Staaten keine Bindungswirkung kraft Vertrauensprinzip. Hierfür fehlt es schon an einer hinreichend konkreten Sachlage, zumindest aber an einer rechtserheblichen Handlung, die ein anderer Vertragspartner im Vertrauen auf den Inhalt der Beschlüsse tätigt.

Trotzdem sind die Beschlüsse für die Auslegung der Konventionsbestimmungen nicht ohne Bedeutung. Wie die oben angestellten Überlegungen zeigen, kommt den Äußerungen des UNHCR eine Orientierungsfunktion zu.[484] Auch eine Nichtbeachtung der Vorgaben der ExCom-Beschlüsse stellt einen Verstoß gegen das in Art. 35 GFK zum Ausdruck kommende Gebot der Zusammenarbeit dar.

Sofern die ExCom-Beschlüsse eine Bestätigung durch die nicht im Exekutivkomitee vertretenen Konventionsstaaten erfahren, können sie zudem als „spätere Übereinkunft" im Sinne von Art. 31 Abs. 3 lit. a WVRK für die Auslegung der Konventionsbestimmungen Bedeutung erlangen.

5. Einordnung der Äußerungen des UNHCR unter den Begriff des *soft law*

Angesichts der Tatsache, dass die Äußerungen des UNHCR nicht als verbindlicher Maßstab für die Auslegung der Konventionsbestimmungen herangezogen werden können, ihnen aber dennoch eine gewisse Orientierungsfunktion zukommt, stellt

---

481 Anders Bierwirth, ArchVölkR 29 (1991), 295 (339).

482 Villiger, Commentary on the 1969 Vienna Convention on the Law of Treaties, Art. 31 Rn. 15. Eine Übereinkunft, der nicht alle Vertragsstaaten zustimmen, könnte dann höchstens nach Art. 42 WVRK Bedeutung erlangen.

483 So auch Hathaway, The Rights of Refugees under International Law, S. 112 ff.

484 Siehe C.III.2.b).bb).

sich die Frage, welcher Kategorie von internationalen Regelungen sie zuzuordnen sind. Eine Möglichkeit scheint ihre Qualifizierung als *soft law* zu bieten. Gleichwohl wird damit die Frage nach der Bedeutung der Äußerungen des UNHCR für das Völkerrecht nicht beantwortet. Denn die Kategorie des *soft law* selbst gehört zu den umstrittensten Bereichen des Völkerrechts.[485]

In der Literatur werden insbesondere die Beschlüsse des UNHCR-Exekutivorgans gelegentlich als *soft law* bezeichnet.[486] Im Folgenden sollen die allgemeinen Merkmale des Begriffs *soft law* herausgearbeitet werden und anschließend beurteilt werden, ob die Äußerungen von UNHCR unter diesen Begriff subsumierbar sind.

a) Allgemeine Merkmale von soft law

Der Begriff des *soft law* wird sowohl für bilaterale als auch multilaterale Regelungen verwendet, die nicht als völkerrechtlich unmittelbar verbindliche Normen zu qualifizieren sind, deren Beachtung aber dennoch erwartet wird. Weder ist ihre gerichtliche Geltendmachung möglich, noch löst ihre Verletzung das Recht der Staatenverantwortlichkeit aus, so dass Recht und *soft law* nach der überwiegenden Ansicht einen Gegensatz bilden.[487]

Die Unterscheidung zwischen *hard law* und *soft law* erfolgt aufgrund des Bindungswillens der Parteien.[488] Kennzeichnend für *soft law* ist dessen rechtsähnliche Bindung. Es handelt sich um einen Systematisierungsbegriff für rechtlich unverbindliche Akte, die konkrete Verhaltenserwartungen ausdrücken.[489] Eine einheitliche Definition des Begriffs existiert indessen bislang nicht. *Soft law* wird von Hoheitsträgern oder mit der Ausübung von Hoheitsgewalt betrauten Stellen geschaffen, die allenfalls eine Bindungswirkung in der Innensphäre des Regelungsgebers erzeugen können. Obwohl es sich um rechtlich unverbindliche

---

485 Vgl. Hobe, Einführung in das Völkerrecht, S. 206; vgl. hierzu auch Sztucki, in: 1 IJRL (1989), 285 (303 ff.).

486 So Göbel-Zimmermann, Asyl- und Flüchtlingsrecht, Rn. 130. Vgl auch Bierwirth, ArchVölkR 29 (1991), 295 (339); Gerber, Die Asylrechtsharmonisierung, S. 118; Maaßen, Die Rechtsstellung des Asylbewerbers, S. 29 f; Salomons/Hruschka, ZAR 2004, 386 (387); Binder, Frauenspezifische Verfolgung, S. 5 f.

487 Vgl. Heintschel von Heinegg, in: Ipsen, Völkerrecht, § 20 Rn. 22; Hobe, Einführung in das Völkerrecht, S. 205; Marquier, Soft law, S. 28.

488 Chinkin, in: Shelton, Commitment and Compliance, 21 (38).

489 Vgl. Nowrot, in: Tietje, Internationales Wirtschaftsrecht, § 2 Rn. 82; Thürer, ZSchwR 104 I (1985), 429 (433 f.). Vgl. auch Bothe, 11 NYIL 1980, 65 (65 ff.).

Regelungen handelt, wird *soft law* in der Praxis meist ebenso beachtet wie rechtlich verbindliche Übereinkünfte.

Häufig handelt es sich bei *soft law* inhaltlich um Regelungen von großer politischer und faktischer Bedeutung. So werden beispielsweise Beschlüsse internationaler Konferenzen und auch die Resolutionen der Generalversammlung in diese Kategorie eingeordnet.[490]

b) Die Bedeutung von Äußerungen des UNHCR als soft law

Auch wenn es sich bei *soft law* um rechtlich unverbindliche Regelungen handelt, ist es doch von völkerrechtlich völlig irrelevanten Akten zu unterscheiden. *Soft law* ist faktisch bedeutsam und weist einen gewissen Rechtsbezug auf. Ob die Äußerungen des UNHCR, sei es in Form des Erlasses des UNHCR-Handbuches, seiner Richtlinien oder der Beschlüsse des Exekutivorgans einen solchen Rechtsbezug aufweisen, soll im Folgenden untersucht werden.

Eine für *soft law* charakteristische Rechtsnähe lässt sich in seiner Heranziehung als Auslegungshilfe für entsprechendes *hard law* sehen. Bei Äußerungen des UNHCR zur Auslegung der Konventionsbestimmungen im UNHCR-Handbuch oder in den Richtlinien zum internationalen Schutz ist dies der Fall. Sie stellen keine authentische Interpretation der Genfer Flüchtlingskonvention dar, wirken jedoch faktisch auf die Entwicklung der völkerrechtlichen Begriffsbestimmung ein. Dies ergibt sich aus der häufigen Bezugnahme der Staatenpraxis auf die Inhalte der Äußerungen.[491] Es besteht zudem die Möglichkeit, dass sich in einer Äußerung eine „spätere Übung“ im Sinne des Art. 31 Abs. 3 lit. b WVRK manifestiert, so dass sie zumindest eine verbindliche Interpretation wiedergeben könnte. Zwar ist die Organpraxis Internationaler Organisationen grundsätzlich ein selbstständiger Auslegungsfaktor und als „spätere Übung“ i.S.v. Art. 31 Abs. 3 lit. b WVRK relevant, aufgrund der Eigenständigkeit von Genfer Flüchtlingskonvention und UNHCR-Statut erscheint es jedoch fraglich, ob die Organpraxis „in Anwendung des Vertrages“ erfolgt. Zumindest aber kann die Organpraxis des UNHCR nicht im Rahmen der authentischen Auslegung herangezogen werden, weil dem UNHCR keine Kompetenz zur verbindlichen Interpretation der Konventionsbestimmungen

490 Zu den verschiedenen Erscheinungsformen und Wirkungsweisen von *soft law* siehe: Knauff, Der Regelungsverbund, S. 257 ff.; Thürer, ZSchwR 104 I (1985), 429 (434 ff.)

491 Seit *Cardoza-Fonseca* wird das UNHCR-Handbuch in den Vereinigten Staaten von Amerika beispielsweise offiziell als Auslegungshilfe eingesetzt, INS v. Cardoza-Fonseca, [1987] 480 U.S. 421 (439).

zukommt. Dieses Ergebnis darf nicht durch eine Berücksichtigung seiner Praxis im Rahmen der Auslegungsregeln umgangen werden.

Eine gewisse Rechtsnähe der Äußerungen des UNHCR folgt auch aus der Überlegung, dass *soft law* zum Entstehen von Rechtsnormen beiträgt.[492] *Soft law* wirkt sich beschleunigend auf die Kooperation der Staaten untereinander aus und somit auf den Entstehungsprozess völkerrechtlicher Normen. Obwohl insbesondere die Beschlüsse des Exekutivorgans keine bindende Wirkung außerhalb von UNHCR entfalten, vermögen sie die Staatenpraxis dennoch zu beeinflussen und können ein Anzeichen für die *opinio juris* der abstimmenden Staaten sein.[493] Im Vorwort der offiziellen Sammlung der ExCom-Beschlüsse heißt es: „Die vom Unterausschuß erarbeiteten Beschlüsse [...] zeigen, welche wichtige Rolle dieser Unterausschuß seit seiner Gründung gespielt hat, indem er den Regierungen der Mitgliederstaaten Gelegenheit bot, [...] Texte zu erarbeiten, die nach und nach ihren Platz unter den allgemein anerkannten Grundsätzen des internationalen Rechts finden.“[494]

Aber nicht nur die Beschlüsse des Exekutivorgans leisten einen Beitrag zur Entstehung von völkerrechtlichen Regelungen. UNHCR ist mit der Aufgabe betraut worden, an der Entwicklung von allgemeinen Grundsätzen des internationalen Flüchtlingsrechts mitzuwirken.[495] Die Generalversammlung und ExCom haben den UNHCR ausdrücklich darum ersucht, „die Möglichkeiten für die Ausarbeitung weiterer Leitlinien zu erkunden“[496] und „die Entwicklung und Beachtung von grundlegenden Rechtsnormen für die Behandlung von Flüchtlingen zu fördern [...].“[497] Dieser Aufgabe soll der UNHCR insbesondere durch ständige Konsultationen sowohl mit Regierungsvertretern als auch NGOs und

492 Vgl. Sztucki, 1 IJRL1989, 285 (307).

493 Goodwin-Gill/McAdam, The Refugee in International Law, S. 217; Lewis, 17 IJRL 2005, 67 (88); vgl. auch Sztucki, 1 IJRL 1989, 285 (303 ff.).

494 UNHCR, Internationaler Rechtsschutz für Flüchtlinge, Beschlüsse des Exekutiv-Komitees für das Programm des Hohen Flüchtlingskommissars der Vereinten Nationen erhältlich unter: http://www.unhcr.de/fileadmin/rechtsinfos/fluechtlingsrecht/1_international/1_1_voelkerrecht/1_1_8/FR_int_vr_EXKOM-EXKOM_001-106.pdf (zuletzt besucht Januar 2013).

495 Vgl. UNHCR-Exekutivkomitee, Beschuss Nr. 25 (XXXIII) 1982, lit. i; vgl. hierzu und zu Nachfolgendem Lewis, 17 IJRL 2005, 67 (80).

496 UNHCR-Exekutivkomitee, Beschluss Nr. 81 (XLVIII) 1997, lit. p; gebilligt in Generalversammlungsresolution 52/103 vom 12. Dezember 1997; vgl. auch UNHCR-Exekutivkomitee, Beschluss Nr. 77 (XLVI) 1995, lit. f.

497 UNHCR-Exekutivkomitee, Beschluss Nr. 29 (XXXIV) 1983, lit. b.

akademischen Institutionen nachkommen.[498] Auch der Erlass von Richtlinien trägt zur Erreichung dieses Ziels bei.

Es bleibt darauf hinzuweisen, dass erst im Nachhinein abschließend beurteilt werden kann, ob sich die rechtliche Überzeugung der Staaten auf eine zuvor getätigte unverbindliche Äußerung zurückführen lässt, so dass diese für den Entstehungsprozess der rechtlichen Regelung bedeutsam war.

c) Ergebnis

Die Äußerungen des UNHCR wirken faktisch auf die Interpretation der Konventionsbestimmungen ein. Zudem besteht die Möglichkeit, dass sich in ihnen eine „spätere Übung" i.S.v. Art. 31 Abs. 3 lit. b WVRK manifestiert und sie daher mittelbar zur Konkretisierung der Bestimmungen beitragen. Daneben ergibt sich die Rechtsnähe von Äußerungen des UNHCR aus der Überlegung, dass sie ein Element im Rechtsentstehungsprozess bilden. Sie sind folglich ein Beispiel für völkerrechtliches *soft law*.

6. Fazit

Auch wenn der UNHCR nicht zur autoritativen Auslegung der Konventionsbestimmungen befugt ist, kommt seinen Stellungnahmen und vor allem den Beschlüssen des Exekutivorgans eine Orientierungsfunktion gegenüber den Konventionsstaaten zu.[499]

Ohne eine einheitliche Staatenpraxis lassen sich keine hinreichenden Schlüsse auf völkerrechtlich bindende Standards für die Bestimmung des Verfolgungsmerkmals der „Zugehörigkeit zu einer bestimmten sozialen Gruppe" ableiten. Die praktische Bedeutung der späteren Übung ist demnach für die Auslegung der Genfer Flüchtlingskonvention äußerst begrenzt. Letztlich entspricht dies jedoch auch dem Wesen der Flüchtlingskonvention. Ähnlich zu anderen humanitären Vertragswerken[500] lässt sich auch eine Auslegung der Bestimmungen der Genfer Flüchtlingskonvention schwer anhand der Vertragswirklichkeit bestimmen.[501] So ist eine Diskrepanz zwischen international gesetztem und letztlich praktiziertem Recht keine Seltenheit. Solche humanitären Konventionen stellen Ansprüche an

---

498 UNHCR-Exekutivkomitee, Beschluss Nr. 29 (XXXIV) 1983, lit. j.

499 Fischer-Lescano/Horst, ZAR 2001, 81 (85).

500 Beispielsweise sei nur der Internationale Pakt über bürgerliche und politische Rechte vom 16. Dezember 1966 genannt, BGBl. II 1973, S. 1533.

501 Vgl. Masing, in: Grawert u.a., FS für Böckenförde, S. 51 (71).

ihre Mitgliedstaaten, die auf grundsätzlichen Überzeugungen beruhen. Unterschiedliche Interpretationen der Konventionen führen jedoch genauso wenig wie Defizite bei ihrer Umsetzung zu ihrer automatischen Aufhebung. Auch wenn die Auslegung weitgehend durch nationale Organe bestimmt wird, bleibt ihr rechtlicher Anspruch unberührt.[502]

IV. Fazit

Weder der IGH noch der UNHCR sind zu einer autoritativen Auslegung der Konventionsbestimmungen befugt. Bislang existiert daher keine zentrale völkerrechtliche Kontrollinstanz, die die vertraglichen Verpflichtungen der Konventionsstaaten überwacht und für eine einheitliche Auslegung der Genfer Flüchtlingskonvention zuständig ist.[503]

D. Die Auslegung des Merkmals „Zugehörigkeit zu einer bestimmten sozialen Gruppe“ nach den Grundsätzen für die Auslegung von Völkervertragsrecht

Die Genfer Flüchtlingskonvention enthält keine abschließende Auflistung jener Gruppen, die von ihrem Anwendungsbereich erfasst sein sollen. Im Folgenden soll daher der Inhalt des Begriffs der „Zugehörigkeit zu einer bestimmten sozialen Gruppe“ in der Genfer Flüchtlingskonvention durch Auslegung ermittelt werden.

502 Masing, in: Grawert u.a., FS für Böckenförde, S. 51 (71).

503 Zur Diskussion über eine solche Kontrollinstanz vgl. Clark, 16 IJRL 2004, 584 (604 ff.); Kälin, in: Feller u.a., Refugee Protection in International Law, S. 613 (662 ff.); Hathaway, 14 Forced Migration Review 2002, 23 (23 ff.); Summary Conclusions: supervisory responsibility, Global Consultations on International Protection, Expert roundtable organized by UNHCR, Cambridge 9–10 July 2001, Ziff. 10 lit. e, abgedruckt in: Feller u.a., Refugee Protection in International Law, S. 667 (671).

I. Allgemeine Grundsätze zur Auslegung von Völkervertragsrecht

Für die Auslegung völkerrechtlicher Verträge gelten die Art. 31 ff. des Wiener Übereinkommens über das Recht der Verträge vom 23. Mai 1969 (WVRK).[504]

1. Gewohnheitsrechtliche Geltung der WVRK

Die WVRK ist allerdings nicht unmittelbar auf die Genfer Flüchtlingskonvention anwendbar. Das Übereinkommen über das Recht der Verträge findet gemäß seines Art. 4 nur auf Verträge Anwendung, die von Staaten geschlossen werden, nachdem die WVRK für sie in Kraft getreten ist. Sowohl die 1951 beschlossene Genfer Flüchtlingskonvention selbst, als auch das Protokoll über die Rechtsstellung der Flüchtlinge von 1967 sind noch vor Abschluss der Vertragsrechtskonvention im Jahre 1969 in Kraft getreten und fallen daher gemäß Art. 4 WVRK aus deren Anwendungsbereich heraus. Dennoch sind die Vorschriften des Wiener Übereinkommens nicht bedeutungslos. Als allgemeine Kodifikation des Vertragsrechts konzipiert liegt die Besonderheit der das Übereinkommen vorbereitenden Arbeiten der International Law Commission in weiten Teilen gerade darin, die gewohnheitsrechtlichen Regeln aufgearbeitet und strukturiert zu haben.[505] Daher ist es nicht verwunderlich, dass die Literatur regelmäßig auf die Vertragsrechtskonvention zurückgreift, auch wenn sie formell keine Anwendung findet. Zwar sind ihre Regelungen mit dem Völkergewohnheitsrecht nicht identisch, angesichts der Orientierung der Staatenpraxis und des Schrifttums an den Regelungen der Konvention, entwickelt sich der Inhalt der Konvention jedoch immer mehr in Richtung Völkergewohnheitsrecht.[506] Die Auslegungsregeln der Art. 31 ff. WVRK haben insoweit bestehendes Völkergewohnheitsrecht kodifiziert oder sind inzwischen den allgemeinen Regeln des Völkerrechts zuzuordnen.[507] Auch für die

504 BGBl. II 1985, S. 927.

505 Vgl. Karl, Vertrag und spätere Praxis im Völkerrecht, S. 353; Lauterpacht, 49 AJIL 1955, 16 (16 ff.); Scheuner, in: Festschrift für F.A. Mann, S. 409 (423 f.); Masing, in: Grawert u.a., FS für Böckenförde, S. 51 (61); Ress, in: Bieber/Ress, Die Dynamik des Europäischen Gemeinschaftsrechts, S. 49 (51).

506 Masing, in: Grawert u.a., FS für Böckenförde, S. 51 (61); Vgl. Miehsler, in: ders. u.a., FS für Verdross, S. 547 (565).

507 Siehe IGH, Territorial Dispute (Libyan Arab Jamahiriya/Chad), ICJ Reports 1994, Judgment, 6 (Ziff. 41); Qatar v. Bahrain Case, ICJ Reports 1995, Judgment, 6 (Ziff. 33); Legality of the Use by a State of Nuclear Weapons in Armed Conflict, ICJ Reports 1996,

Interpretation der Vorschriften der Genfer Flüchtlingskonvention können diese Vorschriften folglich herangezogen werden.

Die Generalregel nach der die Auslegung der Genfer Flüchtlingskonvention in ihrer Eigenschaft als völkerrechtlicher Vertrag erfolgt, ist in Art. 31 WVRK wie folgt wiedergegeben:

„1. Ein Vertrag ist nach Treu und Glauben in Übereinstimmung mit der gewöhnlichen, seinen Bestimmungen in ihrem Zusammenhang zukommenden Bedeutung und im Lichte seines Zieles und seines Zweckes auszulegen.
2. Für die Auslegung eines Vertrages bedeutet der Zusammenhang außer dem Vertragswortlaut samt Präambel und Anlagen
   a) jede sich auf den Vertrag beziehende Übereinkunft, die zwischen allen Vertragsparteien anlässlich des Vertragsabschlusses getroffen wurde;
   b) jede Urkunde, die von einer oder mehreren Vertragsparteien anlässlich des Vertragsabschlusses abgefasst und von den anderen Vertragsparteien als eine sich auf den Vertrag beziehende Urkunde angenommen wurde.
3. Außer dem Zusammenhang sind in gleicher Weise zu berücksichtigen
   a) jede spätere Übereinkunft zwischen den Vertragsparteien über die Auslegung des Vertrags oder die Anwendung seiner Bestimmungen;
   b) jede spätere Übung bei der Anwendung des Vertrags, aus der die Übereinstimmung der Vertragsparteien über seine Auslegung hervorgeht;
   c) jeder in der Beziehung zwischen den Vertragsparteien anwendbare einschlägige Völkerrechtssatz.
4. Eine besondere Bedeutung ist einem Ausdruck beizulegen, wenn feststeht, dass die Vertragsparteien dies beabsichtigt haben.“

Die Auslegung folgt einer objektiven Auslegungsmethode, bei deren Anwendung der grammatikalische, teleologische und systematische Ansatz zu kombinieren sind.[508] Zwischen den einzelnen Auslegungsmethoden besteht also keine gestufte Rangordnung.

Als „ergänzende Auslegungsmittel“ können nach Art. 32 WVRK „insbesondere die vorbereitenden Arbeiten und die Umstände des Vertragsabschlusses […]

Advisory Opinion, 66 (Ziff. 19). Siehe auch Torres-Bernárdez, in: Hafner u.a., Liber amicorum Seidl-Hohenveldern S. 725 ff., m.w.N. aus der Rechtsprechung; Dahm/Delbrück/Wolfrum, Völkerrecht, Bd. I/3, S. 640; Shaw, International Law, S. 933; vgl. auch Verdross/Simma, Unniverselles Völkerrecht, § 775 ff.

508 Heintschel von Heinegg, in: Ipsen, Völkerrecht, § 11 Rn. 12; Verdross/Simma, Universelles Völkerrecht, §§ 776, 777.

herangezogen werden, um die sich unter Anwendung des Artikels 31 ergebende Bedeutung zu bestätigen oder die Bedeutung zu bestimmen, wenn die Auslegung nach Artikel 31 [...] die Bedeutung mehrdeutig oder dunkel lässt oder [...] zu einem offensichtlich sinnwidrigen oder unvernünftigen Ergebnis führt."

2. Weitere Auslegungsregeln

Aus dem Wortlaut von Art. 32 WVRK, der „insbesondere" auf die *travaux préparatoires* abstellt, wird gefolgert, dass das Wiener Übereinkommen über das Recht der Verträge bewusst auf eine abschließende Kodifizierung der Auslegungsregeln verzichtet.[509] Die Praxis verwendet weitere Regelungen zur Auslegung.[510] Auf diejenigen, die für die Auslegung der Genfer Flüchtlingskonvention von besonderer Bedeutung sind, wird im Folgenden eingegangen.

a) Effet utile

Nach dem *effet utile* (Effektivitätsgrundsatz) ist ein völkerrechtlicher Vertrag im Zweifel so auszulegen, dass er seine volle Wirksamkeit entfalten kann.[511] Ergibt die Auslegung unter Zugrundelegung der Generalregel zwei Auslegungsvarianten, wovon nur eine dem Vertrag Wirksamkeit verschafft, ist dieser Interpretation der Vorzug zu gewähren.[512]

Durch die Anwendung des Effektivitätsgrundsatzes soll der implizite Gehalt eines völkerrechtlichen Vertrages bei der Auslegung angemessen berücksichtigt werden. Dennoch vermag sie keine Interpretation zu rechtfertigen, die nicht in Einklang mit dem Wortlaut oder dem Sinn und Zwecks des Vertrages steht.[513]

Nach der Rechtsprechung des EGMR ist die Europäische Menschenrechtskonvention als Instrument zum Schutze des Individuums so auszulegen und

---

509 Hilf, Die Auslegung mehrsprachiger Verträge, S. 88.

510 Vgl. hierzu Verdross/Simma, Universelles Völkerrecht, § 780.

511 „The principle of effectivness, this principle particularly stressed by the permanent court of international justice, requires that the treaty should be given an interpretation which ‚on the whole' will rendert he treaty ‚the most effective and useful', in other words, enabling the provisions oft he treaty to work and to have their appropriate effects." Starke, Introduction to international law, S. 480.

512 Vgl. Draft Articles on the Law of Treaties with commentaries, in: YbILC, 1966, Vol. II, S. 219. Vgl. auch Dahm/Delbrück/Wolfrum, Völkerrecht, Bd. I/3, S. 644 f; Verdross/Simma, Universelles Völkerrecht, § 780.

513 IGH, Interpretation of Peace Treaties (second phase), ICJ Reports 1950, Advisory Opinion, 221 (229).

anzuwenden, dass ihre Bestimmungen als Schutzgarantien praktisch wirksam und effektiv sind.[514] Fraglich ist, ob sich diese Rechtsprechung, die in Bezug auf ein internationales Menschenrechtsübereinkommen entwickelt wurde, auf die Genfer Flüchtlingskonvention übertragen lässt.

Die Konvention selber stellt schon in ihrer Einleitung (Absatz 1 der Präambel) durch ihre Bezugnahme auf die Allgemeine Erklärung der Menschenrechte vom 10. Dezember 1948 den Schutz der Menschenrechte in den Mittelpunkt. Daneben betont Absatz 2 das Ziel der Konvention, den Flüchtlingen „in möglichst großem Umfange die Ausübung der Menschenrechte und der Grundfreiheiten zu sichern“. Die Declaration of State Parties von 2001 bestätigt diesen menschenrechtlichen Ansatz,[515] so dass der Schutz der Flüchtlinge auch als subsidiärer Menschenrechtsschutz verstanden wird.[516] Internationaler Schutz soll nach der GFK dann und solange gewährt werden, wie ein Leben unter Achtung gewisser Rechte, deren Geltung und Unverletzlichkeit allgemein anerkannt ist, im Herkunftsstaat des Flüchtlings nicht gewährleistet ist.[517]

Folgt man diesem Verständnis von Flüchtlingsschutz, dann lassen sich die Regelungen der GFK im Lichte internationaler Menschenrechtsverträge interpretieren.[518] Dem impliziten Gehalt der Flüchtlingskonvention ist demnach durch eine

---

514 EGMR, Urt. v. 26.1.1989, Soering Case, Series A Vol. 161 (1989), EGMR-E 4, 376 (390, Ziff. 87); EGMR, Urt. v. 13.5.1980, Artico Case, Series A Vol. 37 (1980), EGMR-E 1, 480 (485, Ziff. 33).

515 UNHCR, Declaration of States Parties to the 1951 Convention and or Its 1967 Protocol relating to the Status of Refugees, 16 January 2002, HCR/MMSP/2001/09, Ziff. 3 u. 6 der Präambel; Ziff. 1 f., erhältlich unter: http://www.unhcr.org/refworld/docid/3d60f5557.html (zuletzt besucht Januar 2013).

516 Hathaway, The Rights of Refugees under International Law, S. 124 f; Lambert, 13 IJRL 2001, 16 (18); Anker, 15 Harv. Hum. Rts. J. 2002, 133 (134 f.); vgl. auch UNHCR, Auslegung von Art. 1, Ziff. 5; ausführlich zum menschenrechtlichen Beurteilungsmaßstab für die Auslegung des Flüchtlingsbegriffs: Binder, Frauenspezifische Verfolgung, S. 21 ff.

517 Vgl. Horvath v. SSHD, [2000] UKHL 37 (6 July 2000), abgedruckt in: 13 IJRL 2001, 174 (192), per Lord Clyde.

518 Vgl. Hathaway, The Rights of Refugees under International Law, S. 53 ff.; ders., The Law of Refugee Status, S. 101 ff.; Lambert, 13 IJRL 2001, 16 (18); Binder, Frauenspezifische Verfolgung, S. 21 ff. m.w.N. Vgl. auch UNHCR, Auslegung von Art. 1, Ziff. 5; UNHCR, Kommentar des Hohen Flüchtlingskommissars der Vereinten Nationen (UNHCR) zur Richtlinie 2004/83/EG des Rates vom 29. April 2004 über Mindestnormen für die Anerkennung und den Status von Drittstaatsangehörigen oder Staatenlosen als Flüchtlinge oder als Personen, die anderweitig internationalen Schutz benötigen, und über den Inhalt des zu gewährenden Schutzes (OJ L 304/12 vom 30.09.2004), März 2005, Kommentar zu Art. 9, S. 18; und die Beschlüsse des UNHCR-Exekutivkomitees, Beschluss Nr. 50 (XXXIX) 1988, lit. b; Beschluss Nr. 56 (XL) 1989, lit. b; Beschluss Nr. 71 (XLIV) 1993, lit. cc;

Auslegung Rechnung zu tragen, die den Schutzgarantien zur größtmöglichen Wirksamkeit verhilft. Hiernach ist im Zweifel eine weite Auslegung angezeigt, die den Flüchtling am effektivsten zu schützen geeignet ist.[519]

b) Dynamische Interpretation

Für eine effektive Erreichung der Vertragsziele ist auch die dynamische Interpretation, als Unterfall der teleologischen Auslegung, von Bedeutung. Hiernach müssen die in einem völkerrechtlichen Vertrag enthaltenen Begriffe in Übereinstimmung mit sich ändernden tatsächlichen und rechtlichen Rahmenbedingungen ausgelegt werden, damit der Vertrag auch über einen längeren Zeitraum effektive Wirkung entfalten kann. Bei der Auslegung sind daher Begriffswandlungen ebenso wie Änderungen der völkerrechtlichen Rahmenbedingungen zu berücksichtigen.[520]

IGH[521] und EGMR[522] betonen in ihrer Rechtsprechung die besondere Bedeutung der dynamischen Interpretation für die Auslegung von internationalen Verträgen zum Schutze der Menschenrechte.[523] Der humanitäre Ansatz solcher Verträge und ihr Ziel des Schutzes und der Durchsetzung der Menschenrechte verlangt eine Berücksichtigung der nationalen sowie internationalen Weiterentwicklung des Menschenrechtsverständnisses.[524]

Auch der in der Genfer Flüchtlingskonvention verbürgte Schutz von Flüchtlingen kann seine volle Wirksamkeit nur dann entfalten, wenn bei der Auslegung ihrer Bestimmungen das sich fortentwickelnde Menschenrechtsverständnis und die sich wandelnden Umstände hinsichtlich der Verfolgungssituationen nicht unbeachtet bleiben. Die Konventionsbestimmung werden daher von der Literatur[525]

Beschluss Nr. 80 (XLVII) 1996, lit. e und i; Beschluss Nr. 81 (XLVIII) 1997; Beschluss Nr. 93 (LIII) 2002; Beschluss Nr. 94 (LIII) 2002; Beschluss Nr. 95 (LIV) 2003.

519 Binder, Frauenspezifische Verfolgung, S. 23; Godwin-Gill, The Refugee in International Law, S. 366 f.; Löhr, Die kinderspezifische Auslegung, S. 71; Sitaropulus, Judicial Interpretation, S. 115 f. m.w.N.

520 Dahm/Delbrück/Wolfrum, Völkerrecht, Bd. I/3, S. 649; vgl. auch Heintschel von Heinegg, in: Ipsen, Völkerrecht, § 11 Rn. 21; Stein/Von Buttlar, Völkerrecht, Rn. 83.

521 Vgl. IGH, Gabcikovo-Nagymaros Project (Hungary/Slovakia), ICJ Reports 1997, Judgment, 3 (Ziff. 112).

522 Nach dem EGMR muss die „Konvention […] immer im Lichte der gegenwärtigen Umstände ausgelegt und angewendet werden.“ Urt. v. 24.1.1986, Rees v. United Kingdom, Series A 106 (1986), EGMR-E 3, 267/277, § 47.

523 Vgl. hierzu Dahm/Delbrück/Wolfrum, Völkerrecht, Bd. I/3, S. 650 f.

524 Verdross/Simma, Universelles Völkerrecht, § 782.

525 Vgl. die Nachweise bei Löhr, Die kinderspezifische Auslegung, S. 61 ff.

im Einklang mit der Staatenpraxis[526] dynamisch interpretiert. Auch dem Beschluss Nr. 89 (LI) des Exekutivkomitees lässt sich die Befürwortung einer dynamischen Auslegung entnehmen.[527] Der englische Court of Appeal hat hierzu betreffend der Auslegung der Genfer Flüchtlingskonvention festgestellt: „In our view the Convention has to be regarded as a living instrument […]“[528].

3. Besonderheiten bei der Auslegung mehrsprachiger Verträge

Handelt es sich um mehrsprachige Verträge, also solche, deren authentische Texte in zwei oder mehr Sprachen abgefasst sind[529], ist der Text in allen Vertragssprachen gleichermaßen verbindlich (Art. 33 Abs. 1 WVRK). Dabei wird nach Art. 33 Abs. 3 WVRK vermutet, dass die Ausdrücke des Vertrages in jedem authentischen Text dieselbe Bedeutung haben. Die Auslegung darf sich nicht auf einen der authentischen Vertragstexte beschränken, der Inhalt des Vertrages ergibt sich vielmehr aus einer Gesamtschau der authentischen Texte. Für die GFK sind dies nach ihrem Art. 46 Abs. 3 die englische und französische Fassung. Die im Bundesgesetzblatt veröffentlichte – nicht amtliche – deutsche Übersetzung dient lediglich als praktischer Ausgangspunkt zur Ermittlung des Wortsinns der betreffenden vertraglichen Bestimmung. Ein Rückgriff auf die authentischen Texte kann selbst dann Unklarheiten aufzeigen, wenn der deutsche Text eindeutig erscheint.[530] Bedeutungsunterschiede, die sich aus dem Vergleich der authentischen Texte ergeben, sind unter Anwendung der allgemeinen Auslegungsregeln auszuräumen. Gelingt dies nicht,

---

526 R. v. SSHD, ex parte Adan, R. v. SSHD, ex parte Subaskaran; R. v. SSHD, ex parte Aitseguer, [1999] AC 293 (23 July 1999), abgedruckt in: 11 IJRL 1999, 702 (724) per Lord Woolf MR; Islam v. SSHD and Anor, Ex Parte Shah, R v., [1999] UKHL 20 (25 March 1999), abgedruckt in: 11 IJRL 1999, 496 (518), per Lord Hope; RSAA, Ref. App. No. 74665/03 (7 July 2004), Ziff. 71, m.w.N., erhältlich unter: www.refugee.org.nz (zuletzt besucht Januar 2013).

527 Siehe unter C.III.4.a).bb).

528 R. v. SSHD, ex parte Adan, R. v. SSHD, ex parte Subaskaran; R. v. SSHD, ex parte Aitseguer, [1999] AC 293 (23 July 1999), abgedruckt in: 11 IJRL 1999, 702 (724) per Lord Woolf MR. Der englische Court of Appeal nimmt hier Bezug auf den Europäischen Gerichtshof für Menschenrecht, der in seinem berühmten Soering Case in Bezug auf die EMRK festgehalten hat: „[T]he Convtion is a living instrument which […] must be interpreted in the light of present-day conditions.“ EGMR, Urt. v. 26.1.1989, Soering Case, Series A Vol. 161 (1989), EGMR-E 4, 376 (396, Ziff. 102).

529 Heintschel von Heinegg, in: Ipsen, Völkerrecht, § 11 Rn. 22.

530 Verdross/Simma, Universelles Völkerrecht, §§ 783 f.; Geiger, Grundgestz und Völkerrecht, S. 162.

so ist nach Art. 33 Abs. 4 WVRK diejenige Bedeutung zugrunde zu legen, die unter Berücksichtigung von Ziel und Zweck des Vertrages die Wortlaute am besten miteinander in Einklang bringt.

II. Eigenständiges Verfolgungsmerkmal

Nach einer zunächst vereinzelt vertretenen Ansicht können allein Menschen, die durch Rasse, Religion, Nationalität oder die politische Überzeugung miteinander verbunden sind, eine „bestimmte soziale Gruppe“ bilden.[531] Aus der ausdrücklichen Aufnahme des Konventionsgrundes, neben der Nennung der anderen Gründe, folgt jedoch, dass dem Merkmal der „Zugehörigkeit zu einer bestimmten sozialen Gruppe“ ein eigener Anwendungsbereich zukommen muss.[532] Es ist auch nicht ersichtlich, dass diese „engste“ Auffassung heute noch vertreten wird.

III. Kriterien zur Bestimmung des Begriffs „bestimmte soziale Gruppe“

1. Soziologische Kriterien zur Begriffsbestimmung

Der Begriff der „sozialen Gruppe“ ist ein in der Soziologie weitverbreiteter Begriff. Nach einer gebräuchlichen soziologischen Definition umfasst eine soziale Gruppe

> „[…] eine bestimmte Zahl von Mitgliedern (Gruppenmitglieder), die zur Erreichung eines bestimmten Ziels (Gruppenziel) über längere Zeit in einem relativ kontinuierlichen Kommunikations- und Interaktionsprozeß stehen und ein Gefühl der Zusammengehörigkeit (Wir-Gefühl) entwickeln. Zur Erreichung des Gruppenziels und zur Stabilisierung der Gruppenidentität ist ein System gemeinsamer Normen und eine Verteilung der Aufgaben über ein gruppenspezifisches Rollendifferential erforderlich.“[533]

531 Vgl. die Nachweise bei Hathaway, The Law of Refugee Status, S. 157 f.

532 Vgl. Canada (Attorney General) v. Ward, [1993] 2 S.C.R., 689 (732), per La Forest J.; Sanchez-Trujillo v. INS, 801 F.2d 1571 (9th Cir. 1986), Ziff. 24 (Refworld); Grahl-Madsen, The Status of Refugees, Vol.1, S. 219; Hathaway, The Law of Refugee Status, S. 158; Applicant A. v. MIEA, [1997] HCA 4, 190 CLR 225, 142 ALR 331 (335), per Brennan CJ.

533 Schäfers, Einführung in die Gruppensoziologie, S. 20 f.

Fraglich ist, ob die Konventionsgründer bei der Wahl des Verfolgungsmerkmals der „sozialen Gruppe“ den Begriff im soziologischen Sinne verstanden haben. Daher soll im im Folgenden untersucht werden, ob sich die soziologisch relevanten Kriterien auf den Konventionsbegriff übertragen lassen.

a) Relevanz der Gruppengröße

Um die soziale Gruppe u.a. von der Organisation abzugrenzen, beschränkt die Soziologie erstere auf eine bestimmte Anzahl von Gruppenmitgliedern. Eine Organisation kennzeichnet eine komplexere Sozialstruktur, die oft anonym und in einem hohen Grad formalisiert ist, und ihre Diffusität.[534] Eine soziale Gruppe hingegen ist aufgrund der notwendigen Interaktion in ihrer Größe begrenzt. Grundsätzlich werden Kleingruppen (von 3 – ca. 25 Personen) und Großgruppen (von 25 bis ca. 500 – 1000 Personen) unterschieden.[535] Während sich beispielsweise die Sozialpsychologie auch mit Großgruppen beschäftigt, wird in der Soziologie unter sozialer Gruppe eher die Kleingruppe verstanden.[536]

Auch der amerikanische Court of Appeals legt in *Sanchez-Trujillo*[537] seiner Prüfung des Vorliegens einer „sozialen Gruppe“ im Sinne der Konvention einen strengen Maßstab zugrunde. Er kommt zu folgendem Schluss:

> „The statutory words ‘particular’ and ‘social’ which modify ‘group’ [...] indicate that the term does not encompass every broadly defined segment of a population, even if a certain demographic division does have some statistical relevance. [...] Major segments of the population of an embattled nation, even though undoubtedly at some risk from general political violence, will rarely if ever constitute a distinct ‘social group’ for the purposes of establishing refugee status.“[538]

Obwohl das Gericht die Gruppengröße nicht auf eine bestimmte Anzahl von Mitgliedern begrenzt, so äußert es doch erhebliche Zweifel daran, dass eine „soziale Gruppe“ im Sinne der Konvention auch bei unüberschaubaren Gruppen mit unbegrenzter Mitgliederzahl vorliegen könne.[539]

---

534 Vgl. Neidhardt, in: ders., Gruppensoziologie, S. 12 (14); Schäfers, Einführung in die Gruppensoziologie, S. 24.

535 Schäfers, Einführung in die Gruppensoziologie, S. 21 u. 23; vgl. auch Claessens, Gruppe und Gruppenverbände, S. VII ff. u. 6.

536 Vgl. Schäfers, Einführung in die Gruppensoziologie, S. 21.

537 Sanchez-Trujillo v. INS, 801 F.2d 1571 (9th Cir. 1986).

538 Sanchez-Trujillo v. INS, 801 F.2d 1571 (9th Cir. 1986), Ziff. 27 (Refworld).

539 Diese Ansicht wird auch in Gomez v. INS, F2d 660 (2nd Cir 1991), Ziff. 19 (Refworld) vertreten. Hier wurde entschieden, dass die Merkmale „youth and gender“ allein nicht ausreichen, um eine „soziale Gruppe“ im Sinne der Konvention zu bilden.

Die Größe der Gruppe kann für die Bestimmung einer „sozialen Gruppe“ im Sinne der Konvention jedoch kein maßgebendes Kriterium sein.[540] Die Konvention entstand vor dem Hintergrund der Fluchtbewegungen, die unmittelbar in Folge des Zweiten Weltkrieges stattfanden.[541] Die fehlende Diskussion über die Aufnahme des Merkmals in die Konvention deutet darauf hin, dass die Konventionsgründer bei der Wahl des Begriffes die aktuell stattfindende Verfolgung in Europa vor Augen hatten. Auch wenn der Flüchtlingsbegriff nicht allein damals bekannte „soziale Gruppen“ erfassen, sondern vielmehr universell festgelegt werden sollte, ist es naheliegend, dass die Verfasser zumindest die zur Zeit der Entstehung der Konvention bekannten „sozialen Gruppen“ wie „Kapitalisten“ oder „Landbesitzer“ mit in den Schutzbereich einbeziehen wollten.[542] Diese „sozialen Gruppen“ sind von ihrer Mitgliederzahl unabhängig, umfassen aber typischerweise eine relativ große Zahl von Individuen.[543]

Zudem wird angeführt, auch die übrigen Verfolgungsgründe (Rasse, Religion, Nationalität und politische Anschauung) enthielten kein die Anzahl ihrer Mitglieder begrenzendes Kriterium, gerade die Verfolgung aufgrund von Religion oder politischer Anschauung könne sich auf bedeutende, vielleicht sogar überwiegende Teile der Bevölkerung eines Staates erstrecken.[544] Dem ist grundsätzlich zuzustimmen. Zu bedenken ist jedoch, dass dieses Verständnis keinesfalls zwingend ist. Die einzelnen Verfolgungsgründe stehen selbstständig nebeneinander. Durch eine Auslegung des Merkmals der „sozialen Gruppe“ im Lichte der übrigen

---

540 Statt vieler Hathaway/Foster, 15 IJRL 2003, 477 (479); UNHCR, Richtlinien zum internationalen Schutz: „Zugehörigkeit zu einer bestimmten sozialen Gruppe“ im Zusammenhang mit Artikel 1 A (2) des Abkommens von 1951 bzw. des Protokolls von 1967 über die Rechtsstellung der Flüchtlinge, UN Doc. HCR/GIP/02/02 (7. Mai 2002), Ziff. 18 f.

541 Vgl. hierzu 1. Kap. A.I.

542 Vgl. Islam v. SSHD and Anor, Ex Parte Shah, R v., [1999] UKHL 20 (25 March 1999), abgedruckt in: 11 IJRL 1999, 496 (521 f.), per Lord Millett; Applicant A. v. MIEA, [1997] HCA 4, 190 CLR 225, 142 ALR 331 (360) per McHugh J., (388) per Kirby J.; Canada (Attorney General) v. Ward, [1993] 2 S.C.R., 689 (731) per La Forest J.; Goodwin-Gill/McAdam, The Refugee in International Law, S. 74, Grahl-Madsen, The Status of Refugees, Vol. 1, S. 219.

543 Applicant A. v. MIEA, [1997] HCA 4, 190 CLR 225, 142 ALR 331 (360 f.), per McHugh J.

544 UNHCR, Richtlinien zum internationalen Schutz: „Zugehörigkeit zu einer bestimmten sozialen Gruppe“ im Zusammenhang mit Artikel 1 A (2) des Abkommens von 1951 bzw. des Protokolls von 1967 über die Rechtsstellung der Flüchtlinge, UN Doc. HCR/GIP/02/02 (7. Mai 2002), Ziff. 18.

Verfolgungsmerkmale gewinnt der Begriff zwar an Kontur und eine dahingehende Interpretation lässt sich auch dogmatisch unter Anwendung der systematischen Auslegungsregel (Art. 31 Abs. 1 WVRK) begründen. Ein diesbezüglicher Wille der Konventionsgründer lässt sich jedoch weder der Konvention selber noch anderen autoritativen Quellen entnehmen.[545]

Es sprechen jedoch auch Schutzzweckerwägungen entscheidend gegen eine Begrenzung der Gruppengröße. Mit der Genfer Flüchtlingskonvention und ihrem Protokoll verfolgen die Vertragsstaaten das Ziel und den Zweck, Verfolgten Schutz zu bieten und ihnen eine gesicherte Rechtsstellung zu gewähren. Dieser Schutzgedanke ergibt sich unzweifelhaft aus ihrer Präambel und wird stets in der internationalen Literatur und Rechtsprechung betont.[546] Der Schutz soll sich dabei nach dem Wortlaut zwar nur auf Individuen erstrecken, die aufgrund ihres persönlichen Status oder persönlicher Merkmale verfolgt werden. Hingegen fallen Individuen, die beispielsweise Verfolgung aufgrund ihres eigenen unrechtmäßigen Handelns fürchten, nicht in den Schutzbereich der Konvention. Internationaler Schutz soll jedoch immer dann greifen, wenn eine Zufügung von schweren Menschenrechtsverletzungen aufgrund eines der genannten Merkmale droht.[547] Die Tatsache, dass dabei viele Individuen, oder sogar die überwiegenden Zahl der Bevölkerung, von Verfolgung betroffen sind, kann nicht dazu führen, dass internationaler Schutz verweigert wird, obwohl er angebracht wäre.[548] Insbesondere macht es aus der Sicht des Individuums keinen Unterschied, ob es verfolgt wird weil es einer kleineren oder einer größeren Gruppe angehört.[549]

---

545 Aleinikoff, in: Feller u.a., Refugee Protection in International Law, S. 263 (266).

546 Siehe statt vieler: Hathaway, The Rights of Refugees under International Law, S. 124 ff. Vgl. auch Canada (Attorney General) v. Ward, [1993] 2 S.C.R., 689 (733); ARK, Urt. v. 8. Juni 2006 i.S. A.I.I., Somalia, EMARK 2006 Nr. 18, Ziff. 7.5.2.; RSAA, Ref. App. No. 74665/03 (7 July 2004), erhältlich unter: www.refugee.org.nz (zuletzt besucht Januar 2013).

547 Steinbock, in: Nicholson/Twomey, Refugee Rights and Realities, S. 13 (20 ff.); Godfrey, 3 J.L. & Pol'y 1994–1995, 257 (285).

548 UNHCR, Richtlinien zum internationalen Schutz: „Zugehörigkeit zu einer bestimmten sozialen Gruppe“ im Zusammenhang mit Artikel 1 A (2) des Abkommens von 1951 bzw. des Protokolls von 1967 über die Rechtsstellung der Flüchtlinge, UN Doc. HCR/GIP/02/02 (7. Mai 2002), Ziff. 18; vgl. auch MIMA v. Khawar, [2002] HCA 14, 210 CLR 1, 187 ALR 574, § 33, per Gleeson CJ (AustLII).

549 Zimmermann, The 1951 Convention, Art. 1A, para 2 Rn. 408; Löhr, Kinderspezifische Auslegung, S. 136; Marx, ZAR 2005, 177 (181); vgl. auch Godfrey, 3 J.L. & Pol'y 1994–1995, 257 (280 ff.).

So ist kein Grund ersichtlich, der eine Andersbehandlung von kleinen und großen Gruppen rechtfertigen könnte. Die Gruppengröße muss demnach für das Vorliegen einer „sozialen Gruppe“ im Sinne der Konvention unerheblich sein.

b) Erfordernis eines freiwilligen Zusammenschlusses/ Zusammengehörigkeitsgefühls

Kennzeichnend für eine soziale Gruppe im Sinne der Soziologie ist, dass sich die Gruppenmitglieder in einem gewissen Maße emotional an diese Gruppe gebunden fühlen und einen Konsens über ihre Mitgliedschaft in der Gruppe aufweisen.[550] Mit dem Gefühl der Zugehörigkeit zu einer Gruppe geht ein bewusstes und freiwilliges Entstehen der Gruppe einher. Es besteht die Überlegung, das Erfordernis eines selbstständigen Zusammenschlusses bzw. eines Zusammengehörigkeitsgefühls auf den Konventionsbegriff zu übertragen.

So geht das amerikanische Berufungsgericht in *Sanchez-Trujillo*[551] davon aus, dass ein freiwilliges, aktives Entstehen der Gruppe erforderlich sei, um eine „soziale Gruppe“ im Sinne der Flüchtlingskonvention bilden zu können. In dem Urteil heißt es:

> „Of central concern is the existence of a voluntary associational relationship among the purported members which imparts some common characteristic that is fundamental to their identity as a member of that discrete social group […].“[552]

Diese Sichtweise verkennt jedoch, dass die Schöpfer der Konvention eben nicht nur sich freiwillig und bewusst zusammenschließende Individuen, denen Verfolgung droht, international schützen wollten. Wie bereits gesehen ist davon auszugehen, dass zwar nicht nur die damals bekannten Gruppen unter das Konventionsmerkmal subsumierbar sein sollten, zumindest aber den Konventionsstaaten an der Einbeziehung auch dieser Gruppen in den Schutzbereich der Konvention gelegen war. Verfolgungen von Gruppen aus der damaligen Praxis, wie beispielsweise die Verfolgung von „Grundbesitzern“, „unabhängigen Geschäftsleuten“, der „Mittelklasse“ und deren Familien beziehen sich jedoch nicht auf Gruppen, die sich aufgrund eines freiwilligen Zusammenschlusses gebildet haben.[553] Es ist davon auszugehen, dass die einzelnen Mitglieder

550 Vgl. Turner, in: Tajfel, Social Identity and Intergroup Relations, S. 15; Neidhardt, in: ders., Gruppensoziologie, S. 12 (15).

551 Sanchez-Trujillo v. INS, 801 F.2d 1571 (9th Cir. 1986).

552 Sanchez-Trujillo v. INS, 801 F.2d 1571 (9th Cir. 1986), Ziff. 27 (Refworld).

553 Vgl. Compton, 62 Wash. L. Rev. 1987, 913 (926); vgl. auch Goodwin-Gill/McAdam, The Refugee in International Law, S. 78.

nicht einmal miteinander bekannt sind, zumindest aber wird es ihnen an einem Zusammenhalt fehlen. Zwar ist denkbar, dass sich „Grundbesitzer“ oder „unabhängige Geschäftsleute“ zusammenschließen um gemeinsame Interessen zu vertreten.[554] Zu beachten ist jedoch, dass dies nicht zwangsläufig geschieht und von der Verfolgung dann auch nicht allein Angehörige dieser sich zusammenschließenden Gruppe betroffen wären. Es ist daher davon auszugehen, dass auch die nicht formalen Mitglieder dieser Gruppen in den Schutzbereich der Konvention einbezogen werden sollten. Familienmitglieder mögen zwar zumeist ein Zusammengehörigkeitsgefühl empfinden, sie sind hingegen zum Teil unfreiwillig miteinander verbunden.[555]

Ferner kann das Erfordernis eines freiwilligen Zusammenschlusses und des Vorhandenseins eines Zusammengehörigkeitsgefühls im Hinblick auf Ziel und Zweck der Konvention nicht überzeugen. Um dem der Konvention zugrunde liegenden Schutzgedanken zur größtmöglichen Wirksamkeit zu verhelfen, ist das Merkmal der „sozialen Gruppe“ weit auszulegen. Der Begriff ist entwicklungsoffen und soll die vielfältigen und sich wandelnden Erscheinungsformen sozialer Gruppen erfassen.[556] Die Forderung nach einer kohäsiven und freiwillig zusammentretenden Gruppe führt dabei zu einer unangemessenen Verengung des Schutzbereichs. Für die Schutzbedürftigkeit des Einzelnen kommt es nicht darauf an, ob sich die Gruppe, der er angehört freiwillig zusammengeschlossen hat und von einem Zusammengehörigkeitsgefühl geprägt wird.[557]

So handelt es sich beispielsweise bei Menschen, die aufgrund ihrer Homosexualität oder ihres Geschlechts Verfolgung fürchten nicht um Gruppen, deren Anhänger sich freiwillig zusammengefunden haben. Es ist davon auszugehen, dass

---

554 Vgl. Goodwin-Gill/McAdam, The Refugee in International Law, S. 78.

555 Merkwürdigerweise ist das Gericht in Sanchez-Trujillo aber der Ansicht, dass Familien typischerweise eine soziale Gruppe im Sinne der Konvention bilden, Sanchez-Trujillo v. INS, 801 F.2d 1571 (9th Cir. 1986), Ziff. 28 (Refworld). Siehe für weitere Nachweise aus der Rechtsprechung auch Aleinikoff, in: Feller u.a., Refugee Protection in International Law, S. 263 (278, Fn. 63).

556 Marx, in: Hofmann/Löhr, Europäisches Flüchtlings- und Einwanderungsrecht, S. 115 (129).

557 Vgl. Islam v. SSHD and Anor, Ex Parte Shah, R v., [1999] UKHL 20 (25 March 1999), abgedruckt in: 11 IJRL 1999, 496 (511), per Lord Hoffmann; Löhr, Kinderspezifische Auslegung, S. 136 f.; Marx, ZAR 2005, 177 (178 f.); Zimmermann, The 1951 Convention, Art. 1A, para 2 Rn. 410. Vgl. auch Fullerton, 26 Cornell Int'l L.J. 1993, 505 (557). Auch der United States Court of Appeals verzichtet in Hernandez-Montiel v. INS, 225 F.3d 1084 (9th Cir. 2000) auf dieses Erfordernis.

sich die Mitglieder solcher Gruppen gegenseitig nicht einmal bekannt sind. Zumindest aber wird es ihnen wohl an einem inneren Zusammenhalt fehlen.[558] In der Praxis wurden beispielsweise bereits Frauen als „bestimmte soziale Gruppe“ im Sinne der Konvention anerkannt.[559] Auch der UNHCR geht in seinen Richtlinien zum internationalen Schutz davon aus, dass Frauen unter gewissen Umständen eine solche Gruppe bilden können.[560] Dadurch, dass es nach Ansicht des Exekutivorgans des Hohen Kommissars für Flüchtlinge den Staaten freisteht, „weibliche Asylsuchende, die harte oder unmenschliche Behandlung zu erwarten haben, weil sie gegen den sozialen Sittenkodex in der Gesellschaft, in der sie leben, verstoßen haben, [als] eine ‚bestimmte soziale Gruppe‘ im Sinne von Art. 1 A (2) der UN-Flüchtlingskonvention von 1951 [...]“[561] anzuerkennen, folgt, dass auch das Exekutivorgan einen freiwilligen Zusammenschluss bzw. ein Zusammengehörigkeitsgefühl nicht für ein notwendiges Kriterium der „sozialen Gruppe“ im Sinne der Flüchtlingskonvention hält.

c) Erfordernis unmittelbarer Beziehungen/Verfolgung eines Gruppenziels

Ein weiteres Kriterium, das eine soziale Gruppe im Sinne der Soziologie ausmacht, ist neben der Zahl und dem Zusammengehörigkeitsgefühl der Mitglieder ein gewisser Grad an Kommunikation und Interaktion der einzelnen Gruppenmitglieder.[562] Auch die Verfolgung eines gemeinsamen Ziels bildet nach soziologischer Betrachtung ein Merkmal der sozialen Gruppe.

Der amerikanischen Court of Appeals legt diese Kriterien der soziologischen Begriffsbestimmung in der Entscheidung *Sanchez-Trujillo*[563] seinen Erwägungen zugrunde und ist in Bezug auf den Konventionsbegriff der Ansicht, dass

---

558 Vgl. Aleinikoff, in: Feller u.a., Refugee Protection in International Law, S. 263 (278).

559 Vgl. die Nachweise bei Jensen, Frauen im Asyl- und Flüchtlingsrecht, S. 139; UNHCR, Richtlinien zum internationalen Schutz: „Zugehörigkeit zu einer bestimmten sozialen Gruppe“ im Zusammenhang mit Artikel 1 A (2) des Abkommens von 1951 bzw. des Protokolls von 1967 über die Rechtsstellung der Flüchtlinge, UN Doc. HCR/GIP/02/02 (7. Mai 2002), Ziff. 15.

560 Vgl. UNHCR, Richtlinien zum internationalen Schutz: „Zugehörigkeit zu einer bestimmten sozialen Gruppe“ im Zusammenhang mit Artikel 1 A (2) des Abkommens von 1951 bzw. des Protokolls von 1967 über die Rechtsstellung der Flüchtlinge, UN Doc. HCR/GIP/02/02 (7. Mai 2002), Ziff. 15.

561 Vgl. UNHCR-Exekutivkomitee, Beschluss Nr. 39 (XXXVI) 1985, lit. k.

562 Vgl. Neidhardt, in: Köner Zeitschrift für Soziologie und Sozialpsychologie 31 (1979), 639 (642).

563 Sanchez-Trujillo v. INS, 801 F.2d 1571 (9th Cir. 1986).

„[…] the phrase 'particular social group' implies a collection of people closely affiliated with each other, who are actuated by some common impulse or interest.“[564]

Bei einer „bestimmten sozialen Gruppe“ im Sinne der Konvention muss es sich nach Ansicht des Gerichts also um eine homogene Gruppe handeln, deren Mitglieder eng miteinander verbunden sind und von einem gemeinsamen Interesse geleitet werden.

Ein solches Verständnis des Konventionsbegriffs führt, genau wie die Zugrundelegung der übrigen Kriterien die zur Bestimmung von sozialen Gruppen im Sinne der Soziologie herangezogen werden, zu einer Schmälerung des Schutzbereiches, der von den Schaffern der Konvention offensichtlich nicht gewollt war. Es ist davon auszugehen, dass innerhalb der damals bekannten und als schützenswert erachteten Gruppen wie „unabhängigen Geschäftsleuten“ oder „Kapitalisten“ ebenso wenig eine wiederkehrende Interaktion stattfindet wie beispielsweise zwischen Menschen, die Verfolgung aufgrund ihrer Homosexualität oder ihres Geschlechts fürchten. In den Fällen, in denen die Praxis beispielsweise bereits Frauen als „soziale Gruppe“ im Sinne der Konvention anerkannte, wurde hierfür nicht verlangt, dass die Frauen aufgrund des gemeinsamen Merkmals des „Geschlechts“ untereinander in Beziehung standen.[565]

Wie bereits gesehen müssen die einzelnen Gruppenmitglieder nicht einmal miteinander bekannt sein, um eine „soziale Gruppe“ im Sinne der Konvention bilden zu können.[566] Die Forderung nach einer über die bloße Bekanntschaft hinausgehenden Kommunikation und Interaktion ist dogmatisch und vor allem im Hinblick auf den Willen der Konventionsgründer erst recht nicht zu rechtfertigen.

Sofern zur Bekräftigung dieser Ansicht auf die übrigen Verfolgungsgründe abgestellt wird,[567] wird auf obige Argumentation verwiesen. Zwar verlangen auch die anderen Verfolgungsmerkmale nicht, dass beispielsweise die Mitglieder einer

564 Sanchez-Trujillo v. INS, 801 F.2d 1571 (9th Cir. 1986), Ziff. 27 (Refworld).

565 Vgl. die Nachweise bei Jensen, Frauen im Asyl- und Flüchtlingsrecht, S. 139; siehe auch UNHCR, Richtlinien zum internationalen Schutz: „Zugehörigkeit zu einer bestimmten sozialen Gruppe“ im Zusammenhang mit Artikel 1 A (2) des Abkommens von 1951 bzw. des Protokolls von 1967 über die Rechtsstellung der Flüchtlinge, UN Doc. HCR/GIP/02/02 (7. Mai 2002), Ziff. 15; UNHCR-Exekutivkomitee, Beschluss Nr. 39 (XXXVI) 1985, lit. k.

566 Siehe D.III.1.b).

567 Vgl. UNHCR, Richtlinien zum internationalen Schutz: „Zugehörigkeit zu einer bestimmten sozialen Gruppe“ im Zusammenhang mit Artikel 1 A (2) des Abkommens von 1951 bzw. des Protokolls von 1967 über die Rechtsstellung der Flüchtlinge, UN Doc. HCR/GIP/02/02 (7. Mai 2002), Ziff. 15.

Glaubensgemeinschaft einander bekannt sind oder miteinander Umgang pflegen. Eine Auslegung des Konventionsmerkmals der „sozialen Gruppe“, die unter Bezugnahme auf die Bedeutung der übrigen Verfolgungsgründe erfolgt, wird jedoch nicht für zwingend befunden.[568]

Der in *Sanchez-Trujillo*[569] angewandte Maßstab wurde von weiten Teilen der Lehre[570] als zu streng kritisiert und wird insbesondere von der australischen[571] und britischen[572] Rechtsprechung explizit abgelehnt.[573]

d) Fazit

Vor allem aus Schutzzweckerwägungen können keine soziologischen Kriterien zur Bestimmung des Konventionsbegriffs herangezogen werden. Sie würden zu einer Verengung des Schutzbereiches führen, der mit dem Grundgedanken der Konvention nicht vereinbar ist.

2. Auslegung nach völkerrechtlichen Grundsätzen

Im Folgenden wird der Begriff der „bestimmte sozialen Gruppe“ anhand der eingangs verdeutlichten allgemeinen Grundsätze zur Auslegung des Völkervertragsrechts konkretisiert. Ausgangspunkt jeder Auslegung ist der („*bona fide*“) zu ermittelnde Wortsinn der betreffenden Vertragsbestimmung in seiner „gewöhnlichen“ Bedeutung („*plain meaning rule*“).[574] Aufgrund der Unbestimmtheit und Offenheit des Verfolgungsmerkmals ist ein alleiniges Abstellen auf die wörtliche Auslegungsmethode jedoch wenig angebracht.[575] Der Begriff kann nur vollständig erfasst werden, wenn er gemäß der systematischen und der teleologischen

568 Siehe D.III.1.a).

569 Sanchez-Trujillo v. INS, 801 F.2d 1571 (9th Cir. 1986).

570 Vgl. nur Aleinikoff, in: Feller u.a., Refugee Protection in International Law, S. 263 (277); Compton, 62 Wash. L. Rev. 1987, 913 (921 ff.); Godfrey, 3 J.L. & Pol’y 1994–1995, 257 (266 ff.); Fullerton, 26 Cornell Int’l L.J. 1993, 505 (555 f.); Thomas, 2 BYU L. Rev. 1999, 799 (805 f.).

571 Applicant A. v. MIEA, [1997] HCA 4, 190 CLR 225, 142 ALR 331 (341) per Dawson J, (360 f.) per McHugh J.

572 Islam v. SSHD and Anor, Ex Parte Shah, R v., [1999] UKHL 20 (25 March 1999), abgedruckt in: 11 IJRL 1999, 496.

573 Aleinikoff, in: Feller u.a., Refugee Protection in International Law, S. 263 (277).

574 Heintschel von Heinegg, in: Ipsen, Völkerrecht, § 11 Rn 6.

575 Vgl. Kälin, 3 IJRL 1991, 435 (444 f.).

Auslegungsmethode im Lichte des Ziels und Zwecks der Genfer Flüchtlingskonvention interpretiert wird.

a) Gruppe

Der englische Begriff „group“ wird definiert als „[a]n assemblage of persons, animals, or material things, standing near together, so as to form a collective unity“[576] sowie „[a] number of persons or things regarded as forming a unity on account of any kind of mutual or common relation, or classed together on account of certain degree of similarity“.[577,578] Das französische Wort „groupe“ wird im Zusammenhangd mit dem Wort „social“ definiert als „ensemble de personnes liées sous un certain rapport (condition sociale, besoins, intérêts, goûts, opinions, activités, etc.) et qui ont des comportements communs.“[579] Eine „Gruppe“ ist eine „kleinere Anzahl von (zufällig) zusammengekommenen, dicht beieinanderstehenden oder nebeneinanderstehenden Personen (die als eine geordnete Einheit erscheinen)“[580], bzw. eine „nach gemeinsamen Merkmalen vorgenommene Unterteilung, Klassifizierung“[581] sowie eine „Gemeinschaft, Kreis von Menschen, die aufgrund bestimmter Gemeinsamkeiten zusammengehören, sich aufgrund gemeinsamer Interessen, Ziele zusammengeschlossen haben“.[582]

Demnach setzt der Begriff in allen drei Sprachen den Bestand eines Kollektivs voraus. Im Zusammenhang mit der Flüchtlingskonvention ist allein die Verbindung von Personen relevant. Teilweise wird von der deutschen Definition, im Gegensatz zur englischen und französischen, nur eine kleinere Anzahl von Personen als Gruppe verstanden. Dieses Verständnis ist jedoch nicht zwingend, wie die beiden letztgenannten Definitionen zeigen. Auch ist davon auszugehen, dass der Gesetzgeber nicht von der dem Begriff in den beiden authentischen

576 Oxford English Dirctionary, Online-Ausgabe, www.oed.com (zuletzt besucht Januar 2013).

577 Oxford English Dirctionary, Online-Ausgabe, www.oed.com (zuletzt besucht Januar 2013).

578 Vgl. hierzu und zu Nachfolgendem, von Thenen, Geschlechtsspezifische Flucht- und Bleibegründe, S. 200 ff.

579 Grand Larousse de la langue française, III, S. 2331.

580 Duden, Deutsches Universalwörterbuch, Online-Ausgabe, www.duden.de (zuletzt besucht Januar 2013).

581 Duden, Deutsches Universalwörterbuch, Online-Ausgabe, www.duden.de (zuletzt besucht Januar 2013).

582 Duden, Deutsches Universalwörterbuch, Online-Ausgabe, www.duden.de (zuletzt besucht Januar 2013).

Vertragssprachen zukommenden Bedeutung hat abweichen wollen.[583] Somit ist festzuhalten, dass die Größe des Kollektivs für die Bestimmung des Tatbestandmerkmals der Gruppe auch nach der gewöhnlichen Wortbedeutung kein maßgebendes Kriterium darstellt.[584]

Der englischen Wortbedeutung zufolge bezeichnet der Begriff der Gruppe sowohl den freiwilligen Zusammenschluss von Personen, als auch die Zusammenführung von Personen zu einer Einheit durch andere („classed together“). Es kommt somit nicht darauf an, ob sich die Mitglieder der Gruppe aufgrund eigener Initiative zusammenschließen, oder ob sie von außen zu einem Kollektiv zusammengefasst werden. Die französische Wortbedeutung erfasst ebenfalls beide Konstellationen. So umfasst die Bestimmung „liées sous un certain rapport“ die Gruppe als einen willentlichen Zusammenschluss; die offene Formulierung „ayant des charactères en commun“ lässt hingegen auch die Einbeziehung von durch Dritte zusammengeführten Einheiten in den Begriff der „groupe“ zu.[585]

Für dieses Ergebnis spricht zudem ein Rückschluss aus der gewöhnlichen Bedeutung des Wortes „groupement“, für das der willentliche Zusammenschluss von Personen bedeutender ist als für eine „groupe“: „REM. Groupement désigne une réunion généralement plus importante que groupe [...] et lorsqu'il s'agit des personnes, insiste plus que groupe sur le caractère consenti, volontaire de l'union“.[586,587] Im Hinblick auf die gewöhnliche Bedeutung des deutschen Begriffs der „Gruppe“, ergibt sich an dieser Stelle keine Besonderheit. Erfasst ist auch hier sowohl die von außen vorgenommene Unterteilung als auch der Kreis von Menschen, die sich (freiwillig) zusammengeschlossen haben.[588]

Aus den Worten „unity“ und „ensemble“ ist ebenso wie aus dem deutschen Begriff der „geordneten Einheit“ zu folgern, dass es sich um einen Zusammenschluss von Personen handeln muss, der eine gesonderte Einheit bildet; das heißt, er muss als unterscheidbare Einheit wahrgenommen werden können.[589]

583 Von Thenen, Geschlechtsspezifische Flucht- und Bleibegründe, S. 201.

584 Vgl. UNHCR, Richtlinien zum internationalen Schutz: „Zugehörigkeit zu einer bestimmten sozialen Gruppe“ im Zusammenhang mit Artikel 1 A (2) des Abkommens von 1951 bzw. des Protokolls von 1967 über die Rechtsstellung der Flüchtlinge, UN Doc. HCR/GIP/02/02 (7. Mai 2002), Ziff. 18.

585 Vgl. von Thenen, Geschlechtsspezifische Flucht- und Bleibegründe, S. 201.

586 Le Grand Robert, III, S. 1581.

587 Vgl. von Thenen, Gelschlechtsspezifische Flucht- und Bleibegründe, S. 201.

588 Vgl. auch die Ausführungen unter D.III.1.b).

589 Vgl. hierzu und zu Nachfolgendem von Thenen, Geschlechtsspezifische Flucht- und Bleibegründe, S. 201.

Dabei macht es keinen Unterschied, ob diese Einheit von außen als anders geartet wahrgenommen wird, oder ob allein die Mitglieder der Gruppe, die sich willentlich zusammengeschlossen haben, ihren Zusammenschluss als gesonderte Einheit betrachten.

Ein Zusammenschluss von Personen ist für Außenstehende unterscheidbar und daher als Einheit zu begreifen, wenn die Mitglieder dieser Personenverbindung ein Merkmal auf sich vereinen, das die Einordnung dieser Personen in die Gruppierung bestimmt. Dabei ist es ausreichend, dass die Gruppe von nur einem Beobachter als abgrenzbare Einheit aufgrund nur eines gemeinsamen Kennzeichens wahrgenommen wird. Denkbar ist beispielsweise eine rein statistische Gruppierung nach Alter, Fußgröße oder Augenfarbe.

b) Soziale Gruppe

Dem englischen Wort „social“ kommt im Zusammenhang mit dem Wort „group“ die Bedeutung „[p]ertaining, relating, or due to, connected with, etc., society as a natural or ordinary condition of human life“[590] zu. Damit bezeichnet es eine Gruppe, die mit der Gesellschaft in Verbindung steht, die einen Teil der Gesellschaft bildet.[591] Zudem kann der Begriff in diesem Zusammenhang auch eine Gruppe, „consisting or composed of people associated together for friendly interaction or companionship“[592], bzw. „a number of individuals associated or aggregated together to a greater or lesser degree, either because they share certain features, as class, ethnicity, etc., or (esp. *Social Sciences*) be-

---

590 The Oxford English Dictionary, XV, S. 905.

591 Vgl. die Ausführungen von Dawson J. in Applicant A. v. MIEA: „A ‘group’ is a collection of persons. As Lockhart J pointed out in *Morato v Minister for Immigration*, the word ‘social’ is of wide import and may be defined to mean ‘pertaining, relating, or due to … society as a natural or ordinary condition of human life’. ‘Social’ may also be defined as ‘capable of being associated or united to others’ or ‘associated, allied, combined’. The adjoining of ‘social’ to ‘group’ suggests that the collection of persons must be of a social character, that is to say, the collection must be cognisable as a group in society such that its members share something which unites them and sets them apart from society at large. […] A particular social group, therefore, is a collection of persons who share a certain characteristic or element which unites them and enables them to be set apart from society at large. That is to say, not only must such persons exhibit some common element; the element must unite them, making those who share it a cognisable group within their society.“ Applicant A. v. MIEA, [1997] HCA 4, 190 CLR 225, 142 ALR 331 (340 f.), per Dawson J, zit. ohne Nachweise.

592 Oxford English Disctionary, Online-Ausgabe, www.oed.com (zuletzt besucht Januar 2013).

cause they are bound together by patterns of interaction“[593], bezeichnen. Diese Wortbedeutung ist deutlich enger als die erstgenannte. Ihr zufolge bezeichnet eine „soziale Gruppe“ eine relativ geringe Anzahl von Menschen, die von gemeinsamen Interessen geleitet, miteinander verbunden sind und eine homogene Gemeinschaft bilden.[594]

Dem französischen Wort „social“ kommt hingegen im Zusammenhang mit dem Wort „groupe“ allein erstere Bedeutung zu, nämlich „[q]ui concerne la société“[595], „relatif à la société“[596], „[d]e la société“[597] bzw. „[q]ui se rapporte à une société“[598], „[qui] forme une société ou un élément de société“[599]. Auch das deutsche Wort „sozial“ kann im Zusammenhang mit „Gruppe“ allein „die Gesellschaft und besonders ihre ökonomische und politische Struktur betreffend“[600] bzw. „das Zusammenleben der Menschen in Staat und Gesellschaft betreffend, auf die menschliche Gemeinschaft, Gesellschaft bezogen [...]“[601] bedeuten.

Fraglich ist, welche Bedeutung für die Begriffsbestimmung der „sozialen Gruppe“ i.S.d. Flüchtlingskonvention entscheidend ist. Ist zwingend auf die den beiden authentischen Sprachen gemeinsame Bedeutung abzustellen, oder ist auch eine Auslegung nach der dem Begriff allein in einer der maßgeblichen Vertragssprachen zukommenden Bedeutung zulässig? Die WVRK enthält diesbezüglich keine eindeutige Regelung. Art. 33 Abs. 4 WVRK bestimmt für den Fall, dass „ein Vergleich der authentischen Texte einen Bedeutungsunterschied aufdeckt, der durch die Anwendung der Artikel 31 und 32 nicht ausgeräumt werden kann“[602], dass „diejenige Bedeutung zugrunde gelegt [wird], die unter Berücksichtigung von Ziel und Zweck des Vertrags die Wortlaute am besten

593 Oxford English Disctionary, Online-Ausgabe, www.oed.com (zuletzt besucht Januar 2013).

594 Ein solches Verständnis entspricht der Bedeutung der sozialen Gruppe in der Soziologie, siehe hierzu D.III.1.

595 Littré, dictionnaire de la langue française, Online-Ausgabe, www.littre.reverso.net (zuletzt besucht Januar 2013).

596 Grand Larousse de la langue française, VI, 5555.

597 Le Grand Robert, VI, S. 469.

598 Larousse, Online-Ausgabe, www.larousse.com (zuletzt besucht Januar 2013).

599 Le Grand Robert, VI, S. 496.

600 Duden, Deutsches Universalwörterbuch, Online-Ausgabe, www.duden.de (zuletzt besucht Januar 2013).

601 Duden, Deutsches Universalwörterbuch, Online-Ausgabe, www.duden.de (zuletzt besucht Januar 2013).

602 Art. 33 Abs. 4 WVRK.

miteinander in Einklang bringt.“[603] Die hier gegebene Situation ist jedoch anders geartet. Es liegt nicht zwingend ein Bedeutungsunterschied vor, da dem auszulegenden Begriff in den authentischen Sprachen neben einer weiteren Bedeutung auch eine gemeinsame Bedeutung zukommt. Art. 33 Abs. 3 WVRK stellt die Vermutung auf, „dass die Ausdrücke des Vertrags in jedem authentischen Text dieselbe Bedeutung haben.“ Demnach bedarf es für einen Rückgriff auf die besondere, dem Begriff nur in einer der authentischen Vertragssprachen zukommenden Bedeutung, bei gleichzeitigem Vorhandensein einer den authentischen Sprachen gemeinsamen Bedeutung, einer gesonderten Begründung. Indessen ist die Existenz einer gemeinsamen Bedeutung in den verbindlichen Sprachen als Indiz für die Maßgeblichkeit eben dieser Bedeutung zu werten.[604] Diese, auch als „Gemeinsamer-Nenner-Regel“[605] bezeichnete Auslegungsregel wurde vom Ständigen Internationalen Gerichtshof im Urteil im Mavrommatiskonzessionen-Fall[606] angewendet. Entscheidend sei, dass der Parteiwille zumindest in dem Maße, in dem die Sprachbedeutungen identisch sind, übereinstimme.[607] Hingegen würde eine Auslegung, die allein auf die dem Begriff in einer der maßgeblichen Sprachfassungen zukommenden Bedeutung abstellt, die Wirksamkeit der anderen Sprachfassung unterlaufen.[608] Zudem spricht für das Abstellen auf die Bedeutung, die dem Begriff in beiden authentischen Sprachen gemeinsam ist, dass der in Rede stehende Begriff auch in der deutschen Übersetzung nur eben diese Bedeutung haben kann.

---

603 Gemäß Art. 33 Abs. IV i.V.m. Abs. 1 WVRK gilt dies sofern weder aus dem Vertrag, noch aus Vereinbarungen der Parteien ersichtlich ist, dass bei Abweichungen ein bestimmter Vertragstext vorgehen soll.

604 Mössner, ArchVölkR 15 (1971/72), 273 (284); Bleckmann, Völkerrecht, Rn. 352.

605 Vgl. Mössner, ArchVölkR 15 (1971/72), 273 (284 f.).

606 PCIJ, Rep. 1924, S. 19 ff.

607 PCIJ, Rep. 1924, S. 19. Nach a.A. ist in einem solchen Fall der Bedeutungsinhalt aller Sprachen zu kumulieren. Welche Bedeutung letztlich maßgeblich ist, sei anhand der anderen Auslegungsregelungen zu ermitteln. Vgl. Bleckmann, Völkerrecht, Rn. 352; vgl. auch die Kritik an der „Gemeinsamer-Nenner-Regel“ von Mössner, ArchVölkR 15 (1971/72), 273 (284) m.w.N. Wie bereits gesehen (D.III.1.), spielt weder die Größe der Gruppe für das Verfolgungsmerkmal eine Rolle, noch bilden ein freiwilliger Zusammenschluss oder unmittelbare Beziehungen der Gruppenmitglieder ein notwendiges Kriterium der „sozialen Gruppe“ i.S.d. Flüchtlingskonvention. Folglich ergibt sich auch unter Zugrundelegung dieser Ansicht kein abweichendes Ergebnis.

608 PCIJ, Rep. 1924, S. 20.

Eine generell restriktive Auslegung, die zur Auflösung von Textdivergenzen beispielsweise auf den Text, der die geringsten Verpflichtungen enthält[609] abstellt, würde dem grundlegenden Prinzip der Gleichheit aller verbindlichen Texte, nicht gerecht werden.[610]

Die Heranziehung der dem Begriff allein in der englischen Sprache zukommenden Bedeutung ist daher nur für den Fall möglich, dass „social“ in Zusammenhang mit „group“ allein im Sinne einer kleinen, gleichartigen und eng miteinander verbundenen Gruppe verstanden werden kann, und der Unterschied zwischen dieser Bedeutung und der französischen Wortbedeutung „gesellschaftliche Gruppe“ unter Heranziehung der anderen Auslegungsmethoden zu Gunsten eben dieser Bedeutung zu lösen ist (vgl. Art. 33 Abs. 4 WVRK).[611] Aus den weiteren Auslegungsmethoden ergeben sich aber keine deutlichen Hinweise auf ein solch enges Verständnis. Wie bereits gezeigt wurde,[612] ist ein Begriffsverständis, das den Kriterien einer soziologischen Betrachtungsweise entspricht, in Bezug auf den Willen der Konventionsgründer bzw. aus Schutzzweckerwägungen vielmehr abzulehnen. Auch kommt dem Begriff „social“, wie dargestellt, im Zusammenhang mit „group“ neben einer engeren auch eine weite Bedeutung zu. Maßgeblich muss daher die beiden authentischen Sprachen gemeinsame Bedeutung sein. Der Wortbedeutung zufolge, ist eine „soziale Gruppe“ demnach allein im Sinne von „Gruppe in der Gesellschaft“ zu verstehen.[613]

c) Bestimmte *soziale Gruppe*

Nach dem Wortlaut der Konvention muss es sich um eine „*bestimmte* soziale Gruppe“ handeln. Sowohl in der in der US-amerikanischen[614] als auch in der kanadischen Rechtsprechung[615] wurde mit Bezug auf die Bedeutung des Wortes „particular“ gefolgert, dass große Teile der Bevölkerung keine „bestimmte soziale Gruppe“ im Sinne der Konvention bilden könnten. Personen, die einer größeren

609 Dahm/Delbrück/Wolfrum, Völkerrecht, Bd. I/3, S. 648; Brownlie, Principles of Public International Law, S. 606.

610 Hilf, Die Auslegung mehrsprachiger Verträge, S. 95 ff.; vgl. auch Mössner, ArchVölkR 15 (1971/1972), 273 (275 ff.).

611 Vgl. von Thenen, Geschlechtsspezifische Flucht- und Bleibegründe, S. 203.

612 Siehe unter D.III.1.

613 Ebenso von Thenen, Geschlechtsspezifische Flucht- und Bleibegründe, S. 203; Compton, 62 Wash. L. Rev. 1987, 913 (923).

614 Vgl. Sanchez-Trujillo v. INS, 801 F.2d 1571 (9th Cir. 1986), Ziff. 27 (Refworld).

615 Vgl. Mayers v. Canada, [1993] 97 DLR 729, Ziff. 51.

Bevölkerungsgruppe angehören, hätten normalerweise unterschiedliche Lebensgewohnheiten, Interessen und politische Ansichten etc.[616]

„Particular“ bedeutet „belonging or relating to one person or thing as distinguished from another“.[617] Das Adjektiv „certain“ bezeichnet in seiner Stellung nach einem unbestimmten Artikel und vor dem Substantiv, auf das es Bezug nimmt, „[…] une indétermination. Désigne une quantité donnée, un moment déterminé, une attitude particulière …, mais non précise[618]. Die Wörter „distinguished”, „déterminé“ und „particuliére“ drücken aus, dass die soziale Gruppe tatsächlich identifizierbar sein muss.[619] Eine Begrenzung des Schutzes auf den Bereich einer ganz bestimmten Gruppe wird durch sie jedoch nicht indiziert.[620] Auch wenn das deutsche Wort „bestimmt“, dessen allgemeine Bedeutung „inhaltlich festgelegt, genau umrissen, klar, deutlich“[621] oder auch „genau festgesetzt, festgelegt, begrenzt“[622] ist, auf eine Größenbegrenzung der Gruppe hindeutet, kann dies im Hinblick auf die Bedeutung des Konventionstextes in den beiden authentischen Sprachen nicht zu einer Beschränkung des Schutzes auf Gruppen bestimmter Größen führen.

Auch der Wortbedeutung, sowohl des englischen als auch des französischen Begriffs, kann eine Größenbeschränkung weder unmittelbar noch mittelbar entnommen werden.[623] Eine Gruppe kann, obwohl sie die Mehrheit der Bevölkerung eines Staates ausmacht, eindeutig als Gruppe identifizierbar sein, wie beispielsweise die „Schwarzen“ zu Zeiten der Apartheid in Südafrika.[624] Eine Begrenzung der Gruppengröße lässt sich daher auch nicht unter Berufung auf die gewöhnliche Wortbedeutung rechtfertigen.

---

616 Vgl. Sanchez-Trujillo v. INS, 801 F.2d 1571 (9th Cir. 1986), Ziff. 27 f. (Refworld).

617 Oxford English Disctionary, Online-Ausgabe, www.oed.com (zuletzt besucht Januar 2013).

618 Le Grand Robert, I, S. 2067.

619 Vgl. die Ausführungen von Dawson J. in Applicant A. v. MIEA: „The word ‘particular’ in the definition merely indicates that there must be an identifiable social group such that a group can be pointed to as a particular social group.“ Applicant A. v. MIEA, [1997] HCA 4, 190 CLR 225, 142 ALR 331 (341), per Dawson J.

620 Compton, 62 Wash. L. Rev. 1987, 913 (923).

621 Duden, Deutsches Universalwörterbuch, Online-Ausgabe, www.duden.de (zuletzt besucht Januar 2013).

622 Brockhaus Wahrig, Deutsches Wörterbuch, S. 648.

623 So auch von Thenen, Geschlechtsspezifische Flucht- und Bleibegründe, S. 202. Im Ergebnis so auch Marx, ZAR 2005, 177 (179).

624 Von Thenen, Geschlechtsspezifische Flucht- und Bleibegründe, S. 202.

d) Konkretisierung

Zu konkretisieren bleibt, was eine „Gesellschaft“ ausmacht, und unter welchen Voraussetzungen eine Gruppe in der Gesellschaft existiert.

aa) Begriff der Gesellschaft

Das englische Wort „society“ bedeutet: „The state or condition of living in company with other people; the system of customs and organization adopted by a group of people for harmonious coexistence or mutual benefit […]“[625] bzw. „[t]he aggregate of persons living together in a community, esp. one having shared customs, laws, and institutions.“[626] Dem französischen Wort „société“ kommt eine ähnliche Bedeutung zu: „Ensemble des individus entre lesquels existent des rapports durables et organisés […], le plus souvent établis en institutions et garantis par des sanctions; milieu humain par rapport aux individus, ensemble des forces du milieu agissant sur les individus (contrainte sociale)“[627]; und auch das deutsche Wort „Gesellschaft“ hat eine entsprechende Bedeutung: „Gesamtheit der Menschen, die zusammen unter bestimmten politischen, wirtschaftlichen und sozialen Verhältnissen leben“[628]. Staaten, aber auch stabilisierte *de facto* Regime können eine solche organisierte und dauerhafte Einheit bilden. Im Einzelfall können aber auch Ethnien, die nach einem eigenen Ordnungssystem leben, als „Gesellschaft“ verstanden werden, sofern die eigentliche Staatsgewalt keine bzw. nur eine deutlich untergeordnete Rolle spielt.[629]

bb) Bestehen der Gruppe/Erkennbarkeit in der Gesellschaft

Bei der Beantwortung der Frage unter welchen Voraussetzungen eine Gruppe in der Gesellschaft existiert, ist zwischen den Gruppen, die von innen heraus entstehen, und denen die von außen gebildet werden, zu differenzieren.[630]

---

625 The Oxford English Dictionary, Online-Ausgabe, www.oed.com (zuletzt besucht Januar 2013).

626 The Oxford English Dictionary, Online-Ausgabe, www.oed.com (zuletzt besucht Januar 2013).

627 Petit Robert, VIII, S. 808.

628 Duden, Deutsches Universalwörterbuch, Online-Ausgabe, www.duden.de (zuletzt besucht Januar 2013).

629 Vgl. von Thenen, Geschlechtsspezifische Flucht- und Bleibegründe, S. 204.

630 Vgl. hierzu und zu Nachfolgendem von Thenen, Geschlechtsspezifische Flucht- und Bleibegründe, S. 204 ff.

(1) Erkennbarkeit endogener Gruppen

Kennzeichnend für eine Gruppe, deren Mitglieder sich (freiwillig) zusammengeschlossen haben, sind die Beziehungen der Mitglieder untereinander. Ein solches Gebilde kann nur in der Gesellschaft bestehen, wenn es von ihr unterscheidbar ist. Unterscheidbar von der übrigen Gesellschaft ist eine solche Gruppe dann, wenn sie Eigenständigkeit erlangt, d.h. wenn ihre Mitglieder ein gemeinsames Ziel verfolgen und/oder einen eigenen Namen für ihre Gemeinschaft wählen. Das gemeinsam definierte Ziel, welches die Gruppenmitglieder verfolgen, kann unterschiedlichster Art sein. Beispielsweise können gemeinsame Interessen oder Anschauungen vertreten, Aktivitäten ausgeübt oder Erfahrungen ausgetauscht werden.[631]

Eine Einschränkung hinsichtlich gesamtgesellschaftlicher Interessen lässt sich dem Wortlaut, ausgehend von der natürlichen Wortbedeutung, nicht entnehmen.[632] Wird ein gemeinsames Ziel definiert und/oder der Einheit ein bestimmter Name gegeben, wird die Gruppe zu etwas Eigenständigem, von der Gemeinschaft Abgrenzbarem. Zumeist entwickeln die Gruppenmitglieder gleichzeitig ein Gemeinschaftsgefühl.[633] Fraglich ist, ob die Gruppenmitglieder hierfür in einer unmittelbaren Beziehung zueinander stehen *müssen, so dass zwischen ihnen eine Interaktion möglich ist. Dies wäre beispielsweise bei Familien oder* Mitgliedern eines Sportclubs der Fall. Ein Gemeinschaftsgefühl kann jedoch nicht nur durch persönlichen Kontakt, sondern auch durch eine formelle Mitgliedschaft vermittelt werden.[634] Das ist bei größeren Gruppen, wie z.B. Parteien, Gewerkschaften, Vereinen und Verbänden gegeben. Trotz größerer Mitgliederzahl und komplexeren Sozialstrukturen kommt es zumeist zu der Entwicklung eines „Wir-Gefühls“, mit dem ein gewisses Maß an emotionaler Bindung einhergeht. Demnach ist eine Vielzahl von Gruppen in der Gesellschaft unterscheidbar. Denkbar und wahrscheinlich ist es, dass die Mitglieder nicht nur einer Gruppe angehören, sondern gleichzeitig

---

631 Vgl. Applicant A. v. MIEA, [1997] HCA 4, 190 CLR 225, 142 ALR 331 (359), per McHugh J; vgl. auch Goodwin-Gill/McAdam, The Refugee in International Law, S. 75, die das Vorhandensein von Gemeinsamkeiten und verbindenden Faktoren für entscheidend halten. Beispielhaft für solche „linking and uniting factors“ sind nach *Goodwin-Gill/McAdam*: „ethnic, cultural, and linguistic origin; education; family or other background; economic activity; shared values, outlook, and aspirations“.

632 Vgl. Applicant A. v. MIEA, [1997] HCA 4, 190 CLR 225, 142 ALR 331 (359), per McHugh J; von Thenen, Geschlechtsspezifische Flucht- und Bleibegründe, S. 205.

633 Vgl. von Thenen, Geschlechtsspezifische Flucht- und Bleibegründe, S. 204.

634 Vgl. Bellebaum, Soziologische Grundbegriffe, S. 32.

auch Mitglieder anderer Gruppen sind.[635] Da auch die eigene Familie eine endogene „soziale Gruppe“ darstellt,[636] gehört jeder Mensch zwangsläufig mindestens einer „sozialen Gruppe“ an.

(2) Erkennbarkeit exogener Gruppen

(a) Allgemeine Kriterien

Werden die Mitglieder einer Gruppe durch Dritte zu einer Einheit zusammengefasst, ist der Zeitpunkt, ab dem die Gruppe von der Gesellschaft unterschieden werden kann und damit in der Gesellschaft besteht, schwerer zu bestimmen. Anfangs existieren einzelne Individuen, die ein oder mehrere gemeinsame Merkmale aufweisen.[637] Von einer Gruppe kann aber erst gesprochen werden, wenn diese Individuen von außen zu einer Einheit zusammengefasst werden. Wie oben bereits dargestellt, reicht die Zusammenfassung allein in der Vorstellung eines Betrachters aus, um die Ansammlung von Individuen als Gruppe zu qualifizieren. Die Gruppe besteht dann allerdings allein für diesen einen Betrachter und kann daher nicht als „bestimmte soziale Gruppe“ im Sinne der Flüchtlingskonvention verstanden werden.[638]

Zu klären bleibt, wann eine solche Gruppe von der Gesellschaft unterscheidbar wird und dadurch als Gruppe in der Gesellschaft besteht. Rückt für den Betrachter das die Individuen verbindende gemeinsame Merkmal in

635 Vgl. von Thenen, Geschlechtsspezifische Flucht- und Bleibegründe, S. 205.

636 Ständige Rechtsprechung in den USA seit Sanchez-Trujillo v. INS, 801 F.2d 1571 (9th Cir. 1986), Ziff. 26 (Refworld); Sharif v. INS, 87 F.3d 932, 936 (7th Cir. 1996); vgl. für weitere Staaten Casetellanos v. Canada (Solicitor General) (T.D.), Immigration and Refugee Board of Canada (15 December 1994), per Nadon J. m.w.N. (Refworld); Giraldo v. MIMA, [2001] FCA 113 (23 February 2001), Ziff. 52 per Sackville J. (AustlII); siehe auch Applicant A. v. MIEA, [1997] HCA 4, 190 CLR 225, 142 ALR 331 (338), per Dawson J.; Blum, in: Bhaba/Coll, Asylum law and practice in Europe and North America, S. 81 (95 f.)

637 Vgl. hierzu und zu Nachfolgendem von Thenen, Geschlechtsspezifische Flucht- und Bleibegründe, S. 205 ff.

638 Nach a.A. reicht auch die alleinige Wahrnehmung der Gruppe durch staatliche Organe bzw. den Verfolger aus, um die Gruppe als „bestimmte soziale Gruppe“ zu qualifizieren. So formuliert der Federal Court of Appeals for the 2nd Cir., in Gomez v. INS, F2d 660 (2nd Cir 1991), Ziff. 19 (Refworld): „A particular social group is comprised of individuals who posess some fundamental characteristic in common which serves to distinguish them in the eyes of a persecuter – or in the eyes of the outside world in general.“ Vgl. auch Graves, 26 San Diego L. Rev. 1989, 739 (779 f.).

den Vordergrund, erscheinen ihm die Unterschiede weniger beachtlich und er nimmt die einzelnen Individuen als eine Einheit wahr. Das gemeinsame Merkmal muss also von besonderer Bedeutung für den Betrachter sein, um die einzelnen Individuen als Gruppe erscheinen zu lassen. Um in der Gesellschaft als Gruppe zu existieren, müssen die Individuen folglich ein Merkmal aufweisen, dass in der Gesamtbevölkerung von besonderem Gewicht ist. Die Relevanz dieses Merkmals muss für die Gesellschaft größer sein als die Bedeutsamkeit der meisten anderen Merkmale, was beispielsweise auf religiösen, gesellschaftlichen, kulturellen oder traditionellen Vorstellungen beruhen kann.[639] Auch aus dem jeweiligen Wirtschaftssystem und der Politik der jeweiligen Regierung kann sich eine hervorgehobene Stellung eines Merkmals für die Gesamtbevölkerung ergeben.[640] So ist beispielsweise durch Chinas Ein-Kind-Politik das Merkmal „zweitgeborenes Kind“ für die Gesamtbevölkerung so bedeutend geworden, dass es zur Bildung einer Gruppe in der Gesellschaft führte.[641] Hingegen mag die Haarstruktur der Bevölkerung bei uns zwar für Shampoo-Hersteller von größerem Interesse sein, für die übrige Bevölkerung aber wird sie wohl nicht bedeutsamer als andere Merkmale sein. Denkbar wäre allerdings, dass allein Personen mit besonders feinem Haar wichtige Ämter bekleiden dürfen und keine Steuern zu zahlen brauchen. Die vormals rein statistische Gruppe würde dann in ihrer Gesellschaft als „bestimmte soziale Gruppe“ erkennbar werden.

Werden Personen, die ein oder auch mehrere Merkmale auf sich vereinen, mit einem bestimmten Wort bezeichnet, gilt dies als Indiz für die Existenz einer

639 Vgl. Islam v. SSHD and Anor, Ex Parte Shah, R v., [1999] UKHL 20 (25 March 1999), abgedruckt in: 11 IJRL 1999, 496 (518), per Lord Hope, (521), per Lord Millett; Applicant A. v. MIEA, [1997] HCA 4, 190 CLR 225, 142 ALR 331 (359), per McHugh J.; Parish, 92 Colum. L. R. 1992, 923 (945 ff.); von Thenen, Geschlechtsspezifische Flucht- und Bleibegründe, S. 205.

640 Vgl. von Thenen, Geschlechtsspezifische Flucht- und Bleibegründe, S. 205 f.

641 Den auch als „*black children*“ bezeichneten Kindern wird häufig der Zugang zu Sozialleistungen, wie medizinischer Versorgung und Bildung, verwehrt. Vgl. Cheng v. Canada (MEI), [1993] 2 FC 314 (Refworld). Auch wird vertreten, Chinas Politik habe die sozialen Gruppen der „Menschen mit einem Kind“ und „Menschen mit mehr als einem Kind“ hervorgebracht, vgl. Applicant A. v. MIEA, [1997] HCA 4, 190 CLR 225, 142 ALR 331 (337 f.) per Brennan CJ, (394) per Kirby J.; vgl. auch Chan v. Canada (MEI), (1995) 3 S.C.R. 593, 644 ff., 1995 CanLII 71 (S.C.C.), per La Forest J.; Daley/Kelley, 12 IJRL 2000, 148 (151); Cheng v. Canada (MEI), [1993] 2 FC 314 (Refworld); Dauvergne, 10 IJRL 1998, 77 (86 f.).

Gruppe in der Gesellschaft.[642] Häufig sind diese für die Gesamtbevölkerung bedeutsamen Merkmale tatsächlich belegbar, was aber für das Vorliegen eines solchen Merkmales und die Bejahung der Existenz einer Gruppe in der Gesellschaft nicht zwingend ist; als Beispiel sei die Verfolgung von „Hexen“ im Mittelalter genannt. Auch ist es für die Qualifizierung eines Merkmals als für die Gesamtbevölkerung wesentlich unerheblich, ob das Merkmal eher abwertend („Hexe sein“), aufwertend (Wissen) oder neutral (Beruf) belegt ist. Merkmale können prägend für nahezu alle Bereiche des Lebens sein, wie beispielsweise das Merkmal „Jude sein“ zu Zeiten des Nationalsozialismus.[643] Sie können sich aber auch, wie z.B. der Beruf, nur auf bestimmte Lebensbereiche beziehen. Obwohl beide gleichsam Bedeutung für die Gesamtbevölkerung erlangen können, wird eine Qualifizierung Ersterer leichter fallen, da Individuen, die Merkmale auf sich vereinen, die für das tägliche soziale Miteinander erheblich sind, leichter als eine zueinander gehörende Gruppe in der Gesellschaft ekennbar sind. Auch werden Personen, die ein unveränderliches Merkmal teilen, meistens schneller von der Gesellschaft zu unterscheiden sein,[644] was aber nicht zwangsläufig gilt, wie das Beispiel der „Obdachlosen“ zeigt, die ein veränderliches Merkmal teilen, jedoch ohne Weiteres als Gruppe in der Gesellschaft existent sind.[645]

(b) Objektiver Maßstab

Die „Wahrnehmung von außen“ bildet das entscheidende Kriterium für das Bestehen von exogenen Gruppen in der Gesellschaft und damit einer „sozialen Gruppe“ im Sinne der Konvention. Die alleinige Wahrnehmung der Gruppe durch staatliche Organe bzw. den Verfolger wird aufgrund des Wortlauts für nicht ausreichend erachtet.[646] Um eine „soziale Gruppe“ darzustellen, müssen die Gruppenmitglieder ein bestimmtes Merkmal teilen, das dazu führt, dass die Gruppe als abgegrenzte Einheit in der Gesellschaft existiert.

---

642 Vgl. hierzu und zu Nachfolgendem von Thenen, Geschlechtsspezifische Flucht- und Bleibegründe, S. 206.

643 Bei einer geltend gemachten Furcht vor Verfolgung aufgrund des Merkmals „Jude sein“ liegt das Verfolgungsmotiv „Religion“ bzw. „Rasse“ näher; das Beispiel dient an dieser Stelle zur Veranschaulichung.

644 Vgl. Applicant A. v. MIEA, [1997] HCA 4, 190 CLR 225, 142 ALR 331 (345), per Dawson J.; von Thenen, Geschlechtsspezifische Flucht- und Bleibegründe, S. 206.

645 Von Thenen, Geschlechtsspezifische Flucht- und Bleibegründe, S. 206.

646 Zur Gegenansicht siehe die Nachweise in Fn. 638.

Fraglich ist, nach welchem Maßstab zu beurteilen ist, ob sich die Gruppe von der übrigen Gesellschaft unterscheidet. Das amerikanische BIA kommt in *C-A-*[647] bei der Beantwortung der Frage nach der Erkennbarkeit der Gruppe der „*confidential informants*“ in Columbien es zu dem Schluss, dass:

> „[...] the very nature of the conduct at issue is such that it is generally out of the public view. In the normal course of events, an informant against the Cali cartel intends to remain unknown and undiscovered. Recognizability or visibility is limited to those informants who are discovered because they appear as witnesses or otherwise come to the attention of cartel members.“[648]

Das Gericht scheint die Erkennbarkeit der einzelnen Gruppenmitglieder in der Gesellschaft für maßgeblich zu halten.[649] Dabei verkennt es, dass es für die Bestimmung einer „sozialen Gruppe“ nicht auf die Wahrnehmung der einzelnen Mitglieder, sondern auf die Existenz der Gruppe als solcher in der Gesellschaft ankommt. So kann beispielsweise das Mitglied einer Glaubensgemeinschaft nicht zwangsläufig nach außen einer bestimmten Glaubensrichtung zuzuordnen sein, obwohl diese unzweifelhaft in der Gesellschaft existiert. Zudem ist es unerheblich, ob die betroffene Person das Merkmal wirklich aufweist, solange der Verfolger daran glaubt und die Gruppe existiert.[650] Aus der Perspektive des Betroffenen macht es keinen Unterschied, ob ihm das Merkmal tatsächlich zu eigen ist.

Auch im Hinblick auf den der Prüfung scheinbar zugrunde liegenden subjektiven Maßstab kann dem Gericht nicht zugestimmt werden. Vielmehr hat die Prüfung der abgrenzbaren Identität der Gruppe in der jeweiligen Gesellschaft anhand eines objektiven Maßstabs zu erfolgen. In dem Fall *Applicant S*[651] formulierte der australische High Court hierzu treffend, dass das „general principle is not that the group must be recognised or perceived within the society, but rather that the group must be distinguished from the rest of the society.“[652] Er argumentiert:

> „Communities may deny the existence of particular social groups because the common attribute shared by members of the group offends religious or cultural beliefs held by a majority of the community. Those communities do not recognize or perceive the existence

---

647 In Re C-A, Int. Dec. No. 3535, 23 I & N Dec. 951 (BIA, 15 June 2006).

648 In Re C-A, Int. Dec. No. 3535, 23 I & N Dec. 951, 960 (BIA, 15 June 2006).

649 Vgl. Marouf, in: 27 Yale L. & Pol’y Rev. 47 2008–2009, 52 (64); Bresnahan, 29 No. 2 Berk. J. Int’l Law 2011, 649 (660).

650 Vgl. die Ausführungen in Kap. 2 unter C.V.1.

651 Applicant S. v. MIMA, [2004] HCA 25, 217 CLR 387, 206 ALR 242.

652 Applicant S. v. MIMA, [2004] HCA 25, 217 CLR 387, 206 ALR 242, § 27 (AustLII).

of the particular social group, but it cannot be said that the particular social group does not exist.“[653]

Das die Gruppe verbindende Merkmal muss demnach nicht zwangsläufig für jeden sichtbar sein. Vielmehr ist zu prüfen, ob ein objektiver Beobachter die Gruppe von der restlichen Gesellschaft unterscheiden kann.[654] So weist der UNHCR treffend darauf hin, dass „the general population of Cuba would not recognize homosexuals, nor would average Salvadorans necessarily recognize former members of the national police, nor would a typical Tologese tribal member inevitably be aware of women who opposed female genital mutilation but had not been subjected to the practice.“[655] Wird die Gruppe von der übrigen Gesellschaft im Heimatstaat als Gruppe wahrgenommen, kann dies dem Beweis der Existenz der Gruppe dienen, ist jedoch für das Vorliegen einer solchen nicht zwingend erforderlich. Letztlich kommt es darauf an, die Gruppe anhand objektiver Maßstäbe als Gruppe ausmachen zu können.[656]

Demnach ist bei der Frage nach der Erkennbarkeit der Gruppe ein objektiver Maßstab anzulegen und die soziale Realität des jeweils relevanten Heimat- oder Herkunftslandes als Beurteilungsmaßstab heranzuziehen.[657]

cc) Fazit

Eine „soziale Gruppe“ ist der natürlichen Wortbedeutung zufolge eine Mehrzahl von Personen, die sich willentlich zusammengeschlossen haben und/oder familiär miteinander verbunden sind oder die von außen zu einem Kollektiv zusammengefasst werden und in der Gesellschaft bestehen, d.h. als eigenständige Einheit von der Gesellschaft unterscheidbar sind.[658] Erstere bestehen als Gruppe in der Gesellschaft, sobald sie Eigenständigkeit erlangt haben, hingegen existieren von außen entstehende Gruppen erst dann in der Gesellschaft, wenn sie von dieser als

---

653 Applicant S. v. MIMA, [2004] HCA 25, 217 CLR 387, 206 ALR 242, § 34 (AustLII).

654 Vgl. Applicant S. v. MIMA, [2004] HCA 25, 217 CLR 387, 206 ALR 242, §§ 67 ff., per McHugh (AusLII).

655 Brief of the Office of the United Nations High Commissioner for Refugees as Amicus Curiae, in the Matter of: Michelle Thomas et al., No. A75-597-0331-034/-034/-036 (BIA Dec. 27, 2007), S. 8 (Refworld).

656 Applicant S. v. MIMA, [2004] HCA 25, 217 CLR 387, 206 ALR 242, §§ 67 ff., per McHugh (AustLII); vgl. auch VGH Kassel Urt. v. 10. 4. 2008 – 3 UE 455/06.A.

657 Islam v. SSHD and Anor, Ex Parte Shah, R v., [1999] UKHL 20 (25 March 1999), abgedruckt in: 11 IJRL 1999, 496 (518), per Lord Hope.

658 Vgl. dazu und zu Nachfolgendem von Thenen, Geschlechtsspezifische Flucht- und Bleibegründe, S. 212.

gesonderte Einheit unterschieden werden können, d.h. wenn das sie verbindende Merkmal von gesamtgesellschaftlichem Interesse ist. Ihre Unterscheidbarkeit von der übrigen Gesellschaft kann dabei auf charakteristischen Eigenschaften, Aktivitäten, Interessen oder Zielen beruhen[659] und ist anhand eines objektiven Maßstabes zu bestimmen.

Das Kriterium des willentlichen Zusammenschlusses erfordert, dass der Entschluss zur Bildung einer Einheit bewusst getroffen wird und auf einem gemeinsamen Wert beruht. Eine Gruppe, die durch bloßen Zufall entstanden ist, bildet keine „bestimmte soziale Gruppe“ im Sinne der Konvention (solange sie nicht wiederum von außen als Gruppe zusammengefasst wird).

Ein freiwilliger Zusammenschluss stellt ebenso wenig wie eine engere Verbundenheit unter den Gruppenmitgliedern ein zwingendes Erfordernis dar.[660] So bedarf es keines unmittelbaren Kontaktes unter den einzelnen Personen, sie müssen sich nicht einmal kennen, um eine „soziale Gruppe“ bilden zu können. Zudem ist die Größe der Gruppe unbedeutend[661], die Gruppe muss insbesondere keine im Verhältnis zur Gesamtbevölkerung besonders kleine Einheit darstellen.[662]

---

659 Vgl. Goodwin-Gill/McAdam, The Refugee in International Law, S. 75 f.; UNHCR, Auslegung von Art. 1, Ziff. 27.

660 Vgl. MIMA v. Khawar, [2002] HCA 14, 210 CLR 1, 187 ALR 574, § 33, per Gleeson CJ (AustLII); Islam v. SSHD and Anor, Ex Parte Shah, R v., [1999] UKHL 20 (25 March 1999), abgedruckt in: 11 IJRL 1999, 496 (502 f.), per Lord Steyn, (512) per Lord Hofmann; Applicant A. v. MIEA, [1997] HCA 4, 190 CLR 225, 142 ALR 331 (341), per Dawson J. Auch der US-amerikanische Federal Court of Appeals (9th Cir.) hat seine frühere Rechtsprechung faktisch aufgegeben, vgl. Sanchez-Trujillo v. INS, 801 F.2d 1571 (9th Cir. 1986), Ziff. 25 (Refworld); UNHCR, Richtlinien zum internationalen Schutz: „Zugehörigkeit zu einer bestimmten sozialen Gruppe“ im Zusammenhang mit Artikel 1 A (2) des Abkommens von 1951 bzw. des Protokolls von 1967 über die Rechtsstellung der Flüchtlinge, UN Doc. HCR/GIP/02/02 (7. Mai 2002), Ziff. 15; Summary Conclusions: membership of a particular social group, Global Consultations on International Protection, Expert roundtable organized by UNHCR, San Remo 6–8 September 2001, § 4, abgedruckt in: Feller u.a., Refugee Protection in International Law, S. 312; Hathaway/Foster, 15 IJRL 2003, 477 (497); Aleinikoff, in: Feller u.a., Refugee Protection in International Law, S. 263 (277, 286); Macklin, 6 IJRL 1994, 362 (375).

661 Vgl. Applicant A. v. MIEA, [1997] HCA 4, 190 CLR 225, 142 ALR 331 (341), per Dawson J.; Marx, ZAR 2005, 177 (181); UNHCR, Richtlinie zum Internationalen Schutz: Zugehörigkeit zu einer bestimmten sozialen Gruppe, UN Doc. HCR/GIP/02/02 (7. Mai 2002), § 18.

662 So auch Hathaway/Foster, 15 IJRL 2003, 477 (479); Marx, ZAR 2005, 177 (181); ders., in: Hofmann/Löhr, Europäisches Flüchtlings- und Einwanderungsrecht, S. 115 (129); Hruschka/Löhr, NVwZ 2009, 205 (206).

e) Erforderlichkeit begrenzender Kriterien?

Die Bestimmung des Merkmals nach seiner gewöhnlichen Bedeutung führt zu einem weiten Verständnis des Verfolgungsmerkmals der „bestimmten sozialen Gruppe“, das sowohl exogene als auch endogene Gruppen erfasst, die von der Gesellschaft unterscheidbar sind. Teilweise wird ein weiteres Kriterium verlangt, um den durch Auslegung nach der gewöhnlichen Wortbedeutung erlangten Tatbestand der „bestimmten sozialen Gruppe“ einzuschränken.[663]

So wird einer Interpretation, die zu einem sehr weiten Verständnis der „sozialen Gruppe“ führt, häufig entgegengehalten, dass „[g]emäß der Formulierung in der Genfer Flüchtlingskonvention [...] diese Kategorie nicht als ‘Sammelbecken’ für alle Personen, die Verfolgung befürchten, verstanden werden [kann].“[664] Vielmehr seien der Schutz der Menschenrechte und das Prinzip der Nichtdiskriminierung, die die Basis des internationalen Flüchtlingsschutzes bilden, begrenzend heranzuziehen.[665]

aa) Geschütztes/unabänderliches Merkmal als konstituierendes Merkmal?

Einer in der angloamerikanischen Rechtsprechung[666] und Literatur[667] weit verbreiteten Ansicht nach handelt es sich nur um eine „bestimmte soziale Gruppe“ im Sinne der Konvention, wenn die Mitglieder der Gruppe ein unveränderliches Merkmal miteinander teilen. Das Merkmal sei dann unveränderlich, wenn es entweder angeboren oder sonst unabänderlich ist (wie beispielsweise in der Vergangenheit liegende Erfahrungen). Zudem sollen solche Merkmale dazu zählen, die

---

663 Statt vieler Canada (Attorney General) v. Ward, [1993] 2 S.C.R., 689 (732) per La Forest J.

664 Richtlinien zum internationalen Schutz: „Zugehörigkeit zu einer bestimmten sozialen Gruppe“ im Zusammenhang mit Artikel 1 A (2) des Abkommens von 1951 bzw. des Protokolls von 1967 über die Rechtsstellung der Flüchtlinge, UN Doc. HCR/GIP/02/02 (7. Mai 2002), Ziff. 2.

665 Canada (Attorney General) v. Ward, [1993] 2 S.C.R., 689 (732) per La Forest J. La Forest übernimmt hier im Ergebnis die schon in *Acosta* und auch von *Hathaway* vertretene Ansicht. Vgl. Aleinikoff, in: Feller u.a., Refugee Protection in International Law, S. 263 (269); vgl. auch UNHCR-Exekutivkomitee, Beschluss Nr. 39 (XXXVI) 1985.

666 Begründet durch Matter of Acosta, Int. Dec. No. 2986, 19 I.&N. Dec. 211, 233 (BIA, 1 March 1985), seitdem ständige Rechtsprechung der überwiegenden US-amerikanischen Praxis, vgl. die Nachweise unter C.III.3.b).bb).(b).(aa), Fn. 436.

667 Hathaway, The Law of Refugee Status, S. 160 ff.; Hathaway/Foster, 15 IJRL 2003, 477 (486); Daley/Kelley, 12 IJRL 2000, 148 (165 ff.); Sitaropoulos, Judicial Interpretation, S. 434. Parish, 92 Colum. L. R. 1992, 923 (944).

so bedeutsam für die Identität oder das Gewissen der betroffenen Person sind, dass von ihr nicht verlangt werden könne, auf diese zu verzichten.[668]

Zu diesem Schluss gelangen die Befürworter dieses Ansatzes unter Berufung auf das *eiusdem generis*-Prinzip.[669] Dieses, dem angelsächsischen Rechtskreis entspringende Prinzip besagt, dass unbestimmte Rechtsbegriffe, die im Anschluss an eine Auflistung klarer bestimmter Rechtsbegriffe stehen, so auszulegen sind, dass sie mit der Bedeutung dieser klarer bestimmten Begriffe übereinstimmen. Voraussetzung hierfür ist, dass diese unter eine gemeinsame Obergruppe subsumierbar sind.[670] Die Gemeinsamkeit des offenen Rechtsbegriffs der „bestimmten sozialen Gruppe“ mit den anderen vier Verfolgungsmerkmalen (Rasse, Religion, Nationalität und politische Überzeugung) findet sich nach dieser Ansicht in der Unveränderbarkeit des Merkmals.[671] Ein solches Merkmal sei entweder unveränderbar, oder von dem Individuum könne aufgrund der von ihm empfundenen Bedeutung des Merkmals nicht verlangt werden, dass es dieses ändere, wie zum Beispiel bei religiösen oder politischen Anschauungen.

Fraglich erscheint jedoch, ob das *eiusdem generis*-Prinzip vorliegend überhaupt einschlägig ist. Dann müsste es sich bei dem Konventionsmerkmal der „Zugehörigkeit zu einer bestimmten sozialen Gruppe“ um einen unbestimmten Begriff handeln, dessen Bedeutung im Vergleich zu den übrigen Konventionsgründen eine allgemeinere ist. Hiergegen spricht zunächst die Stellung des Merkmals an vorletzter Stelle der verschiedenen Verfolgungsmerkmale. So hätte es nahe gelegen, das Verfolgungsmerkmal mit der allgemeineren Bedeutung an die fünfte und damit an die letzte Stelle zu setzen.[672] Auch die Definition des *eiusdem generis*-Prinzips nach Black's Law Dictionary stellt auf die Stellung

---

668 Vgl. Matter of Acosta, Int. Dec. No. 2986, 19 I.&N. Dec. 211, 233 (BIA, 1 March 1985).

669 Ausdrücklich unter Verweis auf das ejusdem-generis-Prinzip Matter of Acosta, Int. Dec. No. 2986, 19 I.&N. Dec. 211, 233 (BIA, 1 March 1985); zustimmend Canada (Attorney General) v. Ward, [1993] 2 S.C.R., 689 (736) per La Forest J.; RSAA, Ref. App. No. 1312/93 (30 August 1995), erhältlich unter: refugee.org.nz (zuletzt besucht Januar 2013); Montoya v. SSHD, [2002] EWCA Civ 620 (9th May, 2002), Ziff. 55, per Schiemann, May u. Parker LJJ (Refworld).

670 „The ejusdem generis rule (of the same kind): when a list of specific items belonging to the same class is followed by general words (as in 'cats, dogs, and other animals'), the general words are to be treated as confined to other items of the same class (in this example, to other *domestic* animals).“ Oxford, Dictionary of Law, interpretation of statutes, S. 262.

671 Matter of Acosta, Int. Dec. No. 2986, 19 I.&N. Dec. 211, 233 (BIA, 1 March 1985).

672 Vgl. Aleinikoff, in: Feller u.a., Refugee Protection in International Law, S. 263 (289).

des allgemeinen Rechtsbegriffs am Ende der Auflistung verschiedener Begriffe ab. Hier heißt es: „[W]hen a general word or phrase follows a list of specifics […]“[673]. Zudem sind keine weiteren Gründe ersichtlich, weshalb es sich bei dem Konventionsmerkmal der „Zugehörigkeit zu einer bestimmten sozialen Gruppe“ um einen solchen allgemeinen Begriff handeln sollte. Insbesondere bildet das Konventionsmerkmal auch inhaltlich keinen Oberbegriff, unter den sich die restlichen vier Verfolgungsgründe fassen lassen. So kann eine Verfolgung wegen der einzelnen Merkmale insbesondere auch dann vorliegen, wenn die betroffene Person keiner Gruppe zugehörig ist.[674] Die Anwendung des *eiusdem generis*-Prinzips hätte nahe gelegen, wenn die Verfasser der Konvention an letzter Stelle der Auflistung etwa eine Formulierung gewählt hätten wie „und aus allen anderen Gründen, die häufig Grundlage für eine Verfolgung sind“.[675] Stellt man auf die Verfolgung selbst als das die Verfolgungsmerkmale verbindende Element ab, würde das dem zuvor gefundenen Ergebnis, dass die Gruppe zeitlich vor der Verfolgung existieren muss, widersprechen.[676] Des Weiteren handelt es sich bei den übrigen vier Verfolgungsgründen nicht unbedingt um klarer bestimmte Begriffe. So ist der Bedeutungsgehalt sowohl des Verfolgungsmerkmals der „Religion“ als auch der „politischen Anschauung“ ähnlich vage und auslegungsbedürftig. Folglich hat das Verfolgungsmerkmal der „bestimmten sozialen Gruppe“ keine allgemeinere Bedeutung und keinen deutlich weniger klar umrissenen Anwendungsbereich als die übrigen Konventionsmerkmale. Vielmehr stellt das Merkmal einen eigenständigen Verfolgungsgrund dar, der den anderen vier Verfolgungsgründen in seiner Art und seinem Rang vollkommen gleichgestellt ist.[677] Allein der im Vergleich zu den anderen Verfolgungsmerkmalen unter Umständen weitere Anwendungsbereich qualifiziert das Merkmal noch nicht als allgemeinen Begriff.[678] Demnach scheidet eine Anwendung des *eiusdem generis*-Prinzips im vorliegenden Fall aus. Die Verbundenheit der Gruppenmitglieder durch unveränderbare Merkmale kann daher aus systematischen Erwägungen heraus kein Kriterium für die Bestimmung des Konventionsmerkmals der „bestimmten sozialen Gruppe“ darstellen.

673 Garner, Black's Law Dictionary, S. 594 (ejusdem generis).
674 Vgl. von Thenen, Geschlechtsspezifische Flucht- und Bleibegründe, S. 208.
675 Vgl. Alleinikoff, in: Feller u.a., Refugee Protection in International Law, S. 263 (289).
676 Vgl. Applicant A. v. MIEA, [1997] HCA 4, 142 ALR 331 (341 f.) per Dawson J.
677 Vgl. Alleinikoff, in: Feller u.a., Refugee Protection in International Law, S. 263 (289).
678 Vgl. von Thenen, Geschlechtsspezifische Flucht- und Bleibegründe, S. 208.

Teilweise wird vertreten, der Schutzzweck der Konvention sei darauf gerichtet, Schutz vor Verfolgung in Anknüpfung an menschenrechtlich geschützte Positionen zu gewähren.[679] Dieser Ansicht ist jedoch entgegenzuhalten, dass sich ihre Argumentation allein auf geschützte Merkmale bezieht, die der Betroffene tatsächlich aufweist. Werden ihm hingegen von außen Merkmale zugeschrieben, ohne dass der Schutzsuchende hierauf Einfluss ausüben kann, und so für ihn keine Möglichkeit besteht, sich von ihnen zu lösen, droht der Ansatz ins Leere zu laufen.[680]

Gegen das Erfordernis eines geschützten Merkmales spricht auch, dass der Wortlaut der Konvention keine Anhaltspunkte hierfür enthält. Auch wenn das Kriterium den Tatbestand der „sozialen Gruppe“ sinnvoll einzugrenzen vermag, wird hierdurch letztlich eine rechtliche Bedingung hinzugefügt, die dem Konventionstext nicht zu entnehmen ist.[681] Ferner erscheint ein Abstellen auf qualitativ schützenswerte Merkmale im Hinblick auf das Erfordernis klarer Beurteilungskriterien fragwürdig. Auch wenn die Gewährleistungen der völkerrechtlich unverbindlichen Allgemeinen Erklärung der Menschenrechte zum Völkergewohnheitsrecht zählen, bleibt zu beachten, dass die Bestimmungen des völkerrechtlich verbindlichen Internationalen Paktes über wirtschaftliche, soziale und kulturelle Rechte wesentlich restriktiver formuliert sind als die des Internationalen Paktes über bürgerliche und politische Rechte. Eine abschließende Beurteilung, welche Menschenrechte auf internationaler Ebene verbindlich als schützenswert erachtet werden, ist daher schwierig.[682]

Zudem ist die Forderung nach einem unveränderlichen Merkmal als Voraussetzung der „bestimmten sozialen Gruppe“ im Sinne der Konvention mit dem Gedanken der Verfasser der Konvention nicht zu vereinbaren. Wie bereits gesehen ist es naheliegend, dass die Konventionsgründer zumindest die zur Zeit der Entstehung der Konvention bekannten Gruppen wie „Grundbesitzer“ oder „unabhängige Geschäftsleute“ mit in den Schutzbereich der Konvention einbeziehen wollten. Diese

---

679 So Daley/Kelley, 12 IJRL 2000, 148 (174); vgl. auch Macklin, 6 IJRL 1994, 362 (380); Sitaropoulos, Judicial Interpretation, S. 434.

680 Hruschka/Löhr, NVwZ 2009, 205 (208); vgl. auch Applicant A. v. MIEA, [1997] HCA 4, 142 ALR 331 (345), per Dawson J.: „A fundamental human right could only constitute a unifying characteristic if persons associated with each other on the basis of the right or, it may be added, if society regarded those persons as a group because of their common wish to exercise the right. And in that situation, it would be the unifying aspect of that element, not its character as a fundamental human right, which allowed it to delineate a particular social group.“

681 Alleinikoff, in: Feller u.a., Refugee Protection in International Law, S. 263 (300); Löhr, Die kinderspezifische Auslegung, S. 142.

682 Vgl. Hathaway/Foster, 15 IJRL 2003, 477 (482).

Gruppen sind jedoch weder durch ein gemeinsames unveränderliches Merkmal verbunden, noch haben sie sich zusammengeschlossen, um ein fundamentales Menschenrecht wahrzunehmen. Es ist vielmehr davon auszugehen, dass sie zu Zeiten der Entstehung von sozialistischen Staaten in Europa verfolgt wurden, weil ihnen eine Gefährdung des sozialen Systems zugeschrieben wurde. Sie wurden daher von außen zu einer Gruppe zusammengefasst.[683]

Der protected characteristics-Ansatz bildet demnach kein sinnvolles Abgrenzungskriterium zur Bestimmung der „bestimmten sozialen Gruppe“. Indem er Gruppen ausschließt, deren Mitglieder kein gemeinsames unveränderliches Merkmal vereint, schmälert er den Anwendungsbereich der Konvention ungerechtfertigt. Andererseits ist eine auf unveränderbare Merkmale abstellende Definition zu weit, da sie auf das Erfordernis der abgrenzbaren Identität der Gruppe in der Gesellschaft gänzlich verzichtet.[684]

bb) Diskriminierung

Es besteht die Überlegung, als Abgrenzungskriterium eine Diskriminierung bzw. Marginalisierung der Gruppe vorauszusetzen, aufgrund derer die Gruppe von der Gesellschaft unterscheidbar ist. So wird insbesondere von Teilen der angloamerikanischen Rechtsprechung gefordert, dass neben einem geschützten Merkmal, das die Gruppenmitglieder auf sich vereinen, die Gruppe auch als solche in der Gesellschaft durch eine gewisse Diskriminierung erkennbar ist.[685] Der Unterschied zu den anderen Menschen des Heimatstaates läge nicht nur in dem gemeinsamen Merkmal, das die Gruppenmitglieder miteinander teilen, sondern die Gruppe würde auch als Randgruppe von der übrigen Gesellschaft wahrgenommen.[686]

Hierfür spreche die Zusammenschau mit den anderen Verfolgungsgründen und das aus der Präambel herzuleitende Diskriminierungsverbot. In Abs. 1 der Präambel heißt es:

---

683 Vgl. Applicant A. v. MIEA, [1997] HCA 4, 142 ALR 331 (360), per McHugh J.; vgl. auch Goodwin-Gill/McAdam, The Refugee in International Law, S. 361; von Thenen, Geschlechtsspezifische Flucht- und Bleibegründe, S. 209.

684 Vgl. auch von Thenen, Geschlechtsspezifische Flucht- und Bleibegründe, S. 213.

685 Canada (Attorney General) v. Ward, [1993] 2 S.C.R., 689 (734 ff., 738) per La Forest J.; Islam v. SSHD and Anor, Ex Parte Shah, R v., [1999] UKHL 20 (25 March 1999), abgedruckt in 11 IJRL 1999, 496 (511) per Lord Hoffmann, (517) per Lord Hope; vgl. Daley/Kelley, 12 IJRL 2000, 148 (165 ff.).

686 Vgl. Applicant A. v. MIEA, [1997] HCA 4, 190 CLR 225, 142 ALR 331 (360), per McHugh J.

> „[I]n der Erwägung, dass die Satzung der Vereinten Nationen und die am 10. Dezember 1948 von der Generalversammlung angenommene Allgemeine Erklärung der Menschenrechte den Grundsatz bestätigt haben, dass die Menschen *ohne Unterschied die Menschenrechte und Grundfreiheiten genießen sollen* [...].“[687]

Auch den übrigen Verfolgungsgründen (Rasse, Religion, Nationalität und politische Anschauung) liege das Prinzip der Nicht-Diskriminierung zugrunde. Menschen, denen aufgrund der genannten Merkmale Verfolgung drohe, fürchten eine Verletzung ihrer Menschenrechte aufgrund von Diskriminierung.[688] *Lord Hoffmann* führt in *Islam and Shah* aus:

> „In my opinion, the concept of discrimination in matters affecting fundamental rights and freedoms is central to an understanding of the Convention. It is concerned not with all cases of persecution, even if they involve denials of human rights, but with persecution which is based on discrimination. And in the context of a human rights instrument, discrimination means making distinctions which principles of fundamental human rights regard as inconsistent with the right of every human being to equal treatment and respect ... [T] he inclusion of 'particular social group' recognised that there might be different criteria for discrimination, in pari materiae with discrimination on other grounds, which would be equally offensive to principles of human rights. [...] In choosing to use the general term 'particular social group' rather than an enumeration of specific groups, the framers of the Convention were in my opinion intending to include whatever groups might be regarded as coming within the anti-discriminatory objectives of the Convention.“[689]

Dem Erfordernis einer gewissen Diskriminierung bzw. Marginalisierung als notwendiges Element der „bestimmten sozialen Gruppe“ kann nicht zugestimmt werden. Zwar stehen die Bestimmungen der GFK in Verbindung zu universell geltenden Menschenrechten. Das in der Präambel anklingende Prinzip der Nicht-Diskriminierung lässt sich jedoch nicht zwingend auf eine Definition der Verfolgungsgründe übertragen. Die Präambel stellt insofern lediglich klar, dass Flüchtlinge bei der Wahrnehmung ihrer Menschenrechte möglichst nicht schlechter als Staatsangehörige des Aufnahmestaates gestellt werden sollen.[690]

Sofern auf die anderen Konventionsgründe verwiesen wird, die alle auf eine Verletzung von Menschenrechten aufgrund einer Diskriminierung abstellen, muss entgegnet werden, dass mit einer drohenden Menschenrechtsverletzung zumeist

---

687 Hervorhebung durch die Verfasserin.

688 Vgl. Aleinikoff, in: Feller u.a., Refugee Protection in International Law, S. 263 (291).

689 Islam v. SSHD and Anor, Ex Parte Shah, R v., [1999] UKHL 20 (25 March 1999), abgedruckt in 11 IJRL 1999, 496 (511), per Lord Hoffmann.

690 Vgl. Steinbock, in: Nicholson/Twomey, Refugee Rights and Realities, S. 13 (32); von Thenen, Geschlechtsspezifische Flucht- und Bleibegründe, S. 208.

auch eine Diskriminierung einhergeht.[691] Derjenige, dem eine Verletzung seiner Menschenrechte droht, wird im Gegensatz zu der übrigen Bevölkerung, die von der Menschenrechtsverletzung verschont bleibt, anders behandelt.[692] Ferner stehen die einzelnen Verfolgungsmerkmale, wie bereits gesehen, selbstständig nebeneinander. So lässt ein Vergleich mit den übrigen Verfolgungsmerkmalen keine zwingenden Rückschlüsse auf die Auslegung des Begriffs der „bestimmten sozialen Gruppe“ zu. Zudem ist vorstellbar, dass eine Verfolgung aufgrund eines der Verfolgungsmerkmale vorliegt, obwohl nicht alle Personen, die das Merkmal teilen, einer gesamtgesellschaftlichen Diskriminierung ausgesetzt sind.[693] Eine unmittelbare private Verfolgung aufgrund des Merkmals „Religion“ kann beispielsweise Verfolgung im Sinne der Konvention sein, obwohl keine Diskriminierung von Angehörigen dieser Glaubensgemeinschaft im gesamten Staatsgebiet vorliegt.

Außerdem erscheint die Heranziehung des Anti-Diskriminierungsprinzips zur näheren Bestimmung des Konventionsbegriffs unter einem weiteren Gesichtspunkt problematisch. So könnten Rechtsanwender in die Versuchung kommen, Konzepte nationaler Anti-Diskriminierungsvorschriften auch auf die Anwendung der Konventionsbestimmungen zu übertragen.[694] Ein solches Vorgehen würde zu einer unangemessenen Verengung des Anwendungsbereichs der Konvention führen. Auch schützen nationale Anti-Diskriminierungsvorschriften allein Gruppen, deren Mitglieder durch Merkmale miteinander verbunden sind, die bei der Entscheidungsfindung keine Ungleichbehandlung erlauben. Häufig handelt es sich hierbei um unveränderliche Merkmale wie das Geschlecht, die Hautfarbe oder die ethnische Herkunft.[695] Eine Reduzierung des Schutzbereichs auf solche Gruppen ist jedoch, wie bereits gezeigt, nicht mit dem Gedanken der Konventionsgründer zu vereinbaren. So sollten, wie bereits an anderer Stelle gesehen, zumindest auch die zum Gründungszeitpunkt bekannten „sozialen Gruppen“, wie „Grundbesitzer“ oder „unabhängige Geschäftsleute“, vom Schutzbereich der Konvention erfasst werden. Die Mitglieder dieser Gruppen vereint jedoch kein unabänderliches Merkmal.

Auch wenn eine Verfolgung zumeist eine bestimmte Form der diskriminierenden Versagung von Menschenrechten darstellt, wird eine auf das Diskriminierungsprinzip abstellende Tatbestandsbestimmung den verschiedensten

691 Aleinikoff, in: Feller u.a., Refugee Protection in International Law, S. 263 (291 f.).

692 Aleinikoff, in: Feller u.a., Refugee Protection in International Law, S. 263 (291 f.). Anderes gilt für den Fall, dass das gesamte Staatsvolk von der Verfolgung bedroht ist.

693 Von Thenen, Geschlechtsspezifische Flucht- und Bleibegründe, S. 210.

694 Aleinikoff, in: Feller u.a., Refugee Protection in International Law, S. 263 (292).

695 Aleinikoff, in: Feller u.a., Refugee Protection in International Law, S. 263 (292).

Formen von Unterdrückung nicht gerecht.[696] Die Frage, ob die betreffende Gruppe einer Diskriminierung oder Marginalisierung im Heimatstaat ausgesetzt ist, kann zwar dabei helfen eine „bestimmte soziale Gruppe“ zu identifizieren, sie kann jedoch kein notwendiges Kriterium bilden. Gruppen wie beispielsweise „Studenten“ oder „Soldaten“ mögen in der Gesellschaft eine abgegrenzte Identität haben, ohne dabei gleichzeitig einer Diskriminierung oder Marginalisierung ausgesetzt zu sein. Auch die Familie, als endogene Gruppe, wird selten einer gesamtgesellschaftlichen Diskriminierung ausgesetzt sein. Dogmatisch lässt sich eine Ausklammerung solcher Gruppen aus dem Schutzbereich der Konvention nicht überzeugend begründen.

cc) Zumutbarkeit des Austritts aus endogenen Gruppen

Ein einschränkendes Kriterium wäre vor allem dann erforderlich, wenn die Bestimmung des Merkmals der „bestimmten sozialen Gruppe“ nach seiner gewöhnlichen Bedeutung zu sinnwidrigen Ergebnissen führt. Auf den ersten Blick mutet es zum Beispiel merkwürdig an, wenn ein Mitglied des Golfclubs A Mitglieder des Golfclubs B wegen deren Clubmitgliedschaft tötet, und dies vom Verfolgungsmerkmal der „bestimmten sozialen Gruppe“ erfasst sein soll. Ein Sportclub, in dem sich die Mitglieder freiwillig zusammengeschlossen haben um ihren sportlichen Aktivitäten nachzugehen, hat aber Eigenständigkeit erlangt und ist nach dem bisher Gesagten von der übrigen Gesellschaft unterscheidbar und daher als eine „bestimmte soziale Gruppe“ anzuerkennen.

So stellt sich vor allem bei den Gruppen, die sich freiwillig zusammengeschlossen haben, die Frage, ob den Mitgliedern ein Austritt zugemutet werden kann, um der Verfolgung zu entgehen. Hierzu wurde vom kanadischen Supreme Court in der Entscheidung *Ward*[697] vertreten, es könne von Mitgliedern bestimmter Gruppen erwartet werden, dass sie sich von der Gruppe trennen, sofern die Mitgliedschaft nicht elementar für die Menschenwürde der betroffenen Person sei.[698] Auch das US-amerikanische Board of Immigration Appeals (BIA) erachtet die sich freiwillig zusammenschließende Gruppe in seiner Grundsatzentscheidung *Acosta*[699] nur unter bestimmten Voraussetzungen für schützenswert. Im Gegensatz zu der vom kanadischen Gericht vertretenen Auffassung ist es jedoch der Ansicht, dass Individuen, die sich aufgrund eines gemeinsamen veränderbaren Merkmals

696 Vgl. Goodwin-Gill, 11 IJRL 1999, 537 (539). A.A. Omoruyi v. SSHD, [2000] EWCA Civ 258 (12 October 2000), [2001] Imm AR 175, 184, per Simon Brown LJJ.

697 Canada (Attorney General) v. Ward, [1993] 2 S.C.R., 689.

698 Vgl. Canada (Attorney General) v. Ward, [1993] 2 S.C.R., 689 (738) per La Forest J.

699 Matter of Acosta, Int. Dec. No. 2986, 19 I.&N. Dec. 211, 233 (BIA, 1 March 1985).

zusammenschließen, nur dann als soziale Gruppe im Sinne der Konvention anzuerkennen seien, wenn das veränderliche Merkmal so fundamental für das Individuum sei, dass es nicht gezwungen werden sollte, auf dieses zu verzichten. Versteht man internationalen Flüchtlingsschutz als subsidiären Menschenrechtsschutz, liegt es nahe, nach einem zumutbaren Austritt aus der Gruppe zu fragen.

Gegen die angeführten Vorschläge zur Eingrenzung der „sozialen Gruppe“ spricht jedoch insbesondere Sinn und Zweck der Genfer Flüchtlingskonvention. Die Konvention sollte aus bestimmten Gründen verfolgten Individuen Schutz bieten und ihnen eine gesicherte Rechtsstellung gewähren.[700] Dabei steht der Schutz der Menschenrechte im Vordergrund.[701] „[D]as Recht, sich friedlich zu versammeln und zu Vereinigungen zusammenzuschließen“ wurde in Art. 20 der Allgemeinen Erklärung der Menschenrechte aufgenommen. Zudem findet sich eine ähnliche Formulierung in Art. 21 und Art. 22 des völkerrechtlich verbindlichen Internationalen Paktes über bürgerliche und politische Rechte. Das Recht, Vereinigungen zu bilden, zählt folglich zu den international anerkannten Menschenrechten. Den Einzelnen auf den Verzicht einer Geltendmachung dieses Rechts zu verweisen, erscheint im Hinblick auf den Grundgedanken der Konvention wenig überzeugend. Durch Aufnahme des Verfolgungsgrundes der „bestimmten sozialen Gruppe“ soll die Konvention Individuen in ihren Schutzbereich einbeziehen, die Verfolgung aufgrund ihrer Zugehörigkeit zu einer in der Gesellschaft bestehenden Gruppe fürchten. Der Schutz soll sich nicht bloß auf die Mitgliedschaft in als wichtig oder schützenswert angesehenen Gruppen beziehen.[702] Historische Erfahrungen zeigen, dass Menschen aus den verschiedensten Gründen und nicht allein aufgrund eines fundamentalen Merkmals, welches die Gruppenmitglieder verbindet und die Gruppe definiert, verfolgt werden. Der Wortlaut der Konvention enthält daher bewusst kein Adjektiv wie „elementar“ oder „fundamental“ im Zusammenhang mit dem Verfolgungsmerkmal der „bestimmten sozialen Gruppe“. Die Verfolgung könnte sich sonst uneingeschränkt gegen Gruppen richten, die sich aus keinem fundamentalen Grund zusammengeschlossen haben. Dem Individuum einen Austritt aus der Gruppe abzuverlangen um einer befürchteten Verfolgung zu entgehen, anstatt ihm Schutz vor der Zufügung

700 Siehe statt vieler: Hathaway, The Rights of Refugees under International Law, S. 124 ff; Vgl. auch ARK, Urt. v. 8. Juni 2006 i.S. A.I.I., Somalia, EMARK 2006 Nr. 18, Ziff. 7.5.2.; RSAA, Ref. App. No. 74665/03 (7 July 2004), erhältlich unter: www.refugee.org.nz (zuletzt besucht Januar 2013).

701 Vgl. Hathaway, The Rights of Refugees under International Law, S. 124 f; Lambert, 13 IJRL 2001, 16 (18); Anker, 15 Harv. Hum. Rts. J. 2002, 133 (134 f.); vgl. auch UNHCR, Auslegung von Art. 1, Ziff. 5.

702 Vgl. Aleinikoff, in: Feller u.a., Refugee Protection in International Law, S. 263 (299).

einer ernsthaften ungerechtfertigten Menschenrechtsverletzung zu gewähren, widerspricht dem von den Verfassern der Konvention verfolgten Zielen.[703]

Zwar ist dem Einwand, die Staaten hätten ihre Souveränität durch Abschluss der Genfer Flüchtlingskonvention nur in einem begrenzten Maße einschränken wollen, zuzustimmen. Zu bedenken ist jedoch, dass auch ein weites Verständnis des Merkmals der „sozialen Gruppe“ nicht dazu führt, dass jedwede Person, der eine Menschenrechtsverletzung droht, vom Schutzbereich der Konvention erfasst wird. Zunächst ist zu berücksichtigen, dass Flüchtling im Sinne der Konvention nur derjenige sein kann, der eine „begründete Furcht vor Verfolgung“ nachweisen kann.[704] Hierdurch sind insbesondere Menschen, die aufgrund von Naturkatastrophen oder wirtschaftlichen Krisen zur Flucht aus ihrem Heimatland getrieben werden, nicht unter den Flüchtlingsbegriff der Konvention subsumierbar.[705] Auch ist nicht jede Art von Menschenrechtsverletzung als Verfolgung im Sinne der Konvention zu qualifizieren. Vielmehr bedarf es einer schwerwiegenden Menschenrechtsverletzung, um den Anwendungsbereich der Flüchtlingskonvention zu eröffnen.[706]

Eine offene und flexible Auslegung der Verfolgungsgründe führt auch nicht dazu, dass alle Menschen, die vor Verfolgung fliehen, in den Schutzbereich der Flüchtlingskonvention fallen. So ist darauf aufmerksam zu machen, dass die Konvention sowohl eine zeitliche als auch eine regionale Einschränkung enthält. Sie schützt ausdrücklich nur vor Verfolgung, „die infolge von Ereignissen, die vor dem 1. Januar 1951 eingetreten sind“, befürchtet wird. Die Konventionsgründer wollten hierdurch offensichtlich einer Verantwortlichkeit für unvorhersehbare zukünftige Flüchtlingsströme entgehen. Erst durch den Abschluss eines neuen völkerrechtlichen Vertrages, dem New Yorker Protokoll vom 31. Januar 1967, wurde diese zeitliche Schranke aufgehoben. Letztlich haben sich nicht alle Konventionsstaaten dazu entschließen können, dem Protokoll beizutreten. Zudem haben alle Konventionsstaaten die Möglichkeit, den Schutz des Abkommens und damit die staatliche Verantwortlichkeit auf Flucht wegen Verfolgung aufgrund von Ereignissen, die sich allein in Europa ereigneten, zu begrenzen.[707]

---

703 Vgl. Aleinikoff, in: Feller u.a., Refugee Protection in International Law, S. 263 (299 f.).

704 Siehe hierzu 2. Kap. unter C.III.

705 Statt vieler Kälin/Künzli, Universeller Menschenrechtsschutz, S. 488; Helton, 15 Colum. Hum. Rts. L. Rev. 1983–1984, 39 (53); für eine Einbeziehung von Bürgerkriegsflüchtlingen in den Schutzbereich der Konvention siehe Kälin, 3 IJRL 1991, 435 (435 ff.).

706 Siehe hierzu 2. Kap. unter C.II.

707 Vgl. Helton, 15 Colum. Hum. Rts. L. Rev. 1983–1984, 39 (53 f.). In Art. 1B GFK heißt es: „Im Sinne dieses Abkommens können die im Artikel 1 Abschnitt A enthaltenen Worte „Ereignisse, die vor dem 1. Januar 1951 eingetreten sind“ in dem Sinne verstanden werden,

Ein weiterer Aspekt, der eine ungewollte Ausdehnung der internationalen Verantwortlichkeit verhindert, ist die in die Konvention aufgenommene Ausschlussklausel.[708] Sie führt dazu, dass Flüchtlinge, die schwere Verbrechen begangen haben, aus dem Schutzbereich der Konvention ausgeklammert werden. Zudem verwehrt sie Flüchtlingen, die bereits Schutz durch andere Institutionen erhalten, einen Aufenthalt im Zufluchtstaat.[709] Vor allem aber statuiert sie den wichtigen Gedanken, dass der Schutz nach der Genfer Flüchtlingskonvention nicht auf Dauer angelegt ist. Eine grundlegende Veränderung der Umstände im Verfolgerstaat führt dazu, dass der Flüchtling seinen Status im Zufluchtstaat verliert.[710] Auch ist jeder Flüchtling zunächst darauf zu verweisen, drohender Verfolgung durch Zuflucht im Heimatland zu entgehen (Konzept der inländischen Fluchtalternative).[711]

Sofern eingewandt wird, eine weite Auslegung des Merkmals der „bestimmten sozialen Gruppe“ ließe die anderen Verfolgungsmerkmale überflüssig werden, wird auf die Voraussetzungen verwiesen, die für das Vorliegen einer „bestimmten sozialen Gruppe“ im Sinne der Konvention erfüllt sein müssen. So muss es sich um ein abgrenzbares Kollektiv handeln, das unabhängig von der Verfolgungshandlung in der Gesellschaft erkennbar ist. Insbesondere Menschen, deren Zusammenkunft auf Zufall basiert, können nicht als „bestimmte soziale Gruppe“ qualifiziert werden. Auch reicht die gemeinsame Furcht vor Verfolgung alleine nicht aus.[712] Zwar werden unter Zugrundelegung einer weiten Auslegung Gruppen wie der ortsansässige Kaninchenzüchterverein (für den eher unwahrscheinlichen Fall einer Verfolgung desselben) ebenso wie die Arbeitnehmervereinigung geschützt. Es sind jedoch keine Gründe im Sinne der GFK ersichtlich, den Mitgliedern dieser Gruppen internationalen Schutz verwehren, sofern sie tatsächlich einer begründeten Furcht vor

dass es sich entweder um a) „Ereignisse, die vor dem 1. Januar 1951 in Europa eingetreten sind“ – oder b) „Ereignisse, die vor dem 1. Januar 1951 in Europa oder anderswo eingetreten sind“, handelt. Jeder vertragschließende Staat wird zugleich mit der Unterzeichnung, der Ratifikation oder dem Beitritt eine Erklärung abgeben, welche Bedeutung er diesem Ausdruck vom Standpunkt der von ihm auf Grund dieses Abkommens übernommenen Verpflichtung zu geben beabsichtigt. Jeder vertragschließende Staat, der die Formulierung zu a) angenommen hat, kann jederzeit durch eine an den Generalsekretär der Vereinten Nationen gerichtete Notifikation seine Verpflichtungen durch Annahme der Formulierung b) erweitern.“

708 Helton, 15 Colum. Hum. Rts. L. Rev. 1983–1984, 39 (53).

709 Siehe hierzu 2. Kap. unter E.II. u. III.

710 Siehe hierzu 2. Kap. unter F.

711 Siehe hierzu 2. Kap. unter D.

712 Siehe hierzu die Ausführungen unter D.V.1.

Verfolgung im Heimatstaat gerade aufgrund ihrer Mitgliedschaft ausgesetzt sind, und sie der drohenden Verfolgung auch nicht durch Zuflucht in einen anderen Teil des Landes oder durch eine Institution entgehen können.[713]

Eine abschließende Beurteilung der sich zwangsläufig anschließenden Frage, welche Merkmale so wichtig sind bzw. wann ein Zusammenschluss für ein Individuum so bedeutsam ist, dass man einen Gruppenaustritt von ihm nicht verlangen kann, erscheint zudem kaum möglich. Wie bereits im Hinblick auf die Verfolgungshandlung dargelegt, kann der Annahme einer automatischen Vorrangstellung von politischen gegenüber sozialen Rechten nicht gefolgt werden. Das Recht auf Gesundheit, Bildung oder Nahrung ist vielmehr in gleicher Weise zu dem grundlegenden Teil der menschlichen Würde zu zählen, wie das Recht auf Religions- oder Versammlungsfreiheit oder das Verbot der Folter.[714]

Schwer vorstellbar ist eine Situation, in der ein Golfclubmitglied durch den Staat oder durch private Akteure, und ohne die Möglichkeit staatlichen Schutzes verfolgt wird. Ist dies aber der Fall, ist kein Grund ersichtlich, ihnen internationalen Schutz zu versagen.

Nach hier vertretener Ansicht ist ein eingrenzendes Kriterium auch im Hinblick auf den Willen der Konventionsgründer nicht erforderlich. Die Genfer Flüchtlingskonvention selbst enthält ausreichende Mechanismen, die eine ausufernde Verantwortung der Konventionsstaaten verhindern.

dd) Machtlosigkeit der Gruppe

Fraglich ist, ob ein einschränkendes Kriterium für Situationen verlangt werden muss, in denen der Staat über einen gewissen Zeitraum keinen effektiven Schutz gewähren kann, weil er dazu mangels einer stabilen Regierung faktisch nicht in der Lage ist.[715] Um zu verhindern, dass in Zeiten innerstaatlicher Konflikte unmittelbar private Verfolgung als Verfolgung wegen der „Zugehörigkeit zu einer bestimmten sozialen Gruppe“ angesehen wird, wird daher gefordert, das begrenzende Kriterium der generellen Schutzlosigkeit oder Machtlosigkeit der Gruppe innerhalb der staatlichen oder gesellschaftlichen Struktur in die Prüfung mit aufzunehmen.[716]

---

713 So auch Aleinikoff, in: Feller u.a., Refugee Protection in International Law, S. 263 (299).

714 Siehe hierzu auch die Ausführungen im 2. Kap. unter C.II.2.c).

715 Vgl. von Thenen, Geschlechtsspezifische Flucht- und Bleibegründe, S. 210 f.

716 So von Thenen, Geschlechtsspezifische Flucht- und Bleibegründe, S. 211, die eine Machtlosigkeit der „sozialen Gruppe“ innerhalb der gesellschaftlichen Strukturen fordert. Vgl. auch Macklin, in: Indra, Engendering Forced Migration, S. 272 (301); Parish, 92 Colum. L. R. 1992, 922 (945).

Wie bereits oben dargestellt,[717] hängt die flüchtlingsrechtlich relevante Verfolgung jedoch nicht von der Frage des Urhebers der Verfolgung ab. Entscheidend ist allein, ob für den Betreffenden die Möglichkeit besteht, adäquaten staatlichen Schutz in Anspruch nehmen zu können. Auch die Qualifikationsrichtlinie stellt eindeutig klar, dass private Verfolgung bei gleichzeitiger Schutzunfähigkeit des Staates als Verfolgung im Sinne der Konvention anzusehen ist.[718] Würde man das Kriterium der Machtlosigkeit begrenzend zur Bestimmung der „sozialen Gruppe" heranziehen, würde man diesen Grundsatz aufweichen und den Schutzbereich der Konvention unnötig begrenzen. Zu bedenken ist außerdem, dass selbst wenn man eine Verfolgung aufgrund der „Zugehörigkeit zu einer bestimmten sozialen Gruppe" auch in dieser Konstellation bejaht, die Flüchtlingseigenschaft dennoch meist an der Möglichkeit der inländischen Fluchtalternative scheitert. Ist der Staat in einem bestimmten Gebiet des Landes zu schwach um den Betreffenden vor Verfolgung durch private Akteure zu schützen, kann ihm dies in einer anderen Region des Landes durchaus möglich sein. Der Schutzsuchende wäre darauf zu verweisen, in dieser Region des Landes Zuflucht zu suchen und der Flüchtlingsstatus bliebe ihm verwehrt. Zudem wird sich eine Verfolgung durch private Dritte, die an eine sich freiwillig zusammengeschlossene Gruppe anknüpft, wohl in den seltensten Fällen auf das gesamte Staatsgebiet erstrecken. Auf das begrenzende Erfordernis der Machtlosigkeit der Gruppe innerhalb der Prüfung des Verfolgungsmerkmals der „bestimmten sozialen Gruppe" ist daher zu verzichten.[719]

f) Fazit

Eine „bestimmte soziale Gruppe" im Sinne der Genfer Flüchtlingskonvention ist eine Mehrzahl von Personen, die sich willentlich zusammengeschlossen haben und/oder familiär miteinander verbunden sind oder die von außen zu einem Kollektiv zusammengefasst werden und in der Gesellschaft bestehen, d.h. als eigenständige Einheit von der Gesellschaft unterscheidbar sind.

Eines eingrenzenden Kriteriums bedarf es weder zur Tatbestandsbestimmung von endogenen noch von exogenen „bestimmten sozialen Gruppen" im Sinne der GFK. Insbesondere kann der Forderung nach einem geschützten Merkmal,

717 Siehe 2. Kap. unter C.IV.

718 Vgl. Art. 6 QRL.

719 Zu der Frage, ob im Wege einer liberalen Auslegung auch veränderte Verfolgungssituationen berücksichtigt werden sollten und de-facto- bzw. Gewaltflüchtlinge anerkannt werden sollten siehe Kälin, 3 IJRL 1991, 435 (435 ff.).

welches die Gruppenmitglieder miteinander verbindet, nicht zugestimmt werden. Eine solche Einschränkung findet weder eine Stütze im Wortlaut der Flüchtlingskonvention noch ist sie mit Ziel und Zweck ebendieser vereinbar. Die Konvention enthält genügend Mechanismen, um die staatliche Verantwortlichkeit nicht ausufern zu lassen.

Das gefundene Ergebnis führt nicht dazu, dass der Verfolgungsgrund der „bestimmten sozialen Gruppe“ als allumfassendes Sicherheitsnetz[720] zu verstehen ist. Statistische Gruppen, wie etwa blauäugige Männer, fallen beispielsweise nicht unter diese Definition. Auch wenn sie einen demographischen Faktor miteinander teilen, fühlen sie sich weder selbst einer bestimmten Gruppe zugehörig, noch werden sie durch die Gesellschaft einer solchen zugeordnet.[721] Auch reicht der verbindende Faktor „Furcht vor Verfolgung“ alleine nicht aus.[722]

3. Fazit

Die Heranziehung von soziologischen Kriterien zur Bestimmung des Merkmals der „sozialen Gruppe“ engt den Tatbestand zu sehr ein und ist insbesondere im Hinblick auf den Grundgedanken der Konventionsgründer nicht zielführend und daher abzulehnen. Das Merkmal ist vielmehr unter Zugrundelegung der für die Interpretation völkerrechtlicher Verträge maßgeblichen Kriterien zu bestimmen. Ihre Anwendung führt zu einem weiten Verständnis des Verfolgungsmerkmals der „bestimmten sozialen Gruppe“.

IV. Bedeutung des Begriffs der „Zugehörigkeit“ im Zusammenhang mit dem der „bestimmten sozialen Gruppe“

Der Begriff der „Zugehörigkeit“ wird alleine im Zusammenhang mit dem Verfolgungsmerkmal der „bestimmten sozialen Gruppe“ in der Konvention ausdrücklich erwähnt.[723] Fraglich ist, ob der Begriff allein objektiv zu bestimmen ist, oder

720 So lehnt insbesondere La Forest J. eine weite Interpretation ab, die das Verfolgungsmerkmal zum „safety net to prevent any possible gap in the other four categories“ machen würde, Canada (Attorney General) v. Ward, [1993] 2 S.C.R., 689 (732 ff.).

721 Aleinikoff, in: Feller u.a., Refugee Protection in International Law, S. 263 (271), Applicant A. v. MIEA, [1997] HCA 4, 190 CLR 225, 142 ALR 331 (359), per McHugh J.

722 Siehe hierzu die Ausführungen unter V.1.

723 Applicant A. v. MIEA, [1997] HCA 4, 190 CLR 225, 142 ALR 331 (359), per McHugh J.

ob sich das Individuum auch der Gruppe zugehörig fühlen muss. Zwar geht ein Gefühl der Zugehörigkeit mit der Bildung von endogenen Gruppen meist einher, wie bereits oben gesehen, ist ein solches jedoch keine notwendige Voraussetzung für das Bestehen einer „sozialen Gruppe“.

Auch ist nicht erforderlich, dass das Individuum der Gruppe tatsächlich angehört. Maßgebend ist allein die Sicht des Verfolgers.[724] Ist eine „soziale Gruppe“ in der Gesellschaft auszumachen, und hält der Verfolger das Individuum für ein Mitglied der betreffenden Gruppe, kommt es auf eine tatsächliche Zugehörigkeit nicht mehr an.

V. Verknüpfung zwischen Verfolgung und Verfolgungsmerkmal

1. Bestehen der Gruppe vor der Verfolgung

Schaut man sich die Stellung des Begriffs „bestimmte soziale Gruppe“ innerhalb des Satzes an[725], stellt man fest, dass der Begriff hinter „Verfolgung wegen“ steht. Daraus lässt sich schließen, dass die „bestimmte soziale Gruppe“ nicht erst durch die Verfolgung entstehen kann, sondern bereits vorher existent sein muss.[726] Allein

724 Siehe hierzu die Ausführungen in Kap. 2 unter C.V.1.

725 Vgl. Art. 1A Nr. 2 GFK: „Im Sinne dieses Abkommens findet der Ausdruck ‚Flüchtling‘ auf jede Person Anwendung: […] die infolge von Ereignissen, die vor dem 1. Januar 1951 eingetreten sind, und aus der begründeten Furcht vor Verfolgung wegen ihrer Rasse, Religion, Nationalität, Zugehörigkeit zu einer bestimmten sozialen Gruppe oder wegen ihrer politischen Überzeugung sich außerhalb des Landes befindet, dessen Staatsangehörigkeit sie besitzt, und den Schutz dieses Landes nicht in Anspruch nehmen kann oder wegen dieser Befürchtungen nicht in Anspruch nehmen will; oder die sich als staatenlose infolge solcher Ereignisse außerhalb des Landes befindet, in welchem sie ihren gewöhnlichen Aufenthalt hatte, und nicht dorthin zurückkehren kann oder wegen der erwähnten Befürchtungen nicht dorthin zurückkehren will.“

726 Vgl. Islam v. SSHD and Anor, Ex Parte Shah, R v., [1999] UKHL 20 (25 March 1999), abgedruckt in 11 IJRL 1999, 496 (517, 519), per Lord Hope; Applicant A. v. MIEA, [1997] HCA 4, 190 CLR 225, 142 ALR 331 (341 f.) per Dawson J; UNHCR, RL Zugehörigkeit zu einer bestimmten sozialen Gruppe, UN Doc. HCR/GIP/02/02 (7. Mai 2002), § 2, 14; vgl. auch Dauvergne, 10 IJRL 1998, 77 (89); Hathaway/Foster, 15 IJRL 2003, 477 (479); Marx, ZAR 2005, 177 (181); Aleinikoff, in: Feller u.a., Refugee Protection in International Law, S. 263 (286 f.); im Ergebnis so auch: Summary Conclusion: membership of a particular social group, Global Consultations on International Protection, Expert roundtable organized by UNHCR, San Remo 6–8 September 2001, § 6, abgedruckt in: Feller u.a., Refugee Protection in International Law, S. 312 ff.

die Furcht vor Verfolgung kann folglich nicht das die Individuen verbindende gemeinsame Merkmal sein.

Auch der kanadische Supreme Court betonte in der Entscheidung *Ward*[727], dass es einer Verbindung zwischen Verfolgungshandlung und Verfolgungsgrund bedürfe. Eine Gruppe von Personen könne nicht erst durch die gemeinsame Angst vor Verfolgung zu einer „sozialen Gruppe“ im Sinne der Genfer Flüchtlingskonvention werden. Die Verfolgung müsse vielmehr aufgrund eines der in Art. 1A Nr. 2 GFK genannten Verfolgungsmotiven stattfinden. Ließe man die Furcht vor Verfolgung als einziges gemeinsames Merkmal der Gruppenmitglieder zur Bejahung der Flüchtlingseigenschaft ausreichen, wäre die Aufzählung der Verfolgungsmotive überflüssig.[728]

Gleichwohl kann die Verfolgungshandlung maßgeblich dazu beitragen bzw. auch erst dazu führen, dass Individuen, die ein sie verbindendes Merkmal teilen, eine von der Gesellschaft abgrenzbare Einheit bilden und somit zu einer „bestimmten sozialen Gruppe“ werden.[729] So folgerte *McHugh*:

> „Nevertheless, while persecutory conduct cannot define the social group, the actions oft he persecutors may serve to identify or even cause the creation of a particular social group in society. Left-handed men are not a particular social group. But, if they were persecuted because they were left-handed, they would no doubt quickly become recognisable in their society as a particular social group. Their persecution for being left-handed would create a public perception that they were a particular social group. But it would be the attribute of being left-handed and not the persecutory acts that would identify them as a particular social group.“[730]

Die Gruppe darf sich foglich nicht alleine über die Verfolgung, der ihre Mitglieder ausgesetzt sind, definieren.[731]

---

727 Canada (Attorney-General) v. Ward, [1993] 2 S.C.R. 689.

728 Applicant A. v. MIEA, [1997] HCA 4, 190 CLR 225, 142 ALR 331 (341) per Dawson J.; Canada (Attorney-General) v. Ward, [1993] 2 S.C.R. 689 (732) per La Forest J.; Binder, Frauenspezifische Verfolgung, S. 217.

729 Vgl. Islam v. SSHD and Anor, Ex Parte Shah, R v., [1999] UKHL 20 (25 March 1999), abgedruckt in: 11 IJRL 1999, 496 (519) per Lord Hope; UNHCR, Richtlinie zum Internationalen Schutz: Zugehörigkeit zu einer bestimmten sozialen Gruppe, UN Doc. HCR/GIP/02/02 (7. Mai 2002), § 14; Dauvergne, 10 IJRL 1998, 77 (88 f.); Goodwin-Gill/McAdam, The Refugee in International Law, S. 80; Hailbronner/Alt, in: Hailbronner, EU Immigration and Asylum Law, Ch. IV. 3. Rn. 16.

730 Applicant A. v. MIEA, [1997] HCA 4, 190 CLR 225, 142 ALR 331 (359) per McHugh J.; vgl. auch UNHCR, Richtlinie zum Internationalen Schutz: Zugehörigkeit zu einer bestimmten sozialen Gruppe, UN Doc. HCR/GIP/02/02 (7. Mai 2002), § 14.

731 Menschen, die grundsätzlich nicht über den Zebrastreifen gehen um eine Straße zu überqueren und daher einer Leibesvisite unterzogen werden, wären von einer Verfolgung bedroht.

2. Kein Erfordernis der Bedrohung jedes einzelnen Gruppenmitgliedes

Zum Teil wird vertreten, Verfolgung *wegen* der „Zugehörigkeit zu einer bestimmten sozialen Gruppe“ könne nur dann vorliegen, wenn alle bzw. beinahe alle Mitglieder der „bestimmten sozialen Gruppe“ von der Verfolgung bedroht seien.[732] Zu Recht geht der UNHCR davon aus, dass die Verfolgung jedes einzelnen Mitgliedes der Gruppe kein zwingendes Erfordernis für die Existenz einer „bestimmten sozialen Gruppe“ darstellt.[733] Es sei denkbar, dass bestimmte Gruppenmitglieder der Verfolgung entgingen, weil sie beispielsweise ihr gemeinsames Merkmal verheimlichten, dem Verfolger gar nicht bekannt seien oder mit dem Verfolger zusammenwirkten.[734] Wie diese Beispiele verdeutlichen, kann es keine Rolle spielen, wie viele Gruppenmitglieder faktisch von einem für das Vorliegen einer Verfolgung relevanten Maße betroffen sind.

Ausschlaggebend ist vielmehr, dass die ungerechtfertigte Unterscheidung und nicht die Auswirkungen der Beeinträchtigung im Einzelfall das Anknüpfungskriterium für die „bestimmte soziale Gruppe“ bildet.[735] Zudem kann sich eine konkret-individuelle Verfolgung nie auf die gesamte Gruppe beziehen.[736]

Eine konkrete und individuelle Verfolgung kann allein dann an die „Zugehörigkeit zu einer bestimmten sozialen Gruppe“ anknüpfen, wenn ihr eine Maxime zugrunde liegt, die als abstrakt-generelle Regelung nach der „Zugehörigkeit zu einer bestimmten sozialen Gruppe“ differenziert.[737] Bei einer abstrakt-generellen

---

Diese erfolgt hingegen nicht in Anknüpfung an das Merkmal der „bestimmten sozialen Gruppe“ im Sinne der Konvention, da sich die Gruppe ausschließlich über die befürchtete Verfolgung definiert, vgl. Dauvergne, 10 IJRL 1998, 77 (90).

732 Islam v. SSHD and Anor, Ex Parte Shah, R v., [1999] UKHL 20 (25 March 1999), abgedruckt in: 11 IJRL 1999, 496 (504) per Lord Steyn; Fatin v. INS, [1993] 12 F.3d. 1233, 1241 (3rd. Cir. 1993); Dauvergne, 10 IJRL 1998, 77 (85 ff.).

733 Vgl. UNHCR, Richtlinie zum Internationalen Schutz: Zugehörigkeit zu einer bestimmten sozialen Gruppe, UN Doc. HCR/GIP/02/02 (7. Mai 2002), § 17; Summary Conclusions: membership of a particular social group, Global Consultations on International Protection, Expert roundtable organized by UNHCR, San Remo 6–8 September 2001, § 7, abgedruckt in: Feller u.a., Refugee Protection in International Law, S. 312.

734 UNHCR, Richtlinien zum internationalen Schutz: „Zugehörigkeit zu einer bestimmten sozialen Gruppe“ im Zusammenhang mit Artikel 1 A (2) des Abkommens von 1951 bzw. des Protokolls von 1967 über die Rechtsstellung der Flüchtlinge, UN Doc. HCR/GIP/02/02 (7. Mai 2002), Ziff. 17.

735 Von Thenen, Geschlechtsspezifische Flucht- und Bleibegründe, S. 214.

736 Vgl. dazu die Ausführungen im 2. Kap. unter C.VII.

737 Vgl. dazu und zu Nachfolgendem von Thenen, Geschlechtsspezifische Flucht- und Bleibegründe, S. 214.

Verfolgungsgefahr wird die ungerechtfertigte Differenzierung allerdings immer nur dann Anknüpfungspunkt für eine „bestimmte soziale Gruppe“ sein, wenn von der Andersbehandlung prinzipiell alle Mitglieder dieser „bestimmten sozialen Gruppe“ betroffen sein könnten. Die Anknüpfung an eine „bestimmte soziale Gruppe“ ist bei einer abstrakt-generellen Verfolgungsgefahr also immer dann gegeben, wenn die drohende Verfolgungshandlung „innerhalb der Gesellschaft nach dem oder den gruppencharakterisierenden Merkmal[en] differenziert und zugleich im gesellschaftlichen Kontext erkennbar ist, dass die Gruppe als Einheit wahrgenommen wird“[738]. Dies wird indiziert, sobald sich die drohende Verfolgungshandlung aus einer Vorstellung über Tatsachen bzw. Eigenschaften ableiten lässt, die allen Gruppenmitgliedern gleichermaßen zugeschrieben werden.

Häufig benennt die abstrakt-generelle Verbotsnorm die ihr zugrunde liegende, an die „bestimmte soziale Gruppe“ anknüpfende Diskriminierung allerdings nicht ausdrücklich: Verbietet ein Gesetz beispielsweise allen Männern gleichgeschlechtliche sexuelle Handlungen, kommen zwei verschiedene Ungleichbehandlungen als Anknüpfungspunkt in Betracht. Zunächst werden Männer und Frauen unterschiedlich behandelt, da das Gesetz allein Männern gleichgeschlechtliche sexuelle Handlungen verbietet, die Rechte von Frauen hingegen unberührt lässt. Zudem findet auch zwischen Personen, die gleichgeschlechtliche sexuelle Handlungen ausführen möchten, und solchen die kein solches Bedürfnis haben, eine Ungleichbehandlung statt. Die relevante Differenzierung ist hier letztere, da allein (männliche) Personen, die gleichgeschlechtliche sexuelle Handlungen vornehmen wollen, objektiv vorhersehbar durch die Regelung beeinträchtigt werden. Demnach knüpft die dem Gesetz zugrunde liegende ungerechtfertigte Unterscheidung an die „Zugehörigkeit zu der bestimmten sozialen Gruppe“ der (männlichen) Homosexuellen und nicht an die „Zugehörigkeit zu der bestimmten sozialen Gruppe“ aller Männer der jeweiligen Gesellschaft an.

In der kanadischen und australischen Rechtsprechung wird vereinzelt die Verfolgung wegen der „Zugehörigkeit zu einer bestimmten sozialen Gruppe“ allein dann bejaht, wenn die Verfolgung der schutzsuchenden Person an deren „Sein“ und nicht an deren „Verhalten“ anknüpft.[739] Grundsätzlich kann die Abgrenzung nach der Formel „what one is or what one does“ bei der Prüfung als Orientierungshilfe dienen, von einer schematischen Anwendung ist jedoch abzuraten, da

738 Von Thenen, Geschlechtsspezifische Flucht- und Bleibegründe, S. 214.

739 Vgl. Applicant A. v. MIEA, [1997] HCA 4, 190 CLR 225, 142 ALR 331 (342) per Dawson J.; Canada (Attorney-General) v. Ward, [1993] 2 S.C.R. 689 (738 f.) per La Forest J. Vgl. auch Daley/Kelley, 12 IJRL 2000, 148 (152).

sich vor allem im Hinblick auf Strafvorschriften Besonderheiten ergeben.[740] Ein Straftatbestand, der bei Vornahme einer bestimmten Handlung erfüllt ist, knüpft zwar grundsätzlich an ein Verhalten an, trotzdem kann der Strafnorm aber ein bestimmtes Prinzip zugrunde liegen, das abstrakt-generell an die „Zugehörigkeit zu einer bestimmte sozialen Gruppe“ anknüpft.[741] Dies ist gegeben, wenn beispielsweise der Straftatbestand allein von den Zugehörigen einer „bestimmten sozialen Gruppe“ erfüllt werden kann. *Lord Hoffman* untermauerte dies in der Entscheidung *Islam and Shah* mit dem anschaulichen Beispiel der Judenverfolgung zu Zeiten des Nationalsozialismus in Deutschland. Zwar wurden generell alle Juden während dieser Zeit diskriminiert, eine konkrete Verfolgung bestand aber nur denjenigen gegenüber, die sich bestimmten diskriminierenden Regelungen, wie beispielsweise der Verordnung des Tragens des Judensterns, widersetzten. Dennoch wird man eine Verfolgungsgefahr wegen der „Zugehörigkeit zu einer bestimmten sozialen Gruppe“ (die der Juden) nicht verneinen können, auch wenn die konkrete Verfolgung an ein Verhalten anknüpft und nicht alle Mitglieder der „bestimmten sozialen Gruppe“ dieser konkreten Verfolgung ausgesetzt sind.[742]

VI. Fazit

Die Auslegung des Merkmals „Zugehörigkeit zu einer bestimten sozialen Gruppe“ nach völkerrechtlichen Grundsätzen ergibt, dass der Verfolgungsgrund sowohl exogene als auch endogene Gruppen umfasst, die in der Gesellschaft des jeweiligen Verfolgerstaates bestehen. Dabei ist anhand einer objektiven Betrachtungsweise festzustellen, ob die Gruppe von der übrigen Gesellschaft zu unterscheiden ist. Weder spielt die Größe der Gruppe eine Rolle, noch ist ein Zusammengehörigkeitsgefühl der Gruppe eine zwingende Voraussetzung. Ebensowenig stellen unmittelbare Beziehungen der Gruppenmitglieder untereinander ein notwendiges Kriterium dar. Auch muss nicht jedes Gruppenmitglied von der Verfolgung bedroht sein. Die Gruppe muss jedoch bereits vor der Verfolgung in der Gesellschaft

740 Vgl. von Thenen, Geschlechtsspezifische Flucht- und Bleibegründe, S. 215.

741 Vgl. Islam v. SSHD and Anor, Ex Parte Shah, R v., [1999] UKHL 20 (25 March 1999), abgedruckt in: 11 IJRL 1999, 496 (514), per Lord Hofmann; vgl. von Thenen, Geschlechtsspezifische Flucht- und Bleibegründe, S. 215.

742 Islam v. SSHD and Anor, Ex Parte Shah, R v., [1999] UKHL 20 (25 March 1999), abgedruckt in: 11 IJRL 1999, 496 (514), per Lord Hoffmann.

bestehen, d.h. sie darf sich nicht ausschließlich über die gemeinsame Angst vor Verfolgung definieren.

E. Zwischenergebnis

Mangels einer autoritativen Auslegungsinstanz, die auf völkerrechtlicher Ebene zur verbindlichen Auslegung der Merkmale des Flüchtlingsbegriffs befugt ist, richtet sich deren Interpretation nach den allgemeinen Grundsätzen zur Auslegung von Völkervertragsrecht. Hierbei kommt den Äußerungen des UNHCR eine Orientierungsfunktion zu. Obwohl sie gegenüber den Konventionsstaaten keine Bindungswirkung entfalten, sind diese nach der Flüchtlingskonvention zur Berücksichtigung verpflichtet. Die Äußerungen des UNHCR erfolgen aber nicht in Anwendung der Genfer Flüchtlingskonvention und stellen daher keine „spätere Übung“ im Sinne von Art. 31 Abs. 2 lit. b WVRK dar. Sie wirken jedoch faktisch auf die völkerrechtliche Begriffsbildung und können damit der Kategorie des *soft law* zugeordnet werden.

Auch die Beschlüsse des Exekutivkomitees sind für die Konventionsstaaten unverbindlich. Sie werden zwar einstimmig von Regierungsvertretern beschlossen, stellen jedoch nicht generell den Abschluss eines völkerrechtlichen Vertrages dar. Sofern die Beschlüsse des Exekutivorgans eine Bestätigung durch die nicht im Exekutivkomitee vertretenen Konventionsstaaten erfahren, können sie als „spätere Übereinkunft“ im Sinne von Art. 31 Abs. 3 lit. a WVRK für die Auslegung der Konventionsbestimmungen Bedeutung erlangen.

Grundsätzlich hat eine Interpretation der Flüchtlingskonvention zu erfolgen, die einem effektiven Menschenrechtsschutz gerecht wird. Die Konvention ist dynamisch und mit dem Ziel der größtmöglichen praktischen Wirksamkeit und Effektivität auszulegen. Zur Bestimmung des Merkmals der „sozialen Gruppe“ verbietet sich ein Rückgriff auf soziologische Kriterien insbesondere mit Blick auf den historischen Hintergrund und die humanitäre Zielsetzung der GFK. Die Einbeziehung des Merkmals der „Zugehörigkeit zu einer bestimmten sozialen Gruppe“ dient der Sicherstellung eines umfassenden Schutzbereiches. Der Tatbestand des Verfolgungsmotivs ist daher weit zu verstehen, und umfasst jede Mehrzahl von Personen, die sich willentlich zusammengeschlossen haben und/oder familiär miteinander verbunden sind oder die von außen zu einem Kollektiv zusammengefasst werden und als eigenständige Einheit von der Gesellschaft unterscheidbar sind. Dabei ist eine objektive Bewertung vorzunehmen und die soziale Realität des jeweiligen Verfolgerstaates als Beurteilungsmaßstab heranzuziehen. Auch zum Entstehungszeitpunkt der Flüchtlingskonvention noch unbekannte „soziale Gruppen“ sind vom Schutzbereich erfasst. Hingegen bilden Gruppen, die durch bloßen Zufall entstanden sind, ebenso wie rein statistische Gruppen, keine „bestimmte soziale Gruppe“ im Sinne der Konvention. Auch darf sich das Kollektiv nicht alleine über die gemeinsame Verfolgung definieren. Weitere, den Tatbestand eingrenzende Kriterien sind nicht erforderlich. Insbesondere ist die Forderung eines den Gruppenmitgliedern gemeinsamen unabänderlichen Merkmals abzulehnen. Weder findet dieses Kriterium Anklang im Wortlaut, noch gebieten Sinn und Zweck der Flüchtlingskonvention eine Einschränkung des Tatbestandes. Die begründete Furcht vor einer schwerwiegenden Menschenrechtsverletzung, die gerade aufgrund der Zugehörigkeit des Individuums zu der „bestimmten sozialen Gruppe“ droht, bleibt stets Erfordernis der Flüchtlingseigenschaft.

4. Kapitel: Das Merkmal „Zugehörigkeit zu einer bestimmten sozialen Gruppe" im Recht der Europäischen Union vor dem Hintergrund des internationalen Flüchtlingsrechts

A. Einführung

Europäische Integrationsbestrebungen haben zu der Entwicklung von supranationalen Vorgaben auf dem Gebiet des Asylrechts geführt. Durch den Erlass der sog. Qualifikationsrichtlinie[743] wurden für die Mitgliedstaaten der Europäischen Union verbindliche Mindestnormen für die Bestimmung und die Merkmale der Flüchtlingseigenschaft festgelegt. Da die Richtlinie auch Leitlinien zur Auslegung des Verfolgungsmerkmals der „bestimmten sozialen Gruppe" enthält, soll im Folgenden, nach einer Einführung in die Entwicklung der EU-Asyl- und Flüchtlingspolitik (B), zunächst das Verhältnis von Unionsrecht und Genfer Flüchtlingskonvention erörtert werden (C). Im Anschluss gilt es, die unionsrechtlichen Vorgaben in Bezug auf die Auslegung des Verfolgungsmerkmals der „Zugehörigkeit zu einer bestimmten sozialen Gruppe" darzulegen und auf ihre Vereinbarkeit mit dem nach völkerrechtlichen Auslegungsgrundsätzen gefundenen Ergebnis zu untersuchen (D).

B. Entwicklung einer EU-Asyl- und Flüchtlingspolitik

Die Schaffung eines einheitlichen europäischen Zuständigkeitssystems für das Asylverfahren begann mit dem Abkommen von Dublin über die Bestimmung des zuständigen Staates für die Prüfung eines in einem Mitgliedstaat der Europäischen

---

743 Richtlinie 2004/83/EG des Rates vom 29. April 2004 über Mindestnormen für die Anerkennung und den Status von Drittstaatsangehörigen oder Staatenlosen als Flüchtlinge oder als Personen, die anderweitig internationalen Schutz benötigen, und über den Inhalt des zu gewährenden Schutzes (ABl. L 304/12 vom 30. September 2004). Mit der Neufassung der Qualifikationsrichtlinie, der Richtlinie 2011/94/EU (ABl. L 337 vom 20. Dezember 2011), wird die alte Fassung mit Wirkung vom 21. Dezember 2013 aufgehoben.

Gemeinschaften gestellten Asylantrags vom 15. Juni 1990.[744] Ähnlich dem Schengener Abkommen (Schengen II) vom Juni 1990[745] statuierte das Dubliner Abkommen Zuständigkeitsregeln und sicherte dadurch jedem Asylbewerber die Möglichkeit, in einem der Vertragsstaaten einen Asylantrag zu stellen.

Im Vertrag über die Europäische Union von 1992 wurde bestimmt, dass die Justiz- und Innenminister den Rahmen für eine europäische Asylpolitik schaffen.[746] Ein wesentlicher Beweggrund hierfür war die Verhinderung von illegaler bzw. unkontrollierter Einwanderung. Auch spielten Effizienzerwägungen bei der Durchführung von Asylverfahren eine Rolle.[747]

Im Dezember 1994 verabschiedete der Rat Empfehlungen zu einem Musterentwurf von bilateralen Rückübernahmeabkommen.[748] Ein solches Abkommen kann zwischen einem Mitgliedstaat der EU und einem Drittstaat abgeschlossen werden und ermöglicht die Abschiebung eines abgelehnten Asylbewerbers in den Herkunftsstaat. Im Jahre 1995 verabschiedeten die Minister eine „Entschliessung des Rates [...] über Mindestgarantien für Asylverfahren“[749]. 1996 befasste sich ein Gemeinsamer Standpunkt zur harmonisierten Anwendung der Definition des Begriffs „Flüchtling“[750] erstmals mit der Auslegung der Genfer Flüchtlingskonvention. Hierbei handelte es sich um erste, unverbindliche Leitlinien zu einer einheitlichen Auslegung und Anwendung des

---

744 Das Abkommen wurde von allen damaligen EG-Mitgliedstaaten (mit Ausnahme von Dänemark, das dem Abkommen erst später beitrat) unterzeichnet und trat am 1. September 1997 in Kraft.

745 Dieses enthält darüber hinausgehend auch Regelungen, unter anderem über grenzüberschreitende polizeiliche Zusammenarbeit und über einheitliche Grenzkontrollen an den Außengrenzen der Union.

746 Vgl. Art. K.1, Ziff. 1 EUV in der Fassung des Vertrages von Maastricht, Abl. C 191 vom 29. Juli 1992.

747 Wokulat, Schaffung eines gemeinsamen europäischen Asylsystems, S. 20.

748 Empfehlung des Rates vom 30. November 1994 betreffend den Musterentwurf eines bilateralen Rückübernahmeabkommens zwischen einem Mitgliedstaat und einem Drittstaat, Abl. C 274 vom 19. September 1996; Empfehlung des Rates vom 24. Juli 1995 betreffend Leitsätze für die Ausarbeitung von Protokollen zur Durchführung von Rückübernahmeabkommen, Abl. C 274 vom 19. September 1996.

749 EG Abl. C 274 vom 19. September 1996, S. 13.

750 Gemeinsamer Standpunkt des Rates vom 4. März 1996 aufgrund von Artikel K.3 des Vertrags über die Europäische Union betreffend die harmonisierte Anwendung der Definition des Begriffs „Flüchtling“ in Artikel 1 des Genfer Abkommens vom 28. Juli 1951 über die Rechtsstellung der Flüchtlinge, Abl. L 63 vom 13. März 1996.

Flüchtlingsbegriffs.[751] Der Standpunkt behält den Staaten noch das Recht vor, Opfern von „nichtstaatlicher" Verfolgung beispielsweise durch bewaffnete Milizen den Asylstatus zu versagen.[752]

Mit dem Vertrag von Amsterdam[753], der am 1. Mai 1999 in Kraft trat, wurde der Grundstein für eine Vergemeinschaftung der mitgliedstaatlichen Asylpolitik gelegt. Der Vertrag enthielt in Art. 61, 63 EGV (Art. 67, 78 AEUV) eine Rechtsgrundlage für die Zuständigkeit der EU zur Harmonisierung der Asyl- und Flüchtlingspolitik.[754] Zuvor zählte der Bereich der Asyl- und Flüchtlingspolitik gemäß Art. K. 1 Nr. 1 und Nr. 3 EUV a.F. lediglich zu der sog. „dritten Säule" der Europäischen Union und unterfiel mithin allein der intergouvernementalen Zusammenarbeit.[755] Das Ziel der Schaffung einer EU-Zuständigkeit war die Vereinheitlichung der verfahrens- und materiellrechtlichen Standards zur Auslegung der Genfer Konvention und der Grundprinzipien für die Überprüfung der Flüchtlingseigenschaft. Hierfür sah Art. 63 des Amsterdamer Vertrags in einem Rechtssetzungsauftrag verschiedene Schritte vor.

Im selben Jahr wurde die erste Phase des längerfristig angelegten Prozesses der Entwicklung eines Europäischen Asylsystems eingeläutet. Als Ergebnis einer Sondertagung des Europäischen Rates im finnischen Tampere im Oktober 1999 sahen die „Schlussfolgerungen von Tampere" eine gemeinsame Asylpolitik vor, die auf der „uneingeschränkten und allumfassenden Anwendung der Genfer Flüchtlingskonvention"[756] beruhen sollte.[757]

---

751 Vgl. hierzu Weber, EuGRZ 1999, 301 (301 ff.), mit Ausführungen zu den nationalen Asylrechtsbestimmungen.

752 UNHCR, Flüchtlinge 2/2004, S. 9, erhältlich unter: www.unhcr.de (zuletzt besucht Januar 2013).

753 Vertrag von Amsterdam zur Änderung des Vertrags über die Europäische Union, der Verträge zur Gründung der Europäischen Gemeinschaften sowie einiger damit zusammenhängender Rechtsakte, Abl. C 340 vom 10. November 1997.

754 Thym, in: Grabitz/Hilf/Nettesheim, Das Recht der EU, Bd. I, Art. 78 AEUV, Rn. 2; Löhr, in: Hofmann/Löhr, Europäisches Flüchtlings- und Einwanderungsrecht, S. 9 (9).

755 Rossi, in: Calliess/Ruffert, EUV/AEUV, Art. 78 AEUV Rn. 1; Graßhof, in: Schwarze, EU-Kommentar, Art. 78 AEUV Rn. 2.; Weber, EuGRZ 1999, 301 (301).

756 Europäischer Rat (Tampere), Schlussfolgerungen des Vorsitzes, 15. und 16. Oktober 1999, Ziff. 13, erhältlich unter: http://europarl.europa.eu/summits/tam_de.htm (zuletzt besucht Januar 2013).

757 Siehe hierzu Bröcker, Die externen Dimensionen, S. 59 ff.

Im Zuge des Aktionsprogramms von Tampere legte die Europäische Kommission vier Richtlinienentwürfe und einen Verordnungsentwurf vor.[758] 2001 verabschiedete der Rat die Richtlinie zum vorübergehenden Schutz[759], die Regelungen zu Mindestbedingungen der vorübergehenden Aufnahme von Flüchtlingen und ihre Verteilung auf die EU-Staaten in Krisensituationen für den Fall eines „Massenzustroms“ enthält. Die zweite Richtlinie von 2003[760] legte Mindestnormen für die sozialen Aufnahmebedingungen von Asylbewerbern einschließlich ihrer Unterbringung, Gesundheitsversorgung, Bildung, Erwerbstätigkeit und Rechtssicherheit fest. Hierbei wurde den Staaten jedoch ein Freiraum hinsichtlich der Übernahme gewisser Mindeststandards eingeräumt. Die Verordnung des Rates „Dublin II“ regelte 2003 die Verpflichtungen der Mitgliedstaaten bei der Prüfung von Asylanträgen neu. 2004 trat die Richtlinie zum Flüchtlingsbegriff und zum ergänzenden Schutz (sog. Qualifikationsrichtlinie)[761] in Kraft, die verbindlich definierte, wer Asyl und wer ergänzenden Schutz erhält, und die sozialen Rechte von Flüchtlingen im Asylland festlegte. Die darauffolgende Richtlinie zu den gemeinsamen Asylverfahren (sog. Asylverfahrensrichtlinie)[762] behandelte Themen wie die Berufung und die Bestimmung von „sicheren Drittstaaten“ sowie allgemeine Grundsätze und Mindeststandards von Asylverfahren.

---

758 Abl. C 51 E vom 26. Februar 2002, S. 325, KOM (2001) 510 endgültig. Für eine ausführliche Darstellung flüchtlingsrechtlicher Sekundärrechtsakte vgl. Clodius, Beilage zum Asylmagazin 7/2007, 1 (2 ff.), erhältlich unter: www.asyl.net (zuletzt besucht Januar 2013).

759 Richtlinie 2001/55/EG des Rates vom 20. Juli 2001 über Mindestnormen für die Gewährung vorübergehenden Schutzes im Falle eines Massenzustroms von Vertriebenen und Maßnahmen zur Förderung einer ausgewogenen Verteilung der Belastungen, die mit der Aufnahme dieser Personen und den Folgen dieser Aufnahme verbunden sind, auf die Mitgliedstaaten, Abl. L 212/12 vom 7. August 2001.

760 Richtlinie 2003/9/EG des Rates vom 27. Januar 2003 zur Festlegung von Mindestnormen für die Aufnahme von Asylbewerbern in den Mitgliedstaaten der Europäischen Union, Abl. L 31/18 vom 6. Februar 2003.

761 Richtlinie 2004/83/EG des Rates vom 29. April 2004 über Mindestnormen für die Anerkennung und den Status von Drittstaatsangehörigen oder Staatenlosen als Flüchtlinge oder als Personen, die anderweitig internationalen Schutz benötigen, und über den Inhalt des zu gewährenden Schutzes (ABl. L 304/12 vom 30. September 2004). Mit der Neufassung der Qualifikationsrichtlinie, der Richtlinie 2011/94/EU (ABl. L 337 vom 20. Dezember 2011), wird die alte Fassung mit Wirkung vom 21. Dezember 2013 aufgehoben.

762 Richtlinie 2005/85/EG des Rates vom 1. Dezember 2005 über Mindestnormen für Verfahren in den Mitgliedstaaten zur Zuerkennung und Aberkennung der Flüchtlingseigenschaft, Abl. L 326/13 vom 13. Dezember 2005.

Auf seiner Tagung am 4./5. November 2004 zur Fortführung des Tampere-Programms beschloss der Europäische Rat das „Haager Programm zur Stärkung von Freiheit, Sicherheit und Recht in der Europäischen Union“[763]. Dies leitete die zweite Phase der Entwicklung eines Europäischen Asylsystems ein. Wichtigstes Ziel war neben der Schaffung eines „Gemeinsamen Europäischen Asylsystems“ die Steuerung legaler Zuwanderung. Zudem bezweckte der Europäische Rat eine Lastenverteilung bei der Kontrolle der EU-Außengrenzen und Maßnahmen zur Bekämpfung des internationalen Terrorismus und der organisierten Kriminalität.

Im „Grünbuch über das künftige Gemeinsame Europäische Asylsystem“, das die EU-Kommission im Juni 2007 vorlegte, ist die Absicht formuliert, „einen einheitlichen Schutzraum für Flüchtlinge“ zu schaffen, in dem die „vollständige und uneingeschränkte Anwendung der Genfer Konvention“ gewährleistet sein soll.[764] Ziel der zweiten Phase sollte es sein, „unionsweit höhere einheitliche Schutzstandards und ein gleiches Schutzniveau zu erreichen sowie ein hohes Maß an Solidarität zwischen den EU-Mitgliedstaaten sicherzustellen.“[765] Das Grünbuch führt vier Handlungsfelder zur Angleichung der nationalen Asylverfahren an. Diese umfassen „Rechtsinstrumente“, „Durchführung – Begleitmaßnahmen“, „Solidarität und Lastenteilung“ sowie die „externe Dimension der Asylproblematik“.[766]

---

763 Abl. C 53/1 vom 3. März 2005.

764 Kommission der Europäischen Gemeinschaften, Grünbuch über das künftige Gemeinsame Europäische Asylsystem vom 6. Juni 2007, KOM(2007) 301 endgültig, erhältlich unter: http://eur-lex.europa.eu/LexUriServ/site/de/com/2007/com2007_0301de01.pdf (zuletzt besucht Januar 2013).

765 Kommission der Europäischen Gemeinschaften, Grünbuch über das künftige Gemeinsame Europäische Asylsystem vom 6. Juni 2007, KOM(2007) 301 endgültig, erhältlich unter: http://eur-lex.europa.eu/LexUriServ/site/de/com/2007/com2007_0301de01.pdf (zuletzt besucht Januar 2013).

766 Vgl. Kommission der Europäischen Gemeinschaften, Grünbuch über das künftige Gemeinsame Europäische Asylsystem vom 6. Juni 2007, KOM(2007) 301 endgültig, erhältlich unter: http://eur-lex.europa.eu/LexUriServ/site/de/com/2007/com2007_0301de01.pdf (zuletzt besucht Januar 2013). Auch das Strategiepapier der EU-Kommission vom 17. Juni 2008 bestärkt noch einmal den europäischen Ansatz einer gemeinsamen Asyl- und Flüchtlingspolitik. Hierbei steht der Wille im Vordergrund, Asylsuchenden ein faires Verfahren in jedem Mitgliedstaat der EU zu garantieren und eine unverhältnismäßige Lastenverteilung an den Außengrenzen der EU zu verhindern, vgl. Mitteilung der Kommission an das Europäische Parlament, den Rat, den Europäischen Wirtschafts- und Sozialausschuss und den Ausschuss der Regionen vom 17. Juni 2008 – Künftige Asylstrategie: Ein integriertes Konzept für EU-weiten Schutz (KOM(2008) 360 endgültig, nicht im Amtsblatt

Im Oktober 2008 verabschiedete der Europäische Rat den „Europäischen Pakt zu Einwanderung und Asyl“.[767] Er bildet fortan die Grundlage der gemeinsamen Einwanderungs- und Asylpolitik von Union und ihren Mitgliedstaaten. Der Pakt umfasst Verpflichtungen zu folgenden fünf Themenkomplexen: 1. Gestaltung der legalen Einwanderung, 2. Bekämpfung der illegalen Einwanderung, 3. Stärkung der Wirksamkeit der Grenzkontrollen, 4. Schaffung eines Europas des Asyls und 5. Zusammenarbeit mit den Herkunfts- und Transitländern. Dem liegt die Forderung nach neuen Initiativen zugrunde, um das im Haager Programm vorgesehene „Gemeinsame Europäische Asylsystem“ zu vollenden und insgesamt ein höheres Schutzniveau zu erreichen.

Die Umsetzung der Vorgaben des Paktes sollte im Rahmen des sog. Stockholmer Programms[768] erfolgen. Das Programm wurde im Dezember 2009 vom Europäischen Rat beschlossen und bildet den Rahmen für Maßnahmen der Union auf den Gebieten Unionsbürgerschaft, Justiz, Sicherheit, Asyl und Einwanderung für die Jahre 2010–2014. Es bekräftigt das politische Ziel einer umfassenden europäischen Politik. Zeitgleich trat der Vertrag von Lissabon[769] in Kraft. Durch ihn sollen unter anderem auch die Entscheidungsverfahren im Bereich der EU-Migrations- und Asylpolitik verbessert und Zuständigkeiten klarer verteilt werden. Gleichzeitig besteht mit Wirksamwerden der Europäischen Grundrechtecharta erstmals eine gemeinsame „verfassungsrechtliche“ Grundlage für das unionsrechtliche Asylrecht.[770]

In Kapitel 2 (Art. 77 ff.) des Vertrags über die Arbeitsweise der Europäischen Union (AEUV) finden sich Bestimmungen zur „Politik im Bereich Grenzkontrollen, Asyl und Einwanderung“. Diesen Regelungen hat die aktuelle Entwicklung einer europäischen Harmonisierung in der Asyl- und Flüchtlingspolitik zu folgen.

---

veröffentlicht, erhältlich unter: http://europa.eu/legislation_summaries/justice_freedom_security/free_movement_of_persons_asylum_immigration/jl0002_de.htm (zuletzt besucht Januar 2013).

767 Europäischen Pakt zu Einwanderung und Asyl vom 24. September 2008 (nicht im Amtsblatt veröffentlicht), erhältlich unter: http://register.consilium.europa.eu/pdf/de/08/st13/st13440.de08.pdf (zuletzt besucht Januar 2013).

768 Das Stockholmer Programm – Ein offenes und sicheres Europa im Dienste und zum Schutz der Bürger, Abl. C 155 vom 4. Mai 2010.

769 Vertrag von Lissabon zur Änderung des Vertrags über die Europäische Union und des Vertrags zur Gründung der Europäischen Gemeinschaft, Abl. 2007/C 306/01 vom 17. Dezember 2007.

770 Hailbronner, ZAR 2009, 369 (376).

C. Das Verhältnis von Unionsrecht und Genfer Flüchtlingskonvention

Neben den völkerrechtlichen Verpflichtungen im Rahmen der Genfer Flüchtlingskonvention ist die Bundesrepublik Deutschland auch unionsrechtlichen Vorgaben hinsichtlich der Auslegung des Merkmals der „Zugehörigkeit zu einer bestimmten sozialen Gruppe“ unterworfen. Für den Rechtsanwender gilt es daher, das Verhältnis beider Rechtsordnungen zueinander zu klären.

I. Grundsatz der völkerrechtskonformen Integration (Art. 351 Abs. 1 AEUV)

Der Grundsatz der völkerrechtskonformen Integration findet seine positivrechtliche Ausprägung in Art. 351 Abs. 1 AEUV (ehemals Art. 307 EG). Hiernach werden völkerrechtliche Verträge, die vor Inkrafttreten der Gründungsverträge bzw. im Falle später beigetretener Staaten vor dem Zeitpunkt ihres Beitritts zwischen einem oder mehreren Mitgliedstaaten und einem oder mehreren Drittstaaten abgeschlossen wurden, durch den AEU-Vertrag nicht berührt. Die Mitgliedstaaten der Union sind vollständig der Genfer Flüchtlingskonvention beigetreten. Art. 351 Abs. 1 AEUV schützt jedoch allein die Positionen der an der GFK beteiligten Staaten, die keine EU-Mitglieder sind. Werden ihre Rechte im Falle einer Kollision nicht tangiert, geht das Unionsrecht im Verhältnis zwischen den beteiligten Mitgliedstaaten vor.[771]

Die Vorschrift verbietet keine unionsrechtlichen Regelungen, die vertraglichen Verpflichtungen einzelner Mitgliedstaaten entgegenstehen. Für den Fall einer Kollision erlaubt sie dem betroffenen Mitgliedstaat jedoch, von der unionsrechtlichen Regelung abzuweichen, soweit dies zur Erfüllung seiner Vertragspflichten erforderlich ist.[772] Nach Art. 351 Abs. 2 AEUV wenden „der oder die betreffenden Mitgliedstaaten alle geeigneten Mittel an, um die festgestellten Unvereinbarkeiten zu beheben.“ Hierfür kommt eine Auslegung sowohl des Unionsrechts als auch des hiermit nicht zu vereinbarenden völkerrechtlichen

---

771 Vgl. Kokott, in: Streinz, EUV/AEUV, Art. 351 AEUV Rn. 2 und 11; Schmalenbach, in: Calliess/Ruffert, EUV/AEUV, Art. 351 Rn. 9.

772 Kokott, in: Streinz, EUV/AEUV, Art. 351 AEUV Rn. 20; vgl. auch Schmalenbach, in: Calliess/Ruffert, EUV/AEUV, Art. 351 Rn. 1; Terhechte, in: Schwarze, EU-Kommentar, Art. 351 AEUV Rn. 6; Khan, in: Geiger u.a., EUV/AEUV Kommentar, Art. 351 AEUV Rn. 3.

Vertrages in Betracht, die beide Regelungswerke miteinander in Einklang bringt. Ist eine solche konfliktlösende Auslegung nicht zu erzielen, stellt das Bemühen um eine Vertragsanpassung oder die vertragsgemäße Kündigung die *ultima ratio* dar.[773]

II. Die Stellung der Genfer Flüchtlingskonvention im Recht der Europäischen Union

Eine mögliche Bindung der Europäischen Union an die Regelungen der Genfer Flüchtlingskonvention könnte sich aus einer völkervertragsrechtlichen Verpflichtung und/oder einem primärrechtlichen Verweis ergeben.

1. Keine völkervertragsrechtliche Bindung

Die EU ist der Genfer Flüchtlingskonvention nicht beigetreten.[774] Auch existiert bislang weder eine einseitige EU-Verpflichtungserklärung, noch erfolgte eine Rechtsnachfolge in die Position der Mitgliedstaaten. Die EU ist somit kraft Völkerrecht allein an die Bestimmungen der GFK gebunden, deren Inhalt zum Völkergewohnheitsrecht gezählt werden kann.[775]

2. Primärrechtliche Verankerung

a) Art. 78 Abs. 1 AEUV

Mangels einer Verpflichtung der Union kraft Völkervertragsrechts richtet sich der Umfang ihrer Bindung an die Genfer Flüchtlingskonvention nach dem Primärrecht der EU.[776] In Art. 78 Abs. 1 AEUV (ehemals Art. 63 Abs. 1 EG) findet sich ein ausdrücklicher Verweis auf die Genfer Flüchtlingskonvention und das New Yorker Protokoll. Hier heißt es:

---

773 Kokott, in: Streinz, EUV/AEUV, Art. 351 AEUV Rn. 15 f.; Lorenzmeier, in: Grabitz/Hilf/Nettesheim, Das Recht der EU, Bd. III, Art. 351 Rn. 26 ff.; Khan, in: Geiger u.a., EUV/AEUV Kommentar, Art. 351 AEUV Rn. 5.

774 Nach Art. 39 Abs. 2 GFK können der Flüchtlingskonvention allein Staaten beitreten. Bislang erfogte auch keine dynamische Auslegung oder formale Änderung dieser Regelung durch die Konventionsstaaten. Thym, in: Grabitz/Hilf/Nettesheim, Das Recht der EU, Bd. I, Art. 78 AEUV, Rn. 6, 16.

775 Thym, in: Grabitz/Hilf/Nettesheim, Das Recht der EU, Bd. I, Art. 78 AEUV, Rn. 6.

776 Thym, in: Grabitz/Hilf/Nettesheim, Das Recht der EU, Bd. I, Art. 78 AEUV Rn. 6.

> „Die Union entwickelt eine gemeinsame Politik im Bereich Asyl, subsidiärer Schutz und vorübergehender Schutz, mit der jedem Drittstaatsangehörigen, der internationalen Schutz benötigt, ein angemessener Status angeboten und die Einhaltung des Grundsatzes der Nicht-Zurückweisung gewährleistet werden soll. Diese Politik muss mit dem Genfer Abkommen vom 28. Juli 1951 und dem Protokoll vom 31. Januar 1967 über die Rechtsstellung der Flüchtlinge sowie den anderen einschlägigen Verträgen im Einklang stehen."[777]

Da eine anderweitige Bindung der EU an die Konventionsbestimmungen nicht besteht, kommt dem primärrechtlichen Verweis auf die Genfer Flüchtlingskonvention nicht allein deklaratorische Wirkung zu.[778] Art. 78 Abs. 1 AEUV konstituiert vielmehr eine Bindung der Union an die Regelungen der GFK.[779] Die Union muss folglich bei dem Erlass von Sekundärrechtsakten die Vorgaben der Genfer Flüchtlingskonvention genauso beachten, wie die Mitgliedstaaten bei der Umsetzung in ihr jeweiliges nationales Recht.[780] Hierbei begründet eine Missachtung der Bestimmungen der Genfer Flüchtlingskonvention zugleich einen Verstoß gegen Art. 78 Abs. 1 AEUV, der zu einer konventionskonformen Auslegung des Sekundärrechts zwingt und in letzter Konsequenz zur Nichtigkeit führt.[781]

Der Verweis auf die „anderen einschlägigen Verträge" verdeutlicht, dass die Union auch künftiges Völkerrecht im Blick hat.[782] Die Regelung ist nicht

777 Mit den „anderen einschlägigen Verträgen" wird vor allem die EMRK in Bezug genommen. Weiß, in: Streinz, EUV/AEUV, Art. 78 AEUV Rn. 5; vgl. auch Funke-Kaiser, in: Bergmann/Kenntner, Deutsches Verwaltungsrecht, Kap. 6 Rn. 11, der auf das Übereinkommen gegen Folter und andere grausame, unmenschliche oder erniedrigende Behandlung oder Strafe vom 10. Dezember 1984, sowie das Übereinkommen über die Rechte des Kindes vom 20. November 1989 und das Europäische Übereinkommen über die Aufhebung des Sichtvermerkszwangs für Flüchtlinge vom 20. April 1959 verweist.

778 Thym, in: Grabitz/Hilf/Nettesheim, Das Recht der EU, Bd. I, Art. 78 AEUV Rn. 18; Weiß, in: Streinz, EUV/AEUV, Art. 78 AEUV Rn. 5.

779 Weiß, in: Streinz, EUV/AEUV, Art. 78 AEUV Rn. 5; Thym, in: Grabitz/Hilf/Nettesheim, Das Recht der EU, Bd. I, Art. 78 AEUV Rn. 18; vgl. auch Graßhof, in: Schwarze, EU-Kommentar, Art. 78 AEUV Rn. 7 ff.

780 Vgl. nur Löhr, in: Hofmann/Löhr, Europäisches Flüchtlings- und Einwanderungsrecht, S. 47 (48); Thym, in: Grabitz/Hilf/Nettesheim, Das Recht der EU, Bd. I, Art. 78 AEUV Rn. 18.

781 Thym, in: Grabitz/Hilf/Nettesheim, Das Recht der EU, Bd. I, Art. 78 AEUV Rn. 16, mit Nachweisen aus der neueren Rechtsprechung.

782 Die Erklärung Nr. 17 zum Vertrag von Amsterdam, in der es heißt, dass „in asylpolitischen Angelegenheiten [...] Konsultationen mit dem Hohen Kommissar der Vereinten Nationen

notwendigerweise als Kollisionsregel zu verstehen, die den völkerrechtlichen Bestimmungen in den relevanten Politikbereichen Vorrang einräumt. Es handelt sich zunächst um eine im Primärrecht verankerte Begrenzung der auf die Union übertragenen Kompetenz im Bereich Asyl, subsidiärer Schutz und vorübergehender Schutz.[783]

b) Art. 18 der Europäischen Grundrechtecharta

Eine Bindung der Europäischen Union an die Regelungen der Genfer Flüchtlingskonvention ist zudem Art. 18 der Europäischen Grundrechtecharta[784] zu entnehmen. Nach Art. 6 EU-Vertrag i.V.m. Art. 51 Abs. 1 EUGrCh kommt die Grundrechtecharta für die Organe und Einrichtungen der Union und für die Mitgliedstaaten bei der Durchführung des Rechts der Union zur Anwendung. In Art. 18 EUGrCh heißt es:

> „Das Recht auf Asyl wird nach Maßgabe des Genfer Abkommens vom 28.7.1951 und des Protokolls vom 31.1.1967 über die Rechtsstellung der Flüchtlinge sowie gemäß dem Vertrag zur Gründung der Europäischen Gemeinschaft gewährleistet.“

3. Die Auswirkungen der Bindung der EU an die GFK

Trotz des Fehlens einer formellen Bindung kraft Völkerrechts muss die EU bei Erlass von Rechtsakten die Regelungen der Genfer Flüchtlingskonvention beachten. Die primärrechtliche Verpflichtung der EU auf die Bestimmungen der GFK bewirkt, dass die Vertragskündigung nach Art. 44 GFK als *ultmia ratio* der Konfliktlösung ausscheidet. Es bleibt allein das Mittel der völkerrechtskonformen Auslegung, um einen etwaigen Widerspruch zwischen Unionsrecht und den Konventionsbestimmungen zu lösen. Das Gemeinsame Europäische Asylsystem hat insgesamt auf der umfassenden Anwendung der Bestimmungen der Genfer Flüchtlingskonvention zu beruhen.[785]

für Flüchtlinge und anderen einschlägigen internationalen Organisationen aufgenommen [werden]“, bestätigt die Bindung an das Flüchtlingsvölkerrecht. Rossi, in: Calliess/Ruffert, EUV/AEUV, Art. 78 AEUV Rn. 8.

783 Rossi, in: Calliess/Ruffert, EUV/AEUV, Art. 78 AEUV Rn. 8.

784 Charta der Grundrechte der Europäischen Union (2010/C 83/02), ABl. C 83 vom 30. März 2010, S. 389 ff.

785 Kugelmann, in: Schulze u.a., Europarecht, § 41 Rn. 149.

Die im Primärrecht verankerte Bindung an die Genfer Flüchtlingskonvention ändert nichts an dem völkerrechtlichen Charakter der Konventionsbestimmungen.[786] Ihre Auslegung und Anwendung hat folglich auch innerhalb der Unionsrechtsordnung völkerrechtlichen Grundsätzen zu folgen. Bestehende besondere Auslegungsregeln für die Interpretation des Unionsrechts[787] können nicht auf die Auslegung völkerrechtlicher Verträge übertragen werden. Vielmehr gelten für die Auslegung der Genfer Flüchtlingskonvention, auch wenn sie Eingang in das Unionsverfassungsrecht gefunden hat, allein die Auslegungsregeln des allgemeinen Völkerrechts. Folglich ist, anders als bei einer Auslegung des EU-Rechts, neben dem Willen der Konventionsstaaten auch deren spätere Praxis bei der Auslegung zu berücksichtigen.[788]

D. Die Qualifikationsrichtlinie RL 2004/83/EG und ihre Neufassung RL 2011/95/EU

I. Überblick: Hintergrund, Struktur und Inhalt der Qualifikationsrichtlinie

Um von ihrer Kompetenz im Bereich Asyl, subsidiärer Schutz und vorübergehender Schutz Gebrauch zu machen, können das Europäische Parlament und der Rat im ordentlichen Gesetzgebungsverfahren Maßnahmen für ein Gemeinsames Europäisches Asylsystem erlassen (Art. 78 Abs. 2 AEUV, ehemals Art. 63 EG). Hiervon hat der Rat u.a. durch den Erlass der sog. Qualifikationsrichtlinie[789] im Jahre 2004[790] und deren Neufassung durch das Europäisches Parlament und den

---

786 Thym, in: Grabitz/Hilf/Nettesheim, Das Recht der EU, Bd. I, Art. 78 AEUV Rn. 7, 16.

787 Siehe hierzu: Hobe, Europarecht, § 10 Rn. 45 ff.; Seyr, Der *effet utile*, S. 30 ff.; Borchardt, in: Schulze u.a., Europarecht, § 15 Rn. 31 ff.

788 Thym, in: Grabitz/Hilf/Nettesheim, Das Recht der EU, Bd. I, Art. 78 AEUV Rn. 7. Zu den völkerrechtlichen Auslegungsregeln vgl. Art. 31 ff. WVRK sowie Shaw, International Law, S. 932 ff.

789 Richtlinie 2004/83/EG des Rates der Europäischen Union vom 29. April 2004 über Mindestnormen für die Anerkennung und des Status von Drittstaatsangehörigen oder Staatenlosen als Flüchtling oder als Personen, die anderweitig internationalen Schutz benötigen, und über den Inhalt des zu gewährenden Schutzes, Abl. L 304/12 vom 30.09.2004.

790 Rechtsgrundlage hierfür ist der ehemalige Art. 63 Abs. 1 Nr. 1 lit. c, Nr. 2 lit. a und Nr. 3 lit. a des Vertrags zur Gründung der Europäischen Gemeinschaft gewesen.

Rat im Jahre 2011 Gebrauch gemacht.[791] Auch hier setzt sich die Union die Befolgung der völkerrechtlichen Verpflichtungen aus der Genfer Flüchtlingskonvention zum Ziel:

> „Der Europäische Rat kam auf seiner Sondertagung in Tampere vom 15. und 16. Oktober 1999 überein, auf ein Gemeinsames Europäisches Asylsystem hinzuwirken, das sich auf die uneingeschränkte und umfassende Anwendung des Genfer Abkommens vom 28. Juli 1951 über die Rechtsstellung der Flüchtlinge [...] in der Fassung des New Yorker Protokolls vom 31. Januar 1976 [...] stützt, damit der Grundsatz der Nichtzurückweisung gewahrt bleibt und niemand dorthin zurückgeschickt wird, wo er Verfolgung ausgesetzt ist.“[792]

Die Qualifikationsrichtlinie gehört zum Kernbereich des europäischen Asylrechts. Obwohl sie ein umfassendes Regelwerk enthält, das ihr die Bezeichnung als „Mini-Flüchtlingskonvention“ einbrachte,[793] soll sie allein „Mindestnormen für die Bestimmung und die Merkmale der Flüchtlingseigenschaft“ festlegen.[794] Die Richtlinie zielt nicht darauf ab, die Genfer Flüchtlingskonvention zu ändern, zu ergänzen oder gar zu ersetzen. Vielmehr soll sie einer einheitlichen Auslegung der Konvention dienen.[795]

---

791 Richtlinie 2011/95/EU des Europäischen Parlaments und des Rates vom 13. Dezember 2011 über Normen für die Anerkennung von Drittstaatsangehörigen oder Staatenlosen als Personen mit Anspruch auf internationalen Schutz, für einen einheitlichen Status für Flüchtlinge oder für Personen mit Anrecht auf subsidiären Schutz und für den Inhalt des zu gewährenden Schutzes (Neufassung), ABl. L 337 vom 20. Dezember 2011. Die alte Fassung wird mit Wirkung vom 21. Dezember 2013 aufgehoben.

792 Richtlinie 2004/83/EG des Rates der Europäischen Union vom 29. April 2004, Erwägungsgrund 2; Richtlinie 2011/95/EU des Europäischen Parlaments und des Rates vom 13. Dezember 2011, Erwägungsgrund 3.

793 Vgl. Sitaropoulos, ZAR 2003, 379 (383).

794 Richtlinie 2004/83/EG des Rates der Europäischen Union vom 29. April 2004, Erwägungsgrund 2; Richtlinie 2011/95/EU des Europäischen Parlaments und des Rates vom 13. Dezember 2011, Erwägungsgrund 16.

795 Richtlinie 2004/83/EG des Rates der Europäischen Union vom 29. April 2004, Erwägungsgrund 2; Richtlinie 2011/95/EU des Europäischen Parlaments und des Rates vom 13. Dezember 2011, Erwägungsgrund 16 und 17; UNHCR, Kommentar des Hohen Flüchtlingskommissars der Vereinten Nationen (UNHCR) zur Richtlinie 2004/83/EG des Rates vom 29. April 2004 über Mindestnormen für die Anerkennung und den Status von Drittstaatsangehörigen oder Staatenlosen als Flüchtlinge oder als Personen, die anderweitig internationalen Schutz benötigen, und über den Inhalt des zu gewährenden Schutzes (OJ L 304/12 vom 30.09.2004), März 2005, S. 5.

Die Richtlinie umfasst neun Kapitel. Dabei enthält das erste Kapitel allgemeine Bestimmungen zum Anwendungsbereich der Richtlinie und zur Definition u.a. der Begriffe „internationaler Schutz“, „Flüchtling“, „Person mit Anspruch auf subsidiären Schutz“ sowie „subsidiärer Schutzstatus“. Das zweite Kapitel ist der Prüfung von Anträgen auf internationalen Schutz gewidmet. Es befasst sich mit der Bewertung von Asylanträgen, Nachfluchtgründen, den Verfolgungsakteuren und den Akteuren, die Schutz bieten können, sowie mit dem Konzept der internen Fluchtalternative. Das dritte Kapitel behandelt die Anerkennung des Flüchtlings. Neben näheren Bestimmungen zu Verfolgungshandlungen und Verfolgungsgründen enthält es Regelungen zum Erlöschen der Flüchtlingseigenschaft sowie eine Ausschlussklausel. Das vierte Kapitel steht im Zeichen der Flüchtlingseigenschaft, es befasst sich mit deren Zuerkennung, Aberkennung, Beendigung und der Ablehnung der Verlängerung des Flüchtlingsstatus. Die einzelnen Voraussetzungen für den Anspruch auf subsidiären Schutz werden im fünften Kapitel thematisiert, der subsidiäre Schutzstatus im darauffolgenden sechsten Kapitel. Das siebte Kapitel enthält allgemeine Bestimmungen zum internationalen Schutz sowie das Refoulement-Verbot und legt einzelne Schutzstandards für diejenigen Personen fest, denen die Mitgliedstaaten Schutz gewähren. Im achten Kapitel finden sich Regelungen zur Verwaltungszusammenarbeit, die genau wie die im achten Kapitel enthaltenen Schlussbestimmungen auf eine reibungslose und vollständige Durchführung der Richtlinie abzielen.

Am 13. Dezember 2011 haben das Europäische Parlament und der Rat die Neufassung der Qualifikationsrichtlinie[796] beschlossen. Sie soll in Umsetzung des Stockholmer Programms „die der Richtlinie 2004/83/EG zugrundeliegenden Prinzipien bestätigen sowie eine stärkere Angleichung der Vorschriften zur Zuerkennung und zum Inhalt des internationalen Schutzes auf der Grundlage höherer Standards [erzielen].“[797] Die Neufassung definiert gemeinsame Standards für die Realisierung eines genormten Asylverfahrens und eines einheitlichen Rechtsstatus für Flüchtlinge sowie für subsidiär Schutzberechtigte. Eine der bedeutendsten Änderungen ist die Gleichstellung von Flüchtlingen und

796 Richtlinie 2011/95/EU des Europäischen Parlaments und des Rates vom 13. Dezember 2011 über Normen für die Anerkennung von Drittstaatsangehörigen oder Staatenlosen als Personen mit Anspruch auf internationalen Schutz, für einen einheitlichen Status für Flüchtlinge oder für Personen mit Anrecht auf subsidiären Schutz und für den Inhalt des zu gewährenden Schutzes (Neufassung), Abl. L337/9 vom 20. Dezember 2011.

797 Richtlinie 2011/95/EU des Europäischen Parlaments und des Rates vom 13. Dezember 2011, Erwägungsgrund 10.

Begünstigten des subsidiären Schutzes im Hinblick auf das Recht der Familienzusammenführung sowie beim Zugang zu Gesundheitssystem und Arbeitsmarkt. Mit der Neufassung der Richtlinie wird die alte Fassung der Qualifikationsrichtlinie (RL 2004/83/EG vom 29. April 2004) mit Wirkung zum 21. Dezember 2013 aufgehoben.

II. Kriterien der „bestimmten sozialen Gruppe“ nach Art. 10 Abs. 1 lit. d QRL

Art. 10 QRL enthält Leitlinien zur Auslegung der einzelnen Verfolgungsgründe, die in der Genfer Flüchtlingskonvention in Bezug auf die Flüchtlingseigenschaft genannt werden. In lit. d wird der Verfolgungsgrund der „bestimmten sozialen Gruppe“ konkretisiert. Dabei bestimmen sowohl Art. 10 Abs. 1 lit. d der alten wie auch Art. 10 Abs. 1 lit. d der Neufassung der Qualifikationsrichtlinie wortidentisch:

> „Eine Gruppe gilt insbesondere als eine bestimmte soziale Gruppe wenn,
> – die Mitglieder dieser Gruppe angeborene Merkmale oder einen Hintergrund, der nicht verändert werden kann, gemein haben, oder Merkmale oder eine Glaubensüberzeugung teilen, die so bedeutsam für die Identität oder das Gewissen sind, dass der Betreffende nicht gezwungen werden sollte, auf sie zu verzichten, und
> – die Gruppe in dem betreffenden Land eine deutlich abgegrenzte Identität hat, da sie von der sie umgebenden Gesellschaft als andersartig betrachtet wird.
>
> Je nach den Gegebenheiten im Herkunftsland kann als eine soziale Gruppe auch eine Gruppe gelten, die sich auf das gemeinsame Merkmal der sexuellen Ausrichtung gründet. Als sexuelle Ausrichtung dürfen keine Handlungen verstanden werden, die nach dem nationalen Recht der Mitgliedstaaten als strafbar gelten […].“[798]

Eine Änderung des Wortlauts erfolgte allein betreffend „geschlechtsbezogener Aspekte“ im letzten Satz der Richtlinienbestimmung. Während es in Art. 10 lit. d der RL 2004/83/EG vom 29. April 2004 noch hieß: „geschlechtsbezogene Aspekte können berücksichtigt werden, rechtfertigen aber für sich allein genommen noch

---

798 Richtlinie 2004/83/EG des Rates der Europäischen Union vom 29. April 2004, Art. 10 Abs. 1 lit. d; Richtlinie 2011/95/EU des Europäischen Parlaments und des Rates vom 13. Dezember 2011, Art. 10 Abs. 1 lit. d.

nicht die Annahme, dass dieser Artikel anwendbar ist“, bestimmt nunmehr die Neufassung:

> „Geschlechtsbezogene Aspekte, einschließlich der geschlechtlichen Identität, werden zum Zweck der Bestimmung der Zugehörigkeit zu einer bestimmten sozialen Gruppe oder der Ermittlung eines Merkmals einer solchen Gruppe angemessen berücksichtigt.“

1. Geschützte Merkmale (Art. 10 Abs. 1 lit. d erster Spiegelstrich QRL)

Indem die QRL im ersten Spiegelstrich ihres Art. 10 Abs. 1 lit. d auf drei alternativ gestaltete geschützte Merkmale abstellt, greift sie den protected characteristics-Ansatz auf, der erstmals in der US-Amerikanischen Praxis in *Acosta*[799] formuliert und von weiten Teilen der angloamerikanischen Rechtsprechung übernommen wurde.[800] Erforderlich ist nach dem ersten Spiegelstrich entweder das Vorliegen eines gemeinsamen unveränderlichen Merkmals (dieses kann entweder angeboren sein oder auf vergangenen Erlebnissen bzw. Erfahrungen beruhen) oder eines fundamentalen Identitätsmerkmals, dessen Verzicht von dem Individuum nicht verlangt werden kann.

a) Angeborene Merkmale

Unter einem angeborenen Merkmal im Sinne von Art. 10 Abs. 1 lit. d ist beispielsweise das Geschlecht, die ethnische Abstammung, bestimmte körperliche Eigenschaften oder Behinderungen oder das Alter zu verstehen.

b) Unveränderbare Identitätsmerkmale

Die Richtlinie stellt angeborene Merkmale einem Hintergrund, der nicht verändert werden kann, gleich. Ein solcher Hintergrund kann auch auf einem früheren vorübergehenden oder freiwilligen Status beruhen. Unveränderbare Identitätsmerkmale im Sinne der Richtlinie sind zum Beispiel solche, die aufgrund einer historischen Bindung, der beruflichen oder auch der sozialen Stellung entstanden sind.[801]

---

799 Matter of Acosta, Int. Dec. No. 2986, 19 I.&N. Dec. 211, 233 (BIA, 1 March 1985).

800 Hailbronner, Ausländerrecht, Bd. 2, § 60 Rn. 64; ders./Alt, in: Hailbronner, EU Immigration and Asylum Law, Ch. IV. 3 Rn. 19. Siehe zum protected characteristics-Ansatz auch die Ausführungen im 3. Kap. unter C.III.3.b).bb).(3).(b).(aa) und D.III.2.b).aa).

801 Marx, ZAR 2005, 177 (178).

c) *Fundamentale Identitätsmerkmale*

Merkmale, deren Verzicht von den Gruppenmitgliedern nicht erzwungen werden sollte, weil sie essenziell für ihre Identität oder ihr Gewissen sind, stellen beispielsweise die Mitgliedschaft in einer Gewerkschaft oder die Zugehörigkeit zu einer Menschenrechtsgruppe dar.[802]

2. Fest umrissene Identität (Art. 10 Abs. 1 lit. d zweiter Spiegelstrich QRL)

Zusätzlich zu dem Vorliegen eines gemeinsamen geschützten Merkmales verlangt die QRL im zweiten Spiegelstrich, dass die Gruppe im Herkunftsland des Antragstellers eine „deutlich abgegrenzte Identität hat, da sie von der sie umgebenden Gesellschaft als andersartig betrachtet wird.“ Dies erfordert, dass die Identität der „bestimmten sozialen Gruppe“ fest umrissen und bestimmbar ist und die Gruppe von der übrigen Gesellschaft im Heimatstaat unterscheidbar ist. Dabei liegt die Andersartigkeit, die die Gruppe von der sie umgebenden Gesellschaft unterscheidbar macht, in dem den Gruppenmitgliedern gemeinsamen geschützten Merkmal. Die „Wahrnehmung von außen“ spielt also bei der Bestimmung der „sozialen Gruppe“ auch nach der QRL eine wichtige Rolle. Die im zweiten Spiegelstrich der Richtlinie enthaltene Definition gibt damit den aus der australischen Rechtsprechung stammenden social perception-Ansatz[803] wieder.[804]

3. Geschlechtsbezogene Aspekte

Die Neufassung der Richtlinie (RL 2011/95/EU) enthält gegenüber der RL 2004/83/EG eine begrüßenswerte Änderung, indem sie bestimmt, dass geschlechtsbezogene Aspekte bei der Begriffsbestimmung der „bestimmten sozialen Gruppe“ angemessen zu berücksichtigen sind. Die Richtlinie trägt hierdurch der seit Jahren in

---

802 Erläuterungen zu Art. 12 Ziff. d des Kommissionsentwurfs vom 12.09.2001, KOM(2001) 510 endgültig, 2001/027 (CNS), S. 25, erhältlich unter: http://eur-lex.europa.eu/LexUriServ/LexUriServ.do?uri=COM:2001:0510:FIN:DE:PDF (zuletzt besucht Januar 2012); Möller/Stiegeler, in: Hofmann/Hoffmann, HK-AuslR, § 60 AufenthG Rn. 13.

803 Siehe hierzu die Darstellung im 3. Kap. unter C.III.3.b).bb).(3).(b).(aa).

804 Hailbronner/Alt, in: Hailbronner, EU Immigration and Asylum Law, Ch. IV. 3., Rn. 19. A.A. Ross/Milligan-Baldwin, The Interpretation of Membership, S. 52, erhältlich unter: http://www.iarlj.org (zuletzt besucht Januar 2013).

der Literatur erhobenen Forderung nach der Anerkennung geschlechtsspezifischer Verfolgung und der dahingehenden Staatenpraxis Rechnung.[805]

Fraglich ist, ob dem Wortlaut der Richtlinie zu entnehmen ist, dass fortan geschlechtsbezogene Aspekte, einschließlich der geschlechtlichen Identität, für sich allein den Anknüpfungspunkt für die Einordnung als „bestimmte soziale Gruppe" bilden können. Nach der Begründung des Kommissionsentwurfs kann das Geschlecht an sich in der Regel nicht als Kriterium für das Bestehen einer „bestimmten sozialen Gruppe" herangezogen werden.[806] Im Einzelfall könnten Frauen aber eine „bestimmte soziale Gruppe" bilden, wenn sie beispielsweise in einer Gesellschaft im Hinblick auf ihre Grundrechte diskriminiert würden. Um die durch den unklaren Wortlaut der Altfassung hervorgerufenen Schutzdefizite zu schließen,[807] muss das Geschlecht als alleiniger Anknüpfungspunkt zur Bestimmung der „sozialen Gruppe" als ausreichend erachtet werden. Nur so kann die Neuregelung eine eindeutige und zweckmäßige Orientierungshilfe bieten, die sich im Einklang mit völkerrechtlichen Vorgaben befindet. Liegt der geltend gemachten Verfolgung ein geschlechtsbezogener Aspekt zugrunde, müssen folglich keine weiteren Erfordernisse hinzutreten, damit der Betroffene eine asylrelevante Verfolgung geltend machen kann.

---

805 Vgl. Marx, in: Hofmann/Löhr, Europäisches Flüchtlings- und Einwanderungsrecht, S. 115 (130). Speziell zu geschlechtsspezifischer Verfolgung siehe von Thenen, Geschlechtsspezifische Flucht- und Bleibegründe; siehe auch Binder, Frauenspezifische Verfolgung; dies., 10 Colum. J. Gender & L. 2000–2001, 167 (176 ff.); Markhard, KJ 2007, 373 (373 ff.); Jensen, Frauen im Asyl- und Flüchtlingsrecht; Bower, 7 Geo. Immigr. L.J. 1993, 173 (173 ff.)

806 Kommission der Europäischen Gemeinschaften, Vorschlag für eine Richtlinie des Europäischen Parlaments und des Rates über Mindestnormen für die Anerkennung und den Status von Drittstaatsangehörigen oder Staatenlosen als Personen mit Anspruch auf internationalen Schutz und über den Inhalt des zu gewährenden Schutzes, 21. Oktober 2009, KOM(2009) 551 endgültig, S. 8 f., erhältlich unter: http://eur-lex.europa.eu/LexUriServ/LexUriServ.do?uri=COM:2009:0551:FIN:DE:PDF (zuletzt besucht Januar 2013).

807 So das erklärte Ziel der Neufassung, vgl. Kommission der Europäischen Gemeinschaften, Vorschlag für eine Richtlinie des Europäischen Parlaments und des Rates über Mindestnormen für die Anerkennung und den Status von Drittstaatsangehörigen oder Staatenlosen als Personen mit Anspruch auf internationalen Schutz und über den Inhalt des zu gewährenden Schutzes, 21. Oktober 2009, KOM(2009) 551 endgültig, S. 2 ff. u. 9, erhältlich unter: http://eur-lex.europa.eu/LexUriServ/LexUriServ.do?uri=COM:2009:0551:FIN:DE:PDF (zuletzt besucht Januar 2013).

4. Die sexuelle Ausrichtung

Auch die sexuelle Ausrichtung kann, wie die QRL klarstellt, ein asylerhebliches Merkmal sein. Zudem erwähnt Erwägungsgrund (30) der Neufassung der QRL ausdrücklich die sexuelle Orientierung als einen bei der Bestimmung der „bestimmten sozialen Gruppe“ berücksichtigungsfähigen geschlechterbezogenen Aspekt.

Asylbegehren, die sich auf das Merkmal der sexuellen Orientierung stützen, spielten in der Praxis lange Zeit kaum eine Rolle. Zu groß war wohl die Angst der Schutzsuchenden, auch in den Aufnahmeländern Benachteiligungen ausgesetzt zu sein. Die QRL bestätigt nun, worüber relativ früh in der anglo-amerikanischen Rechtsprechung schon Einigkeit bestand: Homosexuelle, bzw. Personen mit einer bestimmten sexuellen Orientierung, können eine „bestimmte soziale Gruppe“ im Sinne der Genfer Flüchtlingskonvention bilden.[808]

Kontrovers diskutiert wurde dabei allerdings die Frage, inwieweit von dem Schutzsuchenden ein zumutbares Vermeidungsverhalten verlangt werden könne.[809] Insbesondere wurden Homosexuelle darauf verwiesen, ihre Veranlagung ausschließlich im engsten privaten Umfeld auszuleben und nach außen hin nicht bekannt werden zu lassen. Der High Court of Australia stellte in seiner Entscheidung vom 9. Dezember 2003 klar, dass es bei einem Asylgesuch allein um die Frage gehe, was dem Antragsteller bei Rückkehr in sein Herkunftsland drohe, und nicht ob er unter Umständen dort auch ohne nachteilige Konsequenzen leben könne.[810] Ziel und Zweck der Genfer Flüchtlingskonvention würden verfehlt, wenn man die Antragsteller darauf verweisen würde, ihre religiösen oder politischen Überzeugungen zu ändern, oder ihre Rasse, Nationalität oder Zugehörigkeit zu einer bestimmten sozialen Gruppe zu verbergen, um einer Verfolgung zu entgehen.[811] Dieser Ansicht ist die Refugee Status Appeals Authority in ihrer

---

808 Vgl. HJ (Iran) and HT (Cameroon) v. SSHD, [2010] UKSC 31, Ziff. 10, 11, per Lord Hope, Ziff. 42, per Lord Rodger (Refworld).

809 Siehe hierzu und zu Nachfolgendem: Titze, ZAR 2012, 93 (93 ff.).

810 Appellant S395/2002 v. MIMA, Appelant S396/2002 v. MIMA, [2003] HCA 71, Ziff. 80 per Gummow J., Hayne J. (Refworld); Simon Brown LJ stellt in SSHD v. Ahmed fest: „[I]n all asylum cases there is ultimately but a single question to be asked: is there a serious risk that on return the applicant would be persecuted for a Convention reason? If there is, then he is entitled to asylum. It matters not whether the risk arises from his own conduct in this country, however unreasonable.“ Zitiert nach Appellant S395/2002 v. MIMA, Appelant S396/2002 v. MIMA, [2003] HCA 71, Ziff. 42 (Refworld); siehe auch HJ (Iran) and HT (Cameroon) v. SSHD, [2010] UKSC 31, Ziff. 18 (Refworld).

811 Appellant S395/2002 v. MIMA, Appelant S396/2002 v. MIMA, [2003] HCA 71, Ziff. 41 per McHugh J., Kirby J., vgl. auch UNHCR, UNHCR-Leitlinien zu Anträgen auf

Entscheidung vom 7. Juli 2004[812] im Ergebnis gefolgt, und auch der Supreme Court of the United Kingdom betont in seinem Urteil vom 7. Juli 2010,[813] dass ein Vermeidungsverhalten vom Betroffenen grundsätzlich nicht verlangt werden könne. Eine Entscheidung des EuGH zu dieser Frage ist, trotz Vorlagebeschluss des OVG Münster vom 23. November 2010[814], bislang nicht ergangen.

Die Qualifikationsrichtlinie enthält keinerlei Anhaltspunkte für eine Forderung nach einem Vermeidungsverhalten oder einem Verheimlichen der Neigung durch den Betroffenen.[815] Wie der Vorlagebeschluss des OVG Münster verdeutlicht, bestehen in der europäischen Rechtsanwendungspraxis dennoch Unsicherheiten hinsichtlich der Auslegung der Qualifikationsrichtlinie in Bezug auf diese Problematik. Wünschenswert und sinnvoll im Hinblick auf einheitliche Standards im Umgang mit entsprechenden Asylgesuchen wäre daher eine Klarstellung im Wortlaut der Richtlinie. Eine solche findet sich in Art. 10 Abs. 1 lit. b QLR bezogen auf die Religionsausübung. Der Richtlinie ist an dieser Stelle ausdrücklich zu entnehmen, dass die Religionsteilnahme bzw. Nichtteilnahme sowohl im privaten als auch im öffentlichen Bereich vom Begriff der „Religion“ erfasst und damit geschützt ist. Ein solcher Zusatz wäre angesichts der bestehenden Kontroversen auch hinsichtlich des Merkmals der sexuellen Orientierung angebracht.

III. Kritische Würdigung des von der RL statuierten Ansatzes

Der Wortlaut der Richtlinie kombiniert den protected characteristics-Ansatz, der ein gemeinsames internes Merkmal verlangt, in kumulativer Weise mit dem social perception-Ansatz, der eine Wahrnehmung der Gruppe durch die übrige

Anerkennung der Flüchtlingseigenschaft gestützt auf sexuelle Orientierung und geschlechtliche Identität von November 2008, Ziff. 25, Deutsche Übersetzung: UNHCR Vertretung für Deutschland und Österreich, April 2009, erhältlich unter: http://www.unhcr.ch/fileadmin/rechtsinfos/fluechtlingsrecht/1_international/1_2_fluechtlingsbegriff/1_2_1/FR_int_fb_einschl-RL_sexuelle_Orientierung.pdf (zuletzt besucht Januar 2013).

812 RSAA, Ref. App. No. 74665/03 (7 July 2004), Ziff. 82, erhältlich unter: www.refugee.org.nz (zuletzt besucht Januar 2013).

813 HJ (Iran) and HT (Cameroon) v. SSHD, [2010] UKSC 31 (Refworld).

814 OVG Münster, Beschluss vom 23. November 2010 – 13 A 1013/09.A, NVwZ 2011, 192.

815 So auch Titze, ZAR 2012, 93 (100).

Gesellschaft voraussetzt.[816] Zu beachten ist, dass diese zwei zentralen Ansätze der angloamerikanischen Praxis zu Anfang in Rechtsprechung und Literatur als konkurrierend behandelt wurden.[817]

In der Literatur wird als Argument für eine auf interne, unabänderliche Merkmale abstellende Definition vor allem der klare Bewertungsmaßstab angeführt, der eine eindeutige Abgrenzung ermögliche.[818] Dem kann in Bezug auf die Forderung nach einem den Gruppenmitgliedern gemeinsamen angeborenen oder unveränderlichen Merkmal zugestimmt werden. Im Hinblick auf fundamentale Identitätsmerkmale, deren Verzicht von dem Betroffenen nicht verlangt werden dürfe, ergeben sich hingegen klare Beurteilungskriterien nicht ohne Weiteres. So ist eine abschließende Eingrenzung von Merkmalen und Glaubensüberzeugungen, die essenziell für die Identität oder das Gewissen des Individuums sind, nicht möglich. Es kann weder von einer abgestuften Rangfolge der Menschenrechte ausgegangen werden, die der Bewertung zugrunde gelegt werden könnte,[819] noch scheint eine Einordnung sinnvoll, die losgelöst von den persönlichen Umständen und dem subjektiven Empfinden des Betroffenen erfolgt. Zudem spricht die Formulierung der Konventionsbestimmung, die von der Qualifikationsrichtlinie übernommen wurde, entscheidend gegen den protected characteristics-Ansatz. Das Erfordernis eines geschützten Merkmals findet keinerlei Anklang im Wortlaut.[820] Ferner steht die Definition wohl nicht mit dem Grundgedanken der Konventionsgründer in Einklang.[821]

Auch wenn dem social perception-Ansatz entgegengehalten werden kann, die Existenz einer abgrenzbaren Gruppe im Verfolgerstaat sei materiellrechtlich

---

816 Statt vieler Zimmermann, The 1951 Convention, Art. 1A, para. 2 Rn. 406; Battjes, European Asylum Law, S. 256; Hailbronner/Alt, in: Hailbronner, EU Immigration and Asylum Law, Ch. IV. 3. Rn. 19.

817 So wird der social perception-Ansatz in RSAA, Ref. App. No. 13/12/93 (30 August 1995), Ziff. 60, und RSAA, Ref. App. No. 2039/93 (12 February 1996), Ziff. 139, beide erhältlich unter: www.refugee.org.nz (zuletzt besucht Januar 2013), ausdrücklich zurückgewiesen. Kritik am protected characteristics-Ansatz findet sich dagegen beispielsweise in Applicant A. v. MIEA, [1997] HCA 4, 190 CLR 225, 142 ALR 331 (335 ff.), per Brennan CJ. Löhr, in: Hofmann/Löhr, Europäisches Flüchtlings- und Einwanderungsrecht, S. 47 (76).

818 Aleinikoff, in: Feller u.a., Refugee Protection in International Law, S. 263 (294); Hathaway/Foster, 15 IJRL 2003, 477 (488); Daley/Kelley, 12 IJRL 2000, 148 (174).

819 Siehe hierzu die Ausführungen in Kap. 2 unter C.II.2.c).

820 Siehe hierzu die Ausführungen im 3. Kap. unter D.III.2.b).aa).

821 Siehe hierzu die Ausführungen im 3. Kap. unter D.III.2.b).aa).

schwer greifbar und vor allem kaum beweisbar,[822] erscheint dieser Ansatz vorzugswürdig. Der social perception-Ansatz stimmt mit dem Wortlaut der Konvention überein. Er eröffnet einen weiten Anwendungsbereich und erfordert keinen Verweis auf anerkannte Rechtsstandards.[823] Zudem ist der Ansatz entwicklungsoffen. Unter seiner Zugrundelegung können sowohl politische als auch kulturelle Besonderheiten des Verfolgerlandes berücksichtigt werden.[824]

Sofern jedoch allein auf die Wahrnehmung der Gruppe als zusammengehörende Einheit in der Gesellschaft abgestellt wird, werden nicht alle willentlich zusammengeschlossenen Gruppen erfasst, die von der Gesellschaft unterscheidbar sind. Wie bereits oben gezeigt, sind auch endogene Gruppen vom Wortlaut und Sinn und Zweck der Konvention erfasst. Gruppen, die beispielsweise familiär miteinander verbunden sind oder sich willentlich zusammengeschlossen haben, bilden nicht erst dann eine „bestimmte soziale Gruppe“ im Sinne der Konvention, wenn sie von der Gesellschaft oder staatlichen Organen als andersartig betrachtet werden.[825]

Wie von dem UNHCR in seinen Richtlinien zum internationalen Schutz[826] vertreten, plädieren inzwischen die Stimmen in Literatur und Rechtsprechung mehr dafür, beide Bedingungen alternativ anzuwenden.[827] Im konkreten Fall reiche das Vorliegen der Voraussetzungen nur einer der Definitionen aus, um eine Gruppe als „bestimmte soziale Gruppe“ zu qualifizieren. Auch die Europäische Kommission schien von einem Alternativverhältnis der beiden Definitionen auszugehen. In dem von ihr am 20. September 2001 vorgelegten Entwurf heißt es in Art. 12 lit. d:

---

822 Vgl. Aleinikoff, in: Feller u.a., Refugee Protection in International Law, S. 263 (298); Hathaway/Foster, 15 IJRL 2003, 477 (488).

823 Marx, ZAR 2005, 177 (180).

824 Hathaway/Foster, 15 IJRL 2003, 477 (484); Marx, ZAR 2005, 177 (180).

825 Vgl. von Thenen, Geschlechtsspezifische Flucht- und Bleibegründe, S. 213; siehe auch Taylor, 19 Monash U. L. Rev. 1993, 307 (307 ff.).

826 Siehe vor allem UNHCR, Richtlinien zum internationalen Schutz: „Zugehörigkeit zu einer bestimmten sozialen Gruppe“ im Zusammenhang mit Artikel 1 A (2) des Abkommens von 1951 bzw. des Protokolls von 1967 über die Rechtsstellung der Flüchtlinge, UN Doc. HCR/GIP/02/02 (7. Mai 2002).

827 Vgl. Fornah and K v. SSHD, [2006] UKHL 46 (18 October 2006), Ziff. 16 per Lord Bingham, Ziff. 118 per Lord Brown; Pennington/Pelzer, Asylmagazin 5/2006, 4 (5), erhältlich unter: www.asyl.net (zuletzt besucht Januar 2013); Aleinikoff, in: Feller u.a., Refugee Protection in International Law, S. 263 (300); Löhr, in: Hofmann/Löhr, Europäisches Flüchtlings- und Einwanderungsrecht, S. 47 (76); Hruschka/Löhr, NVwZ 2009, 205 (208); Klug, 47 GYIL 2004, 594 (611).

„Der Begriff soziale Gruppe bezeichnet Gruppen von Personen, die anhand bestimmter wesentlicher Merkmale wie sexuelle Ausrichtung, Alter oder Geschlecht definiert werden können, sowie Gruppen von Personen mit gemeinsamem Hintergrund oder gemeinsamen Merkmalen, die so bedeutsam für die Identität oder das Gewissen sind, dass die Betreffenden nicht gezwungen werden dürfen, auf die Gruppenzugehörigkeit zu verzichten. Der Begriff umfasst auch Gruppen von Personen, die nach dem Gesetz als ‚minderwertig‘ gelten.“[828]

Die Kommission legt ihrer Definition der „bestimmten sozialen Gruppe“ den protected characteristics-Ansatz zugrunde. Obwohl die Definition keinen ausdrücklichen Verweis auf das Erfordernis einer „Wahrnehmung von außen“ enthält, klingt ein solcher im zweiten Satz zumindest an. Durch die Formulierung „auch“ wird deutlich, dass zudem Gruppen erfasst sein sollen, die eine gewisse Marginalisierung in der Rechtsordnung kennzeichnet.[829] Das Europäische Parlament nimmt in seiner Stellungnahme keine Einschränkung dieses Ansatzes vor.[830] Ebenso wenig findet sich eine solche in der Stellungnahme des Wirtschafts- und Sozialausschusses.[831]

Auch wenn kaum ein Fall denkbar ist, in dem zwar die Gruppenmitglieder ein gemeinsames geschütztes Merkmal aufweisen, sie von der Gesellschaft aber nicht als andersartig betrachtet werden, ist im Gegensatz hierzu das Vorhandensein von Gruppen, deren Mitglieder kein unveränderliches Merkmal miteinander teilen und

828 Kommissionsentwurf vom 12.09.2001, KOM(2001) 510 endgültig, 2001/027 (CNS), S. 53, erhältlich unter: http://eur-lex.europa.eu/LexUriServ/LexUriServ.do?uri=COM:2001:0510:FIN:DE:PDF (zuletzt besucht Januar 2013).

829 Vgl. Erläuterungen zu Art. 12 Ziff. d des Kommissionsentwurfs vom 12.09.2001, KOM(2001) 510 endgültig, 2001/027 (CNS), S. 25 („darüber hinaus“), erhältlich unter: http://eur-lex.europa.eu/LexUriServ/LexUriServ.do?uri=COM:2001:0510:FIN:DE:PDF (zuletzt besucht Januar 2013).

830 Vgl. European Parliament legislative resolution on the proposal for a Council directive on minimum standards for the qualification and status of third country nationals and stateless persons as refugees or as persons who otherwise need international protection (COM(2001) 510 – C5-0573/2001 – 2001/0207(CNS)), P5_TA(2002)0494, ABl. C 300 E vom 11.12.2003, S. 25, erhältlich unter: http://www.europarl.europa.eu/sides/getDoc.do?pubRef=-//EP//NONSGML+TA+P5-TA-2002-0494+0+DOC+PDF+V0//EN (zuletzt besucht Januar 2013). Vgl. auch Marx, ZAR 2005, 177 (179).

831 Vgl. Stellungnahme des Wirtschafts- und Sozialausschusses zu dem „Vorschlag für eine Richtlinie des Rates über Mindestnormen für die Anerkennung und den Status von Drittstaatsangehörigen und Staatenlosen als Flüchtlinge oder als Personen, die anderweitig internationalen Schutz benötigen“, (KOM(2001) 510 endg. — 2001/0207 (CNS)), (2002/C 221/11), ABl. C 221/43 vom 17.09.2002, S. 43, erhältlich unter: http://eur-lex.europa.eu/LexUriServ/LexUriServ.do?uri=OJ:C:2002:221:0043:0048:DE:PDF (zuletzt besucht Januar 2013).

trotzdem als eine von der übrigen Gesellschaft abgrenzbare Einheit angesehen werden können, keine Seltenheit.

Vor diesem Hintergrund ist die in der Richtlinie statuierte Definition äußerst restriktiv.[832] Durch das Wort „und“ werden protected characteristics- und social perception-Ansatz in einer kumulativen Weise miteinander verknüpft, die dazu führt, dass die nach beiden Ansätzen möglichen Schutzlücken nicht geschlossen, sondern vielmehr zwingend einbezogen werden.[833] Wie bereits gesehen, ist nach geltendem Völkerrecht ein weiter Tatbestand der „sozialen Gruppe“ geboten, der sowohl endogene als auch exogene Gruppen erfasst, die in der Gesellschaft identifizierbar sind. Die Definition der Richtlinie wurde daher vom UNHCR[834], Teilen der Rechtsprechung[835] und Literatur[836] als zu eng kritisiert.

Obwohl die Kommission in ihrem Bericht an das Europäische Parlament und den Rat über die Anwendung der Richtlinie 2004/83/EG[837] auf Probleme hinweist,

832 Vgl. Fornah and K v. SSHD, [2006] UKHL 46 (18 October 2006), Ziff. 16, per Lord Bingham; Löhr, in: Hofmann/Löhr, Europäisches Flüchtlings- und Einwanderungsrecht, S. 47 (76); Pennington/Pelzer, Asylmagazin 5/2006, 4 (5), erhältlich unter: www.asyl.net (zuletzt besucht Januar 2013); Klug, 47 GYIL 2004, 594 (610). A.A. SB (PSG - Protection Regulations - Reg 6) Moldova v. SSHD, [2008] UKAIT 00002, 26. November 2007, Ziff. 70 ff. (Refworld); Marx, ZAR 2005, 177 (181 f.), der beide Ansätze als sich ergänzend versteht.

833 Pennington/Pelzer, Asylmagazin 5/2006, 4 (5), erhältlich unter: www.asyl.net (zuletzt besucht Januar 2013); Löhr, in: Hofmann/Löhr, Europäisches Flüchtlings- und Einwanderungsrecht, S. 47 (76); Hruschka/Löhr, NVwZ 2009, 205 (208); vgl. auch Klug, 47 GYIL 2004, 594 (611); Markhard, KJ 2007, 373 (375, Fn. 12), a.A. Marx, ZAR 2005, 177 (180 f.); Hailbronner, Ausländerrecht, Bd. 2, § 60 Rn. 65; Battjes, European Asylum Law, S. 256 f.

834 Vgl. UNHCR, Kommentar des Hohen Flüchtlingskommissars der Vereinten Nationen (UNHCR) zur Richtlinie 2004/83/EG des Rates vom 29. April 2004 über Mindestnormen für die Anerkennung und den Status von Drittstaatsangehörigen oder Staatenlosen als Flüchtlinge oder als Personen, die anderweitig internationalen Schutz benötigen, und über den Inhalt des zu gewährenden Schutzes (OJ L 304/12 vom 30.09.2004), März 2005, Kommentar zu Art. 10, S. 20.

835 Vgl. Fornah and K v. SSHD, [2006] UKHL 46 (18 October 2006), Ziff. 16, per Lord Bingham.

836 Vgl. Pennington/Pelzer, Asylmagazin 5/2006, 4 (5), erhältlich unter: www.asyl.net (zuletzt besucht Januar 2013); Löhr, in: Hofmann/Löhr, Europäisches Flüchtlings- und Einwanderungsrecht, S. 47 (76); Klug, 47 GYIL 2004, 594 (611); Hruschka/Löhr, NVwZ 2009, 205 (208); Markhard, KJ 2007, 373 (375).

837 Bericht der Kommission an das Europäische Parlament und den Rat über die Anwendung der Richtlinie 2004/83/EG des Rates vom 29. April 2004 über die Mindestnormen für die Anerkennung und den Status von Drittstaatsangehörigen oder Staatenlosen

die in Bezug auf die Anwendung von Art. 10 Abs. 1 lit. d hinsichtlich der Kriterien für die Prüfung des Merkmals der „bestimmten sozialen Gruppe“ bestehen und eine unterschiedliche Anwendung beider Bedingungen durch die Mitgliedstaaten feststellt,[838] enthält die Neufassung keine Änderung hinsichtlich der genannten Definition.

Der Begründung des Kommissionsentwurfs zufolge enthält Art. 10 Abs. 1 lit. d Regeln zur Auslegung des Merkmals der „bestimmten sozialen Gruppe“.[839] Es handele sich hierbei um eine „bewusst relativ allgemein gehaltene Formulierung, die umfassend auszulegen“[840] sei. Sie soll demnach das Entstehen etwaiger Schutzlücken verhindern.[841] Zur Vermeidung von Schutzlücken ist jedoch zumindest eine Interpretation sinnvoll, die bei Fehlen interner Merkmale das Vorliegen externer Merkmale ausreichen lässt. Eine solche erscheint gleichwohl mit dem Wortlaut der Qualifikationsrichtlinie unvereinbar.[842]

Kritikwürdig ist zudem die Aufnahme des Beispiels des Merkmals der sexuellen Ausrichtung in Art. 10 Abs. 1 lit. d Unterabs. 2 Satz 1 QRL. Zwar ist es grundsätzlich zu befürworten, dass die Richtlinie das Problem insbesondere der Verfolgung

---

als Flüchtlinge oder als Personen, die anderweitig internationalen Schutz benötigen, und über den Inhalt des Schutzes, vom 16. Juni 2010, KOM(2010)314 endgültig, erhältlich unter: http://eur-lex.europa.eu/LexUriServ/LexUriServ.do?uri=COM:2010:0314:FIN:DE:PDF (zuletzt besucht Januar 2013).

838 So werden die Kriterien in den Mitgliedstaaten AT, BE, BG, CZ, DE, ES, FI, FR, PL, PT, SI SK, UK als kumulative Bedingungen angewendet, hingegen werden sie in EE, EL, ES, HU, IE, LV, LU, NL, RO, SE als alternativ anzuwendende Bedingungen herangezogen. Bericht der Kommission an das Europäische Parlament und den Rat über die Anwendung der Richtlinie 2004/83/EG des Rates vom 29. April 2004 über die Mindestnormen für die Anerkennung und den Status von Drittstaatsangehörigen oder Staatenlosen als Flüchtlinge oder als Personen, die anderweitig internationalen Schutz benötigen, und über den Inhalt des Schutzes, vom 16. Juni 2010, KOM(2010)314 endgültig, erhältlich unter: http://eur-lex.europa.eu/LexUriServ/LexUriServ.do?uri=COM:2010:0314:FIN:DE:PDF (zuletzt besucht Januar 2013).

839 Erläuterungen zu Art. 12 Ziff. d des Kommissionsentwurfs vom 12.09.2001, KOM(2001) 510 endgültig, 2001/027 (CNS), S. 24, erhältlich unter: http://eur-lex.europa.eu/LexUriServ/LexUriServ.do?uri=COM:2001:0510:FIN:DE:PDF (zuletzt besucht Januar 2013).

840 Erläuterungen zu Art. 12 Ziff. d des Kommissionsentwurfs vom 12.09.2001, KOM(2001) 510 endgültig, 2001/027 (CNS), S. 24, erhältlich unter: http://eur-lex.europa.eu/Lex UriServ/LexUriServ.do?uri=COM:2001:0510:FIN:DE:PDF (zuletzt besucht Januar 2013).

841 Marx, ZAR 2005, 177 (179).

842 So auch Marx, ZAR 2005, 177 (180); a.A. A.A. SB (PSG - Protection Regulations - Reg 6) Moldova v. SSHD, [2008] UKAIT 00002, 26. November 2007, Ziff. 70 ff. (Refworld).

von Homosexuellen aufgreift,[843] dennoch erscheint die Aufnahme des Beispiels im Hinblick auf eine offene und dynamische Entwicklung des Verfolgungsmerkmals fragwürdig.[844] Andere wichtige und nicht explizit aufgeführte Merkmale könnten hierdurch aus dem Blickfeld der Rechtsanwender gedrängt werden. Dies gilt auch für das Aufgreifen der geschlechterbezogenen Aspekte in Art. 10 Abs. 1 lit. d Unterabs. 2 Satz 1 QRL. Zwar ist zu begrüßen, dass die ursprüngliche, eher einschränkende Auslegungshilfe durch die Neufassung der Qualifikationsrichtlinie beseitigt wurde. Dennoch stellt sich die Frage, ob nicht zumindest auch andere relevante Merkmale wie beispielsweise das Alter, oder die Familie hätten aufgenommen werden müssen.[845] Eine Bezugnahme auf die genannten Beispiele ist daher abzulehnen, zumal sie ohnehin ein unveränderliches Merkmal oder zumindest ein solches, dessen Veränderung vom Betroffenen nicht verlangt werden kann, darstellen und demnach unter den Begriff der „bestimmten sozialen Gruppe" subsumierbar sind.

Aus völkerrechtlicher Perspektive sind die Leitlinien der Qualifikationsrichtlinie zur Auslegung des Merkmals der „bestimmten sozialen Gruppe" daher insgesamt unzureichend. Sie schaffen eine neue Interpretation, die zu einer mit dem geltenden Völkerrecht nicht übereinstimmenden Verengung des Tatbestandes führt. Das den Erwägungsgründen Nr. 2 zu entnehmende Ziel, „die uneingeschränkte und umfassende Anwendung" der Genfer Flüchtlingskonvention und des New Yorker Protokolls zur Grundlage eines Gemeinsamen Europäischen Asylsystems zu machen, wurde somit hinsichtlich der Auslegung des Merkmals der „bestimmten sozialen Gruppe" verfehlt.

IV. Völkerrechtskonforme Interpretation

Indem die Qualifikationsrichtlinie das kumulative Vorliegen eines internen und externen Merkmales fordert, stellt sie einen Prüfungsmaßstab auf, der mit dem geltenden Völkerrecht nicht vereinbar ist. Der UNHCR hat daher vorgeschlagen, das Wort „und" in völkerrechtskonformer Auslegung als „oder" zu lesen.[846]

843 Siehe speziell hierzu Walker, 12 IJRL 2000, 175 (175 ff.).

844 Löhr, Die kinderspezifische Auslegung, S. 285; vgl. auch Klug, 47 GYIL 2004, 594 (611), die auf die Mermale „gender and age" verweist, die bei den Verhandlungen aus dem Wortlaut der Richtlinie gestrichen wurden. Vgl. auch in: Hailbronner/Alt, in: Hailbronner, EU Immigration and Asylum Law, Ch. IV. 3. Rn. 24.

845 Löhr, in: Hofmann/Löhr, Europäisches Flüchtlings- und Einwanderungsrecht, S. 47 (77).

846 So der Vorschlag von UNHCR, Kommentar des Hohen Flüchtlingskommissars der Vereinten Nationen (UNHCR) zur Richtlinie 2004/83/EG des Rates vom 29. April 2004 über

Nach Erwägungsgrund 2 der Qualifikationsrichtlinie (bzw. Erwägungsgrund 3 der Neufassung) stützt sich das Gemeinsame Europäische Asylsystem auf eine „uneingeschränkte und umfassende Anwendung“ der Genfer Flüchtlingskonvention und des New Yorker Protokolls, die als „wesentliche[r] Bestandteil des internationalen Rechtsrahmens für den Schutz von Flüchtlingen“[847] vorausgesetzt und akzeptiert werden. Eine inhaltliche Abweichung von der Genfer Konvention war demnach nicht beabsichtigt.

Die Qualifikationsrichtlinie enthält gemäß Art. 3 i.V.m. Erwägungsgrund 8 (bzw. 12 der Neufassung) nur Mindestnormen. Art. 10 Abs. 1 QRL stellt in den Worten der Kommission „eine nichterschöpfende Liste von Anhaltspunkten [bereit], die bei der Prüfung der Verfolgungsgründe berücksichtigt werden müssen.“[848] Durch die Formulierung in Art. 10 Abs. 1 lit. d, der von „insbesondere“ spricht, wird deutlich, dass auch andere Definitionen der „bestimmten sozialen Gruppe“ nicht ausgeschlossen werden sollten.[849] Einer weitreichenderen völkerrechtsgemäßen Interpretation steht der Wortlaut der Vorschrift demnach nicht entgegen.

Nach hier vertretener Ansicht führt die vom UNHCR vorgeschlagene alternative Verschränkung von internen und externen Merkmalen zwar zu einem angemessenen Ergebnis, sie lässt sich jedoch dogmatisch nicht hinreichend begründen. In Einklang mit dem Völkerrecht ist die Qualifikationsrichtlinie vielmehr dahingehend zu interpretieren, dass das Merkmal der „bestimmten sozialen Gruppe“ sowohl endogene als auch exogene Gruppen erfasst, die in

---

Mindestnormen für die Anerkennung und den Status von Drittstaatsangehörigen oder Staatenlosen als Flüchtlinge oder als Personen, die anderweitig internationalen Schutz benötigen, und über den Inhalt des zu gewährenden Schutzes (OJ L 304/12 vom 30.09.2004), März 2005, Kommentar zu Art. 10, S. 20.

847 Richtlinie 2004/83/EG des Rates der Europäischen Union vom 29. April 2004, Erwägungsgrund 3; Richtlinie 2011/95/EU des Europäischen Parlaments und des Rates vom 13. Dezember 2011, Erwägungsgrund 4.

848 Bericht der Kommission an das Europäische Parlament und den Rat über die Anwendung der Richtlinie 2004/83/EG des Rates vom 29. April 2004 über die Mindestnormen für die Anerkennung und den Status von Drittstaatsangehörigen oder Staatenlosen als Flüchtlinge oder als Personen, die anderweitig internationalen Schutz benötigen, und über den Inhalt des Schutzes, vom 16. Juni 2010, KOM(2010)314 endgültig, erhältlich unter: http://eur-lex.europa.eu/LexUriServ/LexUriServ.do?uri=COM:2010:0314:FIN:DE:PDF (zuletzt besucht Januar 2013).

849 So auch ECRE, Information Note, IN1/10/2004/ext/CN, S. 10; Bank/Hruschka, in: Barwig u.a., Perspektivwechsel im AusländerR?, S. 614 (619); Hruschka/Löhr, in: NVwZ 2009, 205 (208).

der Gesellschaft identifizierbar sind. Denn letztlich dient die Einbeziehung des Merkmals der „bestimmten sozialen Gruppe“ der Sicherstellung eines umfassenden Schutzbereiches. Dann aber kommt es allein auf die Existenz einer solchen abgrenzbaren Gruppe an. Auf welche Art und Weise diese begründet ist, muss hingegen unerheblich sein.

E. Zwischenergebnis

Seit dem Vertrag von Amsterdam besitzt die EU die Kompetenz zur Schaffung eines europäischen Asylsystems. Aufgrund ihrer primär- und sekundärrechtlichen Bindung an die GFK hat die Harmonisierung der Asyl- und Flüchtlingspolitik auf der umfassenden Anwendung der Bestimmungen der Genfer Flüchtlingskonvention zu beruhen. Auch die in der Qualifikationsrichtlinie enthaltenen Verfolgungsmerkmale müssen daher anhand von völkerrechtlichen Auslegungsregeln interpretiert werden.

Die Bestimmung der Qualifikationsrichtlinie hinsichtlich des Vorliegens des Verfolgungsmerkmals der „bestimmten sozialen Gruppe“ (Art. 10 Abs. 1 lit. d QRL) ist unzureichend formuliert. Der Wortlaut kombiniert den protected characteristics-Ansatz in kumulativer Weise mit dem social perception-Ansatz. Es hat daher eine völkerrechtskonforme Auslegung zu erfolgen, nach der das Merkmal alle endogenen und exogenen Gruppen erfasst, die in der jeweiligen Gesellschaft objektiv erkennbar sind.

5. Kapitel: Das Merkmal „Zugehörigkeit zu einer bestimmten sozialen Gruppe“ im deutschen Asylrecht vor dem Hintergrund des internationalen Flüchtlingsrechts

A. Einführung

Mit Gesetz vom 1. September 1953 hat die Bundesrepublik Deutschland die Genfer Flüchtlingskonvention in innerstaatliches Recht transformiert.[850] Neben den aus der Ratifizierung des völkerrechtlichen Vertrages resultierenden völkerrechtlichen Verpflichtungen ist die BRD durch ihre Mitgliedschaft in der Europäischen Union zusätzlich an unionsrechtliche Vorgaben gebunden.

Der Flüchtlingsbegriff im Sinne des Völkerrechts ist zunächst allein für die Eröffnung des Anwendungsbereichs der Konvention und damit für das Bestehen der aus ihr resultierenden Verpflichtungen maßgeblich. Wie bereits erwähnt, enthält die Konvention kein Recht auf Asyl. Sie regelt allein das Recht im Asyl, d.h. die persönliche Rechtsstellung des Flüchtlings, nachdem er in einem Vertragsstaat bereits Aufnahme gefunden hat.[851] Die Anerkennung als Flüchtling wirkt indes deklaratorisch.[852] Eine Person wird nicht erst durch die staatliche Anerkennung zum Flüchtling, sondern bereits in dem Moment, indem sie die Voraussetzungen der Flüchtlingseigenschaft erfüllt.[853] Die von der Konvention gewährte Rechtsstellung knüpft jedoch an die formale Voraussetzung der innerstaatlichen Anerkennung an, da es Sache der Konventionsstaaten ist, verbindlich festzulegen, ab welchem Zeitpunkt sie von dem Bestehen der Flüchtlingseigenschaft i.S.d. Genfer Flüchtlingskonvention ausgehen.[854] Eine Ausnahme hiervon bildet

850 BGBl. II 1953, S. 559.

851 Kälin, Das Prinzip des non-refoulement, S. 47 f.; Maaßen, Die Rechtsstellung des Asylbewerbers, S. 21.

852 Vgl. Marx, Kommentar zum AsylVfG, § 2 Rn. 5; Stöckli, in: Uebersax u.a., Handbücher für die Anwaltspraxis, Bd. VIII, § 11 Rn. 11.5; UNHCR-Handbuch, Ziff. 28.

853 Grahl-Madsen, The Status of Refugees, Vol. 1, S. 340.

854 Maaßen, Die Rechtsstellung des Asylbewerbers, S. 47; Renner, Ausländerrecht, § 2 AsylVfG Rn. 6. In Deutschland ist die förmliche und unanfechtbare Anerkennung durch das Bundesamt für Migration und Flüchtlinge nach den §§ 12 ff. AsylVerfG Vorraussetzung für die Rechtsstellung eines Konventionsflüchtlings. Vgl. Marx, Kommentar zum AsylVfG, § 2 Rn. 3 u. 5.

das Refoulement-Verbot,[855] dessen Sinn und Zweck konterkariert würde, würde seine Anwendung von der nationalen Anerkennung als Flüchtling abhängen. Der Schutz vor Verfolgung würde leerlaufen, wenn eine Zurückweisung vor Entscheidungsfindung erfolgen könnte.[856] Der Flüchtlingsbegriff nach der Genfer Konvention strahlt jedoch auch materiell auf das nationale und supranationale Recht aus, da diese auf ihn zurückgreifen.[857] Im Folgenden soll das Verhältnis der einzelnen Rechtsebenen und ihre Bedeutung für die Auslegung des Verfolgungsmotivs der „Zugehörigkeit zu einer bestimmten sozialen Gruppe" im deutschen Recht untersucht werden.

B. Die Normebenen und ihr Verhältnis zueinander

Um das Merkmal der „Zugehörigkeit zu einer bestimmten sozialen Gruppe" im rechtsnormativen Mehrebenensystem zu erfassen, werden im Folgenden das Verhältnis der einfachgesetzlichen sowie der verfassungsrechtlichen Regelung zur Genfer Flüchtlingskonvention erörtert und sich ergebende Konsequenzen aufgezeigt. Im Anschluss werden die Auswirkungen der unionsrechtlichen Vorgaben auf die nationalen Vorschriften ergründet.

I. Das Verhältnis von § 60 Abs. 1 AufenthG und Art. 1A Nr. 2 GFK

Das Verfolgungsmerkmal der „Zugehörigkeit zu einer bestimmten sozialen Gruppe" findet sich in der einfach gesetzlichen Norm des § 60 Abs. 1 AufenthG. Zunächst gilt es den Regelungsgehalt dieser Vorschrift zu ermitteln. Sodann wird sie mit Blick auf sich ergebende Auslegungsgrundsätze in Bezug zur völkervertraglichen Regelung gesetzt.

1. Regelungsgehalt von § 60 Abs. 1 AufenthG

Der Wortlaut des § 60 Abs. 1 AufenthG ist dem Refoulement-Verbot des Art. 33 GFK nachgebildet:

855 Göbel-Zimmermann/Masuch, in: Huber, Aufenthaltsgesetz, § 60 I AufenthG Rn. 10; Marx, Kommentar zum AsylVfG, § 2 Rn. 4 f.

856 Maaßen, Die Rechtsstellung des Asylbewerbers, S. 47 ff.

857 Epiney u.a., Die Anerkennung als Flüchtling, S. 6.

1. In Anwendung des Abkommens vom 28. Juli 1951 über die Rechtsstellung der Flüchtlinge (BGBl. 1953 II S. 559) darf ein Ausländer nicht in einen Staat abgeschoben werden, in dem sein Leben oder seine Freiheit wegen seiner Rasse, Religion, Staatsangehörigkeit, seiner Zugehörigkeit zu einer bestimmten sozialen Gruppe oder wegen seiner politischen Überzeugung bedroht ist. Dies gilt auch für Asylberechtigte und Ausländer, denen die Flüchtlingseigenschaft unanfechtbar zuerkannt wurde oder die aus einem anderen Grund im Bundesgebiet die Rechtsstellung ausländischer Flüchtlinge genießen oder die außerhalb des Bundesgebiets als ausländische Flüchtlinge nach dem Abkommen über die Rechtsstellung der Flüchtlinge anerkannt wurden. Eine Verfolgung wegen der Zugehörigkeit zu einer bestimmten sozialen Gruppe kann auch dann vorliegen, wenn die Bedrohung des Lebens, der körperlichen Unversehrtheit oder der Freiheit allein an das Geschlecht anknüpft. Eine Verfolgung im Sinne des Satzes 1 kann ausgehen von
   a) dem Staat,
   b) Parteien oder Organisationen, die den Staat oder wesentliche Teile des Staatsgebiets beherrschen oder
   c) nichtstaatlichen Akteuren, sofern die unter den Buchstaben a und b genannten Akteure einschließlich internationaler Organisationen erwiesenermaßen nicht in der Lage oder nicht willens sind, Schutz vor der Verfolgung zu bieten, und dies unabhängig davon, ob in dem Land eine staatliche Herrschaftsmacht vorhanden ist oder nicht,

   es sei denn, es besteht eine innerstaatliche Fluchtalternative. Für die Feststellung, ob eine Verfolgung nach Satz 1 vorliegt, sind Artikel 4 Abs. 4 sowie die Artikel 7 bis 10 der Richtlinie 2004/83/EG des Rates vom 29. April 2004 über Mindestnormen für die Anerkennung und den Status von Drittstaatsangehörigen oder Staatenlosen als Flüchtlinge oder als Personen, die anderweitig internationalen Schutz benötigen, und über den Inhalt des zu gewährenden Schutzes (ABl. EU Nr. L 304 S. 12) ergänzend anzuwenden.

Die genannten Verfolgungsgründe sind mit denen des Flüchtlingsbegriffs in Art. 1A Nr. 2 GFK identisch. Die Konventionsbestimmung stützt sich jedoch auf subjektive Kriterien, da sie auf die „begründete Furcht vor Verfolgung“ und sowohl auf die mangelnde Fähigkeit als auch auf den mangelnden Willen zur Inanspruchnahme des heimatstaatlichen Schutzes abstellt. Zudem beschränkt sie sich nicht auf den Schutz vor Eingriffen in Leben und Freiheit, sondern umfasst auch alle sonstigen schweren Menschenrechtsverletzungen. Es stellt sich daher hinsichtlich der Voraussetzungen der Flüchtlingseigenschaft die Frage, ob die nationale Regelung mit der völkervertraglichen übereinstimmt.

Ein Auseinanderfallen der Voraussetzungen der Flüchtlingseigenschaft in Art. 1A Nr. 2 GFK und § 60 Abs. 1 AufenthG hätte zur Folge, dass ein Anerkennungsverfahren für Flüchtlinge nach der Genfer Flüchtlingskonvention, bei denen nicht zugleich die Voraussetzungen des Art. 33 GFK erfüllt sind, in Deutschland nicht bestünde.[858] Nach Sinn und Zweck der Vorschrift sollten etwaige Lücken des Asylgrundrechts in Erfüllung der Konventionspflichten geschlossen werden.[859] Aufgrund der Entstehungsgeschichte der Vorgängervorschrift (§ 51 Abs. 1 AuslG 1990) und ihrem erklärten Ziel wird daher angenommen, dass sich die Voraussetzungen beider Bestimmungen decken.[860] Gerade im Hinblick auf die ausdrückliche Verweisung auf die Anwendung der Genfer Flüchtlingskonvention ist diese Annahme auch für § 60 Abs. 1 AufenthG gerechtfertigt.[861] Der Regelungsgehalt umfasst daher über den restriktiven Wortlaut der Vorschrift hinaus den Flüchtlingsbegriff i.S.v. Art. 1A Nr. 2 GFK und damit neben dem Schutz vor Eingriffen in Leben und Freiheit auch den Schutz vor anderen relevanten Menschenrechtsverletzungen.

858 Bergmann, in: Renner, Ausländerrecht, § 60 Abs. 1 AufenthG Rn. 4.

859 So das BVerwG zumindest im Hinblick auf die ursprüngliche Fassung (§51 Abs. 1 AuslG), BVerwGE 89, 296 (301): „Mit dieser Neuregelung ist einer etwaigen Differenz zwischen der Flüchtlingseigenschaft im Sinne des Art. 1 A Nr. 2 GK und der Asylberechtigung nach Art. 16 Abs. 2 Satz 2 GG für das Asylverfahren Rechnung getragen worden.“; Masing, in: Grawert u.a., FS für Böckenförde, S. 51 (59).

860 In ständiger Rechtsprechung hat das Bundesverwaltungsgericht bezüglich der Vorgängervorschrift (§ 51 Abs. 1 AuslG) angenommen, dass die Vorschrift nur „eine verkürzte Wiedergabe“ des Art. 1A Nr. 2 GFK darstellt. BVerwGE 89, 296 (301): „Zwar knüpft § 51 Abs. 1 AuslG 1990 an die hinsichtlich der Verfolgungsgründe inhaltsgleiche Schutzvorschrift des Art. 33 Nr. 1 GK an. Diese stellt aber im wesentlichen eine verkürzte Wiedergabe des Art. 1 A Nr. 2 GK dar […]. Die Vorschrift des § 51 Abs. 1 AuslG 1990 ist so auszulegen und anzuwenden, daß sie auch mit dem Flüchtlingsbegriff des Art. 1 A Nr. 2 GK übereinstimmt. Dafür spricht der zur Klärung des Rechtsstatus der Flüchtlinge im Sinne der Genfer Konvention auf Vorschlag des Bundesrats […] im Gesetzgebungsverfahren eingefügte § 51 Abs. 3 AuslG 1990. Weiter ist zu berücksichtigen, daß § 51 Abs. 2 AuslG unter dem Personenkreis, bei dem die Voraussetzungen des § 51 Abs. 1 AuslG erfüllt sind, außer Asylberechtigten ausdrücklich Konventionsflüchtlinge aufführt […].“ Vgl. auch BVerwGE 95, 42 (45 und 53); Titze, Die deutsche Asylrechtsprechung, S. 48; Bergmann, in: Renner, Ausländerrecht, § 60 Abs. 1 AufenthG Rn. 4; a.A. VGH Mannheim, Urt. v. 28.05.1991 - A 16 S 2357/90, NVwZ-RR 1992, 107 (108); Winkler, NVwZ 1995, 766 (767); Hullmann, in: Carlier u.a., Who is a Refugee? S. 225 (233).

861 Vgl. BVerwGE 122, 376; vgl. auch VG München, Urt. v. 30. Januar 2007 – M 21 K 04.51494 (Juris).

2. Anwendbarkeit völkerrechtlicher Auslegungsgrundsätze

§ 60 Abs. 1 AufenthG bestimmt in Anwendung der Genfer Flüchtlingskonvention, wer als Flüchtling im Sinne des völkerrechtlichen Abkommens anerkannt wird bzw. wer in den Schutzbereich des völkerrechtlichen Zurückweisungsverbots fällt und wer nicht. Vor diesem Hintergrund stellt sich die Frage, welche Auslegungsregeln zur Interpretation des Merkmals der „Zugehörigkeit zu einer bestimmten sozialen Gruppe" in der nationalen Bestimmung heranzuziehen sind. Das das Völkerrecht umsetzende nationale Recht liegt an der Schnittstelle zwischen Völker- und nationalem Recht.[862] In Betracht kommen daher sowohl die speziellen völkerrechtlichen Auslegungsgrundsätze (Art. 31 ff. WVRK) als auch nationale Interpretationsregeln, oder aber eine Kombination – ggf. in abgewandelter Form – aus beiden.

a) Auslegung des Zustimmungsgesetzes

Die Frage nach der Anwendbarkeit völkerrechtlicher Auslegungsgrundsätze stellt sich zunächst in Bezug auf das der Flüchtlingskonvention zur innerstaatlichen Wirksamkeit verhelfende Zustimmungsgesetz. Die GFK wurde durch die Bundesrepublik Deutschland ratifiziert. Sie gilt darum zunächst einmal nach Art. 20 Abs. 3 GG i.V.m. Art. 59 Abs. 2 S. 1 GG als einfaches Bundesgesetz. Ihre Regelungen binden als Bestandteil der deutschen Rechtsordnung folglich alle staatlichen Gerichte und Behörden. Es ist daher zu ermitteln, ob der Flüchtlingsbegriff des Zustimmungsgesetzes mit dem der GFK identisch ist.

Ausgangspunkt dieser Überlegung ist zunächst die Frage nach dem Geltungsgrund von innerstaatlich für anwendbar erklärten völkerrechtlichen Vertragsbestimmungen. Hierbei stehen sich bis heute Transformations- und Vollzugstheorie mit zahlreichen Varianten gegenüber.[863] Folgt man der Vollzugstheorie, dann wird Völkervertragsrecht durch einen Anwendungsbefehl des Gesetzgebers für vollziehbar erklärt, was aber nichts an seinem völkerrechtlichen Charakter ändert. Bei der Anwendung und Auslegung völkerrechtlicher Bestimmungen müssen die nationalen Gerichte konsequenterweise auch völkerrechtliche Regeln heranziehen.[864]

---

862 Masing, in: Grawert u.a., FS für Böckenförde, S. 51 (52).

863 Siehe hierzu Kempen, in: von Mangoldt/Klein/Starck, GG Bd. 2, Art. 59 Rn. 88 ff; Dahm/Delbrück/Wolfrum, Völkerrecht I/1, S. 104 ff.; Rojahn, in: von Münch/Kunig, GG-Kommentar, Bd. 1, Art. 59 Rn. 35 f.; Mosler, Das Völkerrecht in der Praxis, S. 13 ff.; Rudolf, Völkerrecht und deutsches Recht, S. 150 ff.

864 Mosler, Das Völkerrecht in der Praxis, S. 25 ff.; Partsch, in: BDGVR 6 (1964), S. 110; siehe auch Dahm/Delbrück/Wolfrum, Völkerrecht I/1, S. 105 ff.

Nach der Transformationslehre werden die völkerrechtlichen Bestimmungen hingegen erst durch einen Rechtssetzungsakt in das nationale Recht transformiert. Der Gesetzgeber erlässt hierzu eigene, vom völkerrechtlichen Vertrag völlig unabhängige Vorschriften, die den völkervertraglichen Bestimmungen lediglich inhaltlich entsprechen. Vor diesem Hintergrund liegt die Annahme nahe, zur Auslegung seien nationale Vorschriften heranzuziehen.

Das Bundesverwaltungsgericht war insbesondere in seiner früheren Rechtsprechung zum Verhältnis der Flüchtlingskonvention zu Art. 16a Abs. 2 S. 2 GG (a.F.) der Ansicht, dass „den Vorschriften dieser Konvention [...] Gesetzeskraft innerhalb des Bundesgebietes verliehen worden [ist]. Die Vorschriften sind daher im Rahmen der deutschen Rechtsordnung auszulegen und anzuwenden.“[865] Eine Auslegung allein nach nationalen Interpretationsgrundsätzen hätte zur Folge, dass insbesondere die Staatenpraxis der Konventionsstaaten keine Berücksichtigung fände. Auch auf den Willen der Konventionsgründer wäre nicht abzustellen, solange diese nicht als Teil der Intention des nationalen Gesetzgebers anzusehen wären. Demnach könnten die völkerrechtlichen Bestimmungen im nationalen Recht eine andere Bedeutung als im internationalen Verkehr erlangen. Das BVerwG führt hierzu aus:

> „Die Auslegung eines völkerrechtlichen Vertrages durch die nationalen Gerichte einzelner Vertragsstaaten betrifft den Vertrag in seiner Eigenschaft als jeweiliges transformiertes nationales Recht. Eine durch die Rechtsprechung eines Unterzeichnerstaates bewirkte Rechtsfortbildung in bezug auf den in das nationale Recht dieses Staates transformierten Vertrag ergreift nicht auch den Vertrag als transformiertes nationales Recht eines anderen Vertragsstaates.“[866]

Hingegen halten der Bundesgerichtshof[867] und das Bundesverfassungsgericht[868], wenn auch nicht unter Bezugnahme auf die Genfer Flüchtlingskonvention, die völkerrechtlichen Interpretationsregeln bei der Auslegung von innerstaatlich umgesetzten völkerrechtlichen Verträgen für maßgeblich. Dieser Ansicht ist zuzustimmen. Zu Recht verweist *Masing* darauf, dass auch unter Zugrundelegung der Transformationslehre kein anderes Ergebnis erzielt wird. „Zwar muss die Transformationstheorie in einem logisch ersten Schritt tatsächlich zunächst von innerstaatlichen Auslegungsregeln ausgehen. Jedoch kann und wird eine solche Auslegung eines Transformationsgesetzes ohne weiteres zu dem Ergebnis führen,

865 BVerwG, Urt. v. 20. Dezember 1960, ArchVölkR 10 (1962/1963), 237 (238).

866 BVerwG, Urt. v. 18.1.1994 - BVerwG 9 C 48.92, Ziff. 15 (Juris).

867 BGHZ 52, 216 (220 ff.).

868 BVerfGE 4, 157 (168); BVerfGE 46, 342 (361).

daß diese nach Maßgabe völkerrechtlichen Verständnisses gelten soll."[869] Die Inkorporation der völkerrechtlichen Bestimmungen in das nationale Recht umfasst nicht nur den Wortlaut der Vorschriften, sondern auch die damit verbundenen Interpretationsregeln.[870]

Demnach sind Verträge, unabhängig welcher Theorie man folgt, im innerstaatlichen Bereich nach völkerrechtlichen Grundsätzen auszulegen.[871] Auch eine ergänzende Heranziehung nationaler Auslegungsregeln für den Fall, dass die Bedeutung nach der Anwendung von völkerrechtlichen Interpretationsgrundsätzen unklar bleibt, ist abzulehnen.[872] Zum einen ist denkbar, dass ein nach dem Vertragstext gewährter Gestaltungsspielraum von den Vertragsparteien beabsichtigt ist, zum anderen erscheint der Rückgriff auf innerstaatliche Auslegungsregeln inkonsequent. Eine auf völkerrechtlicher Ebene unter Umständen nicht existente Auslegungsregel darf bei verbleibenden Zweifeln nicht einfach unter Rückgriff auf nationale Grundsätze zur Anwendung gelangen.[873]

b) Auslegung von § 60 Abs. 1 AufenthG

Zu klären bleibt, welche Auslegungsgrundsätze zur näheren Bestimmung anderer gesetzlicher Regelungen (vorliegend § 60 Abs. 1 AufenthG) gelten, die dazu dienen, die Garantien der Genfer Flüchtlingskonvention im nationalen Recht sicherzustellen.

Ausgehend zunächst von innerstaatlichen Auslegungsgrundsätzen, ist nach Sinn und Zweck der Vorschrift zu fragen. Sofern die Regelung die Funktion hat, Garantien der Genfer Flüchtlingskonvention zu gewährleisten, hat ihre Auslegung nach völkerrechtlichen Grundsätzen zu erfolgen. Nur auf diesem Wege wird dem Willen des Gesetzgebers Rechnung getragen, ein Auseinanderfallen von staatlichem und internationalem Regelungsgehalt zu verhindern.[874] Bereits dem Wortlaut der Vorschrift (§ 60 Abs. 1 AufenthG) lässt sich ihre Funktion

---

869 Masing, in: Grawert u.a., FS für Böckenförde, S. 51 (55).

870 Masing, in: Grawert u.a., FS für Böckenförde, S. 51 (55 f.); vgl. auch Kempen, in: von Mangoldt/Klein/Starck, GG Bd. 2, Art. 59 Rn. 94; Ress, BDGVR 23 (1982), 7 (38 f.); Boehmer, Der völkerrechtliche Vertrag, S. 88 ff; Rojahn, in: von Münch/Kunig, GG-Kommentar, Bd. 1, Art. 59 Rn. 46; Deiseroth, ZAR 2000, 7 (12).

871 Vgl. Geiger, Grundgesetz und Völkerrecht, S. 162. Zum Sonderfall der verfassungskonformen Auslegung, die auch bei der innerstaatlichen Auslegung völkerrechtlicher Verträge zum Tragen kommen kann, siehe Masing, in: Grawert u.a., FS für Böckenförde, S. 51 (58).

872 Eine solche nimmt Boehmer an, ders., Der völkerrechtliche Vertrag, S. 91 ff.

873 Vgl. Masing, in: Grawert u.a., FS für Böckenförde, S. 51 (57 f.).

874 Masing, in: Grawert u.a., FS für Böckenförde, S. 51 (58 f.).

zur Sicherstellung der konventionsrechtlichen Garantien entnehmen. Auch für die Auslegung und Anwendung von § 60 Abs. 1 AufenthG kann daher nichts anderes gelten als für die durch Zustimmungsgesetz anwendbar gewordenen Bestimmungen.[875]

3. Fazit

Die Voraussetzungen der Flüchtlingseigenschaft in Art. 1A Nr. 2 GFK und § 60 Abs. 1 AufenthG sind identisch. § 60 Abs. 1 AufenthG ist als eine die Garantien der Genfer Flüchtlingskonvention im nationalen Recht sicherstellende Norm völkerrechtsfreundlich auszulegen. Auch die Interpretation des Merkmals der „Zugehörigkeit zu einer bestimmten sozialen Gruppe“ hat folglich nach den besonderen völkerrechtlichen Auslegungsregeln zu erfolgen.

II. Das Verhältnis von Art. 16a GG und Art. 1A Nr. 2 GFK

1. Einführung und Überblick über die historische Entwicklung

Das Grundgesetz enthält als eine der wenigen Verfassungen der Erde einen für jedes politisch verfolgte Individuum gerichtlich durchsetzbaren Anspruch auf Asyl (Art. 16a Abs. 1 GG: „Politisch Verfolgte genießen Asylrecht.“).[876] Asyl wird dem Einzelnen daher nicht nur aufgrund der völkerrechtlichen Garantien aus der Genfer Flüchtlingskonvention gewährt, sondern das Asylrecht hat in Deutschland als Grundrecht Verfassungsrang. Das Grundgesetz geht damit über seine völkerrechtlichen Verpflichtungen hinaus.[877] Bis heute begreift das Völkerrecht Asyl primär als Recht der Staaten zur Schutzgewährung für fremde Staatsangehörige.[878] Die Gewährung eines individuell-rechtlichen Anspruches im deutschen Grundgesetz mag als eine aus der nationalsozialistischen Herrschaft gezogene Lehre verstanden werden.[879]

Neben dem Grundrecht auf Asyl findet sich im deutschen Recht eine einfachgesetzliche Regelung zur Anerkennung ausländischer Flüchtlinge. Zunächst bestimmte § 5 der Verordnung über die Anerkennung und Verteilung ausländischer

---

875 Im Ergebnis so auch Huber/Göbel-Zimmermann, Ausländer- und Asylrecht, Rn. 1664.

876 Kimminich, Grundprobleme des Asylrechts, S. 95 ff.

877 BVerfGE 54, 341 (356).

878 Vgl. Kimminich, Grundprobleme des Asylrechts, S. 67 ff.; ders., Asylrecht, S. 46.

879 Vgl. BVerfGE 76, 143 (156 f.); Hailbronner, ZAR 2009, 369 (370). Zur Entwicklung des konstitutionellen Asylrechts siehe auch Tiedemann, ZAR 2009, 161 (161 ff.).

Flüchtlinge vom 6. Januar 1953 (Asylverordnung), dass als ausländischer Flüchtling anerkannt wird, wer Flüchtling im Sinne von Art. 1 Genfer Flüchtlingskonvention war.[880] Die Asylverordnung sollte ihrem Sinn und Zweck nach allein die Anerkennung und Verteilung der politisch Verfolgten im Sinne der Genfer Flüchtlingskonvention betreffen, sie besagte nichts über das Grundrecht auf Asyl nach dem Grundgesetz.[881] Erst mit Inkrafttreten des Ausländergesetzes vom 28. April 1965[882] bei gleichzeitiger Aufhebung der Asylverordnung, wurden verfahrensrechtliche Regelungen zum Asylgrundrecht getroffen (§ 28 ff. AuslG 1965).[883] Der Gesetzgeber ging bei der Vereinheitlichung des Verfahrens für die Anerkennung als Flüchtling i.S.d. Genfer Flüchtlingskonvention und als politisch Verfolgter i.S.d. Grundgesetzes davon aus, dass die Voraussetzungen im Wesentlichen die Gleichen seien.[884] Auch das Bundesverwaltungsgericht stützt sich seit 1975 darauf, dass Art. 1A Nr. 2 GFK in dem Grundrecht auf Asyl aufgehe (Kongruenzlehre oder These der Vollidentität).[885]

Im ersten Asylverfahrensgesetz von 1982 wurde daraufhin die sich auf Art. 1 GFK stützende Anspruchsgrundlage gestrichen (§ 1 Abs. 1 AsylVfG 1982).[886] Einer solchen bedurfte es nach dem damaligen Verständnis nicht mehr. In den folgenden Jahren taten sich jedoch Schutzlücken auf, da die deutsche Rechtsprechung in manchen Bereichen von der Auslegung der Genfer Flüchtlingskonvention durch andere Konventionsstaaten abwich und sich damit von dem der Flüchtlingskonvention zugrundeliegenden Flüchtlingsbegriff löste.[887] Abweichungen traten vor allem bei der Frage der Beschränkung auf staatliche, bzw. dem Staat zurechenbare Verfolgung auf.[888] Zudem bestanden Unterschiede bezüglich der Beurteilung von Nachfluchtgründen sowie der Forderung nach einer subjektiven Verfolgungsmotivation,[889] die in der Praxis zu einer Mehrung von Fällen

880 BGBl. I 1965, S. 353.

881 Kimminich, Der internationale Rechtsstatus des Flüchtlings, S. 431 f.; ders. Grundprobleme des Asylrechts, S. 111.

882 BGBl. I, 1965, S. 353.

883 Vgl. Koisser/Nicolaus, ZAR 1991, 9 (9).

884 Deutscher Bundestag, 4. Wahlperiode, Drucksache IV/3013 v. 26.1.1965, S. 7.

885 BVerwGE 39, 27 (31); BVerwGE 95, 42; dass., Urt. v. 26.10.1993 – 9 C 50/92 = NVwZ 1994, 500 (503).

886 Koisser/Nicolaus, ZAR 1991, 9 (9).

887 Siehe hierzu Titze, Die deutsche Asylrechtsprechung, S. 26 ff.

888 Siehe hierzu Titze, Die deutsche Asylrechtsprechung, S. 28; Bierwirth, in: Jahrbuch der Deutschen Stiftung für UN-Flüchtlingshilfe, S. 59 (65).

889 Vgl. Köfner/Nicolaus, ZAR 1986, 11 (12ff.).

führten, in denen der Betroffene zwar von der Flüchtlingsdefinition der Genfer Flüchtlingskonvention, nicht aber von dem Tatbestand des Asylgrundrechts erfasst wurde.[890]

Die Genfer Flüchtlingskonvention wurde schließlich mit Verabschiedung des Gesetzes zur Neuregelung des Ausländerrechts vom 9. Juli 1990 (Ausländergesetz 1990)[891] wieder Bestandteil des deutschen Verfahrensrechts. In § 51 Abs. 1 AuslG 1990 wurde das zuvor in § 14 AuslG 1965 geregelte und dem Art. 33 GFK nachgebildete Abschiebungsverbot für Ausländer normiert.[892] Dabei war § 51 Abs. 1 AuslG 1990 nach der Rechtsprechung so auszulegen und anzuwenden, dass der Flüchtlingsbegriff mit dem des Art. 1A Nr. 2 GFK übereinstimmte.[893] Mit jedem Asylantrag galt nach § 7 AsylVfG 1990 fortan sowohl die Feststellung als Flüchtling nach § 51 Abs. 1 AuslG 1990 wie auch die Anerkennung als Asylberechtigter als beantragt.[894]

Im Jahre 1992 versuchte man durch das Gesetz zur Neuregelung des Asylverfahrens[895] der starken Zunahme von Asylverfahren zu begegnen. Ein Jahr später wurde auch das Grundgesetz geändert und eine erneute Neuregelung des Asylverfahrens beschlossen (sog. Asylkompromiss). Der zuvor in Art. 16 Abs. 2 Satz 2 GG verankerte individuelle Anspruch auf Asyl wurde in Art. 16a Abs. 1 GG (n.F.) beibehalten, jedoch durch die Einfügung weiterer Absätze (Abs. 2 bis 5) eingeschränkt. Hierzu zählt die Einführung des Konzepts der sicheren Drittstaaten (Abs. 2), die Festschreibung sicherer Herkunftsländer (Abs. 3) sowie die erweiterten Möglichkeiten zur Vollziehung aufenthaltsbeendender Maßnahmen (Abs. 4).[896]

Insbesondere das Konzept der sicheren Drittstaaten bewirkte, dass das Asylgrundrecht an Bedeutung verlor, da alle an die Bundesrepublik angrenzenden Staaten als sichere Drittstaaten zu qualifizieren sind.[897] Für die meisten Asylbewerber wurde damit § 51 Abs. 1 AuslG 1990 zur maßgeblichen Vorschrift. Auf der Grundlage dieser Vorschrift wurde das sog. „kleine Asyl“ gewährt, das eine bedeutend schlechtere Rechtsstellung in aufenthalts-, arbeits- und fürsorgerechtlicher

---

890 Bierwirth, in: Jahrbuch der Deutschen Stiftung für UN-Flüchtlingshilfe, S. 59 (65); vgl. auch Koisser/Nicolaus, ZAR 1991, 9 (9 ff.).

891 BGBl. I 1990, S. 1354.

892 Titze, Die deutsche Asylrechtsprechung, S. 28.

893 Siehe hierzu die Ausführungen unter B.I.1., insbesondere die Nachweise in Fn. 860.

894 Titze, Die deutsche Asylrechtsprechung, S. 28.

895 Gesetz zur Neuregelung des Asylverfahrens vom 26. Juni 1992, BGBl. I S. 1126.

896 Vgl. Hailbronner, ZAR 2009, 369 (370).

897 Vgl. dazu und zu Nachfolgendem Titze, Die deutsche Asylrechtsprechung, S. 33 ff.

Hinsicht gegenüber dem nach dem Grundgesetz gewährten „großen Asyl“ bedeutete. Die Annahme der Deckungsgleichheit des Begriffs des politisch Verfolgten rechtfertigte die Übertragung der zur Auslegung von Art. 16 Abs. 2 Satz 2 GG entwickelten Maßstäbe auch auf § 51 Abs. 1 AuslG 1990.

Das Zuwanderungsgesetz vom 30. Juli 2004[898] führte mit Wirkung vom 1. Januar 2005 zu einer erneuten teilweisen Änderung des Asylverfahrens. Die Vorschrift des § 51 Abs. 1 AuslG wurde durch § 60 Abs. 1 AufenthG ersetzt. Hinsichtlich des Schutzumfangs erfolgte gegenüber dem alten § 51 Abs. 1 AuslG insoweit eine Klarstellung, als nunmehr ausdrücklich auch die nichtstaatliche Verfolgung einbezogen und das Geschlecht als Element der „bestimmten sozialen Gruppe“ anerkannt wurde. Zudem bewirkte das Gesetz eine aufenthaltsrechtliche Gleichstellung zwischen Asylberechtigten nach Art. 16a GG und Flüchtlingen im Sinne der Genfer Flüchtlingskonvention. Fortan erhielten beide nach erfolgter Anerkennung eine auf drei Jahre befristete Aufenthaltserlaubnis. Der Anspruch auf Zuerkennung der Flüchtlingseigenschaft ergibt sich nach Inkrafttreten des EU-Richtlinienumsetzungsgesetz von 2007[899] aus § 3 AsylVerfG i.V.m. § 60 Abs. 1 AufenthG.

2. Die These der Teilidentität und ihre Konsequenz für die Auslegung

Nach dem Willen des Grundgesetzgebers sollte das Asylgrundrecht an völkerrechtliche Regeln anknüpfen.[900] Die Rechtsprechung nimmt daher „die nähere inhaltliche Bestimmung und Abgrenzung des Begriffs politisch Verfolgter wiederholt in Anlehnung an den Flüchtlingsbegriff der Genfer Flüchtlingskonvention [...] vor[genommen].“[901] Obwohl die GFK zeitlich auf das Grundgesetz folgte, ist sie bei der Auslegung zu berücksichtigen, da die in ihr enthaltenen Rechtsüberzeugungen sich bereits vor Inkrafttreten des Grundgesetzes gebildet haben.[902] Als politisch Verfolgter gilt demnach jede Person, „die sich aus der begründeten Furcht vor Verfolgung wegen ihrer Rasse, Religion, Nationalität, Zugehörigkeit zu einer bestimmten sozialen Gruppe oder wegen ihrer politischen Überzeugung außerhalb des Landes befindet, dessen Staatsangehörigkeit sie besitzt, und den Schutz dieses

898 Gesetz zur Steuerung und Begrenzung der Zuwanderung und zur Regelung des Aufenthalts und der Integration von Unionsbürgern und Ausländern, BGBl. I 2001, S. 1950.

899 Gesetz zur Umsetzung aufenthalts- und asylrechtlicher Richtlinien der Europäischen Union (Richtlinienumsetzungsgesetz) vom 19. August 2007, BGBl. I 2007, S. 1970.

900 Vgl. BVerwGE 4, 235 (238); BVerwGE 4, 238 (241 f.).

901 BVerfGE 76, 143 (157); vgl. auch BVerfGE 54, 341 (356); Hailbronner, Ausländerrecht, Bd. 3, Art. 16a Rn. 49 ff.; ders., Asyl- und Ausländerrecht, Rn. 713.

902 BVerwGE 4, 235 (237).

Landes nicht in Anspruch nehmen kann oder wegen dieser Befürchtung nicht in Anspruch nehmen will.“[903]

Das Bundesverfassungsgericht geht von einer Teilidentität des Flüchtlingsbegriffs des Grundgesetzes und der GFK aus. Das Grundrecht auf Asyl könne auch dann bestehen, „wenn die Eigenschaft des ‚politischen Flüchtlings‘ nach der Genfer Konvention nicht vorliegt“[904]. Die Auslegung des Asylgrundrechts orientiert sich zwar an dem Flüchtlingsbegriff der Genfer Flüchtlingskonvention, die in Art. 1A Nr. 2 GFK aufgelisteten Verfolgungsmotive bieten jedoch nur Anhaltspunkte für asylerhebliche Merkmale nach Art. 16a Abs. 1 GG.[905] Insoweit ist nicht ausgeschlossen, dass auch andere als die in der Genfer Flüchtlingskonvention genannten Verfolgungsgründe asylbegründend wirken, sofern sie zum Anknüpfungspunkt für Verfolgung werden.[906] „[W]egen der gebotenen weiten Auslegung des Asylgrundrechts und dem ihm gebührenden Vorrangs vor dem einfachen Recht [ist] nur bei einem ‚sachgerechten Verständnis‘ eine Erfassung aller denkbaren Fälle politischer Verfolgung möglich.“[907]

Besonders sei die Berücksichtigung solcher Merkmale naheliegend, die den anderen Verfolgungsgründen vergleichbar sind. Dabei kommen insbesondere Gründe in Betracht, die sich in der Vergangenheit ebenfalls bereits als verfolgungsträchtig erwiesen haben, sowie solche, die an ein unabänderliches persönliches Merkmal anknüpfen. Dem rechtlichen Schutz liege der Gedanke zugrunde, „daß kein Staat das Recht haben soll, eine Person wegen ihr unveränderlich anhaftender Eigenschaften an Leib, Leben oder Freiheit zu beeinträchtigen.“[908]

Folgt man dem BVerfG und geht von der Teilidentität aus, ist die „bestimmte soziale Gruppe“ als Verfolgungsmerkmal zumindest auch vom Asylgrundrecht

---

903 BVerwGE 68, 171 (173); vgl. auch BVerwGE 67, 184 (186).

904 BVerfGE 54, 341 (356); vgl. hierzu und auch zur Kritik an der These der Teilidentität Schaeffer, Asylberechtigung, S. 14 ff.

905 Hailbronner, Asyl- und Ausländerrecht, Rn. 714; ders., Ausländerrecht, Bd. 3, Art. 16a Rn. 49 ff.; vgl. auch Schenk, Asylrecht, Rn. 51 a.E., für Art. 16 Abs. 2 S. 2 GG (a.F.); kritisch hierzu Reichel, Das staatliche Asylrecht, S. 109 ff.

906 Vgl. in Bezug auf Art. 16 Abs. 2 S. 2 GG (a.F.) BVerwGE 79, 143 (146); siehe auch BVerwGE 68, 171 (137); nach dem Bundesverwaltungsgericht kommt den in der GFK genannten Verfolgungsgründen „exemplarischer Charakter für die Beurteilung einer Verfolgung als einer politischen zu.“ BVerwGE 67, 184 (186); Randelzhofer, in: Maunz/Dürig, GG-Kommentar, Art. 16a GG Rn. 31 f.; vgl. auch Schaeffer, Asylberechtigung, S. 12 ff., der eine Vollidentität befürwortet.

907 BVerwGE 79, 143 (146).

908 BVerwGE 79, 143 (146).

erfasst. Indem das BVerfG auf unabänderliche persönliche Merkmale abstellt, die neben den in der Genfer Flüchtlingskonvention enthaltenen Verfolgungsmotiven asylbegründend wirken, nimmt es Bezug auf die Kriterien der „sozialen Gruppe“, die durch die angelsächsische Rechtsprechung entwickelt wurden (protected characteristic-Ansatz). Das BVerfG wählt diesen Ansatz hingegen nicht zur Begriffsbestimmung der „bestimmten sozialen Gruppe“.[909]

Wird von einer Teilindentität ausgegangen, erscheint es nur konsequent, sich bei der Interpretation der in der Genfer Flüchtlingskonvention enthaltenen und auf das Asylgrundrecht zu übertragenden Verfolgungsmerkmale an völkerrechtlichen Auslegungsgrundsätzen zu orientieren. Auch im Rahmen des nationalen Grundrechts sind also die Verfolgungsmerkmale nach ihrer völkerrechtlichen Auslegung zu berücksichtigen. Dies ist jedoch verfassungsrechtlich nicht zwingend geboten. Zwar „ist [es] Ausdruck der Völkerrechtsfreundlichkeit des Grundgesetzes, dass dieses nach Möglichkeit so auszulegen ist, dass ein Konflikt mit völkerrechtlichen Verpflichtungen der Bundesrepublik Deutschland nicht entsteht.“[910] Ein Verstoß gegen die Verpflichtungen der BRD aus dem allgemeinen Völkerrecht liegt jedoch auch bei Abweichungen vom Flüchtlingsbegriff der GFK nicht vor.[911] Durch die einfachgesetzliche Regelung in § 60 Abs. 1 AufenthG kommt der Gesetzgeber nicht nur seinen aus dem völkerrechtlichen Vertrag resultierenden Pflichten, sondern auch der Pflicht zur Beachtung des zum Völkergewohnheitsrecht zählenden Refoulement-Verbots nach. Indem er das Grundrecht auf Asyl in der Verfassung verankert, geht er über seine im internationalen Verhältnis übernommenen Pflichten hinaus.[912] So wurden beispielsweise die Ausschlussgründe des Art. 1F GFK als Ausdruck der „Asylunwürdigkeit“ bewusst nicht in das Grundgesetz aufgenommen. Auch sind die völkerrechtlichen Grenzen des Refoulement-Verbots (Gefahr für die Sicherheit des Landes, rechtskräftige Verurteilung wegen eines Verbrechens oder besonders schweren Vergehens, Art. 33 Abs. 2 GFK) nicht auf das Asylgrundrecht übertragen worden.[913] Die BRD hat ein eigenständiges verfassungsrechtliches Asylgrundrecht geschaffen, dessen Interpretation dem Bundesverfassungsgericht nach den nationalen Auslegungsgrundsätzen obliegt.

---

909 Marx, ZAR 2005, 177 (177 f.).

910 BVerfG, Beschl. v. 19.9.2006 – 2 BvR 2115/01, Ziff. 54 (www.bverfg.de).

911 Vgl. BverfGE 9, 174 (175).

912 Vgl. hierzu Schaeffer, Asylberechtigung, S. 12 f.; Hailbronner, Asyl- und Ausländerrecht, Rn. 707.

913 BVerwGE 68, 171 (137); Hailbronner, ZAR 2009, 369 (370). Zur Rechtslage, wie sie sich unter Berücksichtigung der europäischen Vorgaben ergibt, siehe unter B.III.2.a).

3. Fazit

Das Asylgrundrecht bildet ein eigenständiges verfassungsrechtliches Grundrecht. Für die Bestimmung der Verfolgungsgründe kommt der Vorschrift des Art. 1A Ziff. 2 GFK zwar eine wesentliche, jedoch keine strikt abschließende Bedeutung zu. So sind die in der GFK niedergelegten Rechtsüberzeugungen laut BVerfG grundsätzlich auch im Rahmen von Art. 16a GG zu berücksichtigen. Die asylerheblichen Merkmale des Grundgesetzes gehen jedoch über die in der GFK enthaltenen Verfolgungsmerkmale hinaus.

III. Das deutsche Asylrecht im Europäischen Kontext

Das deutsche Asylrecht ist inzwischen eng verwoben mit Vorgaben aus dem EU-Flüchtlingsrecht. Zuletzt wurden durch das Zuwanderungsgesetz vom 30. Juli 2004[914], das Richtlinienumsetzungsgesetz vom 18. August 2007[915] und das zweite Richtlinienumsetzungsgesetz vom 22. November 2011[916] unionsrechtliche Vorgaben in das deutsche Recht transformiert. Die Auswirkungen der unionsrechtlichen Harmonisierung hinsichtlich des Flüchtlingsbegriffs und des Verfolgungsmerkmals der „Zugehörigkeit zu einer bestimmten sozialen Gruppe“ auf die einfachgesetzliche Regelung und das Asylgrundrecht werden im Folgenden untersucht.

1. Die Bedeutung der Qualifikationsrichtlinie für die Auslegung des Merkmals der „Zugehörigkeit zu einer bestimmten sozialen Gruppe“ im deutschen einfachgesetzlichen Recht

a) Anwendung der Richtlinie in Deutschland

Seit Inkrafttreten der neuen Bestimmungen des Aufenthaltsgesetzes am 28. August 2007 findet sich in § 60 Abs. 1 S. 5 und Abs. 11 AufenthG ein ausdrücklicher

---

914 Gesetz zur Steuerung und Begrenzung der Zuwanderung und zur Regelung des Aufenthalts und der Integration von Unionsbürgern und Ausländern (Zuwanderungsgesetz), BGBl. I 2004, S. 1950.

915 Gesetz zur Umsetzung aufenthalts- und asylrechtlicher Richtlinien der Europäischen Union, BGBl. I 2007, S. 1970.

916 Gesetz zur Umsetzung aufenthaltsrechtlicher Richtlinien der Europäischen Union und zur Anpassung nationaler Rechtsvorschriften an den EU-Visakodex, BGBl. I 2011, S. 2258.

Verweis auf die Qualifikationsrichtlinie[917]. Satz 5 der Vorschrift bestimmt, dass Art. 4 Abs. 4 sowie die Art. 7 bis 10 der Richtlinie 2004/83/EG „ergänzend anzuwenden" sind. Dagegen wird in Abs. 11 der Vorschrift bestimmt, dass für die Feststellung des subsidiären Schutzes, der in den Abschiebungsverboten nach § 60 Abs. 2, 3 und 7 S. 2 AufenthG zum Ausdruck kommen soll, Art. 4 Abs. 4, 5 Abs. 1 und 2, 6 bis 8 der Richtlinie 2004/83/EG gelten. Weshalb die Vorschriften der Richtlinie einerseits nur ergänzend heranzuziehen sind, sie andererseits für die Feststellung des subsidiären Schutzes verbindlich gelten, ist auch der Begründung des Richtlinienumsetzungsgesetzes nicht zu entnehmen.[918] Die Formulierung „ergänzend anzuwenden" ist insofern missverständlich, als die Bestimmungen der Richtlinie als bloße Interpretationshilfe verstanden werden könnten.[919] Eine lediglich ergänzende Anwendung wird unionsrechtlichen Vorgaben jedoch nicht gerecht. Die Bestimmungen der Qualifikationsrichtlinie in ihrer Fassung vom 29. April 2004 sind (sofern sie einer unmittelbaren Anwendung zugänglich sind) aufgrund des Fristablaufs zur Umsetzung seit dem 11. Oktober 2006 unmittelbar anwendbar (Art. 38 QRL).[920] Im Falle einer Kollision genießen sie Anwendungsvorrang vor dem nationalen Recht.[921] Sie sind zwar nicht wörtlich in das nationale Recht zu übernehmen, ihnen ist jedoch zu einer effektiven, hinreichend klaren und bestimmten Umsetzung in nationale Vorschriften zu verhelfen.[922] Eine unübersichtliche Verweisungstechnik ist dabei zu vermeiden.[923]

Daneben bleiben die völkerrechtlichen Verpflichtungen der Bundesrepublik Deutschland aus der Genfer Flüchtlingskonvention weiterhin bestehen.[924] Wie

---

917 Richtlinie 2004/83/EG des Rates vom 29. April 2004 über Mindestnormen für die Anerkennung und den Status von Drittstaatsangehörigen oder Staatenlosen als Flüchtlinge oder als Personen, die anderweitig internationalen Schutz benötigen, und über den Inhalt des zu gewährenden Schutzes (ABl. L 304/12 vom 30. September 2004). Mit der Neufassung der Qualifikationsrichtlinie, der Richtlinie 2011/94/EU (ABl. L 337 vom 20. Dezember 2011), wird die alte Fassung mit Wirkung vom 21. Dezember 2013 aufgehoben.

918 Göbel-Zimmermann/Masuch, in: Huber, Aufenthaltsgesetz, § 60 I AufenthG Rn. 7.

919 So auch Marx, InfAuslR 2007, 413 (421); a.A. Hailbronner, Ausländerrecht, Bd. 2, § 60 Rn. 51 f.

920 Vgl. BVerwG, Urt. v. 1.02.2007 – 1 C 24/06 = NVwZ 2007, 590; Göbel-Zimmermann/Masuch, in: Huber, Aufenthaltsgesetz, § 60 I AufenthG Rn. 3, 36.

921 Vgl. statt vieler: BVerfGE 75, 223 (244).

922 Vgl. EuGH, Rs. C-217/97 (Kommission v. Deutschland), Slg. 1999, 5087, Ziff. 31 f.; Göbel-Zimmermann/Masuch, in: Huber, Aufenthaltsgesetz, § 60 I AufenthG Rn. 7, 36.

923 Vgl. Göbel-Zimmermann/Masuch, in: Huber, Aufenthaltsgesetz, § 60 I AufenthG Rn. 7.

924 Durch Zustimmungsgesetz ist die Genfer Flüchtlingskonvention Bestandteil der deutschen Rechtsordnung geworden (BGBl. II 1953, S. 559).

bereits gesehen sind auch die Bestimmungen der Qualifikationsrichtlinie stets an der Genfer Flüchtlingskonvention zu messen.[925] Somit ist der Flüchtlingsbegriff nach Art. 1A Nr. 2 GFK auch für die Auslegung der Umsetzungsgesetzgebung maßgeblich.

b) Verfolgungsgrund: „Zugehörigkeit zu einer bestimmten sozialen Gruppe"

Zur Auslegung des Merkmals der „Zugehörigkeit zu einer bestimmten sozialen Gruppe" heißt es in den Anwendungshinweisen des BMI:

> „Neben den genannten Merkmalen [angeborene Merkmale; ein gemeinsamer Hintergrund, der nicht verändert werden kann; Merkmale oder eine Glaubensüberzeugung, die für die Identität oder das Gewissen der Betreffenden essentiell sind] ist für das Vorliegen einer bestimmten sozialen Gruppe *immer* Voraussetzung, dass die Gruppe eine deutlich abgegrenzte Identität innerhalb der Gesellschaft des Herkunftslandes besitzt. Dies ist etwa der Fall, wenn die Gruppe von der sie umgebenden Gesellschaft diskriminiert wird."[926]

Das BMI stellt hiermit auf die in der Qualifikationsrichtlinie enthaltene kumulative Verschränkung von internem und externem Ansatz ab. Auch die neuere deutsche Rechtsprechung wendet bei der Prüfung des Bestehens einer „bestimmten sozialen Gruppe" beide kumulativ an.[927]

---

925 Siehe die Darstellung im 4. Kap. unter C.II.3.

926 Hinweise des Bundesministeriums des Innern zur Anwendung der Richtlinie 2004/83/EG des Rates vom 29. April 2004 über Mindestnormen für die Anerkennung und des Status von Drittstaatsangehörigen oder Staatenlosen als Flüchtling oder als Personen, die anderweitig internationalen Schutz benötigen, und über den Inhalt des zu gewährenden Schutzes (ABl. EU L 304/12 vom 30. September 2004, S. 12 ff.) in der Bundesrepublik Deutschland vom 13. Oktober 2006, S. 10, erhältlich unter: http://www.fluechtlingsinfo-berlin.de/fr/pdf/BMI_Hinweise_Qualifikationsrichtlinie.pdf (zuletzt besucht Januar 2013 2012), Hervorhebung durch die Verfasserin. So auch die Gesetzesbegründung des Gesetzesentwurfs der Bundesregierung, Entwurf eines Gesetzes zur Umsetzung aufenthalts- und asylrechtlicher Richtlinien der Europäischen Union vom 23.04.2007, S. 186, Drucksache 16/5065.

927 VGH Kassel, Beschl. v. 10. April 2008, 3 UE 455/06.A, BeckRS 2008, 35303; VG Düsseldorf, Urt. v. 18. Februar 2011, 13 K 7656/09.A, BeckRS 2011, 48947; VGH München, Beschl. v. 14. August 2008 – 15 ZB 07.30176 (Juris); VG Oldenburg, Urt. v. 13. November 2007 – 1 A 1824/07, BeckRS 2007, 28362; VG Ansbach, Urt. v. 11.05.2012 – AN 11 K 12.30137, AN 11 K 12.30161, BeckRS 2012, 51245; OVG Schleswig-Holstein, Urt. v. 14. Dezember 2006, 1 LB 67/05, veröffentlicht unter „M 9681" unter www.asyl.net (zuletzt besucht Januar 2013); OVG Schleswig-Holstein, Urt. v. 27. Januar 2006, 1 LB 22/05, veröffentlicht unter „M 8574" unter www.asyl.net (zuletzt besucht Januar 2013). Anders das OVG Hamburg, Urt. v. 22. April 2010 – 4 Bf 220/03.A, ZAR 2010, 245: „Dieser (Gruppen-) Begriff ist weit gefasst; er ist entwicklungsoffen für die vielfältigen und sich

Dabei wird verkannt, dass nach dem Wortlaut der Richtlinie auch andere Gruppen erfasst sein können. Art. 10 Abs. 1 lit. d QRL legt lediglich fest, dass jedenfalls eine „bestimmte soziale Gruppe“ im Sinne der Richtlinie besteht, wenn sowohl ein internes als auch ein externes Merkmal vorliegen. Durch das einleitende „insbesondere“ schließt sie nicht das Vorhandensein einer solchen Gruppe aus, wenn nur eines der beiden Merkmale erfüllt ist bzw. keins der beiden Merkmale vorliegt.[928] Eine Betrachtungsweise, die an einer „und“-Verknüpfung von internem und externem Merkmal festhält, steht in Widerspruch zum Völkerrecht und ist daher nicht haltbar. Nach geltendem Völkerrecht ist vielmehr ein weiter Tatbestand der „sozialen Gruppe“ geboten, der sowohl endogene als auch exogene Gruppen erfasst, die in der jeweiligen Gesellschaft identifizierbar sind.

c) Geschlechtsspezifische Verfolgung

Die Qualifikationsrichtlinie enthält gemäß Art. 3 i.V.m. Erwägungsgrund Ziff. 8 (bzw. Ziff. 14 der Neufassung) nur Mindestnormen. Den Mitgliedstaaten steht es demnach frei, Regelungen zur Feststellung der Flüchtlingseigenschaft zu erlassen, die über den in der RL festgelegten Mindeststandard hinausgehen.

Der deutsche Gesetzgeber hat mit Art. 60 Abs. 1 S. 3 AufenthG eine solche günstigere Regelung geschaffen.[929] Die Vorschrift stellt klar, dass Verfolgung, die allein an das Geschlecht anknüpft, als Verfolgung wegen der „Zugehörigkeit zu einer bestimmten sozialen Gruppe“ anzusehen ist.[930] Demnach erkennt der deutsche Gesetzgeber das Geschlecht als Merkmal für die „Zugehörigkeit zu einer bestimmten sozialen Gruppe“ im Sinne der GFK an. Er geht hiermit zumindest über die in der RL 2004/83/EG enthaltene Formulierung hinaus, nach der allein der Hinweis auf das Geschlecht nicht als hinreichend für das Bestehen des Verfolgungsgrundes

---

wandelnden Erscheinungsformen von Gruppen in verschiedenen Gesellschaften. Insoweit kann es ausreichen, dass die Angehörigen einer bestimmten sozialen Gruppe durch ein gemeinsames Merkmal gekennzeichnet sind und sie von der umgebenden Gesellschaft als fest umrissene Gruppe wahrgenommen werden (vgl. dazu Anmerkungen des UNHCR zur Richtlinie 2004/83/EG, Teil 1, Ziff. 71 ff.).“

928 So auch auch Bank/Hruschka, in: Barwig u.a., Perspektivwechsel im Ausländerrecht?, S. 614 (619).

929 VG München, Urt. v. 30. Januar 2007 – M 21 K 04.51494 (Juris); Bank/Hruschka, in: Barwig u.a., Perspektivwechsel im Ausländerrecht?, S. 614 (619); Duchrow, in: ZAR 2004, 393 (340).

930 VGH Kassel, Urt. v. 23.03. 2005 – 3 UE 3457/04, NVwZ-RR 2006, 504 (505); Hailbronner, Ausländerrecht, Bd. 2, § 60 Rn. 66.

angesehen wurde. Die Formulierung der Neufassung der Qualifikationsrichtlinie ist im Vergleich zu der ursprünglichen Fassung weniger zurückhaltend, dennoch stellt sie nicht ausdrücklich klar, dass das Geschlecht alleiniger Anknüpfungspunkt für eine „bestimmte soziale Gruppe“ sein kann.

Den Anwendungshinweisen des BMI ist zu entnehmen, dass „[g]ünstigere Regelungen [...] dann nicht zulässig [sind], wenn diese der angestrebten Harmonisierung zuwiderlaufen würden. Diese Einschränkung ist vor allem bei den Anerkennungsvoraussetzungen von Bedeutung [...]. Hier ist das angestrebte Ziel, einen gemeinsamen Flüchtlingsbegriff und subsidiären Schutzbegriff zu schaffen, nur erreichbar, wenn eine möglichst enge Anlehnung an die in den fraglichen Bestimmungen enthaltenen Definitionen erfolgt.“[931] Dem ist entgegenzuhalten, dass die Richtlinie gerade keine Vollharmonisierung des Flüchtlingsbegriffs anstrebt. Das Gemeinsame Europäische Asylsystem soll vielmehr eine wirksame Umsetzung der Genfer Flüchtlingskonvention in allen Mitgliedstaaten sicherstellen. Eine Gewährung höheren Schutzes soll den Mitgliedstaaten möglich bleiben, Art. 3 QRL.[932] Die Bestimmungen der Qualifikationsrichtlinie dürfen nicht zu einer restriktiven Auslegung nationaler Regelungen führen, die über den von der Richtlinie vorgegebenen Mindeststandard hinausgehen.[933]

Der Schutz vor geschlechtsspezifischer Verfolgung ergibt sich bereits aus einer völkerrechtskonformen Auslegung des Merkmals der „bestimmten sozialen Gruppe“. Dennoch ist die nationale Regelung im Hinblick auf Unsicherheiten im Umgang mit dem Merkmal zu begrüßen. So hatte zwar das BVerwG bereits zuvor entschieden, dass das Geschlecht ein asylbegründender Anknüpfungspunkt sein

---

931 Hinweise des Bundesministeriums des Innern zur Anwendung der Richtlinie 2004/83/EG des Rates vom 29. April 2004 über Mindestnormen für die Anerkennung und des Status von Drittstaatsangehörigen oder Staatenlosen als Flüchtling oder als Personen, die anderweitig internationalen Schutz benötigen, und über den Inhalt des zu gewährenden Schutzes (ABl. EU L 304/12 vom 30. September 2004, S. 12 ff.) in der Bundesrepublik Deutschland vom 13. Oktober 2006, S. 3, erhältlich unter: http://www.fluechtlingsinfo-berlin.de/fr/pdf/BMI_Hinweise_Qualifikationsrichtlinie.pdf (zueletzt besucht Januar 2013).

932 So auch UNHCR, Die Bedeutung der EU Qualifikationsrichtlinie für das deutsche System des Flüchtlingsschutzes, S. 15, erhältlich unter: http://www.unhcr.de/fileadmin/rechtsinfos/fluechtlingsrecht/3_deutschland/3_2_unhcr_stellungnahmen/FR_GERHCR_QualRL_062008.pdf (zuletzt besucht Januar 2013).

933 VGH Kassel, Urt. v. 23. März 2005 – 3 UE 3457/04, NVwZ-RR 2006, 504; vgl. auch VG München, Urt. v. 30. Januar 2007 – M 21 K 04.51494 (Juris).

kann,[934] dennoch kam es bei den unteren Instanzen zu divergierenden Entscheidungen.[935]

Auch wenn sich der internationale Schutz nach § 60 Abs. 1 S. 3 AufenthG auf sehr große Gruppen wie die „bestimmte soziale Gruppe" der Männer bzw. der Frauen in einem bestimmten Land erstrecken kann, geht hiermit keine ausufernde Schutzverpflichtung einher. Erforderlich bleibt stets eine Verknüpfung mit der Verfolgungshandlung („wegen") sowie der Nachweis einer begründeten Furcht vor dieser. Anwendungsfälle wie beispielsweise Zwangsverheiratung,[936] Blutrache[937] oder Beschneidung[938] können unter § 60 Abs. 1 S. 3 AufenthG subsumierbar sein. Die Bildung von Untergruppen, wie etwa die der „unverheirateten Frauen", ist keine zwingende Voraussetzung der Begriffsbestimmung.[939]

d) Das Merkmal der sexuellen Ausrichtung

Das BVerwG hatte es in seinem Urteil vom 15. März 1988[940] „in der Tat zweifelhaft" gefunden, dass Homosexuelle eine „soziale Gruppe" im Sinne der GFK bilden. Schutz wurde dem Asylsuchenden dennoch unter Rückgriff auf die These der Teilidentität nach Art. 16 Abs. 2 GG (a.F.) gewährt. Die asylrechtlich relevante Homosexualität wurde dabei als „unentrinnbare schicksalhafte Festlegung auf homosexuelles Verhalten im Sinne einer irreversiblen Prägung" charakterisiert. Homosexuelle wurden daher nur als asylberechtigt anerkannt, wenn sie sich ihrer Prägung nicht entziehen konnten und einer drohenden Verfolgung somit auch nicht durch Verzicht ausweichen konnten.[941] Ein umfassender asylrechtlicher Schutz der sexuellen Selbstbestimmung bestand demnach nicht.

Sittengesetze des Herkunftsstaates, die die einverständliche homosexuelle Betätigung aus Gründen der öffentlichen Moral untersagten, hielt das Gericht asylrechtlich für irrelevant. Sie bilden eine rechtliche Schranke der freien Entfaltung der Persönlichkeit. Der Betroffene galt jedoch dann als politisch verfolgt, wenn

934 BVerwG, Urt. v. 25. 7. 2000 – 9 C 28/99, NVwZ 2000, 1426.

935 Siehe hierzu Pennington/Pelzer, Asylmagazin 5/2006, 4 (4 ff.), erhältlich unter: www.asyl.net (zuletzt besucht Januar 2013).

936 VG Stuttgart, Urt. v. 29. Januar 2007 – 4 K 1877/06, BeckRS 2007, 23167.

937 VG Frankfurt a.M., Urt. v. 23. August 2005 – 12 E 194/05.A(1), Asylmagazin 11/2005, S. 16, erhältlich unter: www.asyl.net (zuletzt besucht Januar 2013).

938 VGH Kassel, Urt. v. 23. März 2005 – 3 UE 3457/04.A, ZAR 2005, 209.

939 So auch Marx, ZAR 2005, 177 (183); vgl. auch Moll, Das Asylgrundrecht, S. 80.

940 BVerwGE 79, 143 (149).

941 So auch VG Düsseldorf, Urt. v. 14. September 2006 – 11 K 81/06.A. (Juris).

die Strafgesetzgebung im Herkunftsstaat nicht „bloß in einem von der Rechtsordnung der Bundesrepublik noch hinnehmbaren Maße besonders streng, sondern offensichtlich unerträglich hart [...] und unter jedem denkbaren Gesichtspunkt schlechthin unangemessen zur Ahndung eines Verstoßes gegen die öffentliche Moral“ sei.[942]

Die Richtlinie stellt nunmehr ausdrücklich klar, dass Homosexuelle, bzw. Personen mit einer bestimmten sexuellen Orientierung, eine „bestimmte soziale Gruppe“ im Sinne der Genfer Flüchtlingskonvention bilden können. Die Flüchtlingseigenschaft ist daher bereits dann gegeben, wenn betreffende Personen als Gruppe in der Gesellschaft erkennbar und in ihrem Herkunftsland der Gefahr einer asylrelevanten Verfolgungshandlung ausgesetzt sind. Auf eine „unentrinnbare schicksalhafte Festlegung auf homosexuelles Verhalten“ des Betroffenen scheint es seitdem auch in der jüngeren Rechtsprechung nicht mehr anzukommen.[943] Auch haben die Gerichte vermehrt anerkannt, dass homosexuelles Verhalten Ausdruck menschlicher Persönlichkeit sei. Diese sei von der durch völkerrechtliche Menschenrechtsnormen geschützten Privatsphäre (insbesondere durch Art. 8 EMRK) ebenso erfasst wie von der Menschenwürde (Art. 1 Abs. 1 GG). Demnach sei eine Unterdrückung oder Geheimhaltung des persönlichkeitsprägenden Merkmales grundsätzlich nicht zumutbar.[944]

2. Das Asylgrundrecht und das Gemeinsame Europäische Asylsystem

a) Auswirkungen der Qualifikationsrichtlinie auf das Asylgrundrecht

Die Verfolgungsmerkmale der GFK wurden in der Qualifikationsrichtlinie für die Mitgliedstaaten verbindlich konkretisiert. Fraglich ist, wie sich die Konkretisierung auf das Asylgrundrecht auswirkt, auch wenn dieses formal nicht von der Richtlinienumsetzung berührt wurde. Grundsätzlich schlägt der Anwendungsvorrang des Unionsrechts auch auf das nationale Verfassungsrecht durch.[945] Zu beachten ist aber, dass sich die Qualifikationsrichtlinie allein auf die Anerkennung

942 BVerwGE 79, 143 (151 f.); siehe auch Titze, ZAR 2012, 93 (93 ff.).

943 VG Oldenburg, Urt. v. 13. November 2007 – 1 A 1824/07, EzAR-NF 62 Nr. 14.

944 VG Neustadt a.d. Weinstraße, Urt. v. 8. September 2008 – 3 K 753/07.NW (Juris); VG Oldenburg, Urt. v. 13. November 2007 – 1 A 1824/07 (Juris); VG München, Urt. v. 30. Januar 2007 – M 21 K 04.51494 (Juris). Titze, ZAR 2012, 93 (95). Anders jedoch VG Düsseldorf, Urt. v. 14. September 2006 – 11 K 81/06.A. (Juris).

945 EuGH, Rs. 11/70 (Internationale Handelsgesellschaft), Slg. 1970, 1125, Ziff. 3; ders. Rs. 106/77 (Simmenthal), Slg. 1978, 629, Ziff. 24.

von Flüchtlingen und subsidiär Schutzbedürftigen, und nicht auf die Anerkennung als asylberechtigt bezieht.[946] Ausweislich der Begründung des Entwurfs eines Gesetzes zur Umsetzung aufenthalts- und asylrechtlicher Richtlinien der Europäischen Union berührt die Richtlinienumsetzung Art. 16a GG daher grundsätzlich nicht.[947] Auch ließen sich der Rechtsprechung des Bundesverfassungsgerichts bislang keine Anhaltspunkte dafür entnehmen, dass das Asylgrundrecht im Hinblick auf die Anerkennungskriterien des EU-Flüchtlingsrechts zu interpretieren sei.[948] Die Flüchtlingsanerkennung nach der Genfer Flüchtlingskonvention wurde unionsrechtlichen Regelungen unterstellt, während Auslegung und Anwendung des nationalen Asylgrundrechts davon unabhängig erfolgen.

Trotzdem sind Auswirkungen des EU-Flüchtlingsrechts auch auf das Asylgrundrecht zu verzeichnen. In einem Vorabentscheidungsgesuch hatte der EuGH sich unter anderem mit der Frage zu befassen, ob die Mitgliedstaaten eine Person als asylberechtigt nach nationalen Vorschriften anerkennen dürfen, auch wenn ihr nach der Qualifikationsrichtlinie der Flüchtlingsstatus zu verwehren ist.[949] In diesem Zusammenhang kommt Art. 3 QRL eine besondere Bedeutung zu. Nach dieser Vorschrift können die Mitgliedstaaten „günstigere Normen zur Entscheidung darüber, wer als Flüchtling oder Person gilt, die Anspruch auf subsidiären Schutz hat, und zur Bestimmung des Inhalts des internationalen Schutzes erlassen oder beibehalten, sofern sie mit dieser Richtlinie vereinbar sind.“ In den Worten des EuGH ist „Art. 3 der Richtlinie dahin auszulegen [...], dass die Mitgliedstaaten nach ihrem nationalen Recht einer Person, die gemäß Art. 12 Abs. 2 der Richtlinie von der Anerkennung als Flüchtling ausgeschlossen ist, ein Asylrecht zuerkennen können, soweit diese andere Form des Schutzes nicht die Gefahr der Verwechslung mit der Rechtsstellung des Flüchtlings im

---

946 Hingegen gelten die Mindestnormen der Verfahrensrichtlinie für alle Anträge auf Asyl und subsidiären Schutz. Bergmann, in: Renner, Ausländerrecht, Art. 16a GG, Rn. 135. Vgl. auch Göbel-Zimmermann/Masuch, in: Huber, Aufenthaltsgesetz, § 60 I AufenthG Rn. 4.

947 Vgl. Begr RegE Gesetz zur Umsetzung aufenthalts- und asylrechtlicher Richtlinien der Europäischen Union, BR-Drs 224/07, 250.

948 Vgl. beispielsweise BVerfG, Beschluss vom 12. 2. 2008 – 2 BvR 2141/06 = NVwZ-RR 2008, 643; Hailbronner, ZAR 2009, 369 (372), der zudem auf Urteile des BVerwG verweist (BVerwGE 131, 186 (190 f.); BVerwG, Urt. v. 29. 5. 2008 – 10 C 11/07 = NVwZ 2008, 1246), in denen ausdrücklich klargestellt wird, dass „kein Anhaltspunkt dafür [besteht], dass durch § 60 I 5 und I 1 AufenthG der Schutzbereich des Asylrechts auf einfachgesetzlicher Grundlage ausgeweitet werden sollte.“

949 Vgl. EuGH, Rs. C-368/09 (Pannon Gép Centrum), Slg. 2010, I-07467, EuGH NVwZ 2011, 285.

Sinne der Richtlinie birgt.“[950] Demnach kann nach Ansicht des Gerichtshofes nationaler Schutz auch bei Ausschluss des unionsrechtlichen Flüchtlingsstatus gewährt werden, solange die nationale Schutzform klar vom Flüchtlingsstatus unterscheidbar ist. Aufgrund der Angleichung des Rechtsstatus von Asylberechtigten und Flüchtlingen (vgl. § 2 Abs. 1 AsylVfG) handelt es sich bei der Gewährung der Asylberechtigung um einen verwechselbaren Status in diesem Sinne.[951] Die in der Qualifikationsrichtlinie enthaltenen Ausschluss- und Aberkennungstatbestände (Art. 12, 14) für Kriegsverbrecher und andere gefährliche Personengruppen entfalten folglich Wirkung auch für den Anspruch aus dem Asylgrundrecht. Würden diese Personengruppen über das nationale Asylrecht Schutz genießen, liefen die Ausschluss- und Aberkennungstatbestände leer, und es würde der Wille des europäischen Normgebers unterlaufen.[952] Sie sind daher nach § 30 Abs. 4 AsylVfG auch im Rahmen der Prüfung von Asylanträgen nach Art. 16a GG zu berücksichtigen. Insoweit trägt die Vorschrift dem grundsätzlichen Anwendungsvorrang des Unionsrechts auch vor nationalem Verfassungsrecht Rechnung.[953] Das grundlegende Ziel der Qualifikationsrichtlinie, die Asylpolitik der Mitgliedstaaten zu vereinheitlichen und die Entwicklung einer gemeinsamen europäischen Asylpolitik voranzutreiben, soll nicht durch nationales Verfassungsrecht unterlaufen werden.

Mit Blick auf die Auslegung des Merkmals der „bestimmten sozialen Gruppe“ ist festzuhalten, dass die Bestimmungen der Qualifikationsrichtlinie zwar nicht unmittelbar die Auslegung des Asylgrundrechts nach Art. 16a GG beeinflussen.[954] Es bleibt jedoch abzuwarten, „ob nach einer Phase der Konsolidierung und einer konsensualen Anwendung durch die Mitgliedstaaten, insbesondere auch aufgrund einer entsprechenden Spruchpraxis des EuGH, das BVerfG in seiner Rechtsprechung einen möglicherweise eingetretenen Bedeutungswandel des Art. 16a GG anerkennen und diesem Rechnung tragen wird.“[955]

---

950 EuGH, Rs. C-368/09 (Pannon Gép Centrum), Slg. 2010, I-07467, EuGH NVwZ 2011, 285, Ziff. 121.

951 Maaßen, in: Epping/Hillgruber, BeckOK GG, Art. 16a, Rn. 7.

952 Vgl. Begr RegE Gesetz zur Umsetzung aufenthalts- und asylrechtlicher Richtlinien der Europäischen Union, BR-Drs 224/07, 396.

953 Vgl. Begr RegE Gesetz zur Umsetzung aufenthalts- und asylrechtlicher Richtlinien der Europäischen Union, BR-Drs 224/07, 396.

954 Vgl. Göbel-Zimmermann/Masuch, in: Huber, Aufenthaltsgesetz, § 60 I AufenthG Rn. 1.

955 VGH Baden-Württemberg, Urt. v. 20.11.2007 – A 10 S 70/06, Rn. 23 (Juris).

b) Rechtspolitischer Ausblick

Wenn auch verfassungsrechtlich nicht zwingend geboten, ist eine Auslegung des Asylgrundrechts wünschenswert, die sich konsequent an den Voraussetzungen der Flüchtlingseigenschaft i.S.d. GFK und ihrer unionsrechtlichen Konkretisierung orientiert. Das Nebeneinander von nationalem Asylgrundrecht und EU-Flüchtlingsrecht erscheint im Hinblick auf sich ergebende rechtliche und praktische Probleme unbefriedigend.[956] Auch wenn der Schutzbereich des nationalen Asylgrundrechts grundsätzlich über den der Genfer Flüchtlingskonvention hinausgehen kann, so hat die Rechtsprechung zur Auslegung von Art. 16a GG weitgehend auf die Vorgaben der GFK zurückgegriffen. Auch der unionsrechtliche Flüchtlingsbegriff versteht sich als Konkretisierung der Genfer Flüchtlingskonvention. Die Prüfung divergierender Kriterien ist für die Entwicklung eines transparenten und klaren Asylrechts nicht förderlich und bedingt einen Mehraufwand für Rechtsanwender, der wiederum zu Verzögerungen des Asylverfahrens führen kann. Dabei ist zu bedenken, dass die unterschiedlichen Voraussetzungen keine Entsprechung auf der Rechtsfolgenseite finden. Durch die Angleichung des Rechtsstatus von Asylberechtigten und Flüchtlingen ergeben sich keine nennenswerten inhaltlichen Unterschiede im Schutzumfang.[957] Insbesondere erlangen beide dieselben Rechte, beispielsweise den gleichen Aufenthaltstitel, identische Fürsorgeleistungen, Arbeitsmarktzugang sowie den Reisepass nach der Genfer Flüchtlingskonvention.

Dennoch ist eine Aufhebung des Asylgrundrechts nicht zu befürworten. Durch sie würde ein Stück deutscher Verfassungskultur aufgegeben und dem Betroffenen würde die Möglichkeit der auf Art. 16a GG gestützten Verfassungsbeschwerde genommen.[958] Daher sollte im Wege der völkerrechtskonformen Auslegung von Grundrechten die nunmehr auch unionsrechtlich verbindlich vorgegebene Interpretation der Genfer Flüchtlingskonvention als Maßstab herangezogen werden.

---

956 Vgl. dazu und zu Nachfolgendem Hailbronner, ZAR 2009, 369 (372 f.). Siehe auch Hauser, Die Auswirkungen der Genfer Konvention, S. 7, erhältlich unter: http://www.bamf.de/SharedDocs/Anlagen/DE/Downloads/Infothek/Themendossiers/NTAA-2011/nuernberger-tage-asyl-auslaenderrecht-2011-hauser.pdf?__blob=publicationFile (zuletzt besucht Januar 2013).

957 Vgl. Hailbronner, ZAR 2009, 369 (372 f.).

958 Hailbronner, ZAR 2009, 369 (376).

C. Zwischenergebnis

Die im Rahmen des deutschen Anerkennungsverfahren anzuwendende Vorschrift des § 60 Abs. 1 AufenthG dient der Umsetzung völkerrechtlicher und supranationaler Vorgaben und greift auf den Flüchtlingsbegriff der GFK zurück. Das Merkmal der „Zugehörigkeit zu einer bestimmten sozialen Gruppe“ ist daher in Übereinstimmung mit der in dieser Arbeit vertretenen völkerrechtlichen Interpretation auszulegen. Dabei kommen die besonderen völkerrechtlichen Auslegungsgrundsätze und menschenrechtlichen Wertungen auch bei der Interpretation der nationalen Vorschrift zur Anwendung. Die bundesdeutschen Gerichte sind daher zu einer weiten Auslegung des Merkmals der „Zugehörigkeit zu einer bestimmten sozialen Gruppe“ nach den völkerrechtlich gebotenen Kriterien verpflichtet. Die von der gegenwärtigen Rechtsprechung vorgenommene kumulative Verknüpfung von internen und externen Merkmalen steht im Widerspruch zum internationalen Flüchtlingsrecht und ist daher unhaltbar.

§ 60 Abs. 1 AufenthG ist losgelöst von dem Begriff des „politisch Verfolgten“ i.S.d. GG zu interpretieren. Zwischen dem Begriff des „politisch Verfolgten“ und dem Flüchtlingsbegriff der GFK besteht nach Ansicht des BVerfG Teilidentität. Soweit im Rahmen des Asylgrundrechts auf die Verfolgungsmerkmale der GFK zurückgegriffen wird, ist es ratsam, ihre Auslegung nach völkerrechtlichen Kriterien vorzunehmen.

Grundsätzlich beziehen sich die Regelungen der Qualifikationsrichtlinie nicht auf das nationale Asylgrundrecht. Gleichwohl können sie sich auch im Rahmen von Art. 16a GG auswirken, da auch das nationale Verfassungsrecht dem Anwendungsvorrang des EU-Rechts unterfällt. Vor allem in Bezug auf sich ergebende praktische Probleme sollten die Kriterien zur Prüfung von Asylgrundrecht und Flüchtlingseigenschaft übereinstimmend angewandt werden.

6. Kapitel: Zusammenfassung und allgemeine Thesen

A. Zum Hintergrund und Inhalt der Genfer Flüchtlingskonvention

(1) Die GFK ist die erste internationale Übereinkunft, die den Flüchtlingsbegriff universell festlegt. Sie enthält allgemeingültige Standards für den Schutz von Flüchtlingen und statuiert ein „Zurückweisungsverbot". Kurz nach Ende des Zweiten Weltkrieges verabschiedet, wurde die zeitliche Sperre der Konvention 1967 durch das New Yorker Protokoll aufgehoben. Mit der Erklärung der Vertragsstaaten im Dezember 2001 wurde ihre Bedeutung und Zeitgemäßheit bekräftigt.

(2) Die Vorschriften der Genfer Flüchtlingskonvention gewähren dem Einzelnen weder ein Recht auf Asyl, noch vermitteln sie einen subjektiven Anspruch auf Anerkennung des Flüchtlingsstatus. Die im Rahmen nationaler Anerkennungsverfahren anzuwendenden nationalen und supranationalen Vorschriften greifen jedoch auf den Flüchtlingsbegriff der GFK zurück.

(3) Nach völkerrechtlichem Verständnis ist die Asylgewährung Ausdruck staatlicher Souveränität. Asyl ist geprägt sowohl durch einen humanitären als auch einen politischen Aspekt. Das staatliche Handeln ist abhängig von der Stellung des jeweiligen Staates im internationalen System und seinem Selbstverständnis.

B. Zu den allgemeinen Merkmalen des Flüchtlingsbegriffs

(4) Nach dem internationalen Flüchtlingsrecht soll derjenige Schutz erhalten, der sich außerhalb seines Heimatstaates befindet und eine begründete Furcht vor einer schwerwiegenden Menschenrechtsverletzung bei Rückkehr in den Herkunftsstaat hat. Die Menschenrechtsverletzung muss dem Betroffenen gerade aufgrund bestimmter, enumerativ aufgelisteter Merkmale drohen, und er darf weder Schutz durch den Heimatstaat, einen anderen Staat oder eine sonstige Institution erlangen, noch der Verfolgung durch Flucht in eine andere Region des Verfolgerstaates entgehen können.

(5) Bei der Prüfung der Flüchtlingseigenschaft ist ein objektiver Maßstab anzulegen. Dabei ist den individuellen Verhältnissen des Schutzsuchenden ausreichend Rechnung zu tragen.

C. Zur Frage einer autoritativen Auslegungsinstanz

(6) Es existiert keine autoritative Auslegungsinstanz, die auf völkerrechtlicher Ebene zur verbindlichen Auslegung des Flüchtlingsbegriffs befugt wäre. Zwar würde eine Auslegung durch den IGH zumindest zu einer faktischen Bindungswirkung führen. Bislang aber hat sich der IGH nicht mit dem Flüchtlingsbegriff befasst.

(7) Die Äußerungen des UNHCR entfalten gegenüber den Konventionsstaaten keine Bindungswirkung. Insbesondere sind die Beschlüsse des Exekutivkomitees für die Konventionsstaaten nicht verbindlich. Sie stellen nicht generell den Abschluss eines völkerrechtlichen Vertrages dar. Dennoch ist denkbar, dass die Staaten mit der Fassung eines Beschlusses im Einzelfall einen Vertrag schließen. Hierbei muss der Rechtsbindungswille der Staaten eindeutig festgestellt werden. Sofern die Beschlüsse des Exekutivorgans eine Bestätigung durch die nicht im Exekutivkomitee vertretenen Konventionsstaaten erfahren, können sie als „spätere Übereinkunft“ im Sinne von Art. 31 Abs. 3 lit. a WVRK für die Auslegung der Konventionsbestimmungen Bedeutung erlangen.

(8) Den Äußerungen des UNHCR kommt Bedeutung insofern zu, als dass die Konventionsstaaten verpflichtet sind, sich mit ihnen auseinanderzusetzen. Sie stellen keine authentische Interpretation der GFK dar, sondern wirken allein faktisch auf die völkerrechtliche Begriffsbildung ein. Damit können sie der Kategorie des *soft law* zugeordnet werden. Das Exekutivkomitee stellt ein Kommunikationszentrum dar, das dem Meinungsaustausch der Staaten dient und somit die Entstehung von Völkerrecht beschleunigt.

(9) Grundsätzlich kann auch die Praxis des Organs einer Internationalen Organisation bei der Auslegung als „spätere Übung“ im Sinne von Art. 31 Abs. 3 lit. b WVRK herangezogen werden. Die Äußerungen des UNHCR erfolgen aber nicht in Anwendung der Genfer Flüchtlingskonvention und stellen daher keine „spätere Übung“ im Sinne von Art. 31 Abs. 2 lit. b WVRK dar.

(10) Denkbar bleibt allerdings, dass sich in den Richtlinien eine „spätere Übung“ im Sinne von Art. 31 Abs. 3 lit. b WVRK niederschlägt, so dass sie insofern eine verbindliche Interpretation wiedergeben könnten.

D. Zur Auslegung des Merkmals der „Zugehörigkeit zu einer bestimmten sozialen Gruppe“ in der GFK

(11) Aufgrund des menschenrechtlichen Charakters der Flüchtlingskonvention hat grundsätzlich eine Interpretation der Flüchtlingskonvention zu erfolgen, die einem effektiven Menschenrechtsschutz auch im Hinblick auf die gegenwärtige Flüchtlingsrealität gerecht wird. Die Konvention ist einer sich dynamisch fortentwickelnden Interpretation zu unterziehen und so auszulegen, dass ihre Bestimmungen als Schutzgarantien praktisch wirksam und effektiv sind.

(12) Auf soziologische Kriterien kann zur Begriffsbestimmung der „sozialen Gruppe“ nicht zurückgegriffen werden. Sie verengen den Tatbestand, was insbesondere im Hinblick auf den historischen Hintergrund und die humanitäre Zielsetzung der GFK abzulehnen ist.

(13) Die Einbeziehung des Merkmals der „bestimmten sozialen Gruppe“ dient der Sicherstellung eines umfassenden Schutzbereiches. Der Tatbestand des Verfolgungsmerkmals ist daher weit zu verstehen, und nicht auf die im Entstehungszeitpunkt der Flüchtlingskonvention bereits bekannten „bestimmten sozialen Gruppen“ begrenzt.

(14) Der Begriff ist entwicklungsoffen und umfasst alle endogenen und exogenen Gruppen, die in der Gesellschaft existieren. Erstere bestehen als Gruppe in der Gesellschaft, sobald sie Eigenständigkeit erlangt haben. Hingegen sind von außen zusammengefasste Gruppen dann in einer Gesellschaft existent, wenn ihre Mitglieder aufgrund eines gemeinsamen Merkmals im Verfolgerstaat eine nach außen abgegrenzte Einheit bilden, d.h. wenn sie ein Merkmal von gesamtgesellschaftlichem Interesse aufeinander vereinen. Dabei hat eine objektive Bewertung zu erfolgen, und es ist die soziale Realität des jeweiligen Verfolgerstaates als Beurteilungsmaßstab heranzuziehen.

(15) An das die Gruppenmitglieder verbindende Merkmal sind keine einschränkenden Anforderungen zu stellen. Das Merkmal muss insbesondere nicht unveränderlich oder besonders schützenswert sein. Eine solche Begrenzung lässt sich dem Wortlaut der Konvention nicht entnehmen und ist auch unter Zugrundelegung von Sinn und Zweck der Flüchtlingskonvention nicht zwingend erforderlich. Auch erscheint eine abschließende Beurteilung von asylerheblichen Merkmalen und solchen, die asylrechtlich nicht als schützenswert erachtet werden, unmöglich.

(16) Die „bestimmte soziale Gruppe“ ist weder von ihrer Mitgliederzahl her begrenzt, noch sind ein Zusammengehörigkeitsgefühl oder unmittelbare Beziehungen der Mitglieder untereinander erforderlich.

(17) Der Begriff umfasst eine Vielzahl von Gruppen. Eine durch bloßen Zufall entstandene Gruppe bildet hingegen, ebenso wie eine rein statistische Gruppe, keine „bestimmte soziale Gruppe“ im Sinne der Konvention. Theoretisch möglich bleibt gleichwohl, dass diese im Einzelfall als eine abgrenzbare Gruppe mit gemeinsamer Identität in der jeweiligen Gesellschaft hervortreten und damit als exogene Gruppe unter das Verfolgungsmerkmal subsumierbar würden.

(18) Die Verfolgung jedes einzelnen Gruppenmitgliedes ist kein zwingendes Erfordernis für die Existenz einer „bestimmten sozialen Gruppe“. Die Gruppe darf sich allerdings nicht alleine über die gemeinsame Verfolgung definieren.

(19) Auf weitere, den Tatbestand eingrenzende Kriterien ist zu verzichten. Insbesondere ist das Erfordernis einer gesamtgesellschaftlichen Diskriminierung der Gruppe abzulehnen. Weder findet dieses Kriterium Anklang im Wortlaut, noch gebieten Sinn und Zweck der Konvention eine Einschränkung des Tatbestandes. Die Flüchtlingskonvention enthält genügend Mechanismen, die eine ausufernde staatliche Verantwortlichkeit vermeiden.

(20) Das dem Begriff anhaftende Moment fehlender Abgeschlossenheit ermöglicht eine Reaktion auf unterschiedliche Gruppenformen. Voraussetzung der Flüchtlingseigenschaft bleibt dabei stets die begründete Furcht vor einer schwerwiegenden Menschenrechtsverletzung, die gerade aufgrund der Zugehörigkeit des Individuums zu der „bestimmten sozialen Gruppe“ erfolgt.

E. Zu dem Merkmal der „Zugehörigkeit zu einer bestimmten sozialen Gruppe“ im Recht der Europäischen Union und im Recht der Bundesrepublik Deutschland

(21) Das Gemeinsame Europäische Asylsystem hat insgesamt auf der umfassenden Anwendung der Bestimmungen der Genfer Flüchtlingskonvention zu beruhen. Aufgrund der primärrechtlichen Bindung der EU an die GFK und des erklärten Ziels der Qualifikationsrichtlinie, gerade den Garantien der GFK zur Anwendung zu verhelfen, hat eine Interpretation der in der Richtlinie enthaltenen Verfolgungsmerkmale anhand von völkerrechtlichen Auslegungsregeln zu erfolgen.

(22) Die Bestimmung der Richtlinie hinsichtlich des Vorliegens des Verfolgungsmerkmals der „Zugehörigkeit zu einer bestimmten sozialen Gruppe“ (Art. 10 Abs. 1 lit. d QRL) ist unzureichend formuliert, da sie auf den ersten Blick ein kumulatives Vorliegen von internen und externen Merkmalen fordert. Sie bietet jedoch Raum für die im Rahmen dieser Arbeit vertretene Interpretation des Merkmals nach völkerrechtlichen Auslegungsgrundsätzen.

(23) § 60 Abs. 1 AufenthG ist losgelöst von dem Begriff des „politisch Verfolgten“ i.S.d. GG zu interpretieren. Die einfachgesetzliche Regelung dient der Umsetzung völkerrechtlicher Vorgaben hinsichtlich des Flüchtlingsbegriffs i.S.d. GFK. Das Merkmal der „Zugehörigkeit zu einer bestimmten sozialen Gruppe“ ist daher in Übereinstimmung mit der völkerrechtlichen Interpretation des Merkmals und nunmehr auch unionsrechtlichen Vorgaben auszulegen. Dabei kommen die besonderen völkerrechtlichen Auslegungsgrundsätze und menschenrechtlichen Wertungen zur Anwendung.

(24) Die bundesdeutschen Gerichte sind zu einer weiten Auslegung des Merkmals nach den völkerrechtlich gebotenen Kriterien verpflichtet. Die vom internationalen Flüchtlingsrecht abweichende Auslegung des Merkmals der „Zugehörigkeit zu einer bestimmten sozialen Gruppe“ durch die gegenwärtige Rechtsprechung ist völkerrechtswidrig. Das deutsche Flüchtlingsrecht ist jedoch offen für das in dieser Arbeit vertretene völkerrechtskonforme Ergebnis.

(25) Zwischen dem Begriff des „politisch Verfolgten“ im deutschen Verfassungsrecht und dem Flüchtlingsbegriff der GFK besteht nach Ansicht des BVerfG Teilidentität. Soweit zur Bestimmung der Verfolgungsmerkmale auf die GFK zurückgegriffen wird, sollte die Auslegung nach völkerrechtlichen Kriterien vorgenommen werden.

(26) Auch wenn sich die Regelungen der Qualifikationsrichtlinie grundsätzlich nicht auf das nationale Asylgrundrecht beziehen, können sie sich dennoch auch im Rahmen von Art. 16a GG auswirken. Der Grundsatz des Anwendungsvorrangs des EU-Rechts erstreckt sich auch auf nationales Verfassungsrecht. So ist eine Auslegung des Grundgesetzes, die den Vorgaben der Richtlinie zuwider läuft, unionsrechtswidrig. Vor diesem Hintergrund und in Bezug auf praktische Probleme empfehlen sich übereinstimmende Kriterien zur Prüfung von Asylgrundrecht und Flüchtlingseigenschaft nach der GFK. Eine Interpretation des Asylgrundrechts sollte sich nicht nur an den in der GFK niedergelegten Rechtsüberzeugungen orientieren, sondern bei der Prüfung des Asylbegehrens von identischen Kriterien ausgehen.

(27) Dem EuGH wird zukünftig eine entscheidende Rolle bei der Auslegung des Merkmals der „Zugehörigkeit zu einer bestimmten sozialen Gruppe“

zukommen. Durch die Übernahme der Kompetenz im Asylbereich fällt die Auslegung der Genfer Flüchtlingskonvention in die Verantwortlichkeit von EuGH und Unionsgesetzgeber. Auch in Bezug auf die Auslegung der Verfolgungsmerkmale wird folglich der EuGH das letzte Wort haben.

Beiträge zum nationalen und internationalen öffentlichen Recht

Herausgegeben von Burkhard Schöbener

Band 1 Solveig Haß: Die Urteile des Europäischen Gerichtshofs für Menschenrechte. Charakter, Bindungswirkung und Durchsetzung. 2006.

Band 2 Angela Werner: Die Grundrechtsbindung der Bundeswehr bei Auslandseinsätzen. 2006.

Band 3 Florian Stork: Das Anti-Diskriminierungsrecht der Europäischen Union und seine Umsetzung in das deutsche Zivilrecht. 2006.

Band 4 Regine Gerards: Die Europäische Menschenrechtskonvention im Konstitutionalisierungsprozess einer gemeineuropäischen Grundrechtsordnung. 2007.

Band 5 Christian Baudewin: Der Schutz der öffentlichen Ordnung im Versammlungsrecht. 2007.

Band 6 André Scheidtmann: Wirtschafts- und berufsständische Kammern im europäischen Gemeinschaftsrecht. 2007.

Band 7 Marnie Silny: Die binnenmarktbezogene Rechtsangleichungskompetenz des Art. 95 EG. Reichweite und Grenzen der Harmonisierungskompetenz sowie ihre Stellung in der gemeinschaftsrechtlichen Kompetenzverfassung. 2007.

Band 8 Thomas Mösinger: Auswahlkriterien der Standplatzvergabe unter rechtlicher und ökonomischer Analyse. Staatliche Verteilungsentscheidungen als Gegenstand der ökonomischen Analyse des Rechts. 2007.

Band 9 Henning Schwier: Der Schutz der „Unternehmerischen Freiheit" nach Artikel 16 der Charta der Grundrechte der Europäischen Union. Eine Darstellung der tatsächlichen Reichweite und Intensität der grundrechtlichen Gewährleistung aus rechtsvergleichender Perspektive. 2008.

Band 10 Jens-Peter Eickhoff: Das Funktionsrecht des Europäischen Parlaments. 2008.

Band 11 Burkhard Schöbener (Hrsg.): Junge Rechtswissenschaft: Völker- und Europarecht. Bemerkenswerte Seminararbeiten aus dem Schwerpunktstudium. 2009.

Band 12 Maximilian Robert Jahn: Die Handelshemmnis-Verordnung (Verordnung EG Nr. 3286/94). 2009.

Band 13 Stefan Haeder: Die Neuordnung des Zugangs zum Anwaltsnotariat in Deutschland. 2009.

Band 14 Ursula Hoppe: Die Kunstfreiheit als EU-Grundrecht. 2011.

Band 15 Kathrin F. Baltes: Die demokratische Legitimation und die Unabhängigkeit des EuGH und des EuG. 2011.

Band 16 Sonja Bocek: Die völkerrechtlichen Wirkungen einseitiger Erklärungen der UN-Generalversammlung. 2011.

Band 17 Nadja Gaus: Materiell-rechtliche Gewährleistungen und verfahrensrechtliche Durchsetzbarkeit völkerrechtlich garantierter Menschenrechte. Zur rechtlichen Stellung des Einzelnen im Völkerrecht. 2011.

Band 18 Robin Falk Lengelsen: Aktuelle Probleme der Staatenimmunität im Verfahren vor den Zivil- und Verwaltungsgerichten. Unter besonderer Berücksichtigung des „UN-Übereinkommens über die Immunität des Staaten und ihres Vermögens von der Gerichtsbarkeit". 2011.

Band 19 Maike Friedrich: WTO und Klimaschutz. Konflikte und Synergien zwischen nationalen Klimaschutzmaßnahmen und dem WTO-Recht. 2012.

Band 20 Michael Rafii: Institutionalisierte Kooperationsformen zwischen staatlichen und nichtstaatlichen Akteuren im internationalen Bereich. Internationale Public-Private Partnerships und ihre rechtlichen Herausforderungen für das Völkerrecht und das deutsche Verfassungsrecht. 2013.

Band 21 Anna Müller: Die *Zugehörigkeit zu einer bestimmten sozialen Gruppe* als zentrales Verfolgungsmotiv des Flüchtlingsbegriffs im Lichte des rechtsnormativen Mehrebenensystems. 2014.

www.peterlang.com